공예배를 위한 은혜와 감동의 대표기도문

공예배를 위한 은혜와 감동의 대표기도문

초판 1쇄 발행 | 2019. 01. 10
초판 3쇄 인쇄 | 2024. 3. 01
지은이 | 한치호 천준호 정신일 김영수
펴낸이 | 정신일
펴낸곳 | 크리스천리더
편 집 | 김세배
교 정 | 이지선, 이숙자
일부총판 | 생명의 말씀사 (02) 3159-7979
등 록 | 제 2-2727호(1999. 9. 30)
주 소 | 부천시 원미구 중동로 100 팰리스카운티 아이파크 상가 311
전 화 | (032) 342-1979
팩 스 | (032)343-3567
도서출간상담 | E-mail:chmbit@hanmail.net
homepage | www.cjesus.co.kr

ISBN : 978-89-6594-273-3 03230

정가 : 17,800원

저자와의 협약 아래 인지는 생략되었습니다.
이 출판물은 저작권법에 의해 보호받는 창작물이므로,
무단 복제와 무단전재를 할 수 없습니다.

■ 잘못된 책은 구입하신 곳에서 바꿔드립니다

전 세대를 위한 종합 예배 대표문

은혜와 감동의 대표기도문

• 한치호·천준호·정신일·김영수 공저

CLS 크리스천리더

머릿말

예배는 하나님께 드리는 우리의 마음가짐이기도하고, 구원에 대한 감사의 한 표현이기도 하다. 하나님께서 임하시는 온전한 예배는 신앙생활에 많은 변화를 가져온다. 예배는 하나님께 영광돌리고 내 영혼의 상처를 아물게 하는 영적치료 의식과도 같다. 하나님께 드리는 온전한 예배는 우리 영육간에 큰 변화가 일어나고 기적이 일어난다. 우리는 예배를 통해서 진정한 자유함이 임해야 한다.

예배의 여러 순서중에 특별히 대표기도는 회중을 대표해서 하나님께 간구함으로 아뢰는 중요한 의식이다. 또한 대표기도는 낮아짐의 한 표현이다. 대표기도는 적극적 예배 참여를 위해서라도 필수적인 순서이다. 교회는 하나님께서 지상의 역사에 개입하시고, 그때마다 간섭하셨던 '하나님의 일하심'에 대하여 은혜를 간구해야 하는 것이다.
예배 순서에서의 기도는 단순히 '대표'가 하는 기도가 아니다. 예배학적인 신학의 바탕에서 오늘의 교회 공동체에 꼭 요구되는 중보를 해야 하는 것이다.
여기 수록된 기도문은 기존의 출간되었던 다수의 기도문을 예배 종류 및 부서별로 한데 묶은 것이다.
교회는 연령에 따라 장년 중심의 예배가 있고, 유치부, 어린이 주일학교 예배, 중·고등부 및 청년 예배가 있다. 상황에 따라 공적 예배외에도 절기 예배, 기념일 예배, 교회 행사 예배, 헌신 예배, 심방 예배 등 종류도 다양하다. 예배는 나이와 상황에 따라 다양하게 드려지지만 어떤 부서의 예배든지 대표기도 순서가 있다. 특별히 평신도 중심의 공적 예배에 대표기도자로 섬기시는 분이 또한 어린이 주일학교나, 중·고등부 교사로 사역하는 경우가 많다. 다시 말해 주일학교 교사로서 대표기도를 해야 하는 경우가 참으로 많다. 그래서 평신도 중심의 예배 기도 뿐만 아니라, 주일학교와 중·고등부 예배의 대표기도와 절기 및 행사, 심방기도까지도 추가하여 구성하였다.

이 책 한권으로 거의 전 부서의 대표기도를 준비하는데 도움이 될 것이다. 잘 활용해서 은혜가 넘치는 예배, 감동있는 예배, 성경적으로 잘 중보하는 기도가 되기를 소망한다.

대표기도문은 이렇게 준비하십시오.

1. 대표로 드려지는 기도가 온전히 하나님께 상달되도록 간구하며 기도문을 작성하십시오.

2. 하나님께 높이 영광드리는 기도 내용이 포함되어야 합니다.

3. 하나님의 놀라운 은혜에 대한 감사가 있어야 합니다.

4. 죄를 자복하되 함께 예배 드리는 모든 사람의 죄에 대하여 회개하고 용서를 구하는 내용이 포함되어야 합니다.

5. 예배 공동체를 대신해서 하나님 앞에 온전히 드리는 예배가 되도록 간구 해야 합니다.

6. 교회의 화평과 정결과 흥왕함을 위하여 기도해야 하고 세계복음화를 위해 기도해야 합니다.

| 차례 |

1. 주일 낮 예배 대표기도문

1월 1주 | 인자를 베푸시는 여호와 · 18
1월 2주 | 여호와를 경외하는 도 · 20
1월 3주 | 나의 노래시며 구원이신 여호와 · 22
1월 4주 | 보냄을 받은 우리 · 24
2월 1주 | 충성되이 여기시는 주 · 26
2월 2주 | 택하심을 굳게 하라 · 28
2월 3주 | 그의 나라와 그의 의 · 30
2월 4주 | 은혜의 복음 증거 · 32
3월 1주 | 우리가 의지하는 성호 · 34
3월 2주 | 하나님의 은혜를 깨달은 날부터 · 36
3월 3주 | 우리 죄를 담당하신 그리스도 · 38
3월 4주 | 부활이요 생명이신 예수 · 40
3월 5주 | 네게 아름다운 옷을 입히리라 · 42
4월 1주 | 행동을 달아 보시는 여호와 · 44
4월 2주 | 여호와의 이름에 합당한 영광 · 46
4월 3주 | 분깃을 동일하게 주시는 여호와 · 48
4월 4주 | 저 사람들에게 복음을 전하라 · 50
5월 1주 | 어린 아이를 불러 세우신 예수 · 52
5월 2주 | 크게 즐거울 의인의 아비 · 54
5월 3주 | 모든 좋은 것을 함께 · 56
5월 4주 | 하늘에 계신 아버지께 영광을 · 58
6월 1주 | 여호와를 두려워하는 온 땅 · 60
6월 2주 | 민족의 죄를 짊어지는 성도 · 62
6월 3주 | 내 민족이 화 당함을 · 64
6월 4주 | 활을 꺾고 창을 끊으시는 여호와 · 66
6월 5주 | 하나님께서 정하신 권세 · 68
7월 1주 | 좋은 것으로 채워주시는 여호와 · 70
7월 2주 | 너희도 남을 대접하라 · 72
7월 3주 | 구제를 좋아하는 자 · 74
7월 4주 | 주를 찬송하는 민족 · 76
8월 1주 | 하나님의 모든 충만하신 것으로 · 78
8월 2주 | 강한 손과 펴신 팔 · 80

8월 3주 | 영광의 풍성함을 따라 · 82
8월 4주 | 자신을 깨끗하게 하자 · 84
8월 5주 | 이방인들도 하나님께 영광을 · 86
9월 1주 | 나의 찬양받으실 여호와 · 88
9월 2주 | 그리스도의 장성한 분량 · 90
9월 3주 | 예수를 깊이 생각하라 · 92
9월 4주 | 진실과 정의와 공의로 · 94
10월 1주 | 이것을 행하여 나를 기념하라 · 96
10월 2주 | 신령한 은사를 주시는 여호와 · 98
10월 3주 | 사랑이 더욱 많아 넘치게 · 100
10월 4주 | 구원을 주시는 하나님의 능력 · 102
11월 1주 | 용납하여 피차 용서하는 지체들 · 104
11월 2주 | 힘을 헤아려 자원하는 예물 · 106
11월 3주 | 모든 신들보다 위대하신 주 · 108
11월 4주 | 주께 드리는 입술의 열매 · 110
11월 5주 | 우리 발을 평강의 길로 · 112
12월 1주 | 주의 의로운 규례들 · 114
12월 2주 | 하나님을 보라 하라 · 116
12월 3주 | 엎드려 아기께 경배하라 · 118
12월 4주 | 만물을 새롭게 하신 그리스도 · 120

2. 주일 밤 예배 대표기도문

1월 1주 | 생애 최고의 해 · 124
1월 2주 | 찬양 받으실 하나님 · 125
1월 3주 | 하나님께 사랑스러워 가는 사람 · 126
1월 4주 | 주님의 몸 안에서 한 공동체 · 127
1월 5주 | 복과 은혜가 있는 설 명절 · 128
2월 1주 | 성령님의 충만하심으로 새롭게 · 129
2월 2주 | 하늘의 용기로 살아가는 지체들 · 130
2월 3주 | 의와 진리로 이끄시는 성령님 · 131
2월 4주 | 예배로 성결케 되는 심령 · 132
3월 1주 | 나라를 사랑하는 신앙 · 133
3월 2주 | 교회에 머무르는 여호와의 영광 · 134
3월 3주 | 주님의 발자취를 따르는 삶 · 135
3월 4주 | 천국을 상속받는 거룩한 자녀들 · 136
4월 1주 | 진실된 마음으로 드리는 예배 · 137

4월 2주 | 말씀이 흥왕하는 교회 · 138
4월 3주 | 예수의 부활, 세상을 이기는 은혜 · 139
4월 4주 | 하나님을 영화롭게 해 드리는 봄꽃 · 140
4월 5주 | 사유하시는 은혜에 거듭나는 시간 · 141
5월 1주 | 축복받아야 하는 아이들 · 142
5월 2주 | 생명의 주님을 만나는 역사 · 143
5월 3주 | 살리시는 주님의 영 · 144
5월 4주 | 기쁨과 힘이 되시는 여호와 · 145
6월 1주 | 잠잠히 하나님만 바라는 영혼 · 146
6월 2주 | 사랑과 기쁨과 찬송 · 147
6월 3주 | 주님의 영광을 드러내는 교회 · 148
6월 4주 | 은혜 안에서 새롭게 되는 날 · 149
7월 1주 | 종일 자랑하는 하나님의 이름 · 150
7월 2주 | 여호와 하나님을 찬양 · 151
7월 3주 | 가정마다 흐르는 은혜의 강물 · 152
7월 4주 | 교회를 세우시는 하나님 · 153
7월 5주 | 마음을 찢고 여호와께로 · 154
8월 1주 | 주의 살아계심을 경험하는 예배 · 155
8월 2주 | 준비된 하늘의 은혜를 · 156
8월 3주 | 기뻐 받으시는 산 제사 · 157
8월 4주 | 소원을 이루시는 주 하나님 · 158
9월 1주 | 구원을 베푸실 전능자 · 159
9월 2주 | 주님의 영광을 드러내는 믿음 · 160
9월 3주 | 하나님께만 영광이 되는 예배 · 161
9월 4주 | 우리에게 베푸신 모든 자비 · 162
10월 1주 | 우리를 도우시는 여호와 · 163
10월 2주 | 여호와께 노래하라 · 164
10월 3주 | 보혈로 씻김을 받는 예배 · 165
10월 4주 | 거룩하신 뜻에 따라 살려는 열망 · 166
10월 5주 | 여호와 닛시의 하나님 · 167
11월 1주 | 나의 왕, 나의 하나님 · 168
11월 2주 | 하나님의 자비하신 구원의 은혜 · 169
11월 3주 | 하나님의 인자하심을 찬양 · 170
11월 4주 | 예수님의 나심을 즐거워하는 대강절 · 171
12월 1주 | 새 노래로 여호와께 찬송 · 172
12월 2주 | 늘 향기로운 찬양의 제사 · 173

12월 3주 | 동방 박사를 따라 드리는 예물 · 174
12월 4주 | 주를 향하여 소망을 가진 자 · 175

3. 수요(삼일)예배 대표기도문

1월 1주 | 선진들의 신앙을 물려받음 · 178
1월 2주 | 여호와께 간구하는 신앙 · 179
1월 3주 | 대대로 잇는 믿음의 노래 · 180
1월 4주 | 가문으로 번지는 신앙 · 181
1월 5주 | 선대를 따르는 믿음 · 182
2월 1주 | 의를 구하는 결단 · 183
2월 2주 | 전심으로 여호와만을 섬김 · 184
2월 3주 | 정하고, 정하는 믿음 · 185
2월 4주 | 오직 여호와만으로 · 186
3월 1주 | 선행과 구제의 신앙 · 187
3월 2주 | 영광에 참여하는 착한 일 · 188
3월 3주 | 꾸어주는 주님의 손길 · 189
3월 4주 | 선행으로 이웃을 섬김 · 190
4월 1주 | 복음을 전하는 귀한 사명 · 191
4월 2주 | 땅 끝까지 이르는 주님의 증인 · 192
4월 3주 | 모든 족속에게 전해지는 예수 · 193
4월 4주 | 부활의 신앙, 부활의 복음 · 194
4월 5주 | 우리가 전파하는 예수 · 195
5월 1주 | 주 안에서 자녀를 섬김 · 196
5월 2주 | 부모를 기쁘게 해드리는 자녀 · 197
5월 3주 | 거룩한 봉사의 직무 · 198
5월 4주 | 가족이 서로 섬기는 아름다움 · 199
6월 1주 | 주님의 영광을 선포하는 교회 · 200
6월 2주 | 기도 안에서 평안한 지체들 · 201
6월 3주 | 기쁨이 충만한 교회 · 202
6월 4주 | 매일 기도 매일 응답의 교회 · 203
7월 1주 | 성숙함에 이르는 말씀 · 204
7월 2주 | 말씀의 은혜로 세워지는 교회 · 205
7월 3주 | 언제나 예가 되는 말씀 · 206
7월 4주 | 말씀으로 형통함을 봄 · 207
7월 5주 | 하나님의 백성, 백성의 하나님 · 208
8월 1주 | 하나님이 만져주시는 민족 · 209

8월 2주 | 복음을 전하는 나라 사랑 · 210
8월 3주 | 하나님께서 세우시는 민족 · 211
8월 4주 | 나라를 위해 흘리는 눈물 · 212
9월 1주 | 주님의 지팡이와 막대기 · 213
9월 2주 | 주님의 손길로 대함 · 214
9월 3주 | 사랑과 선행을 격려함 · 215
9월 4주 | 고아와 과부를 돌아봄 · 216
10월 1주 | 풍성하게 하심에 드리는 영광 · 217
10월 2주 | 함께 고백을 하는 신앙 · 218
10월 3주 | 함께 섬김으로 대하는 성도들 · 219
10월 4주 | 지체 안에서 천국에 소망을 둠 · 220
10월 5주 | 서로에게 사랑을 나누는 지체들 · 221
11월 1주 | 주님을 경외하는 삶 · 222
11월 2주 | 기도하는 중에 준비하는 예물 · 223
11월 3주 | 오직 하나님의 은혜라! · 224
11월 4주 | 하나님이 사람이 되어 오신 예수님 · 225
12월 1주 | 회중에서 드리는 찬양 · 226
12월 2주 | 성탄절에 오신 하나님 · 227
12월 3주 | 새 노래로 노래하는 성도들 · 228
12월 4주 | 친 백성으로 살아온 복 · 229

4. 절기 | 기념일 예배 대표기도문

사순절 | 주님의 영예를 찬양하게 하옵소서 · 232
종려주일 | 구원을 베푸시는 주님을 보게 하옵소서 · 234
고난주간 | 갈보리 산의 십자가를 바라보게 하옵소서 · 236
부활절 | 다신 사신 주님을 찬송하게 하옵소서 · 238
성령강림절 | 진리의 영으로 충만하게 하옵소서 · 240
삼위일체주일 | 성삼위의 영광 아래로 이끌어 주옵소서 · 242
맥추감사절 | 처음 익은 열매를 드리게 하옵소서 · 244
추수감사절 | 추수의 즐거움을 누리게 하옵소서 · 246
대강절 | 메시아를 보게 하여 주옵소서 · 248
성탄절 | 구주가 나셨음을 기뻐하게 하옵소서 · 250

5. 교회 행사 대표기도문

신년주일 | 주님의 인도하심을 바라보게 하옵소서 · 254
교회창립일 | 천국의 문을 여는 교회되게 하옵소서 · 256
세례예식 | 빛 가운데 행하도록 인도해 주옵소서 · 258
성찬예식 | 주님의 죽으심을 기념하게 하옵소서 · 260
어린이주일 | 하나님의 사랑으로 자라게 하옵소서 · 262
어버이주일 | 부모에게 효도하도록 이끌어 옵소서 · 264
제직회 | 함께 수고하는 교회되게 하옵소서 · 266
사경회(부흥회) | 하나님의 말씀을 잘 받게 하옵소서 · 268
성경학교 | 신앙의 사람으로 자라게 하옵소서 · 270
수련회 | 은혜 베풀 때에 받게 하옵소서 · 272
전도주일 | 죄인이 회개하게 해 주옵소서 · 274
세계선교주일 | 만민에게 복음을 전파하게 하옵소서 · 276
사회봉사주일 | 봉사 정신을 지니도록 하옵소서 · 278
교육진흥주일 | 진리를 가르쳐 지키게 하옵소서 · 280
성서주일 | 만백성에게 성경을 전하게 하옵소서 · 282
교회기관 총회 | 주님이 원하시는 일꾼이 되게 하옵소서 · 284
교육기관 졸업예배 | 주님의 사람으로 준비하게 하옵소서 · 286
송년주일 | 하나님을 가까이 하게 하옵소서 · 288

6. 교회기관헌신 대표기도문

제직회 헌신예배 | 쓰임을 받는 종들이게 하옵소서 · 292
남전도회 헌신예배 | 지체들의 헌신을 받으옵소서 · 294
남전도회 헌신예배 | 교회를 든든히 하는 종들 되게 하옵소서 · 296
남전도회 헌신예배 | 남은 생애를 주님께 드리게 하옵소서 · 298
여전도회 헌신예배 | 수종을 드는 여인들이 되게 하옵소서 · 300
여전도회 헌신예배 | 지체들의 헌신으로 부흥하게 하옵소서 · 302
여전도회 헌신예배 | 구별된 여종들이 헌신하게 하옵소서 · 304
선교 헌신예배 | 복음 전파를 위해 드리게 하옵소서 · 306
구제 헌신예배 | 어려운 이들을 돌아보게 하옵소서 · 308
찬양대 헌신예배 | 하늘에 영광을 선포하게 하옵소서 · 310
구역장 헌신예배 | 선한 목자의 마음을 품게 하옵소서 · 312
교사 헌신예배 | 온전히 드리게 하옵소서 · 314
유년주일학교 헌신예배 | 주님의 어린이로 자라게 하옵소서 · 316
중 · 고등부 학생회 헌신예배 | 하나님께 드리는 삶이 되게 하옵소서 · 318
대학생 · 청년회 헌신예배 | 새벽 이슬 같은 청년들을 받으옵소서 · 320

7. 심방 예배 대표기도문

일반 성도의 가정(장년)1 | 하나님 앞에서 거룩하고 흠 없게 · 324
일반 성도의 가정(장년)2 | 점도 없고 흠도 없이 · 326
일반 성도의 가정(장년)3 | 땅에서 네 날이 길리라. · 328
일반 성도의 가정(장년)4 | 하나님의 은혜와 긍휼과 평강 · 330
일반 성도의 가정(젊은이)1 | 굳게 해야 할 부르심과 택하심 · 332
일반 성도의 가정(젊은이)2 | 믿는 도리를 굳게 잡으라. · 334
일반 성도의 가정(젊은이)3 | 영혼을 깨끗하게 하는 순종 · 336
일반 성도의 가정(젊은이)4 | 잠잠히 하나님만 바라라. · 338
새신자의 가정1 | 악한 일에서 건져내시는 주 · 340
새신자의 가정2 | 거룩함에 이르는 열매 · 342
새신자의 가정3 | 더러운 것에서 자신을 깨끗하게 · 344
새신자의 가정4 | 믿음을 굳게 하여 대적하라. · 346
임신1 | 여호와의 권고로 얻은 선물 · 348
출산1 | 하나님으로부터 복 받은 아이 · 350
생일1 | 하나님께 복을 받은 사람 · 352
회갑1 | 시와 찬미와 신령한 노래 · 354
고희1 | 의인의 자손을 보는 즐거움 · 356
약혼1 | 주님의 사랑을 입은 형제와 자매 · 358
결혼1 | 인생에서 가장 복된 날 · 360
새 가정 축복1 | 주님께서 지켜주시는 가정 · 362
이사1 | 하나님의 사랑으로 마련한 집 · 364
개업1 | 처음 익은 열매로 여호와를 공경하라. · 366
창립기념1 | 주께서 창성케 하신 회사 · 368
임종1 | 성도가 사모하는 더 나은 본향 · 370
입관1 | 천사장의 소리와 하나님의 나팔 · 372
발인1 | 승리의 부활에 참여하는 영광 · 374
하관1 | 하나님께 영광, 유족들에게 소망 · 376
첫 성묘1 | 항상 주와 함께 있으리라. · 378
추도식1 | 고인을 추억하며 예배하는 시간 · 380
갑자기 병에 걸린 경우1 | 하나님이 하시는 일 · 382
갑자기 병에 걸린 경우2 | 신체를 강건하게 하는 말씀 · 384
갑자기 병에 걸린 경우3 | 스올에 버리지 않으시는 하나님 · 386
불의의 사고로 다치는 경우1 | 육체에 나타나는 예수님의 생명 · 388
불의의 사고로 다치는 경우2 | 합력하여 선을 이룸 · 390
불의의 사고로 다치는 경우3 | 두려워하지 말라. · 392

오랜 지병, 노환의 경우1 | 주께서 그를 일으키시리라. · 394
오랜 지병, 노환의 경우2 | 선행을 기억하시는 하나님 · 396
오랜 지병, 노환의 경우3 | 열병을 꾸짖으신 예수님 · 398
질병의 고통이 심한 경우1 | 주의 이름으로 기름을 바르며 · 400
질병의 고통이 심한 경우2 | 우리는 나음을 받았도다. · 402
질병의 고통이 심한 경우3 | 고침 받은 병자들 · 404
병원에 입원 중인 경우1 | 네 소원대로 되리라. · 406
병원에 입원 중인 경우2 | 치료하는 광선을 비추리니 · 408
병원에 입원 중인 경우3 | 병든 자를 내가 강하게 · 410
수술을 하게 되는 경우1 | 작은 자야 안심하라. · 412
수술을 하게 되는 경우2 | 치료하시고 살리시는 하나님 · 414
수술을 하게 되는 경우3 | 예수님으로 말미암아 난 믿음 · 416
치료 후 회복기의 경우1 | 네 청춘을 독수리 같이 · 418
치료 후 회복기의 경우2 | 자유를 주신 그리스도 · 420
치료 후 회복기의 경우3 | 하나님께 소망을 두는 자의 복 · 422
주일 성수에 게으른 자1 | 여호와 하나님의 안식일 · 424
가정이 평안하지 않는 자1 | 우리가 섬기는 하나님 여호와 · 426
교회생활에 회의를 품는 자1 | 지금은 은혜 받을 만한 때 · 428
유혹에 넘어가 낙심한 자1 | 세상과 벗된 것은 하나님과 원수 · 430
기도하지 않는 자1 | 기도하고 낙심하지 말라. · 432
믿음에 회의를 갖는 자1 | 철학과 헛된 속임수를 주의하라. · 434
연단을 이겨내지 못하는 자1 | 연단 후의 의와 평강의 열매 · 436

8. 중고등부 예배 대표기도문

사랑 | 함께 예배드리는 형제자매를 사랑하라. · 440
사랑 | 자신의 이익만 추구하는 삶을 회개하라. · 441
기쁨 | 범사에 기뻐하며 감사하라. · 442
기쁨 | 기쁨을 주는 사람이 되라. · 443
평화 | 인간관계에서 화평을 이루라. · 444
기쁨 | 주님 안에서 평안을 누리라. · 445
오래참음 | 믿음으로 인내하며 기다리라. · 446
오래참음 | 믿지 않는 사람을 전도하라. · 447
자비 | 가족을 사랑하라. · 448
자비 | 부모님께 효도하라. · 449
양선 | 정직하게 살며 믿지 않는 사람들의 본이 되라 · 450
양선 | 겸손히 서로 양보하라 · 451

13

충성 | 맡은 일에 최선을 다하라 · 452
충성 | 날마다 주님의 뜻을 따라 살라. · 453
온유 | 함부로 사람을 판단치 말라 · 454
온유 | 다른 사람에게 상처 주지 말라 · 455
절제 | 말을 절제하라 · 456
절제 | 분노를 절제하라 · 457
사랑 | 주님께 사랑을 고백하라. · 458
희락 | 진정한 즐거움을 알라 · 459
오래참음 | 하나님의 방법을 배우며 오래 참으라 · 460
양선 | 믿음으로 선을 행하라 · 461
충성 | 세상 유혹을 이기고 주님께 충성하라 · 462
절제 | 주님 안에서 절제하며 연말을 보내라 · 463

9. 중고등부 각종행사 대표기도문

중·고등부 헌신예배 | 주님을 향한 헌신을 받아주세요. · 466
전도행사를 위한 기도 | 영혼을 사랑하는 마음을 주소서. · 466
임원수련회 | 선한 청지기 · 467
중·고등부 전체 수련회 | 성령님이 충만한 수련회 · 467
친구 초청잔치 | 친구와 함께 하나님께 감사해요. · 468
중·고등부 야외예배 | 하나님이 지으신 자연의 아름다움 · 468
교회창립 기념예배 | 주님을 닮아가는 교회가 되게 하소서. · 469
학교 방문 전도 | 영혼을 사랑하는 마음을 주소서. · 469
중·고등부 축제의 밤 | 주님을 경배하게 하소서. · 470
레크리에이션 | 주님 안에서 기쁨을 알게 하소서. · 470
수험생을 위한 기도회 | 끝까지 믿음과 소망을 잃지 않게 하소서. · 471
중·고등부 바자회 | 함께 나누는 삶이 되게 하소서. · 471

10. 중고등부 절기예배 대표기도문

신년주일 예배 | 첫 시작을 주님께 맡깁니다. · 474
고난주간 예배 | 십자가의 사랑을 기억하며 · 474
부활주일 예배 | 감사와 기쁨으로 · 475
어린이주일 예배 | 우리를 자녀 삼으신 주님 · 475
어버이주일 예배 | 부모님께 감사드려요. · 476
성령강림주일 예배 | 기쁨과 감동을 주시니 감사합니다. · 476
추수감사주일 예배 | 채워주시는 주님 감사합니다. · 477

성탄절 예배 | 이 땅에 오신 구세주, 예수 그리스도 · 477
송구영신 예배 | 한 해를 맞이하면서 · 478

11. 어린이 주일예배 대표기도문

사랑 | 싸우지 않고 서로 사랑해요 · 480
순종 | 진실한 마음으로 하나님께 순종해요 · 480
믿음 | 믿으면 할 수 있다 · 481
소망 | 하나님께서 원하시는 대로 행동해요 · 481
게으름 | 게으르면 베짱이처럼 후회하게 돼요 · 482
지혜 | 참된 지혜는 하나님께만 있어요 · 482
용서 | 하나님께서는 우리의 잘못을 용서해 주세요 · 483
친구 | 친구와 사이좋게 지내요 · 483
말씀 | 우리는 말씀으로 살아요 · 484
기도 | 기도는 하나님께 가까이 나아가게 해요 · 484
기쁨 | 항상 기뻐해요 · 485
용기 | 하나님께서 함께 하시면 두렵지 않아요 · 485
찬양 | 엄마 뱃속에서부터 지켜주신 하나님을 찬양해요 · 486
훈련 | 하나님께서 단련하신 후에 더 나은 사람이 되어요 · 486
참음 | 참으면 싸우지 않아요 · 487
말 | 말이 많으면 실수를 하기 쉬워요 · 487
보호 | 우리는 하나님만 의지해요 · 488
우정 | 진실한 친구를 사귀어요 · 488
평안 | 아무 것도 염려하지 말아요 · 489
인도 | 하나님께서 우리의 가는 길을 인도해주세요 · 489
복음 | 사랑으로 복음을 전해요 · 490

12. 어린이 절기예배 대표기도문

성탄절 예배 | 기쁨으로 찬양해요. · 492
신년감사 주일 예배 | 희망찬 마음으로 새해를 시작해요 · 492
설날 예배 | 새롭게 결심하는 시간이 되게 해주세요 · 493
사순절 예배 | 예수님의 고난과 그 십자가 사랑 · 493
부활절 예배 | 부활의 주님을 기뻐해요. · 494
어린이 주일 예배 | 어린이를 사랑하시는 하나님 · 494
어버이 주일 예배 | 부모님의 은혜에 감사해요. · 495
맥추감사절 예배 | 값진 열매를 맺게 해주세요 · 495

추수감사절 예배 | 때를 따라 풍성하게 하시는 하나님 · 496
교회창립기념 주일 | 하나님은 우리의 기초가 되세요 · 496
겨울 성경(캠프) | 학교 하나님과 가까워지는 시간이 되게 해주세요 · 497
노방 전도 | 기쁨으로 복음을 전하게 해주세요 · 497
학교 전도 | 복음을 전하는 기쁨의 발걸음 · 498
총동원(출석) 주일 | 모두 모여서 하나님께 예배드려요 · 498
성경퀴즈대회 | 말씀을 배우는 시간이 되게 해주세요 · 499
찬양경연대회 | 찬양의 기쁨을 함께 나눠요 · 499
여름성경학교 | 하나님과 가까워지는 시간이 되게 해주세요 · 500
야외예배 | 사랑의 시간이 되게 도와주세요 · 500
선교주일 | 복음을 전하는 밀알이 될 수 있게 해주세요 · 501
각종 대회 | 기쁨을 나누는 자리가 되게 해주세요 · 501
졸업감사 예배 | 새로운 출발을 시작해요 · 502

13. 청년(대학부)예배 대표기도문

1. 예배가운데 임재하시는 하나님 · 504
2. 온전한 예배자가 되게 하소서 · 505
3. 신령과 진정으로 예배하게 하소서 · 506
4. 겸손함으로 드리는 예배 · 507
5. 그리스도의 증인된 삶을 살게하소서 · 508
6. 우리의 삶에 늘 동행하여 주소서 · 509
7. 주의 말씀에 순종하게 하소서 · 510
8. 새벽이슬같은 주의 청년되게 하소서 · 511
9. 늘 감사하는 삶 · 512
10. 주님과 동행하는 행복한 삶 · 513
11. 하나님의 일에 헌신하는 삶 · 514
12. 행하는 삶 · 515
13. 순종하는 삶 · 516
14. 말씀을 실천하는 삶 · 517
15. 주님을 사모하는 마음 · 518
16. 청년의 때에 헌신하게 하소서 · 519
17. 말씀으로 분별하게 하소서 · 520

14. 기도에 도움이 될 성구모음 · 521

1장
주일 낮 예배
대표기도문

"나의 생전에 여호와를 찬양하며 나의 평생에 내 하나님을 찬송하리로다 귀인들을 의지하지 말며 도울 힘이 없는 인생도 의지하지 말지니 그의 호흡이 끊어지면 흙으로 돌아가서 그 날에 그의 생각이 소멸하리로다 야곱의 하나님을 자기의 도움으로 삼으며 여호와 자기 하나님에게 자기의 소망을 두는 자는 복이 있도다" (시 146:2~5)

1월 1주

인자를 베푸시는 여호와

"여호와께서 그 왕에게 큰 구원을 주시며 기름 부음 받은 자에게 인자를 베푸심이여 영원토록 다윗과 그 후손에게로다" (시 18:50)

찬송 | 새 날을 열어주신 하나님, 주님 앞에서 지난해는 참으로 부끄러운 삶이었으나, 나무라지 않으시고 새해를 맞게 하시니 감사드립니다. 죄에 대하여 죽고, 의에 대하여 살게 하시려고 친히 나무에 달려 그 몸으로 인간의 죄를 담당하신 예수님을 바라보며 찬송을 드립니다. 저희가 그리스도 안에서 새로운 피조물이 되었음을 감사하는 찬송으로 예배를 시작합니다.

회개 | 새해 아침에 제일 먼저 드릴 말씀은 그 무엇으로도 지울 수 없는 죄악 된 행실을 용서함 받고자 함입니다. 마음으로는 주님을 사랑하지만, 아직도 옛사람의 행실을 끊지 못하는 연약함을 용서해 주옵소서. 악한 길에서 떠나 돌이키지 않은 여로보암의 행실을 고백합니다. 도리어 죄가 주는 쾌락을 즐겼으니 용서해 주시옵소서.

예배 | 새 날을 주심을 감사합니다. 오늘 아침에 저희들의 심령을 새롭게 해주심을 받아 예배 드리게 하시옵소서. 이 새로움의 예배 자세가 폭죽처럼 빛을 내고 사라지는 것이 아니라, 일 년 내내 이어지

기 원합니다. 사회자, 말씀을 전하시는 목사님, 찬양대원들, 예배 안내자들, 헌금위원들 모두에게 새로움의 은혜를 주시옵소서. 예배를 위해 부름을 받은 사역자들이 본이 되게 하시옵소서.

설교 | 저희들에게 하나님의 말씀을 들을 귀를 열어 주옵소서. 이 백성을 위하여 진리의 말씀을 준비해주신 은혜에 감사드립니다.
목사님께서 말씀을 전하실 때, 두려워하는 마음으로 듣게 하시옵소서. 그 말씀에 회개의 영이 임하여 여호와 앞에서 우는 것을 경험하게 하시옵소서. 생명의 말씀으로 영이 새로워지고, 새 힘을 얻게 하시옵소서.

신년주일의 간구 | 여호와 우리 주여, 이제 저희들은 더 이상, 옛 사람들이 아닙니다. 하나님께서 새롭게 지어 주셨으니, 지난해의 삶처럼 유혹의 욕심을 따르지 않도록 도와주옵소서. 진실로 바라기는 지금까지의 모든 죄를 예수 그리스도의 피로 씻음을 받고, 깨끗한 마음으로 출발하기 원합니다.

결단 | 날마다 긍휼하심을 받게 하셨음에 찬양을 드립니다. 날을 지으시는 권능으로 새해의 삶을 살게 하셨으니, 금년에도 때를 따라 돕는 은혜로 저희들을 만족하게 하심을 믿습니다. 하나님께서 저희를 사랑하사 새날을 주셨으니, 작년의 실패했던 시간들에 매이지 않고, 위로부터 베풀어지는 복을 얻기 위하여 은혜의 보좌로 나아가게 하시옵소서. 예수님의 이름으로 기도드립니다. 아멘.

1월 2주

여호와를 경외하는 도

"여호와를 경외하는 도는 정결하여 영원까지 이르고 여호와의 법도 진실하여 다 의로우니 금 곧 많은 순금보다 더 사모할 것이며 꿀과 송이꿀보다 더 달도다" (시 19:9-10)

감사 | 저희가 죄에 갇혀 있지 않고, 또한 저희의 믿음이 헛되지 않게 해주시려고 예수님께서 부활하셨음에 감사드립니다. 오늘, 주님의 부활에 감격하여 예배드리게 하옵소서. 예수님의 무한하신 사랑에 감격하여 감사로 예배드리는 한 시간이기를 소망합니다.

회개 | 저희들의 삶은 자기 자신을 위해서만 힘쓴 생활이었습니다. 이웃들에게는 소금과 빛이 되는 것을 오히려 부담스러워 하였습니다. 왜 이렇게 하나님의 일을 위하는데 인색해졌는지 가르쳐 주시옵소서. 악을 따르는 삶을 살아 왔음을 고백합니다. 용서하여 주시고, 하나님의 자녀로 거듭나기 위해 눈물의 회개를 하게 하시옵소서.

예배 | 지극히 높으신 여호와여, 이 아침에, 무엇으로 비교할 수 없도록 전능하신 하나님을 예배할 때, 하나님은 저희들의 찬미와 영광이 되십니다. 여기에 모인 저희들로 존귀함을 주께 돌리니 받아 주시옵소서. 거룩한 한 시간의 예배를 위해 헌신된 일꾼들에게 은혜를 주

옵소서. 예배를 드릴 때, 여호와의 행사하심이 크게 보이고, 두려운 마음으로 봉사하게 하시옵소서. 이 자리에 모인 모든 지체들이 신령과 진정으로 드리게 하시옵소서.

설교 | 목사님께서 저희들을 위하여 설교 준비를 하시고 성령님의 감동하심으로 말씀을 베푸시도록 하시옵소서. 그 말씀으로 저희들을 향한 주님의 뜻이 무엇인지 분별하여 새로워지기 원합니다. 주님의 음성이 그리워 다시 예배당을 찾은 성도들에게 진리의 은혜로 풍성하게 하시옵소서. 말씀을 통해서 여호와의 만져주심을 경험하게 하시옵소서.

하나님의 이름 | 하늘의 하나님, 여호와의 율법으로 저희를 새롭게 해주시고, 영혼을 소성케 하신 하나님의 이름을 높입니다. 주님의 자녀들에게 여호와의 증거로 지혜롭게 하시며, 진리 안에서 평강을 누리게 하신 그 이름에 영광을 드리게 하옵소서. 그 이름이 저희들에게 위로와 소망이 되기 원합니다.

소망 | 주님께서 지으신 모든 피조물들이 하나님의 위대하심을 찬양하고 있습니다. "오직 심령으로 새롭게 되어 하나님을 따라 의와 진리의 거룩함으로 지으심을 받은 새 사람을 입으라"라는 약속의 말씀으로 살도록 도와주시옵소서. 올해는 ○○ 교회의 권속들 모두가 신령한 복을 받아 범사가 잘 되고, 강건케 되는 역사를 보게 하시옵소서. 이 모든 간구를 예수님의 이름으로 기도드립니다. 아멘.

1월 3주

나의 노래시며 구원이신 여호와

"여호와는 나의 힘이요 노래시며 나의 구원이시로다 그는 나의 하나님이시니 내가 그를 찬송할 것이요 내 아버지의 하나님이시니 내가 그를 높이리로다" (출 15:2)

송축 | 미쁘시고, 의로우사 저희의 죄를 용서해주시며, 모든 불의에서 깨끗케 하시는 주 예수님을 주신 하나님의 이름을 높여드립니다. 인류를 사랑하셔서, 모든 이들을 구원받게 하심을 감사드립니다. 구원의 길을 열어 놓으셨음에 경배를 드립니다.

회개 | 이 시간에 더러운 죄를 고백하지 않을 수 없습니다. 저희들은 주의 뜻대로 살지 못하고 오히려 거절하였습니다. 손해가 되는 것 같았고, 재미를 잃는 것 같아 여호와의 계명에서 멀어졌음을 회개합니다.
순간의 즐거움에 자신을 내어주고, 불의와 타협하면서도 자신의 죄를 합리화하는 위선적인 행실뿐이니 용서하시옵소서. 죄를 거절하는 담대함을 주시고, 신령한 은혜에 들어가게 하시옵소서.

예배 | 전능하신 하나님, 오늘, 주님을 예배하러 모여 하나님을 높여드리기 원합니다. 저희들의 작은 입술을 벌려 크신 하나님을 찬송합니다. 저희들의 작은 손을 모아 놀라우신 하나님께 영광을 드립니

다. 성령님이여, 이 자리에 오셔서 저희들을 도우셔서, 주님을 경배하게 하옵소서. 하나님을 영원히 하나님으로 모시게 하시옵소서. 예배 사역자로 부름을 받아 각각의 자리에서 헌신하는 종들에게 은혜와 진리로 인도해 주시옵소서.

설교 | 죄로 말미암아 죽을 수밖에 없던 저희들에게 진리의 길을 열어 주신 하나님께 찬양을 드립니다. 말씀을 준비하신 목사님께 성령으로 감동해주시고, 하나님의 뜻이 온전히 선포되기 원합니다.
생명의 말씀으로 이 시간에 저희를 깨닫게 하시고, 의와 진리로 이끌어 주시는 자리에 들어가게 하시옵소서.

찬양대 | 찬양을 받으실 주여, 주님의 성령으로 찬양대원들을 이끄셔서, 마음을 다하여 찬양을 드리게 하시옵소서. 진리 안에서 노래하게 하시며, 주님의 아름다우심을 찬양하게 하시며, 성가로 영광을 드리니 은총을 내려 주시옵소서.

제직 | 주님의 교회를 위해서 충성스런 일꾼들을 세워주셨음에 감사드립니다. 주님께서 충성스럽게 여기신 제직을 위하여 간구하오니, 이제와 같이 앞으로도 더욱 선한 일을 사모하게 하시옵소서. 귀한 종들이 자신의 직분에 순종해서 교회와 목회자를 받드는데 최선을 다하고 섬기는 일에 앞장서게 하시옵소서.
이 모든 말씀을 예수님의 이름으로 기도드립니다. 아멘.

1월 4주

보냄을 받은 우리

"예수께서 또 이르시되 너희에게 평강이 있을지어다 아버지께서 나를 보내신 것 같이 나도 너희를 보내노라" (요 20:21)

영광 | 죄를 범했던 인생들이 그리스도 예수 안에 있는 구속으로 말미암아 하나님의 은혜로 값없이 의롭다 하심을 얻은 자가 되게 하셨음에 영광을 바칩니다. 모든 사람이 구원을 받으며 진리를 아는데 이르기를 원하심에 따라 저희를 구원해 주신 사랑을 감사드립니다.

회개 | 지난 시간에, 주님의 뜻대로 살겠다고 기도하고 예배당을 떠났으나 살아온 발자취에는 죄의 걸음이었으니 용서하시옵소서. 성령님의 물로 씻어주시던지, 성령님의 불로 태워주시던지 저희들의 죄를 없애 주시옵소서. 그 은혜로 저희들의 눈이 밝아지고, 마음은 정결하게 되기 원합니다. 교만한 자아의 무릎을 꿇게 하시고, 강퍅했던 마음은 녹아지게 하옵소서. 새롭게 빚어지는 은혜를 허락하시옵소서.

예배 | 시온에 계신 하나님, 열방에 하나님을 나타내는 이 시간을 온전히 여호와를 영화롭게 해드리는 순간으로 이끌어 주시옵소서. 예배의 인도를 위하여 부름을 받은 사역자들이 겸손한 마음으로 헌

신하게 하시옵소서. 아론의 후손이 되어 예배의 진행을 돕는 그들이 먼저 거룩한 모습으로 자신을 바치게 하시고, 여호와의 은혜와 자비로 그들이 세워지고, 모인 성도들이 예배할 때, 온 교회가 주의 영광을 선포하게 하시옵소서.

설교 | 오늘도 이 땅의 사람들에게 찾아 오셔서, 잃어버린 자들을 부르시는 말씀을 듣게 하심을 즐거워합니다. 목사님의 설교를 진리의 빛과 은총의 향기로 가득 채워주시고 삶의 용기와 지혜를 다시 얻게 하여 주시옵소서. 목사님의 입술을 통하여 말씀이 전해질 때, 저희들의 심령을 새롭게 하시는 하나님의 말씀만 선포되기 원합니다.

속죄 | 자비로우신 하나님, 하나밖에 없으신 아들, 예수님으로 말미암아 이 세상에 강림하셨음에 찬양을 드립니다. 세상에 오신 주님의 삶은 저희를 위하여 지극히 거룩한 곳으로 열려진 길이었습니다. 주님의 십자가에 달려 피 흘리시고 돌아가심은 저희의 모든 죄를 대신 지고 가시는 사랑이셨습니다.

신유 | 지금, ○○ 교회의 가족들에게 건강의 은혜를 주시기 원합니다. 질병의 그늘 아래에서 고통 가운데 있는 이들에게 주님의 얼굴을 향하여 주시옵소서. 자기 백성들이 질병으로 고통을 받는 것을 원하지 않으시는 하나님을 저희들은 믿고 있습니다. 그들이 눈물로 기도하는 병상에서 여호와 우리 하나님의 거룩하심이 선포되기 원합니다. 이 모든 소망을 예수님의 이름으로 기도드립니다. 아멘.

2월 1주

충성되이 여기시는 주

"나를 능하게 하신 그리스도 예수 우리 주께 내가 감사함은 나를 충성되이 여겨 내게 직분을 맡기심이니" (딤전 1:12)

찬송 | 사랑의 하나님, 오늘은 벌써 새로운 달을 맞이하는 첫 주일입니다. 주님의 친절한 팔에 안겨서 지내왔던 삶에 감사드립니다. 죄인 되었던 저희를 주 예수님 안에서 하나님의 의가 되게 하시려고 예수님을 십자가에 내어주신 여호와께 찬송을 드립니다.

회개 | 지나온 날들을 생각해 볼 때, 얼굴이 붉어집니다. 하나님께서는 저희를 사랑하셨으나, 저희들은 주님 앞에서 살아오지 못하였습니다. 지난 시간의 잘못된 일들에 대하여 회개하오니 용서해 주시옵소서. 잘못된 일들을 보면서도 불의한 일이라고 용감하게 말하지 못하였음을 용서하시고, 한번 가면 다시 오지 않는 주님의 시간에 쓸데없는 일에 몰두한 채 주님의 일을 찾지 않았던 죄를 용서해 주시옵소서.

예배 | 영광을 받으셔야 하는 하나님, 하나님의 은혜로 오늘 이렇게 교회에 모일 수 있게 하셨습니다. 여기에 모인 이들로 주님을 경배하게 하시옵소서. 영과 진리로 입을 벌려 주님의 위대하심을 찬송하

게 하시옵소서. 오늘도 예배의 순서를 맡아서 섬기는 종들에게 은혜를 내려 주시고, 그들의 헌신으로 예배는 더욱 경건해지고, 성도들은 영광의 자리로 들어가기 원합니다.

설교 | 목사님께서 말씀을 증거하실 때, 하나님의 능력과 은혜가 드러나게 하시옵소서. 성령이 저희를 이끌어 '아멘'으로 말씀을 듣게 하소서. 지금, 하나님께서 저희에게로 오셔서, 들려주시는 음성으로 들을 수 있도록 이끌어 주시옵소서. 그 말씀을 받아 그대로 따르는 삶을 살아드리려 다짐하게 하시옵소서.

구습 | 이제, 우리 민족의 명절인 설을 맞이합니다. 저희들은 주님의 피로 새 사람이 되었으니, 설의 명절에 옛 사람으로 돌아가지 않도록 지켜 주시옵소서. 전에, 죄에게 종노릇을 하던 때 일삼았던 일들을 거절하게 하시며, 주님 앞에서 자신을 깨끗하게 하도록 은혜를 주시옵소서.

2월의 결단 | 간구를 들으시는 주여, 얼어붙은 눈이 대지의 기온을 빼앗아 가지만 봄이 오고 있음을 느끼게 하심으로써 저희들도 천국에 소망을 두게 하심을 감사합니다.
매서운 눈보라 속에서도 대지의 생명들이 움을 트듯, 어떤 고난이 닥쳐와도 충성된 종이 되어 직분을 감당함으로써 이기게 하시옵소서. 각자가 받은 은사에 따라 섬김을 다하는 삶이 되게 하시옵소서. 이 모든 원함을 예수님의 이름으로 기도드립니다. 아멘.

2월 2주

택하심을 굳게 하라

"그러므로 형제들아 더욱 힘써 너희 부르심과 택하심을 굳게 하라 너희가 이것을 행한즉 언제든지 실족하지 아니하리라" (벧후 1:10)

감사 | 태초부터 계셔서 우주 만물로부터 영광을 받으시는 하나님께 감사드립니다. 전에는 하나님의 백성이 아니었던 저희를 백성으로 삼아주시고, 알지도 못했던 긍휼을 얻게 하셨음에 감사드리게 하시옵소서. 예배하러 나온 성도들이 주님의 자비하심에 감사하게 하시옵소서.

회개 | 주님은 저희들의 어리석음을 아시니, 저희들을 가르쳐 기도하게 하소서. 주님은 저희들의 연약함을 아시니, 저희들을 가르쳐 굳세게 되는 힘을 구하게 하시옵소서.
주님은 저희들의 교만을 아시니, 저희들을 가르쳐 겸손을 배우게 하시옵소서.

예배 | 오 주 하나님, 저희들의 찬송에 귀를 기울이사 영광을 받아 주옵소서. 주님의 영화로우심을 찬미하는 경배를 받아 주시옵소서. 예배의 모든 순서가 아버지 하나님을 바르게 경배하는 것이 되게 하시옵소서. 예배의 순서를 위해서 헌신된 종들에게 은혜를 더하시고,

저들이 성령님의 감동하심에 따라 섬기게 하시옵소서. 이제, ○○교회의 온 성도들은 이 예배로 주님을 맞아드리려 합니다.

설교 | 오늘도 목사님을 세워주심에 감사드립니다. 연약한 영혼을 위해서 생명의 말씀을 준비하게 하셨으니 정말로 감사합니다.
구원에 이르는 진리의 말씀으로 저희들의 부족함을 가르쳐 주옵소서. 주님께서는 이미 저희의 부족함을 아십니다. 강단의 은혜로 가르치셔서 그리스도의 장성한 분량에 이름에 모자람을 채울 수 있게 하시옵소서.

선교-선교사의 가족 | 오늘도 선교사님들이 복음의 순수한 빛을 가지고 온 땅에 퍼져 있는 민족들에게 복음을 전할 때, 함께 해 주시옵소서. 그들이 전하는 복음으로 주님의 잃어버린 양들을 돌아오게 하시옵소서. 모든 위험 가운데 복음을 전파하는 그들을 보호하여 주시고, 모든 환란 중에서 인도해 주시기 원합니다. 능력의 크신 팔로그의 가족도 지켜 주시옵소서.

신앙의 목표 | 사랑의 하나님, 이제, 저희들은 어느 곳에 있든지, 마음과 성품 그리고 힘을 다하여 주님께만 이끌리게 하시옵소서.
이 달에는 ○○ 교회의 성도들에게 여호와를 가까이 하고 그 계명을 지켜 순종함에 이르기를 소망하게 하시옵소서. 계명을 지킴으로써 하나님을 향하게 하시고, 심령의 어두운 눈을 열어 주님과 동행하는 삶을 살게 하시옵소서. 예수님의 이름으로 기도드립니다. 아멘.

2월 3주

그의 나라와 그의 의

"나라가 임하시오며 뜻이 하늘에서 이루어진 것 같이 땅에서도 이루어지이다" (마 6:10)

송축 | 오늘은 부활로 승리의 날입니다. 주님을 사랑하는 저희들을 불러 주시니 오직 주님을 기쁘시게 해드리는 예배가 되게 하시옵소서. 허물을 여호와께 자복하도록 감동하시며, 하나님 앞에서 죄악을 숨기지 않도록 해주시는 은혜의 이름을 높여드립니다.

회개 | 돌이켜 보매, 저희들의 행한 것은 죄 뿐이었음을 고백합니다. 하나님 앞에서 살면서 감사하지 못하였고, 하나님의 것에 대하여 거룩하게 여기지 못했음을 용서하시옵소서.
저희들이 살았던 시간과 살면서 사용하였던 재물, 그리고 저희 자신의 생명도 여호와의 것이었음을 잊고 지냈음을 자복합니다. 보혈의 은혜로 깨끗하게 하시옵소서.

예배 | 사랑의 하나님, 아버지께서 다스리시는 시간 속에서 저희들을 지켜 주셨음에 감사드립니다. 날마다 좋은 것들로 저희를 만족하게 하시니, 찬양으로 영광을 드립니다. 새벽 이슬보다 아름다운 이들이 예배드립니다. 솔로몬처럼 믿음으로 예배하는 ○○교회가 되

기 원합니다. 삶의 주인이 되시는 하나님께 저희들의 모든 것을 드리게 하시옵소서. 주님의 시간에 하나님을 찬양하는 삶의 예배가 되게 하시옵소서.

설교 | 말씀하시는 하나님, 설교를 준비하신 목사님에게 성령의 능력이 더해지기 원합니다. 하나님의 지혜로 말씀을 증거하게 하시기 원합니다. 저희들은 왕 앞에 선 신하와 같이 말씀을 듣게 하옵소서. 우둔한 귀를 열어서 듣게 하사, 주님을 위해 살겠다는 다짐을 허락하시옵소서. 그 말씀으로 교회를 떠나가기 전에 새로워지는 결단을 하게 하시옵소서

성화 | 예배를 마치고, 세상으로 나가서 살 때, 보냄을 받은 일꾼처럼 순종하기 원합니다. 저희들의 입으로, 손이나 발로 하나님의 나라가 이 땅에서 이루어지도록 쓰임을 받는 일꾼들이 되게 하시옵소서. 결코 지난 주간의 삶을 반복하는 새로운 주간이 되지 않아, 옛사람의 생활을 거절하는 용기를 갖고 교회의 문을 나서게 하시옵소서.

제직 | 교회를 위하여 제직을 세우시고, 봉사하는 직분을 주셨으니, 저들이 즐거움으로 감당하게 하옵소서. 담임 목사님과 여러 목사님들을 도와 ○○ 교회의 사명이 아름답게 감당되도록 봉사하는 은혜를 주시옵소서. 성도들을 제 몸처럼 여겨 섬기는 일에 자원하는 일꾼이 되게 하옵소서. 특히 더러운 이익을 구하지 않게 하시옵소서. 이 모든 말씀을 예수님의 이름으로 기도드립니다. 아멘.

2월 4주

은혜의 복음 증거

"나의 달려갈 길과 주 예수께 받은 사명 곧 하나님의 은혜의 복음 증거하는 일을 마치려 함에는 나의 생명을 조금도 귀한 것으로 여기지 아니하노라" (행 20:24)

영광 | 큰 영광의 주이신 하나님, 한 주간 동안에 분주하게 지냈던 주님의 백성들이 고개를 들어 하나님을 맞이하게 하시옵소서. 언약과 진리를 지키는 이들에게는 언제나 인자와 진리인 여호와의 길로 인해서 영광을 바칩니다. 이 예배당이 여호와의 영광이 가득차서 저희들이 예배하게 하시옵소서.

회개 | 오만함으로 얼룩진 저희들은 이미 하나님께서 받으실만한 예배를 드릴 자격을 잃었습니다. 사실, 하나님의 영광을 위해 살겠다는 말을 얼마나 많이 하였는지요.
주님을 기쁘시게 하겠다는 말을 자신있게 하기도 하였지요. 저희들의 더럽기 짝이 없는 죄를 회개하고, 새 사람으로 태어나려 모였습니다.

예배 | 이 시간에 예배하러 주의 백성들이 모인 이 교회에 하나님의 영광이 충만하기를 소원합니다. 찬양으로 영광을 드리는 동안에 예수님의 사랑이 주는 아름다움을 새롭게 발견하려는 소원을 품게 하

시옵소서. 오직 하나님께는 영광이 되고, 저희들의 메마른 심령이 성령님의 단비와도 같은 역사로 사막에서 꽃이 피는 것을 보게 하시고, 생수가 흘러넘침을 누리게 하시옵소서.

설교 | 목사님의 입술을 통하여, 준비된 말씀에 성령님의 역사가 크게 나타나기 원합니다. 하나님께서 말씀하시는 시간에 저희들은 왕 앞에 선 신하와 같이 말씀을 듣게 하옵소서. 두렵고도 떨리는 심정으로 말씀을 받을 때, 생명의 진리로 새 힘을 얻게 해 주시옵소서. 주님의 뜻을 이루어 드리기 위해 살아가겠다는 각오를 하기 원합니다.

신유 | 오늘도 ○○ 교회의 식구들에게 건강한 삶을 살아가도록 도와주옵소서. 갑작스럽게 찾아온 질병으로 인하여 병상에 눕게 된 이들을 어루만져 주시옵소서. 맹인을 눈 뜨게 하고, 상처받은 이들을 자유케 하시는 하나님의 긍휼을 내려 주시옵소서. 병자의 손을 잡으시고, 불쌍히 보시고 낫게 하셨던 주님의 얼굴을 저희들에게 돌려주시옵소서.

이웃-세계 | 나라와 민족이 땅이나 바다로 서로 연결되어 있듯이 주님의 사랑으로 하나 되기 원합니다. 모든 나라가 자기의 이익만을 바라지 않고, 함께 살아가는 공익을 바라보게 하시옵소서. 저희들의 기도가 세계의 평화와 모든 민족의 이익을 위해서 헌신하려는 열의로 채워지도록 이끌어 주시옵소서. 이 모든 소망을 예수님의 이름으로 기도드립니다. 아멘.

3월 1주

우리가 의지하는 성호

"우리 영혼이 여호와를 바람이여 그는 우리의 도움과 방패시로다 우리 마음이 그를 즐거워함이여 우리가 그의 성호를 의지하였기 때문이로다" (시 33:20-21)

찬송 | 갇힌 자를 해방시켜 주시는 하나님을 찬양합니다. 의인을 사랑하시는 하나님의 이름을 높여 드립니다. 압박당하는 자를 위하여 공의로 판단하시는 하나님을 온 세상에 선하려는 이 시간에 하나님의 값없는 은혜로 여전히 저희들의 죄를 용서하시고, 주님 앞으로 나오게 하셨음에 찬송을 드립니다.

회개 | 오직 나라의 주권회복을 위해서 헌신했던 선조들을 따르려는 소원을 품지 않았던 죄를 고백합니다. 주 안에서 나라를 사랑하는 저희들이 되어야 하지만, 자신을 사랑하기에 급급했던 죄를 용서해 주시옵소서. 저희를 새롭게 하사, 주님께서 주신 조국에 대한 사랑으로, 저희들의 가슴이 뜨거워지게 하시옵소서.

예배 | 놀라운 사랑의 하나님, 오늘, 예배하러 나아오면서 하나님께서 용기를 주셔서, 믿음의 선조들이 일제의 총과 칼 앞에서 조금의 굽힘이 없이 독립운동을 하게 하셨던 것을 기억합니다.
우리 민족을 사랑하신 하나님을 경배하며, 이 나라와 이 백성들을 위해 간구하는 예배가 되기 원합니다. 이 민족을 구원하신 하나님의 놀라우심을 찬양하며 예배하게 하시옵소서.

설교 | 설교하시는 목사님께 하늘의 문을 열어 능력을 더하여 주시고, 말씀을 들을 때, 두려움과 경외함이 있게 하시옵소서. 하늘 우레의 말씀으로 듣게 하셔서. 그 말씀으로 이 시대를 살아가는 저희들이 되게 하소서 진리의 바람이 불어와 잠자던 심령을 깨워주시옵소서.

삼일절 기념주일의 간구 | 저희를 위해 큰 일을 이루신 하나님, 저희 선조들이 주 안에서 나라를 사랑하고, 나라를 위하여 목숨을 내던지게 하심으로 독립운동에 헌신하게 하신 하나님의 손길을 찬양합니다. 지난날에는 선조들이 구국운동에 몸을 던졌으나, 오늘에는 기도로 나라를 구하게 하시옵소서. 하나님이 나라를 불쌍히 여겨 주심을 바라던 선조들의 기도를 저희들이 잇게 하시옵소서.

3월의 결단 | 집 안에도 봄의 따스함이 들어오는 요즈음에, 저희들의 심령에도 소성케 해 주시는 생명의 따스함이 전해지기 원합니다.
이 한 달 내내 생명을 예찬하는 삶이 되게 하옵소서. 삼일 만세 운동의 감격이 온 민족의 가슴을 덮음처럼 하나님의 은혜로 이 민족이 새로워짐을 위해 기도하게 하시옵소서.
이 모든 원함을 예수님의 이름으로 기도드립니다. 아멘.

3월 2주

하나님의 은혜를 깨달은 날부터

"이 복음이 이미 너희에게 이르매 너희가 듣고 참으로 하나님의 은혜를 깨달은 날부터 너희 중에서와 같이 또한 온 천하에서도 열매를 맺어 자라는도다" (골 1:6)

감사 | 지금도 죄악을 사우하시고, 인애를 기뻐하심으로써 노를 품지 않으시는 여호와의 은혜에 감사드립니다. 이 시간의 예배에서 저희를 받으시고, 주님의 사람으로 만들어 주시기 원합니다. 성도로 세상에 내어보내질 수 있도록 만들어 주시기 원합니다.

회개 | 이 거룩한 자리에서 저희들을 받아 주옵소서. 저희들의 모자라기 그지없는 모습을 주님께 내어 놓습니다.
사순절의 기간을 보내면서 주님의 십자가를 바라보았어야 했으나 그렇게 하지 못했습니다. 이 기간에도 여전히 먹고 사는 일, 자신의 유익을 구하는 것에 분주했던 행실을 용서하시옵소서.

예배 | 찬송과 영광의 주인이 되시는 하나님, 오늘도 부족한 저희들을 불러 주신 하나님을 높여 드립니다. 이 자리에 나올 수 있도록 용기를 주시고, 이끌어 주신 사랑 앞에 저희들 자신을 드립니다.
저희들의 모습 그대로가 예물로 드려지기 원합니다. 예배사역자들의 헌신을 통해서 더욱 영화롭고, 은혜가 충만한 경배를 바치게 하시옵소서. 그들의 거룩함과 성도들의 전심으로 드리는 예배로 말미암아 하나님의 영광이 드러나기 원합니다.

설교 | 생명의 양식을 베푸시는 여호와여, 목사님을 통하여 말씀을 준비하게 하신 것 감사드립니다. 종의 입을 빌려서 선포되는 주님의 말씀을 듣게 하시기 원합니다. '아멘'으로 받고 결단으로 새롭게 거듭나는 설교가 되게 하시옵소서. 그에게 성령의 능력이 더하여, 여기에 모인 이들이 모두 듣게 하시옵소서.

찬송생활 | 여호와의 은혜를 누리는 ○○교회의 권속들이 찬양으로 주님과 함께 걷는 매일이 되게 하시옵소서. 주님의 영화로우심을 찬양하게 하소서. 주님의 아름다우심을 찬양하면서 자신의 일에 힘을 쏟게 하시옵소서.
찬송의 삶으로 인해 의롭게 해 주시고, 부활하심으로 말미암아 승리의 보장이 되어 주신 주님께 찬양을 드리기 원합니다.

신앙의 목표 | 이 달에는 ○○ 교회의 성도들에게 사랑의 생활에 힘쓰게 하옵소서. 주님의 영광을 드러내며, 하늘나라의 일꾼답게 살아가도록 새롭게 하시옵소서. 저희들이 재물을 드릴 때도, 하나님을 사랑하는 표현이 되게 하소서. 값을 치루는 것처럼 드리는 일이 되지 않기 원합니다. 저희 자신을 예물로 드리는 표현이 되게 하시옵소서. 이 모든 간구를 예수님의 이름으로 기도드립니다. 아멘.

3월 3주

우리 죄를 담당하신 그리스도

"친히 나무에 달려 그 몸으로 우리 죄를 담당하셨으니 이는 우리로 죄에 대하여 죽고 의에 대하여 살게 하려 하심이라 그가 채찍에 맞음으로 너희는 나음을 얻었나니" (벧전 2:24)

송축 | 여호와의 은혜가 거룩함을 온전히 이루게 하시고, 육과 영의 온갖 더러운 것에서 깨끗하게 하심에 하나님의 이름을 높입니다. 저희들이 이 예배에 참여하므로 주님의 겸손한 제자가 되게 하시고, 주님의 고난을 당하심이 인생을 위한 것이었음에 감사로 예배하게 하시옵소서.

회개 | 십자가를 바라보게 하시는 하나님, 저희의 죄가 죄 없으신 하나님의 아들을 죽게 했건만 또 다시 죄를 지은 저희였습니다.
이 시간에, 죄를 고백하면서 저희들을 사랑하시는 주님 앞으로 나옵니다. 참으로 죄 가운데 태어나서, 알면서도 죄를 지어온 저희들을 용서하시옵소서. 여기에, 죄를 지은 사실을 애통해 하며, 주님을 사랑해드리는 제자가 되고자 모였습니다.

예배 | 저희들의 허물 때문에 예수님께서 찔리셨음을 감사하며, 구원을 베풀어 주신 하나님을 찬양합니다. 오늘은 하나님의 아들이 고난당하셨음을 기억하며 예배 드리니 오직 하나님만 영광을 받으시

기 원합니다. 저희들의 죄악 때문에 상하신 주님을 기억하며 예배하게 하시옵소서. 겸손한 마음으로 예배드리오니 받아 주시옵소서.

고난주일의 간구 | 주님께서 저희들에게 오신 것처럼, 저희들이 변화된 손과 발, 마음으로 불쌍한 이웃에게로 가게 하시옵소서. 저희들의 몸은 주께로부터 받았으니 세상을 향하여 용감하게 나아가게 하소서. 저희들에게 나아감을 실천할 수 있는 용기를 주시옵소서. 이 시간에 주님의 고난에 참여함으로 주님의 참 제자가 될 수 있도록 도와주시옵소서. 저희들의 손과 발이 깨끗하고 마음이 겸손해지기 원합니다.

제직 | 이 교회를 위하여 세우신 제직을 위해 간구합니다. 하나님이 나라와 교회를 위해서 거룩하게 구별된 이들이니, 저들의 아름다운 봉사를 보면서 성도들이 거룩한 삶에 도전하도록 해주시옵소서.
교회 안에서는 성도들을 잘 대접하고, 교회가 해야 할 일에 먼저 나서도록 하옵소서. 하나님과 교회를 위하여 수고할 때마다 하늘의 문이 열려 땅의 기름짐을 누리게 하시옵소서.

사회 | 이제, 우리 사회의 어디에서나 예수님의 사랑으로 정의가 꽃을 피우게 하시옵소서. 주님을 믿는 저희들이 먼저, 하나님의 정의를 실천하는 일꾼들이 되도록 이끌어 주시옵소서.
그리하여, 참 정의는 예수님의 사랑임이 드러나는 사회로 이루어 주시옵소서. 이 모든 말씀을 예수님의 이름으로 기도드립니다. 아멘.

3월 4주

부활이요 생명이신 예수

"예수께서 이르시되 나는 부활이요 생명이니 나를 믿는 자는 죽어도 살겠고 무릇 살아서 나를 믿는 자는 영원히 죽지 아니하리니 이것을 네가 믿느냐" (요 11:25-26)

영광 | 불의를 긍휼히 여기시고, 저희의 죄를 다시는 기억하지 않으시는 하나님께 영광을 바칩니다. 여호와를 예배하는 영화로운 자리에 나아오게 하셨음에 합당한 영광을 드리게 하시옵소서. 주님의 품에 안겨 항상 그 이름에 영광을 드리게 하시옵소서.

회개 | 예수님을 십자가에 달려 죽게 하신 하나님, 승리의 찬송을 불러야 하는 저희들의 마음이 죄로 얼룩져 있음을 고백합니다. 욕심 때문에 가까운 이들을 시기하며 투기해야 하였고, 자신의 이익 때문에 거짓된 행실도 서슴지 않았음을 용서하시옵소서.
언제나 주님의 마음에 드시는 시간들로 삶을 채울 수 있을까요? 마음은 원하지만 그렇게 따르지 못함을 불쌍히 여겨 주시옵소서.

예배 | 이기신 주님을 찬양하면서 부활절의 이 아침을 열기 원합니다. 그리스도께서 죽은 자 가운데서 다시 살아나셔서 잠자는 자들의 첫 열매가 되셨음을 찬양합니다. 예수님의 다시 사심으로 요나의 표적을 보여 주신 주님을 높입니다. 오늘, 저희 모두의 입술로 영광을

받으실 주님을 기뻐하며 찬양하는 가운데 예배가 드려지기 원합니다.

설교 | 말씀을 준비하여 강단으로 오르신 목사님을 축복합니다. 오늘도 저희들을 위하여 진리의 말씀을 주심에 감사드립니다. 선포되는 말씀을 듣는 순간에 마음을 다하고, 성품을 다하여 여호와를 순종하겠다는 각오를 갖게 하시옵소서. 그 말씀이 천국 시민의 계명이 되고, 법도가 되며, 율례가 되게 하시옵소서.

부활절의 간구 | 저희를 위해 수난을 당하셨던 그날들을 생각하면서 지냈어야 했건만 그렇지 못하였던 한 주간의 삶이었음을 고백합니다. 이제는 주님께서 이기신 것처럼 저희들에게도 승리가 있기 원합니다. 예수님의 이름으로 세상의 죄악 된 일들과 싸워 이기게 하시옵소서. 주님의 부활이 저희에게 이김을 확증하오니 겁내지 말고, 마귀의 유혹을 물리치고, 저희도 승리한다는 담대함으로 나아가게 하심을 믿습니다.

신유 | 여호와의 치료하시는 은혜로 ○○ 교회의 지체들이 연약함으로부터 놓여나기 원합니다. 이 시간에 병든 이들을 바라보시고, 치유의 말씀을 해주시며, 성령님의 만져주심으로 살리시는 주님의 영광을 보게 하시옵소서. 잃었던 건강을 찾고 즐거워하는 것이 하나님의 뜻임을 믿습니다. 인자하신 얼굴로 치료하시는 은혜를 입게 하시옵소서. 이 모든 말씀을 예수님의 이름으로 기도드립니다. 아멘.

3월 5주

네게 아름다운 옷을 입히리라

"여호와께서 자기 앞에 선 자들에게 명령하사 그 더러운 옷을 벗기라 하시고 또 여호수아에게 이르시되 내가 네 죄악을 제거하여 버렸으니 네게 아름다운 옷을 입히리라 하시기로" (슥 3:4)

감사 | 자비로우신 하나님, 지난 한 주간에도 주님이 저희들과 함께 하셨음을 감사드립니다. 오늘도 예수님의 보혈로 씻어 주시고, 주님의 찬양하도록 교회로 불러 주신 은혜에 감사드립니다. 베풀어주신 은혜에 감사하러 모인 이 모임에서 주님의 이름은 높여지고, 하나님은 영광을 받으옵소서.

회개 | 하나님께서는 잠시도 저희들의 곁을 떠나지 않으셨지만, 저희는 주님의 곁을 떠났습니다. 저희의 욕심이 주님의 말씀에 순종하기를 거절하게 하였습니다.
저희의 이기적인 사랑이 소금과 빛으로 살아야 하는 생활을 멀리하였습니다. 하나님을 두려워하지 않고 살았던 지난 시간의 삶을 용서하여 주시옵소서.

예배 | 주님의 이름으로 모였사오니, 하나님께 합당한 예배를 드리기 원합니다. 성령님께서 저희들의 마음을 다스리셔서, 하나님께서 기뻐 받으시는 예배를 드리게 하시옵소서. 귀한 지체들이 예배사역

자로 선택되어 이른 아침부터 봉사하고 있습니다. 그들 각 사람이 먼저 자신을 제물로 드리는 은혜 안에서 섬기게 하시옵소서.

설교 | 하나님의 말씀이 선포될 때, 마음의 문을 활짝 열고 듣게 하시옵소서. 목사님께서 하나님의 말씀을 전하실 때, 성령의 능력이 드러나게 하시고, 저희들은 은혜 속에서 듣기 원합니다. 하나님의 말씀에 저희 모두 아멘으로 대답하게 하옵소서. 성령의 인도하심에 따라, 우리 주님을 찬양하게 하시옵소서.

찬양대 | 이 예배를 주님을 찬양하는 축제로 만들기 위하여 애쓴 성가대원들을 기억하여 주시옵소서. 그들이 저희들을 대신하여, 주님의 영화로우심을 찬미하는 것을 받아 주시옵소서. 주님의 피로 죄를 씻음을 받아, 거룩한 모습으로 찬양을 드리기 원합니다. 그들의 찬양을 통해서 이 자리에 임하는 성령님의 충만하심을 기다리게 하시옵소서.

전도를 위한 간구 | 소원을 품도록 하시는 하나님, 주님께서 하늘로 올라가시면서, 이 땅의 사람들에게 맡기신 선교의 사명을 사랑하는 저희들이 되기 원합니다. 복음이 땅 끝까지 전해지기를 원하셔서 성령을 보내신 주님의 뜻을 깨닫게 하시옵소서. 천하보다도 귀한 생명을 구원하는 일에 헌신하는 저희들로 삼아 주시옵소서.
예수님의 이름으로 기도드립니다. 아멘.

4월 1주

행동을 달아 보시는 여호와

"심히 교만한 말을 다시 하지 말 것이며 오만한 말을 너희의 입에서 내지 말지어다 여호와는 지식의 하나님이시라 행동을 달아 보시느니라" (삼상 2:3)

찬송 | 하나님의 영광에 이르지 못했던 저희를 그리스도 예수 안에 있는 구속으로 의롭다 하셨음에 찬송을 드립니다. 거룩한 날 아침에 저희들 각 사람에게 그리스도의 선물의 분량대로 은혜를 주셨음에 찬양합니다. 주님의 십자가를 바라보면서 대속의 은총을 묵상하는 저희들에게 주님을 좇아 은혜와 평강이 있게 해주셨음을 즐거워합니다.

회개 | 인자하신 하나님, 자기의 좋은 생각에 따라 멋대로 살던 저희들이었습니다. 주님 앞에 서기만 하면, 저희는 자신 속에 있는 교만과 미움을 봅니다. 또한 완악함으로 가득 찬 마음을 감출 수 없음을 고백합니다. 저희들을 둘러싸고 있는 증오와 다툼 그리고 죄악이 가득함을 봅니다. 주님의 사랑과 긍휼로 이 더러움을 깨끗이 씻어 주시옵소서.

예배 | 이 시간에 예배하러 교회에 들어설 때, 찬란한 햇빛은 주 하나님을 찬양을 드리게 합니다. 눈부신 햇빛은 저희들을 향하신 하나님

의 사랑을 알게 합니다. 어디 그뿐인가요? 저희의 생명을 건강하게 지켜 주는 바람과 공기도 주님의 사랑을 느끼게 합니다. 좋은 자연을 베푸신 하나님께 찬양을 드립니다.

설교 | 주님의 말씀을 생명의 양식으로 받아 심령이 배부르게 하옵소서. 그 말씀으로 새 생명을 얻은 기쁨 속에 살아가는 저희들이 되게 하시옵소서. 사랑을 받는 주님의 자녀들이 모여 말씀을 받고, 응답하기 원합니다. 진리의 말씀에 하나님은 영광을 받으시고, 저희들은 더욱 겸손히 무릎을 꿇게 하시옵소서.

나무 | 영광의 주인이 되실 하나님, 식목일에 즈음해서 이 땅 곳곳에서는 나무를 심는 일이 벌어지고 있습니다.
새 봄을 맞이해서 나무를 심어 황폐한 땅을 푸르게 하려는 때, 저희들의 영혼을 돌아보기 원합니다. 하나님 앞에서 좋은 나무로 심기고, 자라서 아름다운 열매를 맺으려는 소망을 갖게 하시옵소서.

4월의 결단 | 주 예수님께서 십자가에 달려 피를 흘려 죽으시고, 죽음의 권세를 이기셔서 다시 사신 감격으로 살아가게 하시옵소서. 주님께서 사람들에게 죽임을 당하신 것으로 끝났다면, 이 달은 잔인한 계절이겠으나 부활하셨으니 승리의 계절입니다. 죽음을 이겨 부활의 첫 열매가 되신 때에 주님의 승리를 찬송하면서 지내게 하시옵소서. 이 모든 원함을 예수님의 이름으로 기도드립니다. 아멘.

4월 2주

여호와의 이름에 합당한 영광

"여호와의 이름에 합당한 영광을 그에게 돌릴지어다 제물을 들고 그 앞에 들어갈지어다 아름답고 거룩한 것으로 여호와께 경배할지어다" (대상 16:29)

감사 | 흠 없고, 점 없는 어린양 같은 주님의 피로 구속받게 하신 하나님의 자비에 감사드립니다. 생명을 살리시는 말씀으로 소성케 해 주심의 은총을 입은 주님의 자녀들이 하나님의 이름 앞에 머리를 숙입니다, 주님의 도로 말미암아 새 힘을 얻게 하시는 하나님의 이름을 기리는 복된 예배가 되게 하시옵소서.

회개 | 지금, 저희들의 죄를 고백합니다. 하나님께서는 저희를 사랑하셔서, 지키고 따라야 하는 말씀을 주셨으나, 말씀에 따르지 못했던 지난 생활을 회개합니다. 하나님의 나라와 의를 구하면서 살아야 했는데, 오히려 유혹에 이끌리고, 욕심으로 말미암아 죄를 지으며 살았습니다. 참으로 뉘우치오니, 하나님의 인자하심으로 용서하여 주시옵소서.

예배 | 전능하신 하나님, 여기에, 하나님의 은혜로 살아온 지체들이 모여 하나님을 경배합니다. 저희의 작은 가슴들을 크게 벌려서 아버지의 영광을 찬양하며, 예배드립니다. 믿음으로 드리는 예배를 받아

주시옵소서. 이 자리에 모인 저희들에게, 신령과 진정으로 예배드릴 수 있게 하시옵소서. 하나님의 거룩하심에 맞는 경배를 드리게 하시옵소서.

설교 | 목사님을 통해서 준비된 하나님의 말씀에 귀를 기울이고, 순종으로 응답하게 하시옵소서. 그가 하나님의 말씀을 전하실 때, 성령의 능력이 드러나게 하시고, 저희들은 은혜 속에서 듣기를 원합니다. 하나님의 말씀에 저희 모두 아멘으로 대답하게 하시옵소서.
그 말씀이 선포될 때, 주님의 백성들이 하나님께만 거룩함을 나타내게 하시옵소서.

찬양 | 저희들이 주님을 찬양할 때, 이 자리는 하나님의 자녀들에게 기쁨이 있는 잔치의 자리가 되기 원합니다. 여호와 하나님을 즐거워하며 찬송할 때, 홀로 하나님께만 영광이 드려지고, 사탄의 궤계가 틈을 타지 않게 하시옵소서. 예배를 영화롭게 하기 위해서 열심히 준비한 성가대원의 찬양에 하늘의 천군과 천서가 화답하게 하시옵소서.

신앙의 목표 | 사랑의 하나님, 이 달에는 ○○ 교회의 성도들에게 희락의 생활에 힘쓰게 하시옵소서. 예수님의 보혈로 죄를 씻음 받아서 거룩한 자가 된 기쁨을 가지고 살아가게 하시옵소서. 하나님을 아버지로 삼아 날마다 만족하게 해주심을 바라보는 기쁨으로 지내게 하시옵소서. 이 모든 간구를 예수님의 이름으로 기도드립니다. 아멘.

4월 3주

분깃을 동일하게 주시는 여호와

"이 일에 누가 너희에게 듣겠느냐 전장에 내려갔던 자의 분깃이나 소유물 곁에 머물렀던 자의 분깃이 동일할지니 같이 분배할 것이니라 하고"
(삼상 30:24)

송축 | 사랑의 하나님, 악한 길에서 떠나 스스로 겸비해서 기도하면, 죄를 용서하시고, 그 얼굴을 저희에게로 향하시는 하나님의 이름을 높여드립니다. 위대하신 주님을 송축하면서 예배를 엽니다. 오직 크신 주님께 영광을 드리는 예배가 되게 하시옵소서.

회개 | 저희들은 하나님보다도 자신을 즐겁게 하는 삶에만 관심을 기울인 나머지 죄를 지었던 것을 고백합니다. 마땅히 하나님께 영광을 드려야 할 것을 저희의 기쁨으로 가로챘었습니다.
자유스러운 몸과 사랑하는 부모님 그리고 가족의 단란함을 통하여 하나님께 감사하지 못하였음을 용서하시옵소서. 여러 가지의 일들 속에서 하나님의 도우심을 기억하지 못하고 지나쳤음을 용서하시옵소서.

예배 | 믿음의 지체들이 오늘 주의 이름으로 다시 모이게 하시니 감사드립니다. 하나님은 지난 주간에도 저희들과 함께 하셨습니다. 오늘, 저희들은 장애인들을 사랑하면서 예배드리기 원합니다. 이 자리

가 주님의 성령의 충만하여 하나님의 영광만을 선포하게 하시옵소서.

설교 | 오늘의 예배에서도 말씀을 듣게 하시니 감사드립니다. 저희 교회와 성도들이 꼭 듣고, 순종해야 할 말씀이 선포되게 하시옵소서. 그 진리의 은혜를 통해서 다른 사람의 도움이 없이는 살아가기 힘든 고아와 과부를 돌아보시는 하나님을 배우게 하시옵소서. 오늘의 짧은 시간의 예배의식으로만 장애인들을 사랑하려 하지 않기 원합니다.

장애인 선교 주일 | 참으로 좋으신 하나님, 자비로우신 하나님께서 장애인들을 특별히 아끼시는 것을 깨닫습니다.
저희들로 하여금 장애인들을 돌아보게 하시고, 작은 사랑으로 그들을 섬기게 하시니 참 감사드립니다. 저희들이 거저 하나님의 도우심을 받기에, 장애인들을 거저 도울 수 있도록 마음을 열어 주시며, 주님의 손과 발이 되어 그들을 이웃으로 섬기게 하시옵소서.

제직 | 제직의 봉사로 ○○ 교회가 날로 부흥되고 있음에 감사드립니다. 교회의 사명이 되는 예배와 가르치는 일, 전도와 구제를 위해서 자신에게 있는 것을 다 드려온 그들에게 앞으로도 그렇게 하실 수 있는 은혜를 주시옵소서. 목사님의 목회방침을 잘 알아서 도와드리는 동역자요, 신실한 일꾼이 되게 하시고, 모든 일에 충성하도록 하시옵소서. 예수님의 이름으로 기도드립니다. 아멘.

4월 4주

저 사람들에게 복음을 전하라

"바울이 그 환상을 보았을 때 우리가 곧 마게도냐로 떠나기를 힘쓰니 이는 하나님이 저 사람들에게 복음을 전하라고 우리를 부르신 줄로 인정함이러라" (행 16:10)

영광 | 저희를 하나님께로부터 낳게 하셨기에, 죄를 거절하는 담대함을 경험하게 해주시고, 악에서 지켜주신 은혜에 영광을 바칩니다. 이 복스러운 예배에서 한 마음, 한 입으로 주님께 영광 드리기를 소망합니다. 구원의 은혜를 누리게 하신 그리스도의 피를 생각합니다.

회개 | 저희들의 지난 한 주간 동안은 결코 아름답지 못하였음을 회개합니다. 주님의 보내심으로 빛이요, 소금이 되어야 했던 세상이었건만 그렇게 하지 못하였으니 용서해 주시옵소서.
못 된 행실을 고치려 하지 않았고, 죄를 지을 생각도 고의로 버리지 않았던 악함의 삶이었습니다. 육신이 연약하고 믿음이 부족하다는 핑계로 주님의 말씀대로 살지 못해서 허물뿐이니 용서해 주시옵소서.

예배 | 자비로우신 하나님, 모든 이들을 구원하시려 선교사들을 보내신 하나님을 찬양드립니다. 보내심을 받은 선교사님들이 성령충만하여 힘 있게 복음을 증거케 하시니 감사드립니다.
오늘도 예수님의 승리의 깃발이 펄럭이는 것을 바라보게 하시는 하나님의 영광을 찬양드립니다.

설교 | 말씀을 준비하여 설교를 하시는 목사님께 영력을 더해 주시기 원합니다. ○○ 교회가 말씀이 풍성하고 사랑이 넘치는 교회가 되도록 이끌어 주시옵소서. 이 한 시간 온전한 마음으로 말씀을 받게 하시고 정성된 기도를 드릴 수 있도록 성령님께서 주관하옵소서. 진리의 말씀이 넘쳐흐르는 강단을 통해 이 교회가 더욱 든든하게 하시옵소서.

하나님의 이름 | 하늘에 계신 주여, 우리에게 향하신 여호와의 인자하심을 찬송합니다. 하나님의 이름이 저희들에게 생명이 되시고, 영생이 보장이 되셨음에 즐거워하게 하게 하시옵소서. 이제는 저희들이 그 이름에 합당한 영광을 드리고, 그 이름으로 소망을 바라보며 지내게 하시옵소서. 저희들을 만족하게 하실 이름은 오직 하나님이십니다.

신유 | 질병으로부터 자유하게 하시는 은혜가 이 시간에 ○○ 교회의 성도들에게 주어지기 원합니다. 원하지 않았던 질병으로 신음 중에 있는 이들이 자신을 고통으로 몰아넣은 병에서 고침을 받고자 주님의 손길을 사모하게 하시옵소서. 모든 이들이 절망할 수밖에 없는 상황에 처해져도 주님께서 붙잡아 주시면 나음을 받을 것을 믿습니다. 이 모든 소망을 예수님의 이름으로 기도드립니다. 아멘.

5월 1주

어린 아이를 불러 세우신 예수

"예수께서 한 어린 아이를 불러 그들 가운데 세우시고 이르시되 진실로 너희에게 이르노니 너희가 돌이켜 어린 아이들과 같이 되지 아니하면 결단코 천국에 들어가지 못하리라" (마 18:2-3)

찬송 | 어린이주일의 여호와여, 주 예수님의 이름과 하나님의 성령 안에서 씻음과 거룩함 그리고 의롭다 하심을 얻게 하셨음에 찬송을 드립니다. 오늘 어린이주일에 하나님을 예배할 때, 어린이로부터 겸손을 배우며 주님과 함께 하게 고, 그들의 마음을 본받아 벳세다의 소년 같은 마음을 주시옵소서.

회개 | 저희들에게도 어린 아이 시절이 있었고, 깨끗함이 있었습니다. 그런데, 어린 아이 같이 되라는 주님의 말씀과는 멀어져 있는 저희의 모습을 감출 수 없습니다. 정직함은 온데간데없이 사라져서 얕은꾀와 거짓된 마음으로 꽉 차 있을 뿐입니다. 자신을 높이려는 교만한 마음이 있습니다. 주님을 닮지 못한 죄의 모습을 용서해 주시옵소서.

예배 | 어린이들의 하나님, 아이들을 사랑하셔서 지금도 많은 아이들이 자라게 하시는 하나님을 찬양합니다. 어린이를 천국의 주인이라 여기시며 그들을 통하여 겸손을 배우게 하시는 예수님의 이름을

찬양합니다. 오월의 푸른 하늘처럼 맑은 어린이들이 뛰어 놀게 하신 하나님을 경배를 드립니다.

설교 | 이 시대를 향한 주님의 음성을 담아내기 위해서 말씀을 전하시는 목사님도 성령으로 충만하게 하시옵소서. 강단에서 선포되는 주님의 말씀이 저희를 비추는 거울이 되어 주시기 원합니다. 저희들의 흐트러진 모습을 발견하게 하시되 어린이와 관련된 신앙의 바른 자세로 서게 하옵소서. 그 말씀이 영혼을 살리는 양식이 되기 원합니다.

어린이주일의 간구 | 나이를 먹어 다시 어린 아이로 돌아갈 수 없으나, 하나님 앞에서는 늘 어린 아이가 되게 하시옵소서. 예수님의 만져 주심을 바라서 예수님께 달려오기를 좋아하였던 어린이의 마음으로 저희의 가슴을 채워 주시옵소서. 바르지 못한 거짓으로 자신을 꾸미지 않는 어린이만의 천진스러움으로 살아가게 하시옵소서.

5월의 결단 | 푸르른 5월의 대지로 친히 초대해 주시고, 위로해 주시는 여호와 앞에서 언제까지라도 머무르고 싶은 소망을 주시옵소서. 5월의 하늘 아래에서 아이들은 무럭무럭 자라고, 저희들은 가족의 기쁨을 누리고 있으니 감사하게 하시옵소서. 주님의 백성들이 이 달에는 가족들과 함께 하며 감사로 영광을 드리기 원합니다. 부부가 사로를 대할 때, 감사하게 하시고, 자녀들을 자라게 해주심에 감사하게 하시옵소서. 예수님의 이름으로 기도드립니다. 아멘.

5월 2주

크게 즐거울 의인의 아비

"의인의 아비는 크게 즐거울 것이요 지혜로운 자식을 낳은 자는 그로 말미암아 즐거울 것이니라 네 부모를 즐겁게 하며 너를 낳은 어미를 기쁘게 하라" (잠 23:24-25)

감사 | 죄가 없으신 주 예수님의 이름을 힘입어서 죄를 용서받고 하나님의 자녀의 권세를 누리게 하셨음에 감사드립니다. 저희들에게 좋으신 부모님을 허락해 주신 하나님의 크신 사랑을 기억하며, 위대하신 하나님을 경배하는 예배하게 하시옵소서.

회개 | 죄에 매여 살았던 지난 한 주간의 삶을 회개합니다. 욕심에 이끌려 유혹을 분별하지 못하고 쾌락에 빠졌었음을 용서하시옵소서. 생각으로 지은 죄, 손의 행실을 통해서 지은 죄를 용서하시옵소서. 단호하게 거절하지 못하고, 하나님의 영광보다는 사람들을 더 살폈던 눈치를 회개합니다. 여호와의 지켜보시는 눈동자를 외면했던 죄악을 자복하고 회개하오니 주님의 보혈로 깨끗함을 얻게 하시옵소서.

예배 | 오늘은 어버이 주일로 모였습니다. 이 거룩하고 복된 날에, 저희들을 낳으시고 길러 주신 어머니와 아버지의 은혜를 새롭게 기억하며, 하나님을 예배하기 원합니다.
두 번 다시 만날 수 없는, 귀하신 부모님을 주신 하나님을 경배하면서, 아버지와 어머니께 기쁨을 드리는 자식들이 되게 하시옵소서.

설교 | 설교를 준비하신 목사님께 힘을 더하셔서 권세가 있는 말씀을 선포할 수 있게 하시옵소서. 종을 단 위에 세우셨으니, 그에게 영육간의 강건함을 주시옵소서.

오늘도 준비된 말씀을 아멘으로 받으며, 말씀에 순종하고자 하는 다짐이 있기 원합니다. 여호와를 경배하는 마음으로 말씀을 받아 하나님과 의 만남을 경험하게 하시옵소서.

어버이주일의 간구 | 어버이의 모습이 오늘의 예배 안에서 저희들에게 새롭게 보여 지기를 원합니다. 세상에 태어난 저희들이 만날 수 있는 사람들 중에 이처럼 훌륭하신 아버지와 어머니를 부모님으로 섬기게 하신 하나님의 은혜를 찬양합니다. 저희는 결코 이 복된 만남을 잊을 수 없습니다. 그 무엇과도 바꿀 수 없는 만남을 주신 하나님께 감사드립니다.

신앙의 목표 | 사랑의 하나님, 이 달에는 ○○ 교회의 성도들에게 화평의 생활에 힘쓰게 하옵소서. 저희들 모두가 작은 예수가 되어, 세상에 대해서 십자가를 지는 종들이기 원합니다.

저희들의 이웃에 대하여 화평으로 섬기는 착한 행실을 통해서 하나님의 나라를 이루어지는 것을 보게 하시옵소서. 이 모든 간구를 예수님의 이름으로 기도드립니다. 아멘.

5월 3주

모든 좋은 것을 함께

"가르침을 받는 자는 말씀을 가르치는 자와 모든 좋은 것을 함께 하라 스스로 속이지 말라 하나님은 업신여김을 받지 아니하시나니 사람이 무엇으로 심든지 그대로 거두리라" (갈 6:6-7)

송축 | 곤란한 환경에서 끌어내어 주시고, 저희가 당하는 곤고와 환난을 보시고 죄를 용서해 주시는 여호와의 이름을 높여드립니다. 예배를 드리는 시간 내내 주님의 이름에 합당한 영광을 드리게 하시옵소서.

회개 | 하나님은 좋으신 분이시라, 저희들을 위하여, 선생님들을 세워 주셨건만, 저희들은 그분들의 사랑을 잊고 지냈습니다. 예배를 드리면서 먼저, 용서를 구합니다. 그분들의 가르치심을 소홀히 여겼음을 용서하옵소서. 교사 중의 교사이신 예수님께 대하여 그릇된 제자들이었음을 고백합니다. 저희의 회개가 먼저 드려지기 원합니다.

예배 | 자비로우신 하나님, 불꽃 같은 눈동자로 지켜 주셔서, 오늘 여기에 모이게 하신 하나님을 경배합니다. 들의 백합화를 돌보시듯이 지난 한 주간의 생활을 이끌어 주신 하나님의 사랑을 어떻게 표현하면 좋을까요? 저희는 미련하여 크신 주님께 무슨 말로 영광을 나타내야 할지 모릅니다. 다만 주님을 온 마음으로 경배하는 예배가 되

기 원합니다.

설교 | 말씀을 주시는 여호와여, 이제, 주님의 말씀의 거울로 저희를 비추시고 영혼을 가르쳐서 저희들의 삶 전체가 하나님 아버지를 향한 삶이 되게 하시옵소서. 진리에 대한 응답으로 주님을 저희의 희망과 위로로 삼게 하시옵소서. 강단에 세우신 종을 통해서 하나님의 말씀이 온전히 선포되게 하시며, 그 말씀으로 주저앉았던 저희들이 다시 일어나는 체험을 주시옵소서.

교사주일의 간구 | 선생님들은 오직 저희들이 온전케 되는 것에 소망을 품고 수고하셨습니다. 저희들이 봉사의 일을 하게 하며 그리스도의 몸을 세워 갈 수 있도록 애쓰기를 멈추지 않으셨습니다. 이 예배로, 하나님은 영광을 받으시고 저희들은 선생님들을 본받아 그리스도의 형상을 닮아가기를 다짐하기 원합니다.

제직 | 주님의 교회에서 귀한 청지기들이 충성을 다하기를 소원하게 하시옵소서. 주님의 은혜에 감사하면서 순종하여 섬기는 일이 온 교회를 시원하게 하는 봉사가 되게 하시옵소서. 직분자들이 겸손한 자세로 자신을 하나님께 전적으로 맡기게 해주시고, 저들의 손길에 선한 열매들이 많이 쌓이게 하시옵소서. 성도들을 보살피고, 돕는 중에, 믿음이 연약한 이들을 붙잡아 주는 은혜를 주시옵소서. 이 모든 말씀을 예수님의 이름으로 기도드립니다. 아멘.

5월 4주
하늘에 계신 아버지께 영광을

"이같이 너희 빛이 사람 앞에 비치게 하여 그들로 너희 착한 행실을 보고 하늘에 계신 너희 아버지께 영광을 돌리게 하라" (마 5:16)

영광 | 영광의 보좌에 좌정하신 여호와여, 이 시간에 주님의 이름으로 모인 자녀들이 여호와의 이름에 영광을 드립니다. 빽빽한 구름의 사라짐 같이, 피었다가 지는 안개의 사라짐 같이 저희의 죄를 도말해주시고, 예배하러 나아오게 하셨음에 영광을 바칩니다. 오직 홀로 하늘에서 영광을 받으옵소서.

회개 | 하나님의 영광 앞에서 여러 가지로 범한 죄와 허물이 그대로 드러남을 고백합니다. 둔감한 양심으로 살아 죄를 멀리하지 못하였던 삶을 고백합니다. 서로에게 마음을 열어야 하는 이웃관계에서 야박하고, 이해하려 하지 않은 편협하기 짝이 없었던 행실을 용서해 주시옵소서. 이 모든 것들은 나의 유익만을 앞세운 나머지 더러워진 마음에서 비롯된 삶이었음을 회개하오니 용서해 주시옵소서.

예배 | 인류를 사랑하시는 하나님의 마음을 저희들의 가슴에 담게 하시니 감사드립니다. 이 땅 어디에서라도 복음을 듣지 못하여 구원에 이르지 못할 사람이 없게 하시는 하나님의 마음을 주시니 감사드

립니다. 복음에 빚진 자가 되어, 선교를 위하여 기도하게 하시고, 헌금으로 후원하게 하신 하나님의 위대하심을 찬양을 드립니다.

설교 | 사랑의 아버지, 저희들을 사랑하셔서 진리의 식탁으로 이끌어 주시옵소서. 이 복된 시간에 살리시는 주님의 말씀으로 ○○교회 공동체를 새롭게 하시옵소서. 오직 하나님의 위로와 소망을 바라며 사는 저희들에게 힘이 되는 말씀이기 원합니다. 힘들고 지쳐서 넘어질 때, 늘 옆에서 너는 내 아들이라고 하시는 주님의 음성을 들려주시옵소서.

성령님의 충만 | 보혜사 성령님께서 저희를 위하심에 감사드립니다. 성령님의 감동과 감화로 이 자리에 나왔으니, 영과 진리로 충만한 예배를 경험하게 하시옵소서. 예배를 드리는 중에 더욱 성령님의 충만하신 임재를 누리게 하시며, 성령님께 마음을 드리게 하시옵소서. 성령님께 감격해서 예배할 때, 주님의 옷 가에 손을 대는 은혜를 보게 하시옵소서.

신유 | ○○ 교회의 성도들 가운데 질병으로 고통 중에 있는 식구들에게 회복의 은혜를 내려 주시기 원합니다. 참기 어려운 시간을 보내고 있으나 질병이라는 사실만 보는 데 그치지 않게 하시고 병고의 뒤에서 움직이시는 하나님의 손을 보게 하시옵소서. 그 사랑의 손을 내밀어 주옵소서. 일어나라 말씀해 주심으로써 기쁨을 보게 하시옵소서. 이 모든 소망을 예수님의 이름으로 기도드립니다. 아멘.

6월 1주

여호와를 두려워하는 온 땅

"온 땅은 여호와를 두려워하며 세상의 모든 거민들은 그를 경외할지어다 그가 말씀하시매 이루어졌으며 명령하시매 견고히 섰도다" (시 33:8-9)

찬송 | 여섯 가지 환난에서 구원하심의 은혜를 누리고, 일곱 가지 환난이라도 그 재앙이 미치지 않게 하실 여호와께 찬송을 드립니다. 저희들에게 복된 날을 허락해 주셔서 아침부터 이 밤까지 하나님을 찬양하며 예배하게 하시오니 무한 감사합니다.

회개 | 저희들의 죄를 고백하며, 성령님의 은혜를 기다립니다. 주님의 피로 깨끗이 씻어 주시옵소서. 착한 일을 하면서 하나님께 영광을 돌리도록 하는 삶을 살아야 하였으나, 그렇지 못하였습니다. 유혹을 이기지 못하고, 쾌락에 마음을 빼앗겨 주님께서 미워하시는 일도 저질렀음을 고백하니, 용서해 주시옵소서. 특히, 이웃을 사랑하고, 하나님의 영화로움을 위해서 살아가지 못한 죄를 용서해 주시기 원합니다.

예배 | 인자하신 하나님, 이 나라를 사랑하사, 젊은이들이 나라를 위하여 희생함으로써 숭고함의 의미를 깨닫게 하시니 감사합니다. 저희들에게 나라와 자기의 목숨을 바꾼 선배들을 허락해 주심을 감사

드립니다. 조국을 위하여 불의와 싸우다 자신의 목숨을 바친 이들의 정의를 본받게 하시옵소서. 저희들은 지금, 고인들을 추모하며, 하나님 앞에 나왔습니다.

설교 | 강단에서 하나님의 말씀이 선포될 때, 마음의 문을 활짝 열고 듣게 하시옵소서. 목사님의 설교를 통해서 예수님의 십자가로 죄의 문제가 해결되었음을 확인하게 해주시고, 하늘나라의 백성으로 살아가려는 다짐을 새롭게 하게 다짐하도록 도우시기 원합니다. 진리의 말씀이 온 성도들에게 영혼을 치료하는 약이 되게 하시옵소서.

현충일의 간구 | 이 민족을 사랑하시는 주여, 이 나라의 역사에는 유난히도 피 흘리는 사건들이 많았습니다. 겨레를 위하여, 자신의 목숨을 버려야만 했던 역사를 갖고 있습니다. 그 피 흘림의 역사를 통해서 이 민족을 보호하셨던 하나님의 은혜를 기억합니다. 나라를 사랑하고, 민족을 위해서 기도하게 하시옵소서.

6월의 결단 | 여름 실과들이 가지마다 달리면서 농부들을 즐겁게 함과 같이 저희들도 하나님 앞에서 열매를 맺어가기 원합니다. 때를 따라 맺어야 할 열매들이 있어, 여호와를 영화롭게 해드리게 하옵소서. 예배하는 기쁨으로 이 달의 삶을 살아 소망의 열매로 풍성하게 하시옵소서. 저희들은 착하고 충성된 종이라는 칭찬의 즐거움을 얻게 하시옵소서.
이 모든 원함을 예수님의 이름으로 기도드립니다. 아멘.

6월 2주

민족의 죄를 짊어지는 성도

"그러나 이제 그들의 죄를 사하시옵소서 그렇지 아니하시오면 원하건대 주께서 기록하신 책에서 내 이름을 지워 버려 주옵소서" (출 32:32)

감사 | 빛 가운데 행하며, 주님과의 사귐에 감격하게 하시고, 예수님의 보혈을 언제나 생각하게 하시는 은혜에 감사드립니다. 베풀어 주신 은혜를 헤아리며, 주님께로 나왔습니다. 예배를 드리면서 바리기는, 주일이 되어서 이 자리에 모인 지체들이 되지 않게 하시옵소서.

회개 | 지난 시간의 삶을 되돌아봅니다. 주님께서 주신 시간들을 어떻게 보냈는지 살펴보는 지혜를 주시옵소서. 하나님께 드려도 떳떳한 삶을 살았는지 돌아보게 하시옵소서.
저희들의 죄로 주님의 시간들을 얼룩지게 하였사오니 용서해 주시옵소서. 여호와의 뜻을 이룸보다는 자신의 즐거움을 구하다가 범죄한 지난날들의 행위를 고백합니다.

예배 | 영광 가운데 계신 하나님, 하나님의 사랑을 누리며 살던 저희들이기에 예배드림을 즐거워하여 모인 모임이기를 원합니다. 믿음으로 드리는 예배로 이끌어 주시기 원합니다.
저희들의 기도와 찬송이 하늘의 하나님께 합당한 영광이 되기 원합니다. 주님께서 이 자리에 임하셔서 만나 주시옵소서.

설교 | 강단에 세워주신 목사님의 설교를 통해서 주시는 주님의 말씀을 생명의 양식으로 받아 심령이 배부르게 하시옵소서. 그 말씀으로 새 생명을 얻은 기쁨 속에 살아가는 저희들이 되게 하옵소서. 말씀의 성찬이 베풀어진 거룩한 시간에 온 몸으로 주님께 영광을 드리게 하시옵소서.

교회 공동체 | 은혜로우신 하나님, 초대 교회의 성도들이 "사도의 가르침을 받아 서로 교제하며 떡을 떼며 기도하기를 전혀 힘썼던 것처럼, 저희들도 교회에 모여 가르침을 받게 하소서.
형제와 자매가 모이기를 기뻐하며, 서로 사귐을 갖게 하소서. 교회 안에서 주님의 사랑을 베푸는 저희들의 교회가 되기 원합니다. 참된 마음으로 불려지는 성가대의 찬양으로 영광을 받아 주시기 원합니다.

신앙의 목표 | 이 달에는 ○○ 교회의 성도들에게 오래 참음의 생활에 힘쓰게 하시옵소서. 저희들이 주님의 참으심을 닮아 하나님의 영광을 나타내려는 소망을 갖게 하시옵소서.
교회의 부흥을 위해서, 때로는 저희 자신들의 삶에 주님의 영광을 드러내기 위해서 참아야 함을 배우게 하시옵소서. 주님의 이름으로 참아 성령님의 열매를 맺게 하시옵소서. 이 모든 간구를 예수님의 이름으로 기도드립니다. 아멘.

6월 3주

내 민족이 화 당함을

"내가 어찌 내 민족이 화 당함을 차마 보며 내 친척의 멸망함을 차마 보리이까 하니" (에 8:6)

송축 | 거룩한 날 아침에 만왕의 왕이신 하나님의 이름을 송축합니다. 소리를 높여서 이 기쁨을 여호와의 이름에 담게 하시옵소서. 인간의 연약함을 핑계로 여전히 죄를 버리지 못하나 그래도 사랑해주시고, 고백할 때, 용서해 주시는 하나님의 이름을 높여드립니다.

회개 | 조금만 움직여도 나른해지고, 흐르는 땀에 게으름의 유혹에 빠지고 말았음을 고백합니다. 나태하기 쉬운 계절에, 저희들이 긴장하지 못하고 게을렀음을 용서하시옵소서.
뜨거운 햇볕과 같은 은혜로 저희의 심령을 지켜 주시기 원합니다. 저희들로 하여금 늘 자신의 신앙과 생활을 반성하게 하시옵소서.

예배 | 은총으로 돌보시는 하나님, 한 주간의 삶을 예수 그리스도의 이름으로 살았습니다. 하나님의 성령께서 죄를 피하게 하셨음을 감사드립니다. 오늘, 저희들의 예배로 영광을 받으시기 바랍니다.
이제, 마음을 모아 찬송을 드림으로 주님께만 영광을 드리기 원합니다. 여기에 모인 지체들이 마음으로, 정성으로 하나님만을 경배하는 예배가 되게 하시옵소서.

설교 | 말씀을 증거해 주실 목사님에게 은혜를 더하시기 원합니다. 강단에서 선포되는 말씀으로 주님 앞에 믿음을 더욱 굳게 하며, 흔들리지 않는 삶을 살기 원합니다. 저희들이 천국의 사람으로 살도록 주시는 말씀이매, 순종하려는 결단으로 받게 하시옵소서. 시간이 주어지는 대로 더욱 하늘나라의 일에 힘쓰는 성도들이 되게 하시옵소서.

제직 | 제직들이 하나님이 교회에서 평신도 사역자라는 직분으로 섬기실 때, 봉사의 향기를 드리게 하시옵소서. 담임 목사님의 목회를 돕고, 여러 교역자들의 사역을 도와 교회의 영광에 헌신하게 하옵소서. 하나님의 영광을 가로채려 하는 마귀의 계략을 무찌르옵소서. 저희들은 다만 하나님을 높이는 봉사를 드리게 하시옵소서. 귀한 지체들의 수고로 주님의 몸 된 공동체는 더욱 건강해지게 하시옵소서.

선교-선교사의 가족 | 사랑의 하나님, 이 시간에는 선교사님과 함께, 보냄을 받으신 그의 가족들을 위하여 기도드립니다.
오직 선교사님의 복음사역을 위하여, 정들었던 집과 가족들의 보금자리를 떠난 사모님과 자녀들을 위하여 간구합니다. 저희들은 선교사님만 먼 땅으로 보낸 것이 아니라, 그분의 가족들도 보냈으니 그들을 위한 중보를 쉬지 않게 하시옵소서.
이 모든 말씀을 예수님의 이름으로 기도드립니다. 아멘.

6월 4주

활을 꺾고 창을 끊으시는 여호와

"와서 여호와의 행적을 볼지어다 그가 땅을 황무지로 만드셨도다 그가 땅 끝까지 전쟁을 쉬게 하심이여 활을 꺾고 창을 끊으며 수레를 불사르시는도다" (시 46:8-9)

영광 | 여호와 우리 주여, 그리스도 예수 안에 있어 결코 정죄함을 받지 않게 하시려고, 죄와 사망의 법에서 해방시켜 주신 하나님의 구속하심에 영광을 바칩니다. 거룩한 날에 주님의 화평과 사랑에 대한 큰 열망을 심어 주신 하나님께 드리는 영광을 받으옵소서.

회개 | 주님께서는 저희들의 마음을 들여다보고 계시니 죄를 회개합니다. 저희들의 죄가 흉악하지만 용서해주심을 믿고, 자복합니다. 알면서도 잠깐 동안의 이익 때문에 저지른 죄를 회개합니다.
또한 깨닫지도 못하는 순간에 저지르게 된 죄를 고백합니다. 은혜로 주신 재물을 남용하였고, 하나님의 유익을 구하지 못했음을 용서하시옵소서.

예배 | 하늘의 은혜로 예배하기 원합니다. 사람의 생각과 경험에서 주님의 이름을 부르지 않게 하시옵소서. 이 자리에 임하시는 성령님의 충만하심을 마음에 받아 여호와의 이름을 부르게 하시고, 예배하기 위해서 무릎을 꿇게 하시옵소서. 영으로 예배하기 위해 사람의

생각은 내려놓고, 하늘에서 임하는 감격에 순종해 마음을 드리게 하시옵소서.

설교 | 성산에 계신 하나님, 오늘도 목사님을 단 위에 세우셔서, 하나님의 말씀을 들려주시니 감사드립니다. 저희들의 심령에 만족한 말씀을 증거하실 목사님에게 영력을 더하시기 원합니다. 하나님의 대언자로서 하나님의 말씀이 가감 없이 선포되어, 진리가 이 예배당을 덮기 원합니다. 생명력 넘치는, 살아 있는 말씀으로 저희들을 감동케 하시옵소서.

섬김 | 하나님의 사랑이 저희들을 섬기기 위해 십자가를 지신 예수님으로 나타났음에 감사드립니다. 그러나 주님을 믿고 따른다는 저희들은 주님의 섬김을 놓치고 말았습니다. 이웃에 대하여 교만하기를 일삼았고, 삶의 자리에서 성실하지 못했음을 용서하옵소서. 저희들의 모습에서 예수님이 드러나게 하시옵소서.

신유 | 의원으로 오신 주 예수님의 은총을 ○○ 교회의 공동체가 경험하기 원합니다. 주님의 부드러우신 손으로 고통 중에 있는 이들을 만져주시고, 병든 몸의 손을 잡아 일으켜 주시옵소서.
열병에서 고침을 받은 베드로 장모의 은혜를 저들이 체험하게 하시옵소서. 이 시간에 자리를 털어내고 일어나기 원하니 주님의 일으키심을 보여주옵소서. 이 모든 소망을 예수님의 이름으로 기도드립니다. 아멘.

6월 5주

하나님께서 정하신 권세

"각 사람은 위에 있는 권세들에게 복종하라 권세는 하나님으로부터 나지 않음이 없나니 모든 권세는 다 하나님께서 정하신 바라" (롬 13:1)

영원 | 만유의 주 하나님, 우리 하나님의 이름은 영원하십니다. 만세 전부터 계신 여호와를 경배하며, 예배하러 모인 저희들에게 하나님의 영원하심에 무릎을 꿇게 하시옵소서.
저희를 자녀 삼아주시고, 믿음과 소망, 사랑으로 살아오도록 보호해 주신 여호와의 영원하심에 영광을 드리니 받으옵소서.

회개 | 하나님 앞에서 그 누구도 감출 수 없으니 저희들의 죄를 이 시간에 고백하기 원합니다. 알게 혹은 모르게 주님의 영광도 가로챘습니다. 주님께 드려야 하는 감사를 잊고, 나의 수고만을 생각했었습니다. 이러한 어리석음을 보혈의 은혜로 깨끗케 하여 주옵소서.
죄로 인하여 더러워진 심령을 그리스도의 보혈로 깨끗하게 씻어 주시옵소서.

예배 | 지상을 다스리는 여호와여, 전능하심으로 나라를 다스리시는 하나님을 경배합니다. 하나님께서 직접 민족들이 땅을 정복하게 하시고, 땅 위에 세워진 모든 국가들을 붙들어 보전하심을 감사드립니

다. 이 지상의 국가와 그 나라를 지배하는 지도자들이 주님의 손에 있음을 믿습니다.

설교 | 강단에 세우신 목사님을 붙잡아 주셔서 진리의 말씀을 준비하신 그대로 선포하게 하시옵소서. 말씀을 전해 주실 목사님에게 성령의 능력이 더하시기 바라며, 말씀 속에서 저희들이 거듭나게 하옵소서. 진리의 말씀을 반가워하고, 순종함으로써 이 주간에도 삶의 현장 곳곳에서 열매를 맺는 ○○ 교회의 백성들이 되기 원합니다.

전도를 위한 간구 | 전도자를 보내시는 주여, 예수님께서 아버지의 뜻을 받드셨던 것처럼 저희들에게도 성령이 임하셨으니, 이 성령의 권능을 받아 "예루살렘과 온 유대와 사마리아와 땅 끝까지 이르러 내 증인이 되리라"라는 주님의 말씀을 따르게 하시옵소서. 하나님께서 구원하시려고 작정하신 영혼을 찾아 부지런히 다니게 하시옵소서.

사회 | 사람들의 가슴마다에, 하나님의 의로우심이 뜨거워서 불의가 피어나지 못하는 사회가 되게 하심을 믿습니다. 잠시의 이익을 즐기고자, 옳지 않은 일을 좋아하던 옛 사람의 행실을 버린 사람들의 사회가 되기 원합니다. 주님의 영광이 선포되고, 이 땅 곳곳에서 하나님의 뜻이 이루어지는 세상을 보게 하시옵소서.
이 모든 소망을 예수님 이름으로 기도드립니다. 아멘.

7월 1주

좋은 것으로 채워주시는 여호와

"여호와의 인자하심과 인생에게 행하신 기적으로 말미암아 그를 찬송할지로다 그가 사모하는 영혼에게 만족을 주시며 주린 영혼에게 좋은 것으로 채워주심이로다" (시 107:8-9)

찬송 | 죄악되고 허물뿐이며 누추한 저희를 결코 내어 쫓지 않으시고 받아주신 예수님을 사랑하며 찬송을 드립니다. 올해의 첫 소출로 양식을 주신 하나님께 감사의 예배를 드리려 모였습니다. 하나님을 섬기는 백성들을 위하여 쌓아 두신 은혜에 찬양을 드립니다.

회개 | 여호와의 존전에서 주님께 기도하며 자복할 수 있는 은혜를 원합니다. 하나님의 영광을 가릴만한 죄들을 회개하게 하시며, 용서하심의 은혜로 새롭게 하시옵소서. 이제, 저희들이 지은 모든 죄를 고백하고 뉘우치오니 용서해 주시옵소서. 저희들이 주님의 마음을 닮지 못하고 허영과 시기와 미움으로 살아왔사오니, 고쳐주시옵소서.

예배 | 기쁨을 주시는 하나님, 참으로 피곤하고, 지칠 수밖에 없는 삶이었으나 주께 피하는 자를 위하여 베푸신 은혜가 어찌 그리 큰지 감사드립니다. 우리 하나님께서 먹이시기 위하여 각종 좋은 것들로 밭을 채우셨으니 감사합니다. 열 명의 문둥이들을 치료해 주셨을

때, 감사함을 잊은 아홉을 찾으셨던 예수님을 기억합니다. 오늘 이 예배는 감사하라는 율법 때문이 아니라, 거저 받은 하나님의 은혜를 기억하여 드리는 감사의 축제가 되기 원합니다.

설교 | 거룩한 강단에서 증거 되는 목사님의 설교는 우리를 배불리 먹이시는 하나님의 손길을 선포하는 말씀이 되게 하시옵소서.
첫 열매를 거두었으니 감사의 예물을 하늘나라의 창고에 들이는 저희들이 되기 원합니다. 생명의 식탁을 통해서 날마다 은혜를 얻게 하시옵소서.

맥추감사절의 간구 | 여호와께서 샘으로 골짜기에서 솟아나게 하시고 산 사이에 흐르게 하셔서 밭의 곡식들을 거두게 하시니 감사드립니다. 그렇게 춥던 겨울에도 보리를 자라게 하사 거두어들이는 풍요로움을 주시니 참 감사드립니다. 그 놀라우신 사랑을 모든 이들과 나누는 예배를 드리게 하시고, 저희들이 종일 아버지 하나님께 찬송을 드리기 원합니다.

7월의 결단 | 여름의 햇살을 받으면서 만물이 생기를 더해가는 이 때, 말씀과 성령님이 은혜로 생기를 더하기 원합니다. 영혼을 소성케 하시는 은혜를 소망하게 하시옵소서. 마른 땅에 내리는 단비와 같이 성령님으로 촉촉하게 심령이 젖는 이 달의 삶이기를 소망합니다. 하늘의 문을 여시고, 성령님의 강림하심을 누리게 하시옵소서.
이 모든 원함을 예수님의 이름으로 기도드립니다. 아멘.

7월 2주

너희도 남을 대접하라

"그러므로 무엇이든지 남에게 대접을 받고자 하는 대로 너희도 남을 대접하라 이것이 율법이요 선지자니라" (마 7:12)

감사 | 인자와 진실이 풍성하신 하나님의 사랑을 받으면서 지낸 시간들을 기억할 때, 내 하나님의 긍휼하심에 감사드립니다. 주님의 인자하심을 따라 저희로 소성케 하신 하나님께 영광을 드립니다.
오직 하나님의 이름만이 저희의 영혼을 새롭게 하시고, 만족하게 하시니 그 이름에 받으실 영광을 드리는 주님의 백성들이 되게 하옵소서.

회개 | 이 시간에, 주님의 사랑으로 하나를 이루지 못하는 저희의 모습을 고백합니다. 다같이 하나님의 자녀들이라 말하면서도, 자신만 특별한 하나님의 자녀로 착각하는 어리석은 죄를 용서하시옵소서. 자신의 아집을 깨뜨리지 못하여 다른 이들의 마음을 아프게 하는 교만함을 깨뜨려 주소서. 성령의 같은 마음을 품게 하심으로 다스려 주시옵소서.

예배 | 사랑의 하나님, 주님을 믿게 하시고, 교회의 기쁨을 주신 하나님께 감사드립니다. 자신밖에 모르던 저에게 이웃을 알게 하시고, 함께 예배하도록 하시니 감사드립니다. 이 예배로 말미암아 저희들

에게 삶의 새로움이 있게 하시고, 거룩한 무리로 살게 하시옵소서.

설교 | 귀한 시간에 목사님의 단에 오르게 하사 말씀을 전하게 하셨습니다. 말씀을 준비하신 목사님께 성령으로 감동해주시고, 하나님의 뜻이 온전히 선포되기 원합니다.
저희들 모두 순종함으로 듣고 그 말씀을 따르게 하시옵소서. 오늘의 말씀으로 저희를 새롭게 하시옵소서.

겸손 | 오늘, 예배의 은혜가 약이 되어서, 섬기기보다 섬김 받기를 좋아하는 마음을 다스려 주시옵소서. 저희들이 버리지 못하고 있는 제 눈의 대들보를 깨닫지 못하고 형제의 눈에 있는 티를 보는 마음을 다스려 주시옵소서. 이 교만함이 서로를 향하여 높은 담을 헐지 못하게 하고 있습니다. 자신보다는 이웃을 위하여 희생할 줄 알게 하시옵소서. 그리고 참으로 섬기는 겸손을 배우게 하시옵소서.

신앙의 목표 | 사랑의 하나님, 이 달에는 ○○ 교회의 성도들에게 이웃을 향해서 자비를 베푸는 생활에 힘쓰게 하시옵소서. 예수님의 사랑이 저희의 가슴과 가슴을 이어 주시기 원합니다.
자신만을 아는 욕심이 아닌, 성령의 충만하심으로 저희들이 더욱 한 몸을 이루기 원합니다. 하나님의 뜨거운 사랑이 저희들 서로의 닫혀진 마음을 열어 주실 줄 믿습니다. 예수님의 생애를 통하여 나타나신 하나님의 사랑을 영원히 찬송하기 원합니다. 이 모든 간구를 예수님의 이름으로 기도드립니다. 아멘.

7월 3주

구제를 좋아하는 자

"구제를 좋아하는 자는 풍족하여질 것이요 남을 윤택하게 하는 자는 자기도 윤택하여지리라" (잠 11:25)

송축 | 우리 여호와의 인자하심의 광대하심을 따라 저희의 죄악을 사하시고, 의롭게 살기를 소망하게 하시는 하나님의 이름을 높여드립니다. 이 예배에서 하나님은 영광을 받으시고, 저희들은 거듭나는 새로움으로 태어나게 하시옵소서.

회개 | 은혜의 하나님, 말할 수 없이 어리석게 살아온 시간들을 고백합니다. 하나님 앞에서 둔감한 양심으로 살아 죄를 멀리하지 못하였던 삶을 고백합니다. 서로에게 마음을 열어야 하는 이웃관계에서 야박하고, 이해하려 하지 않은 편협하기 짝이 없었던 시간들을 고백합니다. 이 모든 것들은 나의 유익만을 앞세운 나머지 더러워진 마음에서 비롯된 삶이었음을 회개하오니 용서해 주시옵소서.

예배 | 거룩하게 구별해 주신 복된 날 아침에, 주님의 이름으로 예배 드립니다. 아버지 하나님의 자비로우심으로 살아온 날들을 기억하면서, 주님을 경배하게 하시옵소서. 주님의 성령으로 속마음을 더욱 강하게 만들어 주시기 원합니다. 저희들이 입술을 벌려 기도하며 찬

송할 때, 영광을 받아 주소서. 크신 하나님께 찬미의 예배를 드리기 원합니다.

설교 | 생명수 강가로 이끄시는 여호와여, 오늘도 진리의 말씀으로 저희들의 심령을 새롭게 하옵소서. 강단 위에 서신 목사님과 함께 하셔서 생명을 구원하는 능력의 말씀을 전하실 수 있도록 인도하시옵소서. 한 말씀도 땅에 떨어지지 아니하고 성도들의 마음 밭에 새겨져 열매를 맺게 하시고, 그 말씀으로 저희들을 향한 주님의 뜻이 무엇인지 분별하여 새로워지게 하시옵소서.

제헌절의 간구 | 이 나라의 헌법이 제정될 때, 모든 국회의원들이 기도를 시작하게 하셨던 역사적인 사실을 기억합니다. 우리 민족을 사랑하시는 하나님의 열심을 보게 하셨습니다. 저희들이 이 땅에서 사는 동안에 헌법을 준수하는 마음을 지니게 해주시고, 천국의 법도 따르게 하시옵소서.

제직 | ○○ 교회 공동체를 위해서 평신도들을 사역자로 세우셨음에 감사드립니다. 저들의 마음으로부터 여호와를 사랑하는 데서 나오는 봉사를 통해서 교회에는 부흥을 가져오고, 성도들은 평안을 누리게 하시옵소서. 담임 목사님에게 성실하고, 충성된 일꾼으로 봉사하는 은혜를 주시옵소서. 사람들에게 드러나지 않더라도 빛도 없이 이름도 없이 이루어지는 봉사로 교회가 든든히 세워져 가기 원합니다. 이 모든 말씀을 예수님의 이름으로 기도드립니다. 아멘

7월 4주
주를 찬송하는 민족

"하나님이여 민족들이 주를 찬송하게 하시며 모든 민족으로 주를 찬송하게 하소서" (시 67:5)

영광 | 하늘에서 저희의 기도와 간구를 들으시고, 저희의 일을 돌아보시는 하나님의 자비하심에 영광을 바칩니다. 믿음의 향유옥합을 주님께 가져와 깨뜨리는 이 시간의 예배가 되게 하시옵소서. 주님께서 다시 왕으로 오실 그 날을 기다리며 드리는 영광을 받으옵소서.

회개 | 자비로우신 하나님, 거룩하고, 참되지 못한 저희들의 마음을 주님 앞에 내어 놓습니다. 주님의 아름다우심으로 그것을 깨끗하게 하시옵소서. 이기심이 가득 찬 저희들의 마음을 아버지께 드립니다. 주님의 사랑으로 이기심을 털어내어 주시옵소서. 주님의 뜻대로 산다고 하면서 그렇게 살지 못한 연약한 의지를 주님께 드리니 이 시간에야말로 새롭게 하시옵소서.

예배 | 저희들 마음에 하나님의 나라가 이루어지게 하시니 감사드립니다. 이 땅에서 하나님 뜻이 선포되고, 하나님의 나라가 이루어지기 위해 기도하는 믿음을 주시니 감사드립니다.
원수를 미워하지 않으며 베푸는 주넉넉함이 이 땅에서 이루어지기를 기도드립니다.

설교 | 단 위에 세우신 목사님께는 영육간의 강건함을 주옵소서. 하나님의 말씀 선포하실 때 힘 있는 말씀, 능력이 있는 말씀이 되게 하시며, 듣는 성도들이 강단의 메시지에 은혜를 받게 하옵소서. 말씀을 받음이 이 교회에 복이 되기 원합니다.
그리하여 세상에 나아가 하나님 말씀으로 승리하는 삶을 살 수 있도록 도와주시옵소서.

나라 | 민족들의 경배를 바라시는 하나님, 열방의 백성들이 주의 이름 앞에 무릎을 꿇게 하시고, 주님을 찬양하는 노래가 가득하게 하소서. 모든 사람의 마음을 하늘과 땅 위에서 오직 하나인 주님의 가족으로 묶어 주시옵소서. 성령의 힘이 각 사람들에게 나타 내사, 저희들이 주님의 가족이요, 하나님의 나라임을 고백하게 하시옵소서.

신유 | 예배를 드리는 지금, ○○ 교회의 가족들에게 치료하시는 성령님의 역사를 보여 주옵소서. 어려움을 만나게 된 그들의 심령에는 위로와 평안이 찾아들게 하시옵소서. 여호와의 능력으로 병을 이기게 하시고, 저의 영혼마저 피폐하게 하는 어두움의 세력이 쫓겨 가게 하시옵소서. 그들이 지금은 질병으로 육채는 어려움을 겪으시겠지만, 저의 몸을 통해서 이루어질 하나님의 일을 바라봅니다.
이 모든 소망을 예수님의 이름으로 기도드립니다. 아멘.

8월 1주

하나님의 모든 충만하신 것으로

"그 너비와 길이와 높이와 깊이가 어떠함을 깨달아 하나님의 모든 충만하신 것으로 너희에게 충만하게 하시기를 구하노라" (엡 3:19)

찬송 | 여호와 하나님을 의지하는 저희를 도와 악인의 꾀와 행실로부터 건져 구원의 은혜를 주셨음에 찬송을 드립니다. 저희를 깨닫게 하시고, 의와 진리로 이끌어 주시는 성령을 찬미하는 예배이기 원합니다. 거룩하신 삼위 하나님께서 영광을 거두어 주시옵소서.

회개 | 주님께서는 저희들의 마음을 들여다보고 계심을 압니다. 모르시는 것이 없으신 하나님 앞에서 그 누구도 감출 수 없다는 것을 압니다. 그러므로 저희들이 지은 죄를 고백하기 원합니다. 알면서도 잠깐 동안의 이익 때문에 저지른 죄를 회개하게 하시옵소서. 또한 깨닫지도 못하는 순간에 저지르게 된 죄를 고백할 때, 더러워진 심령을 예수 그리스도의 보혈로 깨끗하게 씻어 주시옵소서.

예배 | 영원히 찬양받으실 하나님, 저희를 위해 희생 제물이 되신 예수님을 찬양드립니다. 그리스도의 보혈로 씻음 받고, 주님 앞으로 나왔습니다. 온 땅이 주의 이름을 찬양한다면, 저희들은 하나님이 받으시기에 마땅한 경배를 드리게 하시옵소서. 참으로 위대하신 하

나님을 바로 경배를 드리는 예배이기 원합니다. 저희를 죄와 죽음으로부터 구원해 주신 주님의 이름을 높여드리는 예배이기 원합니다.

예배 순서 | 오늘도 목사님을 단 위에 세우셔서, 하나님의 말씀을 들려주시니 감사드립니다. 목사님의 음성으로 하나님의 말씀을 듣기 원합니다. 말씀을 전해 주실 목사님에게 성령의 능력이 더하시기 바라며, 말씀 속에서 저희들이 거듭나게 하시옵소서. 성가대의 찬양을 받아주시고, 그들을 따라서, 저희들 모두 주님의 이름을 찬양하게 하시옵소서.

기도의 삶 | 저희를 가르쳐 기도하는 아들이 되게 하옵소서. 아침의 해를 보기 전에 무릎을 꿇게 하시고, 무엇을 하겠다고 덤비기 전에, 하나님께 조아릴 수 있는 은혜를 원합니다. 죄로 말미암은 교만은 하나님께 여쭙는 것을 잊게 합니다. 응답이 여호와께 있음에도, 자신이 이룬다는 착각에서 벗어날 수 있도록 이끌어 주심을 믿습니다.

8월의 결단 | 불볕의 더위에서도 여호와의 돌보심으로 건강하게 지내고 있음을 감사하면서, 곧 닥쳐올 겨울을 내다보게 하옵소서.
이 여름에 대지가 뜨거운 것처럼, 저희들의 신앙에 대한 열심 역시 뜨겁게 하시옵소서. 하나님을 가까이 하는 것을 뜨겁게 하시고, 뜨거운 기도와 찬송의 시간을 보내게 하시옵소서. 성령의 바람으로 시원하게 해주시기 원합니다.
이 모든 원함을 예수님의 이름으로 기도드립니다. 아멘.

8월 2주

강한 손과 펴신 팔

"이스라엘을 그들 중에서 인도하여 내신 이에게 감사하라 그 인자하심이 영원함이로다 강한 손과 펴신 팔로 인도하여 내신 이에게 감사하라 그 인자하심이 영원함이로다" (시 136:11-12)

감사 | 하나님 아버지, 저희의 죄를 속하시려고, 단번에 화목 제물이 되어주신 주 예수님의 공로로 하나님께 나아와 감사드립니다.
오래 전 옛날, 애굽에서 종살이하던 이스라엘 백성들을 빼어내셨던 것처럼, 이 민족을 일본의 압제에서 구해 주셨음을 감사하면서 경배하는 한 시간이기 원합니다.

회개 | 저희들이 광복절을 기념하는 예배를 드리는 이 자리에서, 민족의 죄를 용서해 달라고 회개하는 기도를 드리기 원합니다. 아름다운 우리 금수강산에 예수님의 사랑이 드리워지도록 전도하지 못하고 있는 저희들의 게으름을 용서해 주시옵소서. 저희들이 여기에 모여 하나님을 예배하는 것만 기뻐하지 않고, 아직도 하나님을 섬기려 하지 않는 이들에게 복음을 전하게 하시옵소서.

예배 | 일본의 압제에서 고난당하던 이 민족을 구해주신 하나님의 은혜를 기억하는 예배를 드리게 하시옵소서.
이 나라에 대한 하나님의 사랑을 나타내셨음에 경배하게 하시옵소서. 나라를 빼앗겨서 자유를 잃어버린 채, 노예처럼 살던 우리에게 나라를 찾게 하신 하나님을 찬양합니다. 예수님의 이름으로 모인 오늘은 이 민족에게 자유를 주신 하나님께 영광을 드리고자 합니다.

설교 | 이 예배에 하나님의 말씀을 듣게 하시니 감사합니다. 말씀을 듣고 단 위에 서신 목사님과 함께 하셔서 생명을 구원하는 능력의 말씀을 전하실 수 있도록 인도해 주시옵소서. 그 말씀 한 마디도 땅에 떨어지지 아니하고 성도들의 마음 밭에 새겨져 열매를 맺게 하시옵소서.

나라 | 하나님은 언제나 자기 백성들을 사랑하셔서 성도들의 눈물어린 기도를 들어 주심을 오래오래 기억하기 원합니다. 이 나라를 사랑하사, "대한독립만세!"를 외치게 하셨던 하나님의 섭리를 되새기기 원합니다. 오늘은 우리나라가 해방의 기쁨을 맞이한 지 ○○ 년이 되는 해입니다. 그럼에도 불구하고, 이 해방을 주신 하나님께로 돌아오지 않고 있는 이들이 많이 있어 안타깝습니다.

신앙의 목표 | 사랑의 하나님, ○○ 교회의 성도들에게 양선에 힘쓰게 하시옵소서. 여호와 앞에서 착한 행실의 삶을 살려고 애쓰는 저희들이 되게 하옵소서. 주님의 사랑으로 이웃에게 착한 행실로 섬기게 하시옵소서. 이 모든 간구를 예수님의 이름으로 기도드립니다. 아멘.

8월 3주

영광의 풍성함을 따라

"그의 영광의 풍성함을 따라 그의 성령으로 말미암아 너희 속사람을 능력으로 강건하게 하시오며" (엡 3:16)

송축 | 여호와 우리 주여, 저희를 주 예수님의 피로 깨끗하게 해주신 여호와의 이름을 송축합니다. 오늘, 해가 뜨는 시간부터 해가 질 때까지 오직 하나님의 이름을 높여드리는 저희들이 되게 하시옵소서. 선한 일에 열심하는 친백성이 되게 하시려고 모든 불법에서 구속해 주신 여호와의 이름을 높여드립니다.

회개 | 물고기는 자신이 물 속에 있음을 잊지 않건만, 하나님을 잊고 지냈던 자신을 회개합니다. 자신의 욕심에 집착하여 도우시는 하나님을 잊었던 저를 용서하시옵소서. 아직도 죄에 사로잡혀서 옛 사람의 행실을 즐거워했던 어리석음을 용서하시옵소서. 이 시간에, 예수님의 보혈로 다시 한 번만 씻어 주옵소서. 예수님의 피로 거듭나기 원합니다. 그래서 성령으로 충만해지기 원합니다.

예배 | 참 좋으신 아버지 하나님, 예수 그리스도로 말미암아 하나님의 자녀가 된 권세를 누리고 살게 하시니 감사드립니다. 죄가 되는 일만 즐기다가 지옥 형벌을 받을 수밖에 없던 저희에게 사랑으로 다

가오신 하나님을 찬양합니다. 온 성도들이 성령님의 충만함을 사모하면서 예배하게 하시고, 이 시간에 여러 자리에서 봉사하는 종들에게 은혜를 내려 주시옵소서.

설교 | 이 시간에, 목사님께서 말씀을 선포하실 때, 권능이 있는 강단이 되게 하옵소서. 주님의 ○○ 교회가 하나님과 동행하는 진리의 말씀이 선포되기 원합니다.
오늘도, 주님의 은혜와 지혜로 채워져야 하는 저희들이 귀를 기울여 말씀을 듣게 하시옵소서. 하나님의 긍휼로 살아가기 원합니다. 아버지의 인도를 늘 구하며 살게 하시옵소서.

선교-선교사의 가족 | 먼 땅으로 보내신 하나님, 선교사님 가족들의 건강을 위해 기도드립니다. 주님의 손과 발이 되어 외국인들을 섬기는 그들을 위로해 주시옵소서. 낯선 곳에서 외로움으로 말미암아 건강에 어려움을 겪지 않도록 하시옵소서. 특별한 자연 환경에서 오는 풍토병에 시달리지 않도록 도와주시기 원합니다.

제직 | 예수님과 제자들을 곁에서 도왔던 여인들처럼, 하나님의 교회를 위해서 섬김을 다하는 제직들이 되게 하시옵소서. 저들이 예수님께 해드리는 심정으로 손을 펼칠 때, 하나님께서 받으시는 제물이 되고 담임 목사님과 모든 이들에게 즐거움이 되게 하시옵소서. 이 모든 말씀을 예수님의 이름으로 기도드립니다. 아멘.

8월 4주

자신을 깨끗하게 하자

"그런즉 사랑하는 자들아 이 약속을 가진 우리는 하나님을 두려워하는 가운데서 거룩함을 온전히 이루어 육과 영의 온갖 더러운 것에서 자신을 깨끗하게 하자" (고후 7:1)

영광 | 주 예수님의 보혈로 말미암아 의롭다 하심을 얻었음을 확신하면서 구원을 볼 것을 소망하게 하시는 하나님께 영광을 바칩니다. 우리 주님을 십자가에 못 박아 죽으시도록 했던 죄인들이지만, 용서함을 받게 하셨으니 영광을 주께 드리게 하시옵소서.

회개 | 각 사람이 행한 대로 심판하실 하나님을 두려워하며 죄를 고백합니다. 지금, 죄를 지었던 삶에서 돌이켜 회개하고 모든 죄에서 떠나는 용기를 주시옵소서. 말과 행동으로 불신앙의 삶을 살았습니다. 주님께서 주신 것을 사용하는 삶을 살면서도 내 것처럼 욕심을 내며 지냈던 죄를 용서해 주시옵소서. 저희들의 회개를 받아주시고 의롭게 하시는 은혜의 옷을 입게 하시옵소서.

예배 | 예배하도록 불러 주신 하나님, 예수님의 이름으로 구원받아 교회를 이룸을 감사드립니다. 하나님의 사랑으로 새 가족이 된 형제들, 자매들이 주 앞에 나왔습니다.
저희들이 이렇게 나옴은 주님을 경배하고가 함입니다. 마음으로 찬송을 부르게 하시옵소서. 예배가 진행되는 순서마다 받은 은혜로 입술을 열어 하나님의 높으심을 찬미하게 하옵소서.

설교 | 오늘 단에 서서 주님의 귀한 말씀을 증거하실 목사님에게 신령한 능력과 성령으로 충만케 하시옵소서. 그리하여 말씀을 통하여 주의 영광이 드러나게 하시고, 주님께서 귀하게 쓰시는 종으로 삼아 주시기 원합니다. 하나님의 영광이 온 성도들에게 임하게 하시옵소서.

순종 | 저희를 인도하시는 주여, 저희들이 이 교회에서 떠나, 모두의 삶으로 나아갈 때, 입술을 열어 복음을 증거하는 사람들이 되게 하시옵소서. 저희들이 주 안에서 말한 것은 마음을 다하여 믿게 하시고, 마음을 다하여 믿은 것은, 주님의 시간에 생활을 통해서 실천하게 하시옵소서. 저희들을 불쌍히 여기셔서, 이 세상 끝 날까지 한 결같이 주님을 바라보기 원합니다.

신유 | 하나님의 품 안에 있는 ○○ 교회의 가족들이 강건하게 지내는 은혜를 보게 하시옵소서. 심한 병고에 시달리는 이들이 주님을 사랑하고, 치유의 은혜를 기다리고 있으니 저들의 병든 몸을 통해서 하나님의 일이 이루어지기를 소망합니다. 이 시간에 관절과 골수, 오장과 육부를 만져 주셔서 나님의 영광을 나타내시옵소서.
이 모든 소망을 예수님의 이름으로 기도드립니다. 아멘.

8월 5주

이방인들도 하나님께 영광을

"이방인들도 그 긍휼하심으로 말미암아 하나님께 영광을 돌리게 하려 하심이라 기록된 바 그러므로 내가 열방 중에서 주께 감사하고 주의 이름을 찬송하리로다 함과 같으니라" (롬 15:9)

찬양 | 모든 사람들의 아버지 되시는 하나님, 하나님의 사랑으로 저의 눈을 열어 세계를 바라보게 하신 여호와를 찬송합니다. 자신과 가족 밖에 모르던 저희에게 주님의 마음을 주사 이웃을 알게 하시니 찬양합니다. 이 시간에 세계와 모든 이들을 위하여 기도할 수 있도록 이끌어 주신 하나님께 찬양을 드립니다.

회개 | 이 시간에, 죄를 지은 저희들을 용납해 주시고, 회개할 때, 그리스도의 피로 씻음을 받게 하옵소서. 주님의 은혜가 없으면 살 수 없는 저희들, 말씀대로 살기를 원하였지만 부끄러운 모습으로 살아온 것을 자복합니다. 절제하지 못하고, 혈기를 일삼으며 살았던 날들이었습니다. 주님의 영광을 가리는 말을 해왔고, 감정에 따라 행동을 했던 삶을 용서해 주옵소서. 긍휼을 베풀어 주시옵소서.

예배 | 신령과 진정으로 예배할 때, 하나님과 하나님의 나라에 영광이 충만하기를 소원합니다. 이 시간에 도우셔서 하나님을 만유의 주님으로 경배하는 저희들을 복되게 하시옵소서. 하나님께 모든 영광

과 찬양을 드리니 받아 주시옵소서. 예배를 통해서 저희들의 문제를 해결을 받고, 신령한 은혜를 받게 하시옵소서.

설교 | 지금, 말씀을 전하실 목사님을 붙잡아 주시기 원합니다. 진리의 말씀에 응답해서 주님의 뜻을 따를 때 우리의 의지를 꺾고 겸손히 주님의 뜻과 계획에 온전히 순종하게 하시옵소서. 먹고, 살아가는 땅에 것들로 분주해야 하지만, 하나님의 일을 이루어드림에 대하여 고민하는 삶이 있게 하시옵소서.

세계 | 인류를 보전하시는 하나님, 간절한 마음으로 기도드리오니, 각 나라마다 다스리는 통치자들이 주님의 마음을 품기 원합니다. 어떤 나라든지, 세계 환경 속에서 자신들의 위치를 발견하여 주님의 뜻을 깨닫는 대로 다스려지게 하시옵소서.
그래서 사람들마다 주님의 뜻을 따르려는 지혜를 가지며, 모든 세대를 위해 우리 가운데 평화와 정의를 구축하게 하시옵소서.

전도를 위한 간구 | 많은 이들 가운데 ○○ 교회의 성도들에게 세상의 사람들을 향하여 마음이 열리게 하시니 감사드립니다. 믿음의 눈으로 세계의 모든 사람들을 보게 하시니 감사드립니다. 이 마음은 성령께서 주신 것인 줄 믿으니 그들을 가슴에 품고 기도하도록 이끌어 주시기 원합니다.
예수님의 이름으로 기도드립니다. 아멘.

9월 1주

나의 찬양받으실 여호와

"내가 주를 찬양할 때에 나의 입술이 기뻐 외치며 주께서 속량하신 내 영혼이 즐거워하리이다" (시 71:23)

찬송 | 우리의 찬송이 되신 주여, 악인의 길에서, 불의한 자의 생각에서 죄를 깨달아 마음을 돌이켜 긍휼히 여기시는 하나님께로 나오게 하셨음에 찬송을 드립니다. 이 땅에 교회를 세우시고, 저희들은 ○○ 교회로 말미암아, 한 가족으로 살아가게 하심을 감사드립니다. 교회의 모임 속에서, 영광스러운 하늘나라를 바라보며 찬송합니다.

회개 | 저희들의 죄를 고백하오니 용서해 주옵소서. 예수님께서 부활하셨건만, 아직도 부활신앙을 갖지 못하고, 방황하는 삶을 살았습니다. 여호와의 인자하심으로 저희들을 죄에서 용서하시고, 사유하심을 받은 기쁨으로 예배드리게 하시옵소서. 이제, 저희들도 부활의 그날까지 십자가를 지고서 주님의 뒤를 따라 가게 하시옵소서.

예배 | 이 시간에 예배 드리는 저희들을, 주님의 진리와 평화로 이끌어 주시기 원합니다. 저희들이 하나님께로만 향한 믿음 안에서 한 몸이 되게 하시기 원합니다.
주님의 이름으로 한 마음, 한 영이 되어서 거룩한 한 묶음임을 경험하기 원합니다. 이 복스러운 예배에서 한 마음, 한 입으로 주님께 영광 드리게 하시옵소서.

설교 | 목사님의 설교에 성령님의 감동하심이 나타나기 원합니다. 순종의 말씀을 받게 하시며, 선포해 주시는 생명의 말씀으로 저희들의 생활이 시작되게 하시옵소서. 거룩하고 복된 주일의 예배로부터 생활이 설계되게 하시옵소서. ○○ 교회 성도의 집들마다 작은 교회 되고, 저희들 모두가 모여서 큰 집, 하늘나라를 이루게 해 주시옵소서.

성경 | "사슴이 시냇물을 찾기에 갈급함 같이 내 영혼이 주를 찾기에 갈급하여" 성경을 사모하는 심령을 갖기 원합니다. 하나님의 말씀을 좇아 거룩해지게 하시옵소서. 그리하여 약속하신 말씀으로 저의 부족함이 채워지기 원합니다. 한절, 한절의 말씀이 저의 심령을 뜨겁게 하시고, 믿음으로 살아가게 하심을 믿습니다.

9월의 결단 | 아침과 저녁으로 찬바람이 불어오면서 새 계절이 열리게 하산 것처럼, 저희들에게도 새로운 신앙의 다짐이 있게 하시옵소서. 이 시간에 여호와의 은혜를 찬양하면서, 새롭게 하심을 바라보게 하옵소서. 새 생각과 새 마음으로 열심히 하나님을 섬기기 원합니다. 교회공동체를 통해서 주신 사명을 감당하게 하시고, 교회 밖을 향해서는 빛이 되고, 소금이 되어 그들로 주님께 영광을 드리게 하시옵소서. 예수님의 이름으로 기도드립니다. 아멘.

9월 2주

그리스도의 장성한 분량

"우리가 다 하나님의 아들을 믿는 것과 아는 일에 하나가 되어 온전한 사람을 이루어 그리스도의 장성한 분량이 충만한 데까지 이르리니" (엡 4:13)

감사 | 자비로우신 하나님, 주 예수님의 구속의 은총으로 저희의 본성이었던 악이 제하여졌고, 저희의 죄가 사하여졌음에 감사드립니다. 죽음에서 영원한 생명을 얻게 하시고, 예수님을 사랑하고, 하나님을 섬기게 하시니 감사드립니다. 복된 인생을 약속해 주신 하나님의 은혜를 찬송합니다.

회개 | 하나님 앞에서 먼저 죄를 고백합니다. 겸손하게 엎드린 마음으로 죄를 고할 때, 받아주시옵소서. 지난 시간의 발자취를 돌아볼 때, 부끄럽기 그지없습니다.
저희들의 죄가 주홍 같이 붉을지라도 눈처럼 희게 되는 용서의 기쁨을 주옵소서. 여호와의 불쌍히 여기시는 은혜로 품어 주시옵소서. 이제는 안일만을 추구하는 저희들에게 기꺼운 마음으로 고난당하신 그리스도를 따르는 믿음도 허락해 주시옵소서.

예배 | 예배하는 저희들에게는 위에서 보호해 주시고, 아래에서는 받쳐 주시며 그리고 앞에서는 끌어 주시고 뒤에서 밀어 주시는 하나

님의 손길을 느끼게 하시옵소서.

설교 | 오늘도 진리의 식탁으로 저희들을 불러 주시니 감사드립니다. "여호와의 증거를 지키고 전심으로 여호와를 구하는 자가 복이 있도다"라고 하심에 따라, 늘 말씀을 가까이 하기를 원합니다.
성경으로 온전함에 이르게 하심을 믿습니다. 주님의 말씀의 교훈과 책망 안에서 날마다 새로워지게 해 주시옵소서. 진리에 순종하고, 진리를 생명처럼 붙잡고 살아가는 ○○ 교회의 성도들이 되게 하시옵소서.

추석의 간구 | 우리 민족의 최고 명절인 추석에 여호와의 이름을 찬송합니다. 이 땅이 여호와의 은택을 입어 오곡백과가 무르익었으며, 풍성한 수확을 보게 되었습니다.
그러나 저희들에게는 우상을 숭배하던 조상 적부터 지켜온 구습으로 이 명절을 보내기에 안타깝기 그지없음을 고백합니다. 이 좋은 시절에 하나님의 영광을 가리지 않게 하시옵소서.

신앙의 목표 | 사랑의 하나님, 이 달에는 ○○ 교회의 성도들에게 여호와 앞에서 충성을 다하는 생활에 힘쓰게 하시옵소서.
아버지 앞에서 거룩한 자녀의 삶을 살아드리는 자녀 된 충성을 보이게 하옵소서. 저희들에게 명하신 말씀들에 순종하는데 충성을 다해서 반석 위에 세워지도록 도와주시옵소서.
이 모든 간구를 예수님의 이름으로 기도드립니다. 아멘.

9월 3주
예수를 깊이 생각하라

"그러므로 함께 하늘의 부르심을 받은 거룩한 형제들아 우리가 믿는 도리의 사도이시며 대제사장이신 예수를 깊이 생각하라" (히 3:1)

송축 | 겸손한 자의 영을 소성케 해주시며, 통회하는 자의 마음에 소성케 하심의 은혜를 누리게 하시는 하나님의 이름을 높여드립니다. 예수님을 알게 되었을 때, 성령으로 예수님을 영접하게 하신 여호와를 송축합니다. 성령님께서 늘 인도하셨음에 감사하며 예배하게 하시옵소서.

회개 | 죄를 태우시는 하나님, 저희들의 더러워진 마음을 살피셔서, 다시 한 번 속사람을 깨끗하게 하시고, 더러운 것은 성령의 불로 태워 주시기 바랍니다. 저희의 죄를 말끔히 씻어 주실 것을 믿습니다. 주님의 이름을 부르오니, 죄를 용서하시고, 기도를 들어 주셔서 성령의 충만함이 회복되기 원합니다. 그 충만하심으로 마음을 다시 한 번 불붙게 하시옵소서.

예배 | 주님의 거룩하신 사랑을 세상에 선포하는 찬양의 하루를 원합니다. 아직도 죄의 본성이 지배하여, 하나님 앞에서 어긋난 삶을 살지만, 제 영혼은 늘 주님을 바라기 원합니다. 오늘도 죄 사함을 받

은 그 놀라우신 은혜를 찬송하는=여 예배하는 하루이기 원합니다. 이 새 아침에 ○○ 교회 성도들의 영혼을 새롭게 하심을 찬양하기 원합니다.

설교 | 영생으로 인도하시는 주여, 설교를 준비하신 목사님께 성령의 감동이 있기 원합니다. 저희들에게 말씀하실 하나님의 메시지를 전하시도록 이끌어 주시기 원합니다. 저희에게 말씀하시는 하나님의 음성을 듣는 은혜의 시간이게 하옵소서. '지금, 여기에서' 저희들이 듣고 순종해야 하는 진리의 말씀이 온 교회를 덮게 하시옵소서.

성령님 | 간절히 원하오니, 성령이여, 약속하신대로 저희들의 심령에 임하시기 원합니다. 저를 불쌍히 여기사 단비 같이 부어 주시옵소서. 복스러운 성령의 임하심이 단비처럼 제 심령에 부어지기 원합니다. 기다리는 이 심령에 베풀어 주옵소서. 거룩하신 성령과 주님의 기쁨으로 저를 소생시켜 주실 것을 믿습니다.

제직 | 교회를 세우시는 하나님, ○○ 교회에는 우리가 친히 담당하고 섬겨야 할 일들이 많이 있고, 기쁨으로 섬기는 제직들이 있음에 감사드립니다. 귀한 지체들이 거룩한 몸의 한 지체로서 교회의 일꾼이 되어 섬기도록 은혜를 주시옵소서.
주님의 빛이 비추어지고, 그리스도의 맛이 나는 은혜를 주시고, 저들도 성도로서의 온전함을 구비해가는 기쁨을 보게 하시옵소서.
이 모든 말씀을 예수님의 이름으로 기도드립니다. 아멘.

9월 4주
진실과 정의와 공의로

"진실과 정의와 공의로 여호와의 삶을 두고 맹세하면 나라들이 나로 말미암아 스스로 복을 빌며 나로 말미암아 자랑하리라" (렘 4:2)

영광 | 저희가 저지른 죄악을 발로 밟으시고, 모든 죄를 깊은 바다에 던지시는 하나님의 긍휼하심에 감사하여 영광을 바칩니다.
예배하러 모인 이 무리들 가운데서 영광을 받아주시옵소서. 하나님의 자녀 된 저희들이 만민 가운데에 하나님의 기이한 행적을 찬양하는 가운데 선포하는 것이 되게 하시옵소서.

회개 | 이 시간에 하늘의 은총으로 죄를 보게 하심에 감사드립니다. 먹고 살아가는 문제로 분주했던 일들로 여겨졌던 삶의 곳곳에서 죄의 모습들을 들추어내게 하심에 감사드립니다. 지난 한 주간 동안에도 주님을 기쁘시게 못하고, 육신을 위하여 이기적인 욕망과 많은 죄악에서 살아온 죄를 씻어 주시옵소서. 전에 하던 헛된 일을 원통히 여기니, 주 예수님의 보혈로 용서해 주시옵소서.

예배 | 역사를 다스리시는 하나님, 부족한 저희들을 이처럼 사랑하사, 또 한 주간의 삶을 허락하시며, 복된 첫날을 주셨으니 감사드립니다. 이 시간에 하나님을 예배하면서, 저희들의 시간을 주님께 드

리고자 합니다. 이 예배로 하나님과 함께 하는 시간들이 되게 하시고, 주님의 다스리심에 저희들의 모든 것을 맡기게 하시옵소서.

설교 | 설교하시는 목사님께 영력을 더하셔서 생명의 말씀으로 저희들이 배부르게 하여 주시옵소서 하나님의 말씀 앞에서 두려워 할 줄 아는 저희들이 되게 하시옵소서. 말씀이 없어서 방황하는 자에게 말씀의 위로를 받게 해 주시옵소서. 이제, 간절히 간구하오니, 갈보리 십자가 의 말씀으로 새롭게 하시옵소서.

사회 | 우리 사회의 다양한 사람들을 위해 기도합니다. 세상을 지으신 그 능력으로 이 사회를 지키시는 하나님을 기뻐합니다. 똑똑한 사람들이 있어서 이 사회가 지켜지는 것이 아니라, 하나님께서 다스리시기 때문임을 기억합니다. 하나님이 의로우신 것처럼, 사회를 이루는 모든 이들이 의롭게 살아가기를 소망하게 하옵소서. 공법을 물 같이 정의를 하수 같이 흐르게 하는 비전의 사회를 이루게 하시옵소서.

신유 | ○○ 교회의 성도들에게 모든 질병을 다스리는 은혜를 주시기 원합니다. 안식일에 한편 손 마른 사람을 낫게 하신 주님의 은혜를 병든 이들에게도 허락하시옵소서. 느닷없이 닥친 고통에 두려움과 근심에 내몰린 저들에게 회복의 은혜를 내려 주시옵소서. 주님께서 친히 연약한 것을 담당하시고, 병을 짊어지셨으니, 일으켜 주시옵소서. 이 모든 소망을 예수님의 이름으로 기도드립니다. 아멘.

10월 1주
이것을 행하여 나를 기념하라

"축사하시고 떼어 이르시되 이것은 너희를 위하는 내 몸이니 이것을 행하여 나를 기념하라 하시고 식후에 또한 그와 같이 잔을 가지시고 이르시되 이 잔은 내 피로 세운 새 언약이니 이것을 행하여 마실 때마다 나를 기념하라 하셨으니" (고전 11:24-25)

찬송 | 저희를 흑암의 권세로부터 건져 내셔서 주 예수님의 나라로 옮겨주신 구속의 사랑에 감격하면서 찬송을 드립니다. 우리를 위해 십자가에 달리셔서 몸을 찢기신 주님을 찬송하게 하시옵소서. 주님의 자녀들을 겸손하게 하셔서 베풀어주시는 은혜를 누리며 지내게 하셨음에 찬송을 드립니다.

회개 | 지금, 저희들의 죄를 고백합니다. 하나님께서 주신 날을, 하루 하루 또는 시간 시간을 아무 생각 없이 거저 되는대로 살아온 저희들입니다. 남들이 하니까 나도 따르면서 살아왔음을 회개하니 받아 주시옵소서. 말씀에 따르지 못했던 죄를 용서해 주시옵소서. 발람처럼 어그러진 길이었고, 요나처럼 거역하는 길이었습니다. 용서해 주시옵소서.

예배 | 저희들이 사는 날 동안에 여호와는 그 얼굴로 비취셔서 은총을 베풀어 주셨으니 그 기쁨으로 예배하는 한 시간이 되게 하시옵소

서. 오직 여호와 하나님께만 찬양을 드리는 영광의 시간이기를 소망합니다. 이제는 저희들이 주님께 드리는 것이 있기 원합니다. 저희들의 십자가를 달게 지고 주님께 몸과 마음을 드리기 원합니다.

설교 | 이제, 말씀을 준비하신 목사님께 성령으로 감동해 주옵소서. 교회의 성도들을 먹이시는 하나님의 은혜가 말씀으로 주어지기 원합니다. 하나님께서 저희를 사랑하셔서 지키고 따라야 하는 말씀을 주시기 원합니다. 저희들에게는 가슴에 담아두는 약속이 되게 하시옵소서.

성찬주일의 간구 | 우리를 위하여 자신의 피를 흘려주신 하나님, 저희들은 떡과 함께 잔도 듭니다. 이 잔에는 포도주가 부어져 있으나, 이것이 저희를 위하여 흘리신 주님의 피임을 세상 사람들이 알게 하소서. 흠이 없으신 주님께서 죄인들을 위한 속죄제물이 되셨음을 모두가 알게 하시고, 주님 앞에 나와 무릎을 꿇게 하시옵소서.

10월의 결단 | 가을이 깊어가면서 자연이 하나님을 찬양하는 이 때, 저희들도 자연의 일부로 하나님을 찬양하게 하시옵소서. 높은 하늘의 아름다움이 창조주로서의 하나님을 영화롭게 하는 것처럼, 저희들의 거룩하고 흠이 없는 생활이 하나님의 하나님이 되심을 증거하기 원합니다. 나무들은 저마다 여름 내내 자란 결실로 열매를 맺어가고 있는데, 저희들도 주님께서 원하시는 열매를 맺게 하시옵소서. 이 모든 원함을 예수님의 이름으로 기도드립니다. 아멘.

10월 2주

신령한 은사를 주시는 여호와

"내가 너희 보기를 간절히 원하는 것은 어떤 신령한 은사를 너희에게 나누어 주어 너희를 견고하게 하려 함이니" (롬 1:11)

감사 | 우리 하나님은 자애로우신 분이시라, 죄를 용서해 주시기를 즐기시고, 부르짖는 자에게 인자하심이 후하셔서 감사드립니다.
주님의 자녀들이 환난 중에 다닐지라도 소성케 하셨으며 비록, 이 땅에서의 삶이 피곤할지라도 하나님을 즐거워하는 시간이 되게 하시옵소서.

회개 | 받은 은혜 많사오나 구별된 삶을 살지 못했던 것을 회개합니다. 하나님의 은혜는 그 나라와 의를 구하라 주심이었으나, 불신자들과 조금도 다름이 없이 지낸 죄를 용서하시옵소서. 이 시간에, '죄인을 불러 회개시키러 왔노라'라고 하신 예수님을 찬양합니다. 주님의 보혈로 죄를 깨끗이 씻어주시고 새롭게 하시옵소서. 이제, 후로는 절대 방황하지 않으며, 여호와께 주목하여 지내기 원합니다.

예배 | 예배하게 하시는 주여, 저희들의 모든 생각과 정성 그리고 사랑을 모아 예배하기 원합니다.
주님의 은혜로 불러 주셨으니, 그 부르심에 믿음으로 순종하여 나와서 신령과 진정으로 드리는 예배를 받아주옵소서. 저희들이 예배할 때, 성령님의 충만하심을 받게 하옵소서. 하늘의 문을 여시고 폭포수와도 같은 여호와의 영광이 이 전에 가득하게 하옵소서.

설교 | 말씀을 증거하시는 목사님께 더욱 성령님의 은혜를 나타내 주옵소서. 생명을 걸고, 선포하시는 말씀이 온 성도들에게 축복이 되게 하옵소서. 저희들에게는 복된 메시지가 되게 하옵소서. 그 말씀을 귀하게 여겨 마음으로 받아 순종하려는 다짐이 있게 하옵소서.

민족 신앙의 척결 | 우상을 미워하시는 하나님, 단군에 의해서 이 민족이 시작되었다는 개국신화를 신앙화하는 일들이 이루어지고 있습니다.
이 민족의 조상인 단군을 신으로 받들어 섬기게 하려는 우상숭배의 더러운 일들이 횡행하고 있음을 보시옵소서. 이 땅 곳곳에 단군상이 세워지고, 숭배를 조장하고 있으니, 여호와의 손으로 막아주옵소서.

신앙의 목표 | 이 달에는 ○○ 교회의 성도들에게 온유의 생활에 힘쓰게 하옵소서. 저희를 구원해 주시기 위하여 예수님께서 십자가에 달려 죽으심을 감사드립니다. 주님께서는 저의 구원을 위하여 자신의 몸을 내어 주셨습니다. 자신의 희생으로 온유를 가르쳐 주신 예수님을 기억하면서 살기를 원합니다. 스스로 온유의 본이 되신 예수님을 따르게 하옵소서. 저희들의 손과 발을 통하여 주님의 온유가 나타나기 원합니다. 예수님의 이름으로 기도드립니다. 아멘.

10월 3주

사랑이 더욱 많아 넘치게

"또 주께서 우리가 너희를 사랑함과 같이 너희도 피차간과 모든 사람에 대한 사랑이 더욱 많아 넘치게 하사" (살전 3:12)

송축 | 이름이 영원하신 여호와여, 한 번 자기 백성을 삼으신 자들에게는 인자가 풍부하셔서 죄를 용서해주시고, 저희를 버리지 않으시는 하나님의 긍휼하심에 이름을 높여드립니다. 이 자리에 모인 것은 주님을 영화롭게 해드리기 위함입니다. 저희들을 주님의 백성으로 삼으시고, 영광을 받으옵소서. 죄인을 구원하셔서 의롭게 하시고, 그 이름을 송축하게 하셨습니다.

회개 | 저희들의 모습을 돌아보건대 육신의 삶에 쫓겨 하나님의 은혜를 잊고 지냈음을 회개합니다. 입으로는 예수님이 저희들의 주인이라 하면서도, 행실로는 스스로 주인 노릇을 했었습니다. 하나님의 나라와 의를 구하면서 살아야 했는데, 욕심으로 말미암아 죄를 지으며 살았습니다. 뉘우치오니, 하나님의 인자하심으로 용서하여 주시옵소서.

예배 | 한 주간의 생활을 마치고, 다시 주의 이름으로 모였습니다. 하나님께서 시작하게 하신 지난 월요일부터 어제까지의 삶을 돌아보

면서 주님께 찬양을 드립니다. 저희들이 예배하는 이 시간이, 저희를 새롭게 해 주시는 축복된 순간이기 원합니다. 몸도, 마음도, 생각도, 영도 새롭게 해 주시는 주님의 은총을 받게 하시옵소서. 이 예배의 한 시간이 하나님 받으시는 제물로서 거룩한 시간이 되게 하시옵소서.

설교 | 오늘도 은혜와 진리의 말씀을 받게 하시니 감사드립니다. 목사님을 통해서 하나님의 음성을 가까이 하게 하옵소서. "누구든지 그리스도 안에 있으면 새로운 피조물이라 이전 것은 지나갔으니 보라 새 것이 되었도다"라고 약속하심에 따라 새로워짐이 경험되는 말씀에 민감하여 새롭게 살아가게 하시옵소서.

성화 | 죄인을 의인으로 만드는 힘 있는 주님의 말씀으로 새로워지기 원합니다. 저희들 한 사람, 한 사람이 예수님을 인생의 반석으로 삼아 그리스도 위에 집을 짓게 하시옵소서. 길이요, 진리요, 생명이 되시는 예수님의 인도하심에 따라 살아가게 하시옵소서.

제직 | 교회를 다스리시는 주여, ○○ 교회에 복을 주시는 여호와의 손길을 기뻐합니다. 주님의 교회를 위해서 충성스런 일꾼들을 세워 주셨음에 감사드립니다. 성도들 중에 일꾼들을 구별하심은 이 교회의 복임을 믿습니다. 저들의 기도와 헌신으로 말미암아 주님의 몸 된 교회가 세워져나가는 비전에 대한 깨달음을 주시옵소서. 이 모든 말씀을 예수님의 이름으로 기도드립니다. 아멘.

10월 4주

구원을 주시는 하나님의 능력

"내가 복음을 부끄러워하지 아니하노니 이 복음은 모든 믿는 자에게 구원을 주시는 하나님의 능력이 됨이라 먼저는 유대인에게요 그리고 헬라인에게로다" (롬 1:16)

영광 | 은혜가 충만하신 하나님, 여호와의 이름이 영광의 향기로 이전에 가득하기 원합니다. 주님의 이름으로 모인 성도들이 하나님의 선하심을 기억하며 영광을 바칠 때, 흠향하시옵소서.

회개 | 저희 자신의 개혁을 바라시는 하나님, 하나님보다 자신을 좋게 하려던 모든 잘못된 행실에서 돌아서는 용기를 주시옵소서. 지금은 종교개혁을 기억하면서 예배하는데, 벌써 저희들의 믿음은 습관이 되었음을 용서하시고, 예배드리는 것이 의식을 행하는 것처럼 형식이 되었음을 용서하시옵소서. 주님을 사랑함보다 종교적인 행위에 그쳐버린 저희들의 믿음 생활을 용서하시옵소서.

예배 | ○○ 교회에 함께 하시고 성도들이 은혜의 자리에 참여하도록 인도해 주시니 감사의 예배를 드리게 하시옵소서. 거룩함을 입은 자녀들이 하늘에 마음을 두고 예배를 드리기를 즐거워하며, 교회 안에 머무르게 하심을 기뻐합니다. 우리를 새롭게 하여 주시는 하나님께 영원히 영광을 드리는 예배가 되기를 소망합니다. 마음을 다하여

하나님을 사랑하고, 정성으로 예배하는 시간이기 원합니다.

설교 | 생명과 진리의 말씀을 선포하시는 목사님께 성령님의 충만하심이 있기 원합니다. 전해주시는 그 말씀을 사랑하며 살고, 눈동자처럼 그 진리를 지키게 하시옵소서. 하나님께서 원하시는 대로 손을 움직이는 진리가 되기를 소망합니다. 이 시간에 한 사람도 거저 왔다가 거저 돌아가는 자가 없도록 말씀을 통하여 은혜 풍성히 내려주시옵소서.

종교개혁기념주일의 간구 | 이 시간에 말씀으로 오셔서 새롭게 지어주시옵소서. 하나님 앞에 낱낱이 드러 내놓아, 참마음으로 뉘우치며 기도하게 하시옵소서. 이제는 자신의 개혁이 일어나 하나님의 말씀으로 새롭게 지어지기 원합니다. 여기에 모인 형제들 모두 하나님의 품 안에서 걸어가게 하시며, 자매들 또한 주님의 뜻을 구하며 나아가게 하시옵소서.

신유 | 성령님의 저희를 도우심이 치유의 역사로 임하여 ○○ 교회의 식구들에게 나타나게 하시옵소서. 하나님이 원하시면 지금 당장 치료되고, 낫게 될 것을 믿습니다. 지금은 가슴이 무너져 내릴 듯하지만, 이 순간에 하나님을 만나게 하시옵소서. 역경에 맞닥뜨리는 순간을 통해서 우리를 깨닫게 하시는 하나님의 섭리를 배우게 하시옵소서. 이 모든 소망을 예수님의 이름으로 기도드립니다. 아멘.

11월 1주

용납하여 피차 용서하는 지체들

"누가 누구에게 불만이 있거든 서로 용납하여 피차 용서하되 주께서 너희를 용서하신 것 같이 너희도 그리하고" (골 3:13)

찬송 | 하늘에 계시는 하나님, 은혜로우시고, 자비로우신 여호와를 찬송합니다. 자기 백성들에게 인애가 크셔서 재앙을 내리지 않으시는 하나님의 이름에 큰 소리로 찬송을 드립니다.
오늘도 거룩한 날로 구별해서 여호와께로 나와 예배하게 하셨으니 찬송을 받으옵소서.

회개 | 하나님 앞에 설 때, 죄지은 모습을 숨길 수 없어 고백합니다. 지난 주일, 이 예배당을 나서면서 하나님의 영광을 구하며 살겠다고 다짐하였으나, 그것은 거짓말이었습니다.
주님의 뜻보다는 제 마음에 만족하기를 원했습니다. 생각과 말 그리고 행동으로 하나님이 미워하시는 일에만 힘써 왔음을 고백하니 용서해 주시옵소서.

예배 | 예배를 받으실 하나님, 저희들을 죽음에서 건져 주신 주님의 이름을 예배합니다. 예수님의 이름으로 아버지 앞에 무릎을 꿇게 하심을 감사드립니다. 이 거룩한 날도 주님의 팔에 의지해서만 살 수

있음을 예배로 고백하게 하시옵소서. 령과 진리로 예배하는 ○○ 교회의 권속들이 되게 하시옵소서.

설교 | 강단에 목사님을 세우셔서 천국의 음성을 듣게 하셨습니다. 목사님의 대언을 통해서 말씀을 하실 때, 그 말씀이 손을 금하여 어떤 모양으로도 악을 금하는 힘이 되게 하시옵소서. 천상의 소리로 전해지는 말씀에 무릎을 꿇는 은혜를 주시옵소서. 온 교회가 말씀의 영으로 충만해져서 진리의 풍성함을 누리게 하시옵소서.

선교-선교사의 가족 | 사람을 보내시는 하나님, 이 시간에 선교사님의 자녀들을 위해 간구하니 살갗이 그들이 다른 아이들과 잘 어울려서 지내게 하시옵소서. 외국인 학교에서 공부할 때, 어려움을 겪지 않게 하시기 원합니다. 그들의 주위에 친구들이 많게 하시고, 선교사님의 본을 받아 훌륭한 사람으로 자라나게 하시옵소서.

11월의 결단 | 이 거룩한 순간에, 하나님의 은혜만이 생명의 삶을 사도록 하심을 잊지 말게 하시옵소서. 저희들의 심령이 주님의 품 안에서만 새로워질 수 있음을 찬송으로 기도드리게 하시옵소서.
저희들의 죄를 위하여 죽으신 주님을 찬양하며, 은혜를 입은 자녀다운 삶으로 하루의 삶을 채우기 원합니다. 만일, 주님의 손으로부터 멀어진다면, 죽을 수밖에 없는 모습을 바라보게 하시옵소서.
이 모든 원함을 예수님의 이름으로 기도드립니다. 아멘.

11월 2주

힘을 헤아려 자원하는 예물

"네 하나님 여호와 앞에 칠칠절을 지키되 네 하나님 여호와께서 네게 복을 주신 대로 네 힘을 헤아려 자원하는 예물을 드리고" (신 16:10)

감사 | 인생을 향한 주 예수님의 사랑이 크셔서 죄를 용서받고 예배하러 나오게 하셨음에 감사드립니다. 하나님의 은혜로 건강한 삶을 살아가니, 주님이 원하실 때 드리게 하시옵소서. 저희의 이 몸은 주님의 것이오니, 언제나 주님을 위해 쓰여 지기 원합니다.

회개 | 하나님의 인도하심을 잊고, 자신의 영광을 구해왔던 지난 시간의 생활을 회개합니다. 입으로는 주 예수님을 주인으로 모신다 하면서도 실제는 주님을 섬기지 못했습니다.
교회의 모임에는 참여하였으나, 주님은 주인이 아니셨습니다. 저희들이 저지른 실수나 저질러서는 안 될 죄에 대하여 느꼈던 비탄과 후회와 참회의 순간을 잊지 않게 하옵소서. 인애하신 은혜로 죄를 씻어 깨끗하게 해 주시옵소서.

예배 | 이 시간에 신령과 진정으로 예배하여 하나님께 즐거움을 드리는 자녀들이 되게 하시옵소서. 이 땅에서 부모를 공경하듯이, 영의 아버지이신 하나님을 공경하는 예배를 드리도록 인도하시옵소

서. 하나님을 예배함에서 저희들의 삶이 시작되어지게 하시옵소서.

설교 | 의의 제사장으로 구별함을 받으신 목사님께서 전하시는 말씀에 감격하는 은혜를 누리게 하시옵소서. 한 마디, 한 마디의 말씀에서 진리를 구하게 하시고, 지키고 따를 생명의 길로 받게 하시옵소서. 저희 무리에게 전하시도록 하나님께서 주시는 말씀을 가감 없이 전하시게 성령님께서 역사해 주시기를 소망합니다.

청지기 | 삶을 허락해 주신 하나님, 아버지 하나님 앞에서 자녀 된 청지기로 살기 원합니다. 지혜의 청지기로 살기 원합니다.
아는 것이 많아질수록 그 놀라운 지식을 펴신 하나님을 발견하기 원합니다. 지혜와 함께 복음의 청지기가 되기 원합니다. 복음을 전하는 일에 몸을 내어 주게 하시옵소서. 주님의 사랑을 전하는 일에 몸을 불사르게 하시옵소서.

신앙의 목표 | 이 달에는 ○○ 교회의 성도들에게 절제의 생활에 힘쓰게 하시옵소서. 오늘, 저희들이 소유하고 있는 모든 것이 주님께서 허락해 주셨으니 하나님의 뜻을 위해 사용하기 원합니다. 하나님의 마음에 합하게 쓰이는 시간이기 원합니다. 하나님의 나라에 소망을 두고 한 순간, 한 순간을 주님 앞에서 보내도록 도와주심을 믿습니다. 주님께 영광이 되는 삶을 살도록 인도하시옵소서.
이 모든 간구를 예수님의 이름으로 기도드립니다. 아멘.

11월 3주

모든 신들보다 위대하신 주

"내가 알거니와 여호와께서는 위대하시며 우리 주는 모든 신들보다 위대하시도다 여호와께서 그가 기뻐하시는 모든 일을 천지와 바다와 모든 깊은 데서 다 행하셨도다" (시 135:5-6)

송축 | 죄에 빠질 때마다 돌이켜 손을 깨끗이 하게 해주시고, 두 마음을 품었던 데서 마음을 성결하게 하신 여호와의 이름을 높여드립니다. 저희들이 눈물 골짜기로 통행할 때에, "그 곳으로 많은 샘의 곳이 되게 하며 이른 비로 은택을 입히신" 하나님을 송축합니다.

회개 | 이 시간에, 저희들이 하나님 앞에 감사의 제단을 마련하고 정성과 뜻을 모으려고 합니다. 그렇지만 지금 저희들의 마음은 어디에 가 있는지 알 수 없습니다. 감사를 새기는 진정한 자세가 되지 못하고 있음을 고백합니다. 마음으로는 하나님을 사랑하고 감사하는 마음이 넘치기를 원하지만 그렇지 못함을 용서하시옵소서.

예배 | 모든 좋은 것으로 넉넉하게 하신 하나님, 주께로부터 받은 것들을 헤아릴 때 감사하지 않을 수 없어 이렇게 모였습니다. 참으로 위대하신 손길로 저희들을 만족하게 하신 하나님의 인자하심을 찬양합니다. 마련해 온 감사의 예물이 주님을 기쁘시게 하는 것이 되어, 받으시는 예배가 되게 하시옵소서. 감사로 찬양을 불러도, 못다

부를 감사의 노래가 있게 하신 주님을 경배합니다. 저희들의 제단이 형식적으로 만들어진 것이 되지 않게 하시옵소서.

설교 | 목사님께서 목숨을 바쳐 말씀을 전하실 때, 그 진리를 따를 것을 다짐하게 하시옵소서. 저희들은 그대로 말씀을 받아 지키는 거룩한 무리가 되기를 소망합니다. 오늘 저희 ○○교회의 권속들이 들어야만 하는 생명의 말씀이 선포되기를 간절히 원합니다. 이삭을 줍듯이 겸손한 심정이 되어 말씀에 귀를 기울이게 하시옵소서.

추수감사절의 간구 | 하나님은 저희에게 정말 감사해야 할 것을 주셨으니, 오늘은 종일 주의 베풀어 주신 것들을 기억하며 찬송하게 하시옵소서. 이 예배를 드리는 한 형제라도, 그의 눈이 어두워서 주님의 은혜를 보지 못하는 슬픈 일이 없게 하시옵소서. 저희들에게 주신 이 감사를 이제 알고, 저희들이 갖고 있는 것을 모아서 다른 사람들에게도 나누어 줄 수 있는 마음을 주소서. 이것이 우리들의 감사의 증거가 될 것입니다.

제직 | 교회를 위하여 제직을 세우시고, 봉사하는 직분을 주셨으니, 저들이 즐거움으로 감당하게 하시옵소서. 담임 목사님과 여러 종들을 도와서 ○○ 교회의 사명이 감당되도록 봉사하는 은혜를 주옵소서. 성도들을 제 몸처럼 섬기는 일에 자원하는 일꾼이 되게 하시옵소서. 이 모든 말씀을 예수님의 이름으로 기도드립니다. 아멘.

11월 4주

주께 드리는 입술의 열매

"너는 말씀을 가지고 여호와께로 돌아와서 아뢰기를 모든 불의를 제거하시고 선한 바를 받으소서 우리가 수송아지를 대신하여 입술의 열매를 주께 드리리이다" (호 14:2)

영광 | 전에는 죄인이었음에도 주 예수님의 피가 죄를 없애주셔서 결코 정죄함이 없는 삶을 살게 하시는 하나님의 은혜에 영광을 바칩니다. 온 영과 혼과 몸이 우리 주 예수 그리스도 강림하실 때에 흠 없게 보전되도록 죄악 된 행실로부터 지켜 주시니 영광을 받으시옵소서.

회개 | 여호와의 사유하심으로 저희들을 받아 주옵소서. 저희들은 어리석어서 부지불식간에 죄를 짓고도 모릅니다. 하나님을 사랑함에 민감하지 못하고, 눈에 보이는 것들에 마음을 주며 지낸 것을 용서하시옵소서. 하나님이 아닌 것들에게 여호와의 자리를 내어준 죄를 도말해 주시옵소서. 거룩하게 지낸다고 하면서도 죄를 지은 것을 용서하시고, 저희들의 상한 마음을 고쳐주시고, 사죄의 은총을 보게 하시옵소서.

예배 | 영화로우신 하나님, 마음 깊은 곳에서 우러나오는 믿음으로 주님의 이름을 높여드립니다. 저희들로부터 경배를 받으실 거룩한

이름 아래 무릎을 꿇었으니 예배를 받으옵소서. 소제를 받으시고, 번제를 거두시는 하나님께 자신을 바치는 예배의 거룩한 시간이 되게 하시옵소서.

설교 | 성령 하나님의 역사하심이 강단에서 전해지는 말씀에 나타나기를 소원합니다. 그 말씀, 진리의 말씀에 새로워지고, 힘을 얻게 하옵소서. 하나님의 음성에 순종하여 주님의 사랑 안에 거하기를 소망합니다. 말씀으로 또 다시 시작되는 한 주간의 삶이 생명의 활력으로 넘치게 하옵소서. 주님을 사랑하게 하는 말씀이 되게 하시옵소서.

이웃-사회 | 저희들에게 주님의 가슴으로 이웃을 품게 하옵소서. 자기 이웃의 궁핍함을 알고도 자기만족에만 빠져 있는 이들이 없는 사회를 만드는 일에 믿음의 일꾼들이 헌신하기 원합니다. 오늘도, 빠르게 바뀌는 사회 질서 속에서, 예수님의 가르치심에 복종하는 새로운 사랑의 생활을 건설하게 하시며, 현실의 모든 병폐가 사라지고 형제와 같이 서로 봉사하는 즐거운 날이 동터오게 하시옵소서.

신유 | 하나님께서 예배를 받으실 때, 그 응답으로 ○○ 교회의 가족들에게 치료의 은혜를 주시옵소서. 우리가 이 땅에 살면서 알지 못하는 순간에 연약함, 질병, 고통 등을 당할 수 있으나 주님의 은총으로 나음을 믿습니다. 구원은 오직 주님께 있으니, 은혜를 받게 하시고, 사탄의 참소로 말미암았다면 주님의 십자가로 물리쳐 주시옵소서. 이 모든 소망을 예수님의 이름으로 기도드립니다. 아멘.

11월 5주

우리 발을 평강의 길로

"이는 우리 하나님의 긍휼로 인함이라 이로써 돋는 해가 위로부터 우리에게 임하여 어둠과 죽음의 그늘에 앉은 자에게 비치고 우리 발을 평강의 길로 인도하시리로다 하니라" (눅 1:78-79)

감사 | 아비가 자식을 불쌍히 여김 같이 자기를 경외하는 자를 불쌍히 여기시는 하나님께 감사드립니다. 오래 전 옛날 믿음의 조상들은 처음 성탄절을 기다렸지만, 저희들은 다시 오시마 약속하시며, 하늘로 가셨던 예수님의 재림을 기다리기 원합니다.

회개 | 처음 성탄절에 동방의 박사들이 황금, 몰약, 유향을 아기 예수님게 드렸던 것처럼, 저희들은 대강절에 지은 죄를 고백하고 용서를 구하게 하시옵소서. 저희들의 심령에 성령의 충만함이 역사하여, 빛으로 오신 주님을 기억하는 대강절의 믿음을 나타내 보이게 하시옵소서.

예배 | 영화로우신 하나님, 한 해의 삶을 정리하는 분주한 시기에 대강절을 맞이하였습니다. 오늘부터 대강절이 시작되는데, 아기 예수의 오신 것을 찬양하면서 성탄절을 기다리기 원합니다.
오늘, 저희들이 이 자리에 모인 것은 주님의 약속이 이루어졌기 때문입니다. 하나님께서 일찍이 저희의 선조들에게 약속하셨던 대로 메시야를 보내 주셨던 사실을 기억하게 하시옵소서. 거룩한 약속을 성취하신 하나님을 찬양하게 하시옵소서.

설교 | 목사님의 대언하시는 말씀 속에서 삼위 하나님의 거룩하심과 전능하심이 선포되게 하시옵소서. 저희들을 또 다시 생명의 삶으로 이끄시려고 말씀을 주시니 감사드립니다. 오늘 주시는 말씀이 영혼을 치료하는 약이 되기를 소망합니다. 하나님을 사랑하는 저희들이 굳게 지키는 언약의 말씀이 되게 하시옵소서.

전도를 위한 간구 | 죽은 자를 살리시는 하나님, 잃어버린 자들에게로 일꾼을 보내시기 원하시는 하나님의 뜻을 이루어 드리기 위하여 기도하게 하시옵소서. 저희들이 이 땅에서 전도자로 부름을 받았다면 사람들에게로 가도록 하시옵소서. 주님의 가슴을 품고 지옥의 구덩이에 있는 이들에게 복음을 전하게 하시옵소서.

대강절의 간구 | 이미 오신 예수님의 생일을 축하하면서 또 다시 오실 예수님을 기다리는 저희들이 되도록 이끌어 주심을 믿습니다.
메시아의 약속이 이루어지던 날, 하나님의 아들은 초라하게 오셨지만 다시 오시는 예수님께서는 하나님의 영광 가운데 오시리라 믿습니다. 주님께서 다시 오실 때, 죽은 자와 산 자에 대한 심판이 있을 것을 믿습니다. 그날에, 저희들은 영원한 생명으로 다시 살아나게 하시옵소서.
이 모든 소원을 예수님의 이름으로 기도드립니다. 아멘.

12월 1주

주의 의로운 규례들

"주의 말씀은 내 발에 등이요 내 길에 빛이니이다 주의 의로운 규례들을 지키기로 맹세하고 굳게 정하였나이다" (시 119:105-106)

찬송 | 사랑하는 하나님의 이름을 높여드리는 찬송을 바치기 원합니다. 원근 각처의 보내심을 받았던 자리에서 살던 주의 백성들이 모였으니, 하나님을 찬송하게 하시옵소서. 죄를 용사해 주시고, 또한 저희로 하여금 이웃의 죄를 용사하도록 하신 여호와께 찬송을 드립니다.

회개 | 연약한 인간의 모습 속에서 죄에 무기력했던 한 주간의 모습이 부끄럽습니다. 십자가의 사랑을 실천하지 못했습니다. 진실한 믿음이나 열심을 다하는 생활을 하지 못하고, 형식적으로 지낸 시간들도 많았습니다. 용서하시는 은혜를 주시옵소서. 하나님의 나라보다는 자신의 유익을 구하기에 바빴던 저희의 행실을 용서하옵소서.

예배 | 말씀으로 세상을 지으신 하나님, 세상이 지어지기 전부터 저를 택해 주시고, 예수님의 사랑을 받게 하시니 감사합니다.
생명의 말씀으로 영원히 살게 된 저희들, 성서 주일을 기념하여 예배드리고자 머리를 숙였습니다. 영과 진리로 예배하게 하시고, 하나님의 영광이 선포되기를 소망합니다.

설교 | 지금, 강단 위에 세워주신 목사님께 성령님의 역사가 크게 나타나기를 소망합니다. 오늘도 생명의 샘에서부터 흘러나오는 은혜와 진리의 풍성함을 누리면서 주님을 위하여 살고자 하는 마음이 더욱 뜨거워지게 하시옵소서. 간절히 사모하는 심령으로 받아 ○○ 교회의 권속들이 평생에 지키고 따를 생명의 약속이 되게 하시옵소서.

성서주일의 간구 | 말씀으로 인도하시는 하나님, 어떤 사람이든지, 자기들의 말로 하나님의 사랑을 듣게 하시옵소서. 오늘, 저희들은 성경의 반포사업을 위해 특별히 헌금을 마련했습니다. 이 작은 헌신으로, 한 부족의 성경이 더 만들어지기 원합니다. 말은 있으나, 글이 없는 이들을 위해, 글을 만들고 성경을 번역하는 이들에게도 지혜를 더하셔서 어서 빨리 성경이 전해지게 하시옵소서. 그리하여 말씀으로 생명을 얻은 이들이 많아지기 원합니다.

12월의 결단 | 이 시간에, 언약하신 말씀대로 이루어 주시는 참 좋으신 하나님을 찬양합니다. 여기에 모인 주님의 백성들 모두에게 생명의 말씀을 밝히는 일에 헌신할 것을 다짐하게 하시옵소서. 이 땅에 복음이 들어 올 때 성경을 주셨던 것처럼, 또 다른 이들에게 성경을 주는 일에 관심을 기울이게 하시옵소서. 아직까지도 복음이 전해지지 않은 부족들에게도 성경과 함께 생명의 말씀이 선포되기 원합니다. 예수님의 이름으로 기도드립니다. 아멘.

12월 2주

하나님을 보라 하라

"아름다운 소식을 시온에 전하는 자여 너는 높은 산에 오르라 아름다운 소식을 예루살렘에 전하는 자여 너는 힘써 소리를 높이라 두려워하지 말고 소리를 높여 유다의 성읍들에게 이르기를 너희의 하나님을 보라 하라" (사 40:9)

감사 | 우리 하나님은 구원의 하나님이신지라, 죄에서 돌이키게 하시고, 저희를 향했던 여호와의 노가 그친 것에 감사드립니다.
세상의 헛된 것들을 쫓아 다니다 지친 저의 메마른 심령의 혀끝을 주님의 성령으로 적셔서 새 힘을 얻게 하셨음에 감사드립니다.

회개 | 하늘의 그 아름다운 자리를 버리시고 이 땅에 오신 예수님을 생각할 때마다, 높아지기 원하는 교만함을 회개합니다. 하나님께서 저를 사랑하사, 예수님을 낮아지게 하셨건만 저의 죄된 성품은 높아지려는 것만 좋아하게 하였음을 고백합니다. 하나님을 기쁘시게 해 드리기보다 저의 기쁨을 따랐기 때문에 오만했었습니다. 용서해 주시옵소서.

예배 | 보좌에 좌정하신 하나님, 거룩한 은총과 임재를 체험하며 빛난 영광의 자리로 인도하시니 주님께 감사와 찬양을 드립니다. 주님의 자녀들에게 은총을 베푸시고 어두운 세상에 진리의 빛을 비추어

주시니 감사와 찬양을 받으소서. 은혜와 진리 가운데서 예배하기를 원합니다.

설교 | 이 시간에 하나님께서 말씀하시고, 저희들은 그 말씀을 감사함으로 받는 은혜를 누리기 원합니다. 목사님께서 말씀을 강도하실 때, 미쁘게 듣는 귀를 갖게 하시옵소서. 편견이 없이 하나님의 말씀을 지키게 하시옵소서. 하늘나라의 율례를 지켜 행할 것을 다짐하려는 마음으로 진리의 말씀을 받게 하시옵소서.

아웃-사회 | 새 사람이 되게 하신 하나님, 이웃과 마음을 같이 할 수 있는 믿음의 태도를 갖기 원합니다. 그들과 같은 사랑을 가지고 뜻을 합하며 한 마음을 품기 원합니다. 예수님의 겸손하심으로 이웃을 대할 수 있게 하시옵소서. 그리하여 그들에게 예수님을 보여 주게 하시옵소서. 주님의 말씀대로, 오직 겸손한 마음으로 각각 자기보다 남을 낮게 여기게 하시옵소서.

나라 | 세상의 빛이 되시는 주님의 마음으로 거듭나는 나라와 민족들이 되어서 예수님의 이름을 높여드리게 하시옵소서.
이제, 저희들이 살아가는 이 나라의 목표가 하나님의 뜻을 이루어드리는 것이 되게 하시옵소서. 모든 이들이 자신들이 맡은 자리에서 주님의 일을 기쁨으로 성취하게 하는 하나님의 나라로 이루어짐을 소망합니다.
이 모든 간구를 예수님의 이름으로 기도드립니다. 아멘.

12월 3주

엎드려 아기께 경배하라

"그들이 별을 보고 매우 크게 기뻐하고 기뻐하더라 집에 들어가 아기와 그의 어머니 마리아가 함께 있는 것을 보고 엎드려 아기께 경배하고 보배합을 열어 황금과 유향과 몰약을 예물로 드리니라" (마 2:10-11)

송축 | 저희가 아직 죄인이었을 때 저질렀던 죄를 도말하시고, 다시는 기억하지 않으시는 주 하나님의 이름을 높여드립니다. 예수님의 오심으로, 인류를 구원하시려는 하나님의 뜻이 이루어졌음에 송축합니다. 약속대로 메시야가 오셔서 생명의 길을 열어 주시니 감사드립니다.

회개 | 하나님의 은혜로 주신 믿음을 생활로 옮길 수 있는 용기를 주시기 원합니다. 비록 큰 것만이 아니라, 아주 사소한 일일지라도 주님께서 미워하시는 일들을 버리기 원합니다. 저 자신의 이익을 얻기 위하여 다른 사람에게 손해를 끼치는 못된 행실에서 떠나게 하시옵소서. 저 혼자만 잘 되겠다는 욕심으로, 이웃을 돌아보기를 거절하는 죄에서 떠날 수 있는 용기를 주시기 원합니다.

예배 | 오늘은 기쁜 날입니다. 하나님이신 예수님의 오심으로 아버지의 사랑이 저희에게 나타난 것을 즐거워합니다. "하나님이 세상을 이처럼 사랑하사 독생자를 주셨으니" 감사합니다. 주님은 인류를 구

원하시기 위해 오셨으니, 오늘 성탄절도 구원함에 이르는 날로 삼으옵소서. 예수님을 구주로 믿어 멸망치 않고 영생을 얻는 이들이 있기 원합니다.

설교 | 말씀을 증거해 주실 목사님에게 은혜를 더하시기 원합니다. 그리고 처음 성탄절의 예수님은 이 땅에 나시었으나, 오늘 성탄절에는 저희들의 마음에 예수님께서 다시 나셨으면 합니다.
저희의 마음이 구유가 되게 하시옵소서. 그래서 저희의 심령이 새로워지기 원합니다.

성탄 주일의 간구 | 예수님의 나심을 축하하는 아침에 기쁘고 복된 날을 기리게 하시옵소서. 주님의 사랑을 받는 모든 사람들이 다 나와 예배드리기 원합니다. 예배하러 모인 저희들은 마음을 다하여, 하나님을 경배하고 나신 아기께 영광을 드리게 하시옵소서. 이제, 성가대원들의 찬양은 하늘의 노래가 되게 하시옵소서.

제직 | 제직들의 헌신으로 ○○ 교회가 날로 부흥되고 있음에 감사드립니다. 주님의 은혜에 감사하면서 순종하여 섬기는 일이 온 교회를 부흥시키고, 여호와의 영광을 드러내는 봉사가 되게 하시옵소서. 담임 목사님의 목회 비전에 뜻을 같이하여, 이 지역에서 교회의 사명을 이루는데 앞장서는 은혜를 주시옵소서. 교회 안에서는 성도들을 잘 대접하고, 교회가 해야 할 일에 먼저 나서도록 하시옵소서.
이 모든 말씀을 예수님의 이름으로 기도드립니다. 아멘.

12월 4주

만물을 새롭게 하신 그리스도

"보좌에 앉으신 이가 이르시되 보라 내가 만물을 새롭게 하노라 하시고 또 이르시되 이 말은 신실하고 참되니 기록하라 하시고" (계 21:5)

영광 | 그리스도 안에서 은혜의 풍성함을 베푸신 하나님께 영광을 드립니다. 독생자의 피를 통해서 구속함을 받게 하신 아름다움에 영광을 드립니다. 하나님의 자녀로 삼아주시고, 날마다 위로부터 내려오는 은혜로 지내오고 있음에 모든 영광을 받으옵소서.

회개 | 감사로 예배를 드리지만, 저희들의 죄를 고백하니 불쌍히 여겨 주시옵소서. 이 자리에서 저희의 죄 때문에 주님께서 십자가의 고난당하셨던 아픔을 느끼게 하시옵소서. 지은 죄를 뉘우쳐 회개하는 이 자리가 되게 하옵소서. 자신의 죄를 고백할 때, 용서해 주심을 믿습니다.

예배 | 사랑의 하나님, 올 한해에 하나님은 참으로 좋으신 아버지가 되어 주셨습니다.
주님의 넘치는 자비로우심으로 저희들은 살아왔습니다. 저희에게 베풀어 주신 그 은혜를 생각할 때, 끝이 없는 감사를 드립니다. 때를 따라 돕는 은혜로 도우시며, 저희들의 삶이 물댄 동산과 같이 모자람이 조금도 없게 하셨으니 감사드립니다. 오늘 송년 주일의 예배는 주님께서 주신 그 모든 것들을 헤아려 보는 시간이기 원합니다.

설교 | 선지자의 가슴으로 말씀을 외치시는 목사님을 성령님께서 붙들어 주시기를 소망합니다. 그 말씀을 귀하게 여겨 마음으로 받아 가르침을 그대로 지키겠다는 각오를 주시옵소서. 목사님께서 온 몸을 바쳐 말씀을 준비하셨던 그대로, 저희들도 온 몸으로 받아 여호와의 율례를 쫓으며, 규례를 지키는 은혜를 누리게 하시옵소서.

송년 주일의 간구 | 새 해를 주시는 하나님, 저희들도 새롭게 되어, 새 해에는 사랑이 메마른 곳에서 주님의 인자하심을 드러내는 삶을 다짐하게 하시옵소서. 온갖 미혹된 말들이 넘쳐나는 세상에서 복음을 외치는 삶을 다짐하게 하시옵소서. 지금도 저희들의 귀에 세상의 타락으로 말미암은 신음, 죽음의 소리가 들려옵니다. 이들을 위해 기도하고, 복음을 전하는 용감한 저희들이 되게 하시옵소서.

신유 | 병든 자들을 치료해 주시는 은총이 ○○ 교회의 지체들에게 베풀어지기 원합니다. 성령님의 은혜를 통해서 주님의 손이 저들의 몸에 대어지기를 소망합니다.
간절히 구하오니, 질병에서 고침을 받는 일이 하나님의 원하심이 되게 하시옵소서. 잠시 당하는 일을 통해서 합력하여 선을 이루시는 것을 보게 하시옵소서.
이 모든 소망을 예수님의 이름으로 기도드립니다. 아멘.

2장
주일 밤 예배
대표기도문

"너희가 내게 부르짖으며 내게 와서 기도하면 내가 너희들의 기도를 들을 것이요 너희가 온 마음으로 나를 구하면 나를 찾을 것이요 나를 만나리라" (렘 29:12~13)

1월 1주

생애 최고의 해

"오직 네 하나님 여호와께서 택하실 곳에서 네 하나님 여호와 앞에서 너는 네 자녀와 노비와 성중에 거주하는 레위인과 함께 그것을 먹고 또 네 손으로 수고한 모든 일로 말미암아 네 하나님 여호와 앞에서 즐거워하되" (신 12:18).

사랑의 주님, 만군의 여호와께 경배하며 찬양 예배를 드립니다. 이 자리에 주님의 귀한 자녀들이 모였사오니 영광을 드립니다. 그 이름이 높아지기를 원합니다. 새해 첫날을 주일로 지키게 하셨음에 감사드립니다. 하나님 아버지, 저희의 악함을 회개합니다. 겉으로 드러나지는 않으나 마음에 품은 죄악을 용서해 주시기 원합니다. 예배를 드릴 때 뿐, 언제나 순종에 부족한 저희들이었습니다. 주님을 바란다 하면서도 주님께 대한 목마름이 없이 지내왔습니다. 예배하기 전에, 하나님의 은혜와 사랑으로 죄를 씻음받게 하옵소서.

하나님 아버지, ○○ 교회에 속한 식구들을 축복합니다. 올해 일 년이 저희에게 생애 최고의 해가 되게 하옵소서. 또한, 실패와 병마의 고통과 마음의 시험 등으로 괴로워하는 자들을 위로하시고 도와주옵소서. 주님의 은혜로 회복되고 고침을 받아 하나님께는 영광이 되어드리며, 자신들은 소망을 갖도록 도와주옵소서. 새해의 시작을 주일로 하였사오니 금년에는 주님께 예배하는 것을 첫째로 여기기를 원하면서 예수님의 이름으로 기도드립니다. 아멘.

1월 2주

찬양 받으실 하나님

"여호와는 위대하시니 지극히 찬양할 것이요 모든 신들보다 경외할 것임이여 만국의 모든 신들은 우상들이지만 여호와께서는 하늘을 지으셨음이로다" (시 96:4~5).

사랑의 하나님, 거룩한 아침에 하늘이 하나님의 영광을 선포합니다. 하나님의 영광이 예배하러 모인 온 성도들에게 임하기를 원합니다. 거룩하신 하나님, 지난 한 주간 동안 결코 아름답지 못한 삶을 살았습니다. 주님의 보내심으로 빛이요, 소금이 되어야 했건만 그렇게 하지 못하였습니다. 육신이 연약하고 믿음이 부족하다는 핑계로 주님의 말씀대로 살지 못하였음을 회개하오니 용서해 주옵소서.

좋으신 하나님, 우리 성도들의 각 가정에는 방학으로 보내고 있는 아이들이 많이 있습니다. 그들이 게으르지 않고, 개인적으로 공부에 힘을 쏟도록 이끌어 주옵소서. 춥다고 움츠리지만 말고, 적당히 운동도 해서 튼튼한 몸을 가질 수 있게 하옵소서. 전능하신 아버지여, 세상의 모든 것이 아버지의 장중에 있음을 알면서도 우리의 삶의 모습은 그 뜻대로 따르지 못하고 세상을 좇아갈 때가 많습니다. 아버지의 지혜를 허락하사 담대히 주님의 뜻을 따르기 원합니다. 예배를 통해 성령님의 충만을 누리고, 죄는 버리고 의를 취할 수 있는 용기를 주시길 바라면서 예수님의 이름으로 기도드립니다. 아멘.

1월 3주

하나님께 사랑스러워 가는 자람

"보좌에서 음성이 나서 이르시되 하나님의 종들 곧 그를 경외하는 너희들아 작은 자나 큰 자나 다 우리 하나님께 찬송하라 하더라" (계 19:5).

몸된 교회의 머리가 되시는 주님, 병들어가고 있는 뭇 심령들과 세상에 대해 무관심했던 저희들이었음을 고백합니다. 열심을 다하여 저희에게 맡겨진 사명에 충성하지 못하였음을 용서해 주옵소서. 이로써 교회의 사명을 다하지 못하였습니다. 담대히 주님의 일을 감당하게 하옵소서. 세상의 작은 불꽃이 되게 도와주옵소서. 예수님의 이름으로 모이게 하신 주님, 신령과 진정으로 드리는 예배가 되기 원합니다. 오직 하나님께만 영광이 되는 예배의 순서 순서로 이어지기 원합니다. 주일을 마감하는 시간에 저희를 위해 준비된 하늘의 은혜를 허락해 주시기 원합니다. 이 은혜로 하나님의 영광을 누리는 예배가 되게 하옵소서.

사랑의 주님, 저희 교회의 교육기관에서 겨울수련회를 준비하고 있습니다. 어린이, 청소년, 청년들이 신앙훈련을 받게 하려 합니다. 여기에 성령님의 강한 역사가 나타기를 소원합니다. 준비하시는 분들께 은혜로 함께 해 주시고, 재정도 마련해 주실 줄로 믿습니다. 하나님 아버지, 이 시간에 좋은 것으로 성도들 각자에게 소원을 만족하게 해 주옵소서. 예수님 이름으로 기도드립니다. 아멘.

1월 4주

주님의 몸 안에서 한 공동체

"우리 주 예수 그리스도의 아버지 하나님을 찬송하리로다 그의 많으신 긍휼대로 예수 그리스도를 죽은 자 가운데서 부활하게 하심으로 말미암아 우리를 거듭나게 하사 산 소망이 있게 하시며" (벧전 1:3).

자비로우신 하나님, 여러 가지의 죄와 허물이 많이 있사옵나이다. 저희의 모든 죄를 자복하고 회개하오니 주님의 깨끗하게 하시는 보혈로 씻음 받게 하옵소서. 하나님 앞에서 말씀대로 살아 모든 이들로 하여금 영광을 드리게 하옵소서. 하나님 아버지, 주님의 몸된 교회를 위해 기도합니다. 주님의 크신 뜻이 계셔서 이곳에 교회를 세워 주시고 오늘날까지 지켜 주시니 감사합니다. 이 교회가 지역사회의 구원방주가 되게 하시며, 크신 능력과 축복을 허락하셔서 죽어 가는 많은 심령들에게 복음의 기쁜 소식을 전할 수 있게 도와주소서.

이 저녁에, 특별히 바라옵기는 우리가 어떤 모습으로 살아왔던지 주님의 몸이 된 교회 안에서 한 공동체를 이루게 하소서. 또한, 역할과 사명에 따라 기관을 세우셨사오니 각 기관을 지켜 주시고, 늘 새로운 힘을 주셔서 맡은바 사명을 감당하게 하시고 날로 발전하게 하옵소서. 참 좋으신 하나님, 부르심에 합당한 삶을 살지 못함을 용서하시고, 믿음으로 하나님을 기쁘게 해드리기를 바라면서 예수님의 이름으로 기도드립니다. 아멘.

1월 5주

복과 은혜가 있는 설 명절

"이르시되 내가 은혜 베풀 때에 너에게 듣고 구원의 날에 너를 도왔다 하셨으니 보라 지금은 은혜 받을 만한 때요 보라 지금은 구원의 날이로다"(고후 6:2).

홀로 찬양을 받으실 하나님, 온 성도들이 여호와 앞에 엎드려 예배하기를 원합니다. 분주해야만 하였던 일상의 삶을 쉬고, 종일을 예배하는 시간으로 보냈습니다. 참 안식의 하루를 마감 짓는 찬양 예배로 다시 모였습니다. 이 시간에 찬양과 경배를 주님께 드립니다. 저희의 지난 모습은 혼자 이루어 보겠다는 교만함이었습니다. 자기 자신을 신으로 여기며, 건방지게 살아왔던 저희들이었습니다. 삶의 계획을 이루시는 분은 살아계신 하나님이시건만, 하나님을 외면한 채 성취해 보려고 교만한 머리를 내어 흔들었습니다. 하나님을 떠났던 자신의 외롭고, 실패한 모습 속에서 주님을 깨달았습니다. 주님, 이 모습 이대로 주님 앞에 엎드립니다.

아브라함의 하나님, 이삭의 하나님, 야곱의 하나님, 그 하나님이 저희 가정의 하나님도 되시므로, 설 명절에 복과 은혜를 주옵소서. 집안 식구들이 인간관계의 부족으로 인한 불화를 없애주시고 화평과 믿음이 충만한 믿음의 가정이 되게 하옵소서. 그리스도의 참 빛이 설을 보내는 성도들의 가정에 스며들게 해 주시기를 바랍니다. 예수님의 이름으로 기도드립니다. 아멘.

2월 1주

성령님의 충만하심으로 새롭게

"기다리는 자들에게나 구하는 영혼들에게 여호와는 선하시도다" (애 3:25).

찬양으로 영광을 받으셔야 할 여호와여, 하나님의 귀하신 이름을 영원부터 영원까지 송축합니다. 모든 주님의 백성들이 여호와를 찬양하게 하옵소서. 저희를 향하신 하나님의 사랑에 감사드립니다. 우리의 영혼이 잘 됨처럼, 육체도 잘 되게 하셔서 추운 겨울을 잘 지내고 있습니다. 아이들 도 겨울방학을 즐겁게 보내고, 개학을 맞이합니다. 그 동안 집에서 지내면서 학교에서 배울 수 없었던 것들을 배우게 하셨음에 감사드립니다.

예배를 받으시는 하나님, 저희의 드리는 기도와 찬송이 하늘의 하나님께 합당한 영광이 되게 하시기 원합니다. 성가대의 찬양으로 영광을 받아 주옵소서. 단 위에 서신 목사님의 말씀에 귀를 기울이게 하옵소서. 긍휼이 풍성하신 하나님, 갈급한 심령으로 나아온 저희들이 온전히 채움을 받는 시간이 되게 해 주옵소서. 바라기는 성령님의 뜨거운 역사로 힘들었던 심령들마다 새로움이 있게 하옵소서. 하나님 아버지, 이 시간에 주님의 평안을 허락하시고, 우리를 새롭게 하시는 예수 이름의 능력을 바라게 하옵소서. 예수님의 이름으로 기도드립니다. 아멘.

2월 2주

하늘의 용기로 살아가는 지체들

"여호와 우리 하나님이여 우리를 구원하사 여러 나라로부터 모으시고 우리가 주의 거룩하신 이름을 감사하며 주의 영예를 찬양하게 하소서" (시 106:47).

예배를 원하시는 하나님, 이 저녁에 드리는 저희 예배가 영과 진리로 드릴 수 있게 되기를 원합니다. 주님의 날 밤에 하나님의 자비하신 구원의 은혜를 저희에게 흡족하게 내려 주소서. 성령님의 충만함을 통해 능력을 받아 저희의 이웃과 형제들에게 이 복된 빛을 전하기에 부족함이 없기를 간절히 간구합니다. 이 시간은 찬양 예배로 드리오니 주님께서 기뻐 받아 주시기 원합니다. 이 찬양을 통하여 저희의 마음을 밝게 해 주시기 원합니다. 찬양 가운데 인간의 연약함에서 벗어나고, 하늘의 용기로 살아가는 다짐이 있게 하옵소서.

함께 하시는 여호와여, 모든 성도들이 자신에게 맡겨진 사명을 감당하도록 붙들어 주시기 원합니다. 저희가 이 땅 위에 사는 동안에 하나님의 사람이라는 인생의 본분을 잊지 않게 하소서. 그리고 교회의 머리되신 예수님을 귀히 섬기며 살게 하소서.
사랑의 하나님. 온화하게 하사 이웃에게 사랑을 베풀며 하나님의 영광을 드러내는 저희가 되게 하옵소서. 예수님의 이름으로 기도드립니다. 아멘.

2월 3주

의와 진리로 이끄시는 성령님

"내가 들으니 보좌에서 큰 음성이 나서 이르되 보라 하나님의 장막이 사람들과 함께 있으매 하나님이 그들과 함께 계시리니 그들은 하나님의 백성이 되고 하나님은 친히 그들과 함께 계셔서" (계 21:3).

전능하신 하나님, 천국의 백성들이 주님의 발등상 앞에서 경배합니다. 홀로 하나이신 하나님의 거룩하심을 찬양합니다. 저희에게 복된 날을 허락해 주셔서 아침부터 이 밤까지 하나님을 찬양하며 예배하게 하시오니 무한 감사합니다. 이 구별된 주일에 주의 사랑과 은혜를 사모하는 이들에게 풍성한 은혜를 허락하옵소서.
주님의 이름을 찬양하며 예배를 드립니다. 이 시간에 저희를 깨닫게 하시고, 의와 진리로 이끌어 주시는 성령님을 찬미하는 예배이게 하옵소서. 나아가 예배의 진행을 위해서 헌신하는 모든 종들에게 은혜로 감당하게 해 주시기 원합니다.

사랑의 하나님, 간절한 마음으로 주님을 찾아온 성도들에게 한량없는 자비를 베풀어 주옵소서. 지금도 병마와 싸우며 고통 중에 있는 자들에게 치료와 회복의 은혜를 허락하옵소서. 가정의 여러 문제와 경제적인 문제로 고민하며 간구하는 기도를 주께서 들어 주시고 친히 응답해 주옵소서. 절망할 수밖에 없었던 저희를 소망으로 살게 하셨사오니, 하나님의 백성답게 살게 하옵소서. 예수님의 이름으로 기도드립니다. 아멘.

2월 4주

예배로 성결케 되는 심령

"너희는 그를 죽은 자 가운데서 살리시고 영광을 주신 하나님을 그리스도로 말미암아 믿는 자니 너희 믿음과 소망이 하나님께 있게 하셨느니라" (벧전 1:21).

이 민족을 사랑하시는 하나님, 다시 또 삼일절을 맞이합니다. 일제의 억압 속에서 나라를 빼앗기고 살던 백성들에게 민족에 대한 자존감을 갖게 하시고, 나라의 독립을 위해 몸을 내던지는 위인들이 있게 해 주셨습니다. 주님 앞에서 이 나라를 사랑하는 마음을 갖게 해 주시기 원합니다. 이 밤에도 마음을 다하여 예배를 드립니다. 신령과 진정으로 드려지는 예배가 되게 하옵소서. 강단에서 하나님의 말씀이 선포될 때, 마음의 문을 활짝 열고 듣게 하소서. 주님의 말씀을 생명의 양식으로 받아 심령이 배부르게 하소서. 그 말씀으로 새 생명을 얻은 기쁨 속에 살아가는 저희가 되게 하옵소서.

기도의 절기를 주신 하나님. 항상 주의 품안에서 우리의 참된 평화를 찾게 하옵소서. 우리의 몸과 마음을 안과 밖으로 도와주옵소서. 모든 육체적 불행에서 우리를 보호하시고 모든 죄악으로부터 우리를 지켜 주시며, 주님을 닮는 매일을 살게 해주시기 원합니다. 십자가의 주님을 바라보고, 죄를 이기는 승리의 생활을 하는 저희가 되게 하옵소서. 예수님의 이름으로 기도드립니다. 아멘.

3월 1주
나라를 사랑하는 신앙

"여호와의 영광이 영원히 계속할지며 여호와는 자신께서 행하시는 일들로 말미암아 즐거워하시리로다" (시 104:31).

하나님, 지난 시간에도 하나님의 손이 함께 하셨음을 감사드립니다. 주님께서 저희를 불쌍히 여겨 기도에 응답하시고, 순간순간마다 구원이 되셨으니 또한 감사합니다. 십자가에서 흘리신 보혈의 은혜로 나왔사오니, 영광을 하나님께 드리는 이 밤이 되기 원합니다. 영과 진리의 하나님, 신령과 진정으로 예배하는 한 시간이기 원합니다.
이 시간에 저희를 크신 팔로 붙들어 성령의 하나되게 하심에 따라 세상에서 사명을 다하는 공동체가 되게 하옵소서. 지체들의 연약한 손을 잡아 일으켜 주소서. 그리하여 저희의 심령이 다시 한 번 새로워지고 믿음이 견고하여지기를 원합니다. 주님께서 다시 오시는 그날까지 주의 일에 더욱 힘쓰는 저희가 되게 하여 주소서.

하나님께서 저희에게 선물로 주신 자녀들을 돌보아 주심에 감사드립니다. 주님의 은혜로 성장하여 유치원을 비롯해서 초등학교와 각 급의 학교에 입학하게 되는 아이들이 있습니다.
모든 입학생들을 축복합니다. 자비로우신 하나님, 곧 경칩을 맞이하는데, 저희 심령의 묵은 땅도 갈아내서고 새롭게 하여 주옵소서. 예수님의 이름으로 기도드립니다. 아멘.

3월 2주

교회에 머무르는 여호와의 영광

"그러므로 우리는 예수로 말미암아 항상 찬송의 제사를 하나님께 드리자 이는 그 이름을 증언하는 입술의 열매니라" (히 13:15).

자비로우신 하나님, 여호와의 영광이 이 전에 머무르고 있음을 찬송합니다. 이 전에 모인 이들로 하여금 주님의 영광을 찬양하고 영화롭게 하시옵소서. 마땅히 드릴 영광을 찬미하는 백성이 되게 하소서.
우리의 죄를 자복하고 버리는 자는 불쌍히 여김을 받으리라 하신 말씀을 기억합니다. 다시금 다짐하옵기는, 죄에 대해 죽고 의에 대해 살겠습니다. 굽어 살피셔서 이 다짐에 은총을 내려 주시기 원합니다.

자기 백성을 찾으시는 아버지, 미천한 자들을 돌아보사 영원한 안식을 허락하시는 은혜를 소망하여 나왔습니다. 하나님의 존전에서 예배하기 위하여 모였사오니 참 예배를 드리게 하옵소서. 예배의 순서에서 하나님께 영광이 되기 원합니다.
봄철이 되어 이사하는 가정들을 축복합니다. 그들의 형편에 맞게 좋은 집을 허락하시고, 복된 신앙생활을 위해 예배당 주변으로 장막을 마련하도록 하옵소서. 하나님 아버지, 손으로 발로, 머리로 가슴으로, 마음으로 생각으로 춤추며 주님께 영광을 돌립니다. 예수님의 이름으로 기도드립니다. 아멘.

3월 3주

주님의 발자취를 따르는 삶

"이는 보좌 가운데에 계신 어린 양이 그들의 목자가 되사 생명수 샘으로 인도하시고 하나님께서 그들의 눈에서 모든 눈물을 씻어 주실 것임이라" (계 7:17).

하나님이여, 저희의 마음을 정하였사오니 우리가 노래하며 마음을 다하여 찬양하리로다. 전심으로 주를 찬송하고, 영원토록 주님의 이름에 영광을 돌립니다. 사순절의 절기를 보내면서 보다 겸손히 지내도록 이끌어 주시며, 주님의 발자취를 따르는 삶이 되게 하옵소서. 이 저녁에 예배하러 모인 주의 백성들이 주님을 찬양하고 영화롭게 찬송하게 하옵소서. 목사님의 설교를 통해서 예수님의 십자가로 죄의 문제가 해결되었음을 확신하게 해 주시고, 하늘 나라의 백성으로 살아가려는 다짐을 새롭게 하게 도우시기 바랍니다. 착한 일로 영광이 되는 열매를 맺는 다짐이 있게 하옵소서.

사랑의 주님, 겨울이 추워 언제 이 추위가 물러가나 했더니 어느덧 춘분을 맞이합니다. 이 봄에 약한 자에게는 힘이 되게 하시고, 좌절한 자에게는 희망을 갖게 하옵소서. 그리고 없는 자에게는 나누는 자 되게 하시기 원합니다. 이 밤에 예배드림으로써 우리 주님의 보혈에 완전히 정화되고, 그 피로 씻긴 새로움이 있게 하옵소서. 예수님의 이름으로 기도드립니다. 아멘.

3월 4주

천국을 상속받는 거룩한 자녀들

"그의 마음의 소원을 들어 주셨으며 그의 입술의 요구를 거절하지 아니하셨나이다 (셀라)" (시 21:2)

자비로우신 하나님, 아버지의 말씀에 순종하지 않고, 그 명령을 거역하며 살아온 저희의 허물과 죄를 기억합니다. 탐욕과 이기심으로 더럽혀지고 흐려졌음을 고백합니다. 가슴을 치며 통곡하는 저희의 애통하는 소리를 들어주시기 원합니다.

영광중에 계신 하나님, 구하기 전에 이미 있어야 할 것을 아시는 아버지여, 하늘의 의를 먼저 구할 때에 이 모든 것을 더하여 주시리라 하신 말씀을 기억합니다. 오늘의 모임 위에 크신 복을 내려 주시사 향기로운 제사되게 하옵소서.

전능하신 하나님, 주님의 나라를 상속받기 위해 경건한 자녀로 살게 하시고, 우리가 주의 백성으로 지내는 날들이기를 원합니다. 주님의 뜻을 따를 때 우리의 의지를 꺾고 겸손히 주님의 뜻과 계획에 온전히 순종하게 하소서. 불쌍히 여기시는 주님, 육신이 연약한 자에게 육신의 건강함을 얻게 하옵소서. 믿음의 확신이 없는 자에게 믿음의 확신을 주옵소서. 사랑의 하나님, 믿음이 부족해서 방황하는 자에게 성령님의 충만하심으로 위로를 받게 해 주옵소서.

예수님의 이름으로 기도드립니다. 아멘.

4월 1주

진실된 마음으로 드리는 예배

"그러나 여호와께서 기다리시나니 이는 너희에게 은혜를 베풀려 하심이요 일어나시리니 이는 너희를 긍휼히 여기려 하심이라 대저 여호와는 정의의 하나님이심이라 그를 기다리는 자마다 복이 있도다" (사 30:18).

하나님 아버지, 저희가 살아온 시간을 돌아볼 때마다 하나님 아버지께 감사를 드립니다. 무지한 저희는 다 양 같아서 각기 제 길로 갔지만, 주님께서는 독생자를 보내시기까지 사랑하시고, 대속의 은총을 베푸셨사오니 감사의 찬양을 드립니다. 이 시간에 저희가 주의 뜻대로 고백합니다. 저희가 주의 뜻대로 살지 못하고 주님의 품을 떠나려고 애썼던 교만을 용서해 주옵소서. 그리고 세상과 불의와 타협하며 자신의 죄를 합리화하는 나약한 신앙을 가지고 살아온 것도 용서해 주옵소서.

황혼의 시간에 짧게 드리는 예배지만, 하나님께 영광을 드리는 예배가 되어지기 원합니다. 이 시간에 거짓 없는 진실한 마음을 주사 신령과 진정으로 예배하게 하옵소서. 이 짧은 밤의 시간에 영원을 경험하는 예배를 받아 주시기 원합니다. 우주만물의 주가 되시는 하나님, 선물로 받은 아름다운 강산을 가꾸게 하셨음에 감사드립니다. 식목일을 통하여 하나님의 세상인 이 땅을 아름답게 가꾸기 위해서 저희가 해야 할 일을 묵상하게 하옵소서. 예수님의 이름으로 기도드립니다. 아멘.

4월 2주

말씀이 흥왕하는 교회

"시와 찬송과 신령한 노래들로 서로 화답하며 너희의 마음으로 주께 노래하며 찬송하며" (엡 5:19).

아버지시여, 오늘 우리의 구세주께서 예루살렘에 입성하신 것을 찬양합니다. 그와 같이 우리의 마음속에 항상 승리의 입성을 하옵소서. 영광과 은총의 주께서 우리의 마음에 함께 하사 우리 스스로 즐거워하면서, 그리스도 앞에 모두 풍성한 기쁨의 찬양을 드리게 하옵소서.

사유하시는 하나님, 저희에게 드리워져 있는 죽음의 사슬을 십자가의 능력으로 풀어 주시옵소서. 주님의 피묻은 손으로 저희의 떨리는 심령을 어루만져 주소서.

교회의 머리가 되시는 주님, 주님의 몸된 교회를 축복합니다. 갈보리 십자가의 보혈로 ○○ 교회를 적셔주시기 원합니다. 주님의 보혈의 잔을 들고 사랑 안에서 성도들이 서로 연합하고 교제하는 교회가 되게 하옵소서. 주님의 고난당하셨음을 온 성도들이 묵상할 때, 이 교회가 세상에서는 구원의 방주가 되기 원합니다.

하나님 아버지, 성령님의 질서와 말씀이 흥왕하는 교회, 날마다 구원을 얻는 자가 더해 가는 교회 되게 하옵소서. 예수님의 이름으로 기도드립니다. 아멘.

4월 3주

예수의 부활, 세상을 이기는 은혜

"여호와께서는 그의 성전에 계시고 여호와의 보좌는 하늘에 있음이여 그의 눈이 인생을 통촉하시고 그의 안목이 그들을 감찰하시도다" (시 11:4).

오 주님이시여, 크신 사랑으로 보잘것없는 죄인들에게 자비를 베푸셨습니다. 지은 죄를 참회하는 자들을 용서하여 주시고, 부활하신 예수님의 능력으로 새롭게 하옵소서. 주님의 약속을 믿고 회개하는 이들을 거듭나게 하옵소서.

자비로우신 아버지. 우리는 죄를 짓고, 길 잃은 양처럼 주의 길에서 벗어나 우리 마음으로 헛된 뜻과 욕망을 따랐으니 용서해 주옵소서. 주님의 거룩하신 율법을 어겼고 마땅히 해야 할 일들을 하지 않아 영혼의 건강마저 잃은 것을 용서해 주시기 원합니다.

주님, 이 밤에 다시 사신 주님을 찬양할 때, 하나님의 영광을 드러내기 원합니다. 이 시간 예배할 때, 저희들은 불의의 사고로 몸을 다친 장애자들과 함께 살아가고 있습니다. 순간의 불행으로 신체의 일부가 손상을 당한 어려운 이들이 우리의 형제요, 자매입니다. 그들을 축복합니다. 저들의 약함을 강함으로 바꾸어 주옵소서. 이기시는 하나님, 주님의 부활로 세상을 이기는 은혜를 누리고 승리의 찬가를 부르게 하옵소서. 예수님의 이름으로 기도드립니다. 아멘.

4월 4주

하나님을 영화롭게 해 드리는 봄꽃

"그들이 마음속으로 이르기를 아하 소원을 성취하였다 하지 못하게 하시며 우리가 그를 삼켰다 말하지 못하게 하소서" (시 35:25).

달빛보다도 사랑스러운 하나님, 이 밤에 다시 모인 성도들이 하나님 앞에 영광을 돌려 드릴 수 있도록 인도하여 주시기를 간절히 기도드립니다. 찬양대의 찬양을 통해서도 홀로 영광을 받으옵소서.
봄을 열어 주신 하나님, 들에 있는 봄꽃들이 주님의 아름다우심을 찬양합니다. 저희도 한 송이 꽃이 되어 하나님을 영화롭게 해 드리는 예배를 드리고 싶습니다. 봄꽃의 화사함처럼 이 밤의 예배를 드리게 하옵소서.

하나님은 이 땅에 복음의 풍성한 열매를 맺게 하셨습니다. 저희 ○○와 성도들이 이 지역에 구원을 받아야 할 하나님의 백성들이 많음을 깨닫게 하옵소서. 그리고 사회의 아픔에 동참하는 참으로 의로운 교회가 되게 하옵소서. 주님을 사랑하고 계명을 지키는 자를 위하여 언약을 지키시고 인자를 베푸시는 하나님을 알게 하소서.
하나님의 마음에 합한 사람이 되게 하옵소서. 하나님의 음성을 듣는 신실한 주님의 백성이 되어 하나님의 기쁨이 되기를 원합니다. 예수님의 이름으로 기도드립니다. 아멘.

4월 5주

사유하시는 은혜에 거듭나는 시간

"믿음이 없이는 하나님을 기쁘시게 하지 못하나니 하나님께 나아가는 자는 반드시 그가 계신 것과 또한 그가 자기를 찾는 자들에게 상 주시는 이심을 믿어야 할지니라" (히 11:6).

여호와 하나님, 주님께 기도하며 자복할 수 있는 은혜를 원합니다. 하나님의 영광을 가릴 만한 죄들을 회개하게 하시며, 용서하심의 은혜로 새롭게 하옵소서. 이제, 저희가 지은 모든 죄를 고백하고 뉘우치오니 용서하여 주옵소서. 오늘처럼 아름다운 밤에도 하나님은 영광을 받으시기 원합니다. 저희가 주님의 마음을 닮지 못하고 허영과 시기와 미움으로 살아왔사오니, 이 밤의 예배로 고쳐 주시기 원합니다. 사유하시는 은혜로 거듭나는 예배의 시간이 되기 원합니다. 이 예배를 위해서 섬기는 종들이 많사오니 그들의 헌신을 통해서 더욱 영광의 시간이 되게 하옵소서.

아브라함과 이삭과 야곱의 하나님이 되시온즉 이 가정의 하나님도 되시므로, 모든 인간의 부족으로 인한 불화를 없애 주시고 화평과 기쁨이 충만한 믿음의 가정이 되도록 은혜 내려 주옵소서. 주님의 참 빛이 성도들의 가정에 스며들게 하시어 사랑 안에서 하나로 녹아지게 하옵소서. 꽃이 만발한 계절에 주님께 대한 사랑의 꽃을 피우는 저희가 되기를 원합니다. 예수님의 이름으로 기도드립니다. 아멘.

5월 1주

축복받아야 하는 아이들

"예수는 지혜와 키가 자라가며 하나님과 사람에게 더욱 사랑스러워 가시더라" (눅 2:52).

가족을 주신 하나님, 사랑하는 우리의 어린 자녀들이 예수 그리스도 안에서 자라게 하심에 감사드립니다. 우리는 부모로서, 그들에 대한 청지기일 뿐임을 고백합니다. 어린 자녀들 때문에 가정에 웃음과 기쁨이 넘치게 하시고, 우리의 양육으로 그들이 잘 자라나게 하심을 감사드립니다. 이 밤에도 예배할 때, 신령과 진정으로 드리게 하옵소서. 오늘은 종일 어린이들을 생각하며 주님 앞에서 경건히 하루를 보냈습니다. 부모된 이 모두들 한나와 같이 자신의 자녀들을 하나님께 드리게 하옵소서. 목사님의 설교 말씀과 성가대원들의 찬양에 주님의 전능하심이 드러나기 원합니다.

어린이를 품에 안으시고 축복하신 주 예수님, 주님께서 저희에게 주신 어린이들이 ○○ 교회의 가족 중에서 중하고 귀한 자리를 차지하게 된 것을 진심으로 감사드립니다. 간구하오니 우리 교회에 속해 있는 어린이들을 축복하사 주님의 보호와 사랑 안에서 자라게 하옵소서. 날마다 힘을 주시고 인도하여 주옵소서. 은혜로우신 하나님, 우리의 어린이들이 생의 마지막 날까지 주님을 사랑하고, 하나님의 영광을 위해 살게 하옵소서. 예수님의 이름으로 기도드립니다. 아멘.

5월 2주

생명의 주님을 만나는 역사

"그리스도의 말씀이 너희 속에 풍성히 거하여 모든 지혜로 피차 가르치며 권면하고 시와 찬송과 신령한 노래를 부르며 감사하는 마음으로 하나님을 찬양하고" (골 3:16).

사랑이 많으신 하나님, 이 땅의 부모된 자를 축복합니다. 하나님을 대신하여 자녀를 돌보는 그들의 수고에 감사드립니다. 이제 그들에게 장수의 축복을 내리시고, 우리에게도 은총을 허락하사 우리의 언행 일체가 그들에게 기쁨이 되게 하여 주옵소서.

찬양 속에 임하시는 주님, 이 시간의 예배로 진정 하나님을 만나게 해 주시기 바랍니다. 생명의 주님이신 예수를 만나는 시간이 되게 하옵소서. 새로운 삶을 사는 계기가 되게 하옵소서.

하늘에 계신 전능하신 하나님 아버지, 구하오니 주의 백성이 사는 가정 가정을 항상 돌보아 주옵소서. 모든 고통의 근원과 욕망과 오만한 삶을 그들에게서 제거하여 주시고, 믿음과 미덕과, 지혜와 절제와, 인내와 경건으로 채워 주옵소서. 부모의 애정이 자녀들을 향하고, 자녀들의 애정이 부모를 향하여 끊임없이 흐르게 하옵소서. 그리하여 우리 가운데 사랑의 불로 언제나 친애로써 화목하게 하옵소서. 어버이 주일을 보내면서 영원토록 주님으로 즐거워하는 가정이 되기를 다짐하게 하옵소서. 예수님의 이름으로 기도드립니다. 아멘.

5월 3주

살리시는 주님의 영

"여호와여 주는 영원히 계시오며 주의 보좌는 대대에 이르나이다" (애 5:19).

만물을 지으시고 주인이 되시는 하나님, 오늘도 지으신 것들을 다스리시는 전능하심을 찬양합니다. 영광 가운데 계신 하나님의 이름을 높여드립니다. 구별된 이 날에 모든 백성이 주의 전에 나아와 존귀하신 하나님을 경배하며 영광을 돌립니다.

주님이시여, 주일을 구별하여 여기에 모인 이들을 기억하여 주옵소서. 온 성도들이 하나님께서 받으시기에 합당한 예배를 드리기에 부족함이 없게 하여 주옵소서. 이제, 간절히 간구하오니, 살리시는 주님의 영으로 새롭게 하옵소서.

오직 하나님의 위로와 소망을 바라며 사는 저희가 되게 하옵소서. 힘들고 지쳐서 넘어지려고 할 때, 늘 옆에서 "너는 내 아들이라"라고 말씀하시는 주님의 음성을 들려 주옵소서.

말씀의 거울로 저희를 비추시고 영혼을 가르치사 저희의 삶 전체가 하나님을 향한 삶이 되게 하시옵소서. 강단에 세우신 종을 통해서 하나님의 말씀이 온전히 선포되게 하시며, 말씀에 순종과 부복으로 따르게 하소서. 이 밤의 예배로 더욱 영광을 받으시고 은혜로 가득하게 하여 주시옵소서. 예수님의 이름으로 기도드립니다. 아멘.

5월 4주

기쁨과 힘이 되시는 여호와

"또 여호와를 기뻐하라 그가 네 마음의 소원을 네게 이루어 주시리로다" (시 37:4).

자비로우신 하나님, 주님의 사랑을 입은 자들이 다시 모였습니다. 오늘, 하루를 온전히 구별해서 영광을 돌리게 하시니 감사드립니다. 여기에 모인 주님의 백성들이 마음으로 몸을 굽혀 얼굴을 땅에 대고 여호와께 경배하기를 원합니다. 성도들이 한 마음이 되어 하늘 영광 보좌를 향해 영광을 드립니다. 이 밤의 예배를 통해 약해진 마음을 강하게 붙들어 주옵소서. 주님, 저희의 마음에 오소서. 우울하고 약한 우리 마음에 오셔서 기쁨을 주시고 힘이 되어 주옵소서.

자기 백성을 돌아보시는 하나님, 보혜사 성령님을 보내주셔서 감사합니다. 성령님의 충만함으로 주의 뜻을 깨닫게 하시고, 성령님의 감화에 따라 진리의 빛을 비추는 성도의 삶이 되게 하심을 감사드립니다. 주님의 형제와 자매들이 남의 잘못이나 허물이 있을 때마다 자신을 먼저 돌아보는 사랑으로 충만하기 원합니다. 진정으로 감싸주고, 피차 덕 세우기를 힘쓰는 사랑하는 저희들로 만들어 주옵소서. 이 밤에도 성령님의 감동하심에 순종해서, 하나님의 나라의 일꾼답게 착한 일을 많이 하도록 하옵소서. 예수님의 이름으로 기도드립니다. 아멘.

6월 1주

잠잠히 하나님만 바라는 영혼

"나의 영혼이 잠잠히 하나님만 바람이여 나의 구원이 그에게서 나오는도다" (시 62:1).

이 밤에 하나님을 사모하는 모든 사람들의 마음에 빛이 되시며, 모든 영혼들의 생명이 되시는 하나님의 이름을 송축합니다. 날마다, 순간마다 저희를 사랑과 은혜와 보호 속에서 살게 하신 주님의 이름에 영광을 드립니다. 하나님 아버지, 이제 저희의 죄를 제거해 주시고 자비로써 저희 마음에 성령의 불을 붙여 주시옵소서. 그리하여 기쁜 마음으로 당신을 따르며 즐거워할 수 있는 귀한 믿음을 허락해 주시옵소서. 민족의 흥망성쇠를 다루시는 하나님, 이 민족과 나라를 불쌍히 여겨 주옵소서. 하나님의 공의가 강물처럼 흐르는 사회를 만들어 주시기 원합니다. 이에 저희 ○○ 교회가 민족에 대한 사명을 갖고 이 나라와 백성들을 섬기게 하옵소서.

주님의 자녀들이 온 세계에까지 주의 말씀을 증거하며 복음화에 앞장서게 하옵소서.
이 나라 백성들에게 복을 내려 주시고 저희 가운데 속히 주님의 사랑과 평화가 넘치는 나라가 임할 수 있는 놀라운 복을 주옵소서. 주님의 거룩하신 교회에서 예배하게 하시니 그 사랑과 은혜에 감사와 영광을 드립니다. 예수님의 이름으로 기도드립니다. 아멘.

6월 2주

사랑과 기쁨과 찬송

"하나님을 찬미하며 또 온 백성에게 칭송을 받으니 주께서 구원 받는 사람을 날마다 더하게 하시니라" (행 2:47).

전능하시며 홀로 위대하신 하나님, 주님의 권능으로 영광을 나타내심을 찬양합니다. 예배하러 모인 저희에게서 영광을 받으옵소서. 하나님의 자녀가 된 저희가 주님의 기이한 행적을 찬양하는 가운데 선포하는 것이 되게 하옵소서.

사유하시는 주님, 각 사람이 행한 대로 심판하실 하나님을 두려워하게 하소서. 그리하여 죄를 지었던 삶에서 돌이켜 회개하고 모든 죄에서 떠나는 용기를 주소서. 저희는 지난 한 주간 동안에 세상에 살면서 주님을 기쁘시게 하지 못하고, 육신을 위하여 이기적인 욕망과 많은 죄악에서 살아왔습니다. 저희의 회개를 들어 주시고 용서해 주소서. 이제, 참으로 죄를 거절하며 살 수 있는 믿음의 용기를 주옵소서.

그 생애와 가르침으로 우리에게 진실된 복의 길을 열어 주신 전능하신 하나님, 의무의 길은 십자가로 향하는 일이며 믿음의 보상은 가시 면류관일 수도 있다는 사실을 주님은 그리스도의 고통과 죽음을 통하여 우리에게 보여 주셨습니다. 이 거룩한 밤에 저희의 영혼이 되살아나서 교회 안에 사랑과 기쁨과 찬송이 넘치게 하옵소서. 예수님의 이름으로 기도드립니다. 아멘.

6월 3주

주님의 영광을 드러내는 교회

"에스라가 위대하신 하나님 여호와를 송축하매 모든 백성이 손을 들고 아멘 아멘 하고 응답하고 몸을 굽혀 얼굴을 땅에 대고 여호와께 경배하니라" (느 8:6).

사랑의 하나님, 감사로 예배를 드리며 마음의 무릎을 꿇습니다. 세상에서 엿새를 사는 동안에 모든 육체에게 먹을 것을 주신 하나님 감사합니다. 주님의 은혜로 모자람을 모르고 지냈습니다. 부족한 저희는 하나님을 잊고 산 적이 많지만, 하나님은 우리를 한 번도 잊지 않으신 인자하신 분이심을 믿고 감사드립니다.

오! 하나님, 저희의 심령 속에는 주님밖에는 누구에게도 말할 수 없는 문제가 있습니다. 이 일은 저희 자신과 아버지만이 알고 있는 일이기도 합니다. 제가 매혹되지도 말아야 하고, 제 마음속에 들여 놓지도 말아야 할 생각이지만 그 생각에서 떠날 수가 없습니다. 그러한 생각에서 벗어나도록 은혜를 내려 주옵소서.

신실하신 하나님, 주님의 교회가 허물이 있는 곳을 치유하고, 모자란 곳을 채우며, 나누인 곳을 하나 되게 하는 데 최선을 다하게 하시고, 주님의 영광을 드러낼 수 있는 교회가 되게 하옵소서. 이 지역에서 구원의 방주로서의 역할을 다하도록 이끌어 주옵소서. 예수님의 이름으로 기도드립니다. 아멘.

6월 4주

은혜 안에서 새롭게 되는 날

"주여 나의 모든 소원이 주 앞에 있사오며 나의 탄식이 주 앞에 감추이지 아니하나이다" (시 38:9).

회개하고 돌이켜 "너희 죄 없이 함을 받으라" 하셨으니, 먼저 죄를 고백합니다. 저희는 어리석어서 부지불식간에 죄를 짓고도 모릅니다. 거룩하게 지낸다고 하면서도 죄를 짓기도 합니다. 또한, 연약한 인간의 모습 속에서 짐짓 죄를 짓기도 합니다. 죄를 고백하오니, 저희의 죄가 주홍같이 붉을지라도 눈처럼 희게 되는 용서의 기쁨을 주옵소서. 이 시간 목사님께 성령 충만하게 하셔서, 말씀을 증거하실 때 사단의 권세 일절 틈 못 타게 하옵소서. 찬양대원들이 하나님 앞에 찬양을 드립니다. 받아 주시며, 부르는 이들과 함께 하는 이들이 은혜를 누리는 찬양되게 하옵소서.

아브라함의 기도를 들으시고, 그 성읍을 멸하지 아니하셨음을 기억합니다. 여호와 앞에서 간구한 이 말씀이 주야로 우리 하나님 여호와께 가까이 있게 하시기 원합니다.
주님, 교회에 속한 성도들의 가정에 건강한 몸과 사랑의 마음과 봉사의 생활이 늘 풍성하기를 허락해 주시기 원합니다. 이 주간 저희에게 물질의 넉넉함을 주심과 동시에 신앙적으로 풍요롭게 해 주옵소서. 예수님의 이름으로 기도드립니다. 아멘.

7월 1주

종일 자랑하는 하나님의 이름

"우리가 종일 하나님을 자랑하였나이다 우리는 하나님의 이름에 영원히 감사하리이다 (셀라)" (시 44:8).

자비로우신 하나님, 부족한 저희에게 차고 넘치도록 채워 주신 은혜를 헤아리며 감사드립니다. 이 밤의 찬양 예배는 저희의 거두어들인 것을 생각하여 감사로 영광을 드리게 하옵소서.
하나님은 홀로 저희의 아버지시며, 인생의 길에서 필요한 것을 조금도 부족함이 없게 채워 주시는 분이시니 모든 영광을 드립니다. 낮 예배로 맥추감사를 하였으나 부족한 것이 많았음을 고백합니다. 이 시간은 저희의 부족을 아파하여 회개하는 예배가 되게 하옵소서. 상한 심령으로 드리는 예배를 통해서 하나님의 은혜로 영육간에 회복의 기쁨을 누리기를 원합니다.

사랑의 하나님, 맥추감사절의 절기를 하나님께 지키지 못하는 형제, 자매들에게 복 주옵소서. 그들이 병으로 또는 병자를 간호하느라 교회에 나오지 못한다면, 어린 아이나 집안의 일로 교회에 나올 수 없다면 또는 연로하여서, 너무나 슬퍼서 교회에 나오지 못하는 이들이 있다면 그들을 위로하여 주시고 복 주시기 원합니다. 소망 가운데 만족하게 하심을 바라보며, 잠잠히 하나님을 기다리게 하옵소서. 예수님의 이름으로 기도드립니다. 아멘.

7월 2주
여호와 하나님을 찬양

"뛰어 서서 걸으며 그들과 함께 성전으로 들어가면서 걷기도 하고 뛰기도 하며 하나님을 찬송하니" (행 3:8).

주님의 성소에서 하나님을 찬양하며, 그의 권능의 궁창에서 그를 찬양합니다. 주여, 우리 교회에 성령으로 충만하게 하옵소서. 성도들이 교회에 모일 때마다 하나님을 찬양하는 소리로 가득하게 하시기를 원합니다. 여호와 하나님을 찬양합니다.

아버지 하나님, 황혼의 시각에 다시 불러 주셨사오니 ○○ 교회의 성도들이 한 마음이 되어 예배드리기 원합니다. 신령과 진정을 다해서 하늘 영광 보좌를 향해 예배하게 하옵소서. 이 밤의 예배를 통해서 병들고 허약해진 마음을 강하게 붙들어 주시고, 우울하고 약한 마음을 기쁨으로 충만하게 채워 주시고 힘이 되어 주옵소서.

사랑의 주님, 여름의 뜨거움처럼 저희가 신앙훈련을 받고자 합니다. 이 훈련으로 주님의 교회가 신앙의 공동체를 이루어 하나님의 영광을 선포하게 하옵소서. 신앙훈련을 준비하는 목사님께 모세와 같은 영도력을 허락해 주시고, 교역자들에게 성령님으로 충만하게 하시어 잘 준비하게 하옵소서. 하나님 아버지, 금년 여름의 신앙수련을 통해서 온 교회가 영성으로 새로워지게 하시며 주님의 영광을 드러내게 하옵소서. 예수님의 이름으로 기도드립니다. 아멘.

7월 3주

가정마다 흐르는 은혜의 강물

"그리스도의 평강이 너희 마음을 주장하게 하라 너희는 평강을 위하여 한 몸으로 부르심을 받았나니 너희는 또한 감사하는 자가 되라" (골 3:15).

긍휼히 여기시는 하나님, 이 밤에도 저희를 죄악이 관영한 곳에 머물지 않게 하심을 감사드립니다. 알면서도 죄를 짓는 연약함에 있으나 하나님께로 불러 주신 사랑에 탄복하며 감사드립니다. 주님의 사랑은 측량할 수 없으신데, 저희는 늘 죄짓는 생활뿐이었습니다. 모든 죄를 주님의 피로 씻어 주옵소서. 예배 받으시기에 합당하신 하나님, 주님의 귀한 자녀들이 거룩한 성전에 예수님의 이름으로 모였습니다. 이 전에 들어온 모든 이들이 신령과 진정으로 예배드리게 하옵소서. 찬양으로 주 하나님의 이름을 높이고, 우리를 다스리시는 하나님께 영광을 드리게 하옵소서. 정성을 다 드려서 예배할 때, 저희 마음은 기쁨으로 가득하기 원합니다.

저희 교회에 속한 권속을 위하여 중보합니다. 찬양 예배를 통해서 가정마다 은혜의 강물이 흘러가게 하소서. 성전에서 흘러나오는 생수의 역사가 가정마다 흘러서 한해의 지표를 삼게 하시기 원합니다. 그래서 더욱더 믿음 안에서 굳건히 세워지는 권속들이 되게 하소서. 예수님의 이름으로 기도드립니다. 아멘.

7월 4주

교회를 세우시는 하나님

"좋은 것으로 네 소원을 만족하게 하사 네 청춘을 독수리 같이 새롭게 하시는도다" (시 103:5).

크고 위대하신 하나님, 지난 한 주간 동안에도 때마다, 일마다 간섭하시며 좋은 것으로 만족케 하시니 감사합니다. 아버지 하나님의 도우심으로 지낸 한 주간이었습니다. 이 시간에 무엇보다도 거룩하고 복된 날을 구별하여 예배하는 은혜를 누리게 하심을 감사합니다.
은총을 내려 주시는 하나님, 이 밤의 예배로 말미암아 온 성도들이 주님을 영화롭게 해드리기 원합니다. 성령님의 감화 아래에서 하나 된 친교를 갖게 하옵소서. 설교를 위하여 단 위에 세우신 목사님께는 영육간의 강건함을 주옵소서. 그래서 말씀을 증거하실 때 능력 있는 말씀 되게 하시며, 은혜를 받게 하옵소서.

저희가 물질의 복에만 만족하는 어리석은 자가 되지 않게 하시고 영의 축복을 사모하며 늘 기도에 힘쓰는 성도들이 되게 하옵소서. 달혔던 입술과 마음을 활짝 열어 주시고 저희의 교회와 가정에서 기도드리는 간구의 소리가 늘 끊어지지 않게 하시옵기를 간절히 원합니다. 교회를 세우시는 하나님, 이 한 시간의 예배로 온 교회가 든든히 세워지기를 원합니다. 예수님의 이름으로 기도드립니다. 아멘.

7월 5주

마음을 찢고 여호와께로

"너희는 옷을 찢지 말고 마음을 찢고 너희 하나님 여호와께로 돌아올지어다 그는 은혜로우시며 자비로우시며 노하기를 더디하시며 인애가 크시사 뜻을 돌이켜 재앙을 내리지 아니하시나니" (욜 2:13).

교회를 지키시는 하나님, 세상을 다스리시며 교회를 보호하시는 하나님께 영광을 드립니다. 주님의 이름으로 모인 저희들로부터 찬양을 받으시고, 영광을 취하시기 원합니다. 여호와는 위대하시니 우리 하나님의 성에서 극진히 찬양 받으시리로다.
주님의 은혜가 없으면 살 수 없는 저희들입니다. 말씀대로 살기를 원하였지만 부끄러운 모습으로 살았습니다. 긍휼을 베풀어 주옵소서. 주님의 영광을 가리는 말을 해왔고, 감정에 따라 행동을 했던 삶을 용서해 주시기 바랍니다. 절제하지 못하고, 혈기를 일삼으며 살았던 날들이었습니다.

예배의 하나님, 감사와 찬양이 넘치는 예배가 되도록 주님께서 친히 주장하여 주옵소서. 설교를 준비하신 목사님께 힘을 더하셔서 권세 있는 말씀을 선포할 수 있게 하옵시고, 그 말씀으로 주저앉았던 저희가 다시 일어나는 체험을 주옵소서.
여름방학을 보내고 있는 아이들을 축복합니다. 그들이 게으르지 않고, 보람이 있는 방학을 보내도록 해 주옵소서. 예수님의 이름으로 기도드립니다. 아멘.

8월 1주

주의 살아계심을 경험하는 예배

"사람이 여호와의 구원을 바라고 잠잠히 기다림이 좋도다" (애 3:26).

우리를 지키시는 하나님, 그 인자하심으로 한 주간의 삶을 다스리시고 예수 안에서 승리하게 하시오니 감사드립니다. 험한 세상을 살아오면서 어렵고 힘들 때마다 하나님의 도우심이 있었음에 감사드립니다. 날마다의 생활이 감사와 찬양으로 이어지게 하시고, 보혈의 은혜를 찬양하면서 지내게 하옵소서.

자비로우신 하나님, 성도들의 심령을 주장해 주셔서 하나님이 받으시기에 온전한 예배가 되게 해 주시고, 하나님의 살아계심을 경험하는 살아 있는 예배가 되게 하옵소서. 찬양과 말씀으로 상한 심령들이 치유받게 하옵소서. 성령님의 충만함을 통하여 능력으로 이 복된 빛을 이웃에게 전하기에 부족함이 없기를 간절히 간구합니다.

하나님은 간구하매 응답하시고, 모든 두려움에서 건지십니다. 이에 기도하오니 믿음 위에 굳게 서서 흔들리지 않게 하옵소서. 찬양 가운데 인간의 연약함에서 벗어나고, 하늘의 용기로 살아가는 다짐이 있게 하옵소서. 이 밤에, 우리의 기도와 간구를 들으시고 그들의 일을 돌아보소서. 자연의 주인이신 하나님, 더위를 핑계로 게을렀던 모습을 돌아봅니다. 어느덧 입추가 되었사오니 신앙생활에 열심을 내게 하옵소서. 예수님의 이름으로 기도드립니다. 아멘.

8월 2주

준비된 하늘의 은혜를

"예수께 말하되 그들이 하는 말을 듣느냐 예수께서 이르시되 그렇다 어린 아기와 젖먹이들의 입에서 나오는 찬미를 온전하게 하셨나이다 함을 너희가 읽어 본 일이 없느냐 하시고" (마 21:16).

저희를 위해서 준비된 하늘의 은혜를 허락해 주옵소서. 특별히 바라옵기는 예배를 통해서 주님의 몸 된 교회 안에서 한 공동체를 이루게 하시고, 하나님의 은혜 안에 거하게 해 주옵소서.
나라를 세우시고 지키시는 하나님, 이 민족 모두의 가슴을 사랑으로 채워 주시기 바랍니다. 서로 사람다운 길에 설 수 있도록 위로하며 권면하도록 도와주소서. 스스로 겸손의 띠로 허리를 동이고 복음의 신발을 신어 화해와 평화의 사도가 되게 하옵소서. 나아가 이 강산과 이 교회가 주님으로 인하여 사는 길을 찾도록 회개의 영을 부어 주옵소서.

전능하신 하나님, 믿음이 연약한 심령들에게는 강하고 담대한 믿음을 허락해 주시기 원합니다. 그리고 말씀에 갈급하고 굶주린 심령에게는 말씀의 충만함이 있는 예배이기를 원합니다. 우리의 기쁨이 되시는 주님을 만나는 체험이 있게 하옵소서.
저희 중에는 여러 가지 시험을 만나며 근심에 빠져 있는 성도들이 있사오니, 그들의 무거운 짐을 거두어 주옵소서. 예수님의 이름으로 기도드립니다. 아멘.

8월 3주

기뻐 받으시는 산 제사

"여호와는 은혜로우시며 의로우시며 우리 하나님은 긍휼이 많으시도다" (시 116:5).

저희를 보살펴 주시는 하나님, 하나님의 사랑을 받기에 합당치 못한 저희의 삶이었기에 이 시간에 주님 앞에 다 내어 놓습니다. 하나님의 집은 기도하는 곳이건만 저희는 온갖 욕망과 개인적인 꿈으로 오염시켰음을 용서해 주옵소서. 오늘 저희의 예배가 주님께서 기뻐 받으시는 산 제사가 되게 하옵소서. 말씀을 증거하실 목사님에게 영력을 더하셔서 하나님의 대언자로서 생명력 넘치는, 살아 있는 말씀으로 저희의 감동케 하시옵소서.

교회의 주인이 되시는 하나님, 우리 ○○ 교회를 위하여 교역자들을 세워주심에 감사합니다. 그들이 주님을 대리하여 저희의 선한 목자가 되게 하셨습니다. 그분들을 위하여 간구할 때, 특별히 담임 목사님께 함께 하셔서 영육간에 신령함과 강건함을 주시기 원합니다. 그리고 많은 부교역자들에게 능력을 더하여 주옵소서.
저희를 예수님의 십자가의 공로로 살려 주심에 감사드립니다. 오늘도 갈급한 심령으로 나왔사오니 주께서 저희의 기도에 응답해 주시옵소서. 주여, 성도들의 사업과 가정과 자녀들에게 함께 하셔서 복에 복을 더해 주옵소서. 예수님의 이름으로 기도드립니다. 아멘.

8월 4주

소원을 이루시는 주 하나님

"그는 자기를 경외하는 자들의 소원을 이루시며 또 그들의 부르짖음을 들으사 구원하시리로다" (시 145:19).

사랑의 하나님, 여호와의 영광이 이 자리에 있는 것을 보고 엎드려 경배합니다. 성전을 통해서 주의 백성들과 함께 하시는 하나님의 선하심을 찬양합니다. 이 저녁에도 인자하심이 영원하심에 대하여 경배를 드립니다. 용서하시는 하나님, 예배하러 나와 주님의 십자가를 바라보니 눈물이 앞섭니다. 주님을 의지한다 하면서도 눈에 보이는 것들에 마음을 두고 살았던 시간들이었습니다. 하나님의 나라보다는 세상 속에서 욕심과 정욕을 따라 살았음을 고백합니다. 믿음보다는 사람의 생각으로, 하나님의 뜻보다는 자신의 일을 이루기 위해서 동분서주하다가 이 시간에 나왔사오니 용서해 주옵소서.

하나님, 이 제단에 꿇어 엎드린 주의 사랑하는 성도들을 위하여 기도합니다. 눈물 흘리며 기도하는 기도를 들으시고 좋은 것으로 응답해 주옵소서. 온 성도들이 먼저 하나님 말씀대로 살아가는 믿음을 갖기 원합니다. 저희들을 온전히 이끄셔서 더 굳센 믿음 위에 서게 해 주시옵소서. 삶을 주관하시는 하나님, 하늘 나라를 바라보고, 그 나라와 그 의를 구하는 믿음으로 살아가는 성도들이 되게 하옵소서. 예수님의 이름으로 기도드립니다. 아멘.

9월 1주

구원을 베푸실 전능자

"너의 하나님 여호와가 너의 가운데에 계시니 그는 구원을 베푸실 전능자이시라 그가 너로 말미암아 기쁨을 이기지 못하시며 너를 잠잠히 사랑하시며 너로 말미암아 즐거이 부르며 기뻐하시리라 하리라" (습 3:17).

영광 가운데 영광으로 계신 하나님, 존귀하신 이름을 높여드립니다. 이 시간에 함께 모인 모든 지체들이 전심으로 주를 찬송하고, 영원토록 주님의 이름에 영광을 돌립니다. 여호와는 모든 나라보다 높으시며, 주님의 영광은 하늘보다 높으십니다.

하나님 아버지, 저희의 악함을 회개합니다. 겉으로 드러나지는 않으나 마음에 품은 죄악을 용서해 주시기 원합니다. 예배 드릴 때를 제외하고는 언제나 순종이 부족한 저희들입니다. 주님을 원한다고 하면서도 주님을 향한 목마름이 없이 지내왔습니다. 예배하기 전에, 하나님의 은혜와 사랑으로 죄를 씻음받게 하소서.

이 교회를 통해 이 지역이 하나님의 진리로 선포되게 하옵소서. 교회의 성도들이 기도와 사랑으로 지역을 섬기게 하옵소서.

복음을 드러내는 교회로서의 사명을 다하기에 부족함이 없도록 도와 주시기 원합니다. 주님의 사랑과 대속의 보혈을 의지해서 예배하오니, 이 시간에 영광을 받으시고 무한하신 긍휼의 은혜를 허락하옵소서. 예수님의 이름으로 기도드립니다. 아멘.

9월 2주

주님의 영광을 드러내는 믿음

"나의 조상들의 하나님이여 주께서 이제 내게 지혜와 능력을 주시고 우리가 주께 구한 것을 내게 알게 하셨사오니 내가 주께 감사하고 주를 찬양하나이다 곧 주께서 왕의 그 일을 내게 보이셨나이다 하니라" (단 2:23).

거룩하신 하나님. 간절히 기도하고 간구하오니, 저희의 죄를 용서해 주시기 원합니다. 아직도 구원받기 이전의 옛 사람을 버리지 못하고 혈기를 부립니다. 세상의 것에 마음을 빼앗겨 천국 백성답게 살지를 못합니다. 이 시간 십자가에 장사 지냄으로 다시 당신의 의지가 담긴 새 형상으로 거듭나게 하옵소서. 주께서 다시 오시는 그날까지 주님의 이름만 의지하는 저희가 되게 하옵소서. 하나님 한 분만을 희망과 위로로 삼아 말씀대로 살아가는 믿음을 허락하시고, 주님의 영광을 드러내는 살아있는 믿음을 갖게 하옵소서.

교회를 세우시고, 일꾼을 선택하신 하나님, 주님의 교회에서 일꾼으로 부름받은 이들을 깨워주소서. 저희에게 죽어 가는 영혼들을 불쌍히 여기는 마음이 불일 듯 일어나게 하시기 원합니다. 교회의 각 기관에서 믿지 않는 이웃들을 주께로 인도하기에 부족함이 없게 하옵소서. 하나님 아버지, 교회에 있는 모든 기관과 부서들이 세우신 목적을 따라 사역함으로써 ○○ 교회를 부흥하게 하옵소서. 예수님의 이름으로 기도드립니다. 아멘.

9월 3주

하나님께만 영광이 되는 예배

"이스라엘 모든 자손은 불이 내리는 것과 여호와의 영광이 성전 위에 있는 것을 보고 돌을 깐 땅에 엎드려 경배하며 여호와께 감사하여 이르되 선하시도다 그의 인자하심이 영원하도다 하니라" (대하 7:3).

나의 하나님, 나의 아버지여, 입술을 크게 벌려 주님을 찬양합니다. 한번도 실망시키신 적이 없으셨던 주님을 찬양합니다. 사랑하시는 자에게 신실하신 하나님은 찬양받으시기에 마땅합니다.
이 예배에 모인 이들이 거룩하신 주님을 마음껏 찬양하게 하소서. 오직 하나님께만 영광이 되는 예배의 순서 순서로 이어지게 하소서. 그리고 저희를 위해서 준비된 하늘의 은혜를 허락해 주옵소서. 특별히 바라옵기는 우리가 어떤 모습으로 살아왔던지 주님의 몸이 된 교회 안에서 한 공동체를 이루게 하시고, 하나님의 은혜를 사모하며 예배하게 하여 주옵소서.

간절히 바라옵기는 살리시는 주님의 은혜로 치유와 문제의 해결, 위로가 나타나기를 소망합니다. 자라나는 자녀들에게는 기쁨을 허락해 주옵소서. 그리하여 우리 모두 믿음의 역사를 이어 가는 권속들이 되게 해주시기를 간절히 바랍니다.
이 밤의 예배로 하나님은 영광을 받으시고, 주님의 은혜로 새롭게 되는 역사의 주인공들이 되게 하옵소서. 예수님의 이름으로 기도드립니다. 아멘.

9월 4주

우리에게 베푸신 모든 자비

"내가 여호와께서 우리에게 베푸신 모든 자비와 그의 찬송을 말하며 그의 사랑을 따라, 그의 많은 자비를 따라 이스라엘 집에 베푸신 큰 은총을 말하리라" (사 63:7).

영원한 왕이시며, 만주의 주이신 하나님, 이 시간에 저희들이 굽혀 경배합니다. 저희의 생명을 지으신 여호와 앞에 무릎을 꿇고 예배를 드리려 합니다. 참 좋으신 하나님 아버지의 그 이름에 알맞은 경배를 드립니다. 살아 계신 하나님을 찬양하며, 영원토록 감사하며 살 수 있도록 도와 주시는 하나님께 감사를 드립니다.

사랑의 주님, 저희는 늘 연약하여 세상 유속에 쉽게 넘어가고 죄짓기 쉬우니 저희의 마음을 지켜 주소서. 저희의 영혼에 항상 성령의 은혜가 생수의 강같이 흘러넘치게 하셔서, 죄를 이기고 사단을 이기는 승리의 삶이 되게 하여 주옵소서.

고마우신 하나님, 주일을 구별할 수 있는 은혜를 주시고, 이른 새벽 시간부터 주님께 집중할 수 있게 하심을 감사드립니다. 온 성도들이 마음을 하나로 묶어 예배하는 이 시간에 참 평안과 즐거움을 갖게 하옵소서. 영화로운 밤에 주님께서는 받으셔야 하는 영광을 받으시고, 저희는 기쁨을 누리게 하옵소서. 예수님의 이름으로 기도드립니다. 아멘.

10월 1주
우리를 도우시는 여호와

"여호와여 은총을 베푸사 나를 구원하소서 여호와여 속히 나를 도우소서"(시 40:13).

육신의 삶에 쫓겨 하나님의 은혜를 잊고 지냈음을 회개합니다. 입으로는 예수님이 나의 주인이라 하면서도, 행실로는 제가 스스로 주인 노릇을 했사오니 용서해 주옵소서. "죄인을 불러 회개시키러 왔노라"라고 하신 예수님을 찬양합니다.

경배를 받으시는 하나님, 성령님으로 저희를 이끄셔서, 신령과 진정으로 예배드리게 하옵소서. 진리 안에서 기도하게 하시며, 주님의 아름다우심을 찬양하는 성가대원들이 되게 하옵소서. 예배드리는 이 자리의 모든 이들에게 은총을 내려 주소서.

맡은 이들이 구할 것은 충성이라 하셨사오니, 성령의 권능으로 충성하는 종들이 되게 하옵소서. 하나님의 자녀들로 이루어진 주님의 몸 된 교회가, 세상에서 방황하며 인생의 무거운 짐을 지고 있는 이들에게 사랑을 베풀게 하옵소서.

전능하신 하나님, 특별히 우리를 위해 목숨을 걸고 나라를 지키는 이들을 친히 보호하여 주시기 원합니다. 사랑의 하나님, 추석을 맞이해서 어려운 이들에게 주님의 신령하고 기름진 복을 나누게 하소서. 예수님의 이름으로 기도드립니다. 아멘.

10월 2주
여호와께 노래하라

"여호와께 노래하라 너희는 여호와를 찬양하라 가난한 자의 생명을 행악자의 손에서 구원하셨음이니라" (렘 20:13).

용서하시는 하나님, 주위로부터 받는 박수갈채와 칭찬을 위해서는 온갖 재능을 발휘하면서도, 교회의 조그만 일 하나에는 무관심한 저희들이었습니다. 하나님 아버지, 저희야말로 집을 나간 둘째 아들이 아닌가요? 악을 따르는 삶을 살아 왔음을 용서하여 주시고, 하나님의 자녀로 거듭나기 위해 눈물의 회개를 합니다.

영광을 받으시는 하나님, 예배의 은혜로 말미암아 이 자리에 모인 성도들 중에 교만한 이들이 무릎을 꿇게 하시고, 강퍅했던 마음은 녹아지게 하옵소서. 예배의 마치는 시간까지 오직 성령님만이 임재하셔서 불로 태워 역사하는, 은혜의 단비를 받는 성도들이 되게 하옵소서. 찬양대원들을 축복합니다.

사랑이 많으신 주님, 오늘 저희가 기도회로 모였사오니 주님이 기뻐 받으시는 향기로운 기도를 드릴 수 있도록 인도하옵소서. 이 시대를 향한 주님의 음성을 담아 내기 위해서 말씀을 전하시는 목사님께 성령으로 충만하게 하옵소서. 이 저녁에, 주님의 이름으로 모인 이 교회 공동체를 축복합니다. 성도들에게 주님의 역사를 나타내 주옵소서. 예수님의 이름으로 기도드립니다. 아멘.

10월 3주

보혈로 씻김을 받는 예배

"할렐루야 여호와께 감사하라 그는 선하시며 그 인자하심이 영원함이로다" (시 106:1).

충만하신 하나님, 하나님의 충만하심으로 그 영광이 나타나고 있습니다. 저희를 죄로부터 구원하옵소서. 영원히 왕이신 하나님을 찬양합니다. 지난 삶을 에덴동산을 돌보셨듯이 지켜 주심에 감사를 드립니다. 여전히 부족하지만, 이 시간의 예배를 통해서 하나님의 영광을 선포합니다. 예배하는 가운데, 저희의 걸음이 악에서 떠나 선을 행하기 원합니다. 우리의 모든 경영과 계획이 주님의 선하신 뜻 안에서 이루어져 영광스런 열매를 맺게 하옵소서.

교회를 위해서 일꾼을 세워 주셨습니다. 주님의 일꾼으로 부름을 받은 제직들에게 능력 주셔서 맡겨진 일들을 수행할 때 부족함 없게 하소서. 목사님의 뜻을 받들어 순종하는 가운데 주님의 영광으로 소문나는 교회가 되게 하옵소서. 거룩한 이 날에도 하나님은 역사를 쉬지 않으셨습니다. 하나님의 영화로운 이름을 찬양합니다.
성령님의 감동하심이 이 전에 다시 모이도록 하셨사오니 은혜로 충만하게 하옵소서. 이 밤에, 죄로 얼룩진 입술을 성령님의 불로 지져 주시고, 더러워진 마음은 보혈로 씻김을 받는 예배이게 하옵소서. 예수님의 이름으로 기도드립니다. 아멘.

10월 4주

거룩하신 뜻에 따라 살려는 열망

"내 아버지께서 모든 것을 내게 주셨으니 아버지 외에는 아들이 누구인지 아는 자가 없고 아들과 또 아들의 소원대로 계시를 받는 자 외에는 아버지가 누구인지 아는 자가 없나이다 하시고"(눅 10:22).

은혜를 베푸신 하나님, 영원히 멸망받아 마땅했던 저희를 구원의 반열에 서게 하시고 보호해 주셨음에 감사드립니다. 불신자들과 어울려야 했으며, 하나님을 대적하는 세력과 같이 있었으나 믿음으로 살게 하셨음을 감사드립니다. 거룩했던 한 날을 보내고, 밤 시간에 주님 앞으로 나왔습니다. 많은 이들 중에서 저희를 구별하시고 지켜 주셔서 선택받은 백성으로 예배하게 하셨습니다. 저희의 마음에 하나님의 법을 두게 하심에, 이 시간의 예배로 영광을 드립니다.

주님이시여, 주의 임재하심을 열망하며, 겸손히 주님의 얼굴을 찾는 마음에 거하시옵소서. 이제 날이 지고 어둠의 장막이 나래를 펴면 우리는 주님의 품에서 쉬기 원합니다. 거룩하게 성일을 지키려 하였으나 우리가 저지른 과오와 미처 행하지 못한 일들이 부끄럽습니다. 하루하루의 삶에서 주어진 사명을 감당하게 하시고, 주님의 거룩하신 뜻에 따라 살려는 열망을 더욱 북돋아 주옵소서. 사랑의 주님 저희의 마음속에 빛을 주시며, 영혼이 잘 되게 하옵소서. 예수님의 이름으로 기도드립니다. 아멘.

10월 5주

여호와 닛시의 하나님

"찬송하리로다 그는 우리 주 예수 그리스도의 하나님이시요 자비의 아버지시요 모든 위로의 하나님이시며" (고후 1:3).

영원하신 하나님, 주님의 피가 죄를 씻어 주심을 믿고 담대히 나왔습니다. 우리는 죄로 인하여 주님께 얼굴을 들지 못하고 주님의 자비를 잊었습니다. 우리의 모든 허물을 씻어 주시고 교만한 생각과 헛된 욕망에서 구해 주옵소서. 특별히, 종교개혁을 기념하면서, 저희의 어그러진 신앙을 바로잡아 주시기를 원합니다. 여호와 닛시의 하나님, 오늘은 종일 종교개혁에 대하여 묵상하면서 하루를 보냈습니다. 사탄은 교회를 무너뜨리려고 이단과 사설이 난무하게 하였으나 그때마다 하나님께서는 진리의 깃발로 교회를 지켜 주셨습니다. 이 밤의 예배에서도 혹시 잘못된 모습이 있다면 발견하게 하옵소서.

해 그림자를 십도 뒤로 물러가게 하신 하나님, 이에, 간구하오니 저희에게 한 영혼이 천하보다 귀함에 대한 소원을 갖게 하소서. 그래서 복음이 널리 전파되어야 함을 깨달아 알기를 원합니다. 이 지역에 하나님의 백성이 많이 있음을 깨달아 복음을 전하는 저희 되게 하옵소서. 이 시간에도 주님의 말씀을 전하는 삶을 살기를 소원하게 하시고, 날마다 종교개혁의 은혜로 교회를 지켜 주시기를 빕니다. 예수님의 이름으로 기도드립니다. 아멘.

11월 1주

나의 왕, 나의 하나님

"하나님은 예로부터 나의 왕이시라 사람에게 구원을 베푸셨나이다" (시 74:12).

하나님 아버지, 저희는 주님을 사랑한다고 하면서도 언제나 미련하고 부족하였으며, 주님을 모른다고 세 번이나 부인한 베드로처럼 언제나 자책 가득한 심령으로 주님 앞에 나아옵니다. 저희 속에 성령님으로 충만하게 채워 주셔서, 하나님의 영광을 나타내는 삶이 되게 하여 주옵소서. 진리의 빛과 은총의 향기로 가득 채워 주시고 삶의 용기와 지혜를 다시 얻게 하여 주옵소서.

주님이 우리 마음에 오시면 저 밝은 하늘이 열리고 생명의 빛이 저 넓은 대지를 비추는 것처럼, 죄와 슬픔과 고뇌는 사라지고 활기찬 생명의 능력이 우리의 심령 속에서 용솟음쳐 오르니 감사합니다.

주님, 저희 교회의 모든 기관이 잘 연합하여 한 마음이 되기를 원합니다. 모양과 생각은 다르지만 남을 나보다 낫게 여기고 모든 일을 주께 하듯 하며, 서로 돌아보아 사랑을 실천하는 저희가 되게 하옵소서. 담대하게 간구하오니, 이 교회에 복을 내려 주시기 원합니다. 그리고 이 지역사회 안에서 주님의 뜻을 나타내기를 원합니다. 여호와 우리 하나님께서 부족한 종의 간구를 들어주심을 믿습니다. 예수님의 이름으로 기도드립니다. 아멘.

11월 2주
하나님의 자비하신 구원의 은혜

"그의 능하신 행동을 찬양하며 그의 지극히 위대하심을 따라 찬양할지어다 나팔 소리로 찬양하며 비파와 수금으로 찬양할지어다 " (시 150:2~3).

오 하나님, 부디 주님의 깨끗하게 하시는 능력으로 악을 이겨내고 옳은 일을 하게 해 주옵소서. "내가 세상 끝날 때까지 너희와 항상 함께 있으리라"라고 하신 말씀처럼, 이 시간에 우리의 마음을 뜨겁게 하여 주옵소서. 예배를 기뻐하시는 하나님, 이 저녁에 드리는 예배가 영과 진리로 드릴 수 있게 되기를 원합니다. 저희에게 하나님의 자비하신 구원의 은혜를 흡족하게 내려 주소서. 이 시간은 찬양 예배를 드리오니 주님께서 기뻐 받아 주시고, 이 찬양을 통하여 저희의 마음을 밝게 해 주시기 원합니다.

이 시간에도 주님의 은총과 도움을 바라는 생명들이 오늘 우리의 현실 속에 수없이 있나이다. 나라 일을 맡은 위정자들, 휴전선을 지키는 국군장병들, 대학가의 젊은 지성들, 어두운 세상에서 방황하는 생명들, 그들도 다 우리의 형제이니 사랑과 능력으로 보살펴 주시기 원합니다. 하나님의 은혜로 많은 열매를 거두었습니다. 주님의 크신 손으로 베풀어 주신 사랑에 감사드리게 하옵소서. 예수님의 이름으로 기도드립니다. 아멘.

11월 3주

하나님의 인자하심을 찬양

"주는 나의 하나님이시라 내가 주께 감사하리이다 주는 나의 하나님이시라 내가 주를 높이리이다" (시 118:28).

모든 좋은 것을 주신 하나님, 주님께로부터 받은 것들을 헤아릴 때 감사하지 않을 수 없어 이렇게 모였습니다. 참으로 위대하신 손길로 저희를 만족하게 하신 하나님의 인자하심을 찬양합니다.
이 시간에, 저희가 하나님 앞에 정성과 뜻을 모아 감사의 제단을 마련하였습니다. 주님의 은혜에 감사합니다. 그러나 여전히 게으른 저희들을 용서해 주옵소서. 감사를 새기는 진정한 자세가 되지 못하고 있음을 고백합니다. 마음으로는 하나님을 사랑하고 감사하는 마음이 넘치기를 원하지만 그렇지 못함을 용서하소서.

사랑의 하나님, 저희가 눈물 골짜기로 통행할 때에, "그 곳으로 많은 샘의 곳이 되게 하며 이른 비로 은택을 입히신" 하나님을 찬양하는 예배가 되게 하시고, 주님의 손길을 느끼게 하여 주소서.
이 시간에 선포되는 주님의 말씀이 저희를 비추는 거울이 되어 우리의 흐트러진 모습을 발견하게 하시고 신앙으로 바로 서게 하옵소서. 추수감사절을 지키면서 나약해진 심령을 새롭게 하시고, 병든 지체들에게는 치료의 역사가 이루어지기 바랍니다. 예수님의 이름으로 기도드립니다. 아멘.

11월 4주

예수님의 나심을 즐거워하는 대강절

"그런즉 믿음, 소망, 사랑, 이 세 가지는 항상 있을 것인데 그 중의 제일은 사랑이라" (고전 13:13).

지난 주중에도 저희를 세상에 두셨다가 이 시간 다시금 주님 전에 모여 영광과 찬송을 하나님께 돌리며, 그 무한한 은혜와 사랑을 다시 사모할 수 있게 하심을 또한 감사드리나이다. 비옵기는 빈 무덤 같은 우리의 심령 속에 주님 오시옵소서. 영화로우신 하나님, 한 해의 삶을 정리하는 분주한 시기에 대강절을 맞이하였습니다. 오늘부터 대강절이 시작되는데, 이 밤의 예배로 아기 예수의 오신 것을 찬양하면서 성탄절을 기다리기 원합니다. 하나님께서 일찍이 저희의 선조들에게 약속하셨던 그대로 메시아를 보내 주신 사실을 기억하게 하옵소서. 거룩한 약속을 성취하신 하나님을 찬양하게 하옵소서.

오늘, 저희가 이 자리에 모인 것은 주님의 약속이 이루어졌기 때문입니다. 오래전 옛날 믿음의 조상들은 처음 성탄절을 기다렸지만, 저희는 다시 오시마 약속하시며 하늘로 가셨던 예수님의 재림을 기다리기 원합니다. 이미 오신 예수님의 생일을 축하하면서 하나님의 영광만을 나타내며 살기 원합니다. 초림의 예수님을 즐거워하는 대강절을 보내면서 또다시 오실 예수님을 기다리는 저희가 되도록 이끌어 주옵소서. 예수님의 이름으로 기도드립니다. 아멘.

12월 1주

새 노래로 여호와께 찬송

"새 노래로 여호와께 찬송하라 그는 기이한 일을 행하사 그의 오른손과 거룩한 팔로 자기를 위하여 구원을 베푸셨음이로다" (시 98:1).

좋으신 하나님, 매서운 추위의 겨울 동안에 저희의 몸과 마음을 강건하게 하시니 감사드립니다. 주님 앞에 믿음을 더욱 굳게 하며, 흔들리지 않는 삶을 살기 원합니다. 시간이 주어지는 대로 더욱 하늘나라의 일에 힘쓰는 저희들이 되게 하옵소서. 주님의 백성들에게 주어진 사명에 헌신할 수 있는 능력을 주소서.
사랑의 하나님, 자비를 베푸셔서, 저희의 부족함을 나무라지 마시기 원합니다. 주님께서는 이미 저희 부족함을 아십니다. 이 예배에서 저희를 가르치사 모자람을 채울 수 있게 하소서.

이제, 저희는 어느 곳에 있든지, 마음과 성품 그리고 힘을 다하여 주님께만 이끌려지게 하소서. 고요하고 은밀한 가운데, 어두운 눈을 열어 주님을 맞이하게 하소서. 구하라 하신 하나님, 교회를 위해서 기도합니다. 교회 내의 기관마다 주님께서 붙들어 주시기 원합니다. 세우신 종들마다 사랑하여 주셔서, 주님의 몸된 교회를 위하여 죽도록 충성하게 하옵소서. 몸을 드려 헌신하도록 이끌어 주옵소서.
성탄의 기쁨을 축하하려는 저희의 심령 속에 주님을 사랑하는 기쁨이 충만하게 하옵소서. 예수님의 이름으로 기도드립니다. 아멘.

12월 2주
늘 향기로운 찬양의 제사

"할렐루야 그의 성소에서 하나님을 찬양하며 그의 권능의 궁창에서 그를 찬양할지어다" (시 150:1).

자비로우신 하나님, 대강절을 보내면서 성탄의 기쁨과는 동떨어진 생활을 해 온 지난 시간들을 용서해 주옵소서. 예수님께 드릴 보배합의 준비보다 사람들과 나눌 선물에 마음을 더 써온 것을 용서하옵소서. 이 시간에 겸손과 온유로 주님 가까이 이끌어 주시며, 우리의 죄를 낱낱이 고백하게 하사 주의 은총 안에 의탁하게 하시고 주 안에서 비로소 우리의 피난처와 능력을 발견하게 하옵소서.

찬양대의 찬양을 기쁘게 받아 주시며, 예배 드리는 모두가 같은 마음으로 찬양하게 해 주옵소서. 저희의 삶에 늘 향기로운 찬양의 제사가 있게 하여 주옵소서. 온 만물이 함께 찬양을 드리며, 호흡이 있는 자마다 크게 기쁨으로 찬양하는 시간되게 하옵소서. 말씀을 준비하여 설교를 하시는 목사님께 영력을 더해 주시기 원합니다.

사랑의 하나님, 죽음의 권세를 이기시고 다시 살아나신 승리의 은혜로 살아가도록 이끌어 주옵소서. 성탄의 주님으로 성결케 되고, 세상을 이기며 살기 원합니다. 성탄절에 오신 주님의 능력을 힘입어 지내왔기에 이 시간에 감사로 예배하오니 찬양의 시간이 되기 원합니다. 예수님의 이름으로 기도드립니다. 아멘.

12월 3주

동방 박사를 따라 드리는 예물

"그 날에 이새의 뿌리에서 한 싹이 나서 만민의 기치로 설 것이요 열방이 그에게로 돌아오리니 그가 거한 곳이 영화로우리라"(사 11:10).

하나님 아버지, 아기 예수님의 나심으로 여호와의 영광을 보게 하셨습니다. 예수님은 인생의 기쁨이 되어 주셨습니다. 이 밤에도 아기 예수님의 탄생을 축하하며, 이 일을 이루신 하나님께 찬양으로 영광을 드립니다. 다윗의 동네에 나신 구주를 기뻐합니다.
전능하신 하나님, 오랫동안 선지자들의 입술을 빌려서 약속하신 그대로 주님이 세상에 오신 것을 즐거워합니다. 이로써 하나님은 약속을 이루시는 분이심을 더욱 확인시켜 주셨습니다. 세상을 말씀으로 지으셨듯이 그 말씀의 약속이 성취되었사오니, 이 예배에서는 성탄의 축하와 약속을 이루시는 하나님께의 영광이 선포되기를 원합니다. 동방의 박사를 따라 마음의 예물을 드리게 하옵소서.

주님의 성탄을 기뻐하는 이 시간에 ○○ 교회에 속한 성도들을 복 주시기 원합니다. 주님께 예배드리는 이 시간이 즐거움과 믿음과 소망을 얻는 시간이기 원합니다. 예배의 어느 것도 헛되게 사라지는 것이 없도록 하여 주소서. 이 밤에 성탄으로 온 백성에게 미칠 큰 기쁨의 소식, 곧 구원의 소식을 주신 하나님께만 영광 드리는 예배이기 원합니다. 예수님의 이름으로 기도드립니다. 아멘.

12월 4주

주를 향하여 소망을 가진 자

"주를 향하여 이 소망을 가진 자마다 그의 깨끗하심과 같이 자기를 깨끗하게 하느니라"(요일 3:3).

긍휼이 풍성하신 하나님, 지나온 한 해 동안에 하나님은 참으로 좋으신 아버지가 되어 주셨습니다. 주님의 넘치는 자비로우심으로 저희들은 살아왔습니다. 저희에게 베풀어 주신 그 모든 은혜를 생각할 때, 때를 따라 돕는 은혜로 도우시며, 저희의 삶이 물댄 동산과 같이 모자람이 조금도 없게 하셨으니 감사드립니다. 오늘의 송년 주일의 예배는 주님께서 주신 그 모든 것들을 헤아려 보는 시간이기 원합니다. 감사로 예배를 드리면서, 저희의 죄를 고백합니다. 주님이시여, 저희를 불쌍히 여겨 주소서. 한 해의 시간을 정리하는 예배의 자리에서 저희의 죄 때문에 십자가에 달려 고난당하셨던 주님의 아픔을 함께 느끼기 원합니다.

우리가 서로를 향해 사랑으로 섬기기에 부족하였던 것을 고백합니다. 슬픈 자들에게는 확신의 말을 줄 수 있게 하시며, 유혹에 흔들리는 사람을 위하여는 의지의 말을 할 수 있게 하시고, 지은 죄로 괴로워하는 사람들에겐 용서와 은총의 말을 베풀 수 있게 하옵소서. 서로 주 안에서 한 몸이 되어 섬기며 주님께서 주시는 새해의 시간을 선물로 받게 하옵소서. 예수님의 이름으로 기도드립니다. 아멘.

3장
수요(삼일) 예배
대표기도문

"모든 기도와 간구를 하되 항상 성령 안에서 기도하고 이를 위하여 깨어 구하기를 항상 힘쓰며 여러 성도를 위하여 구하라 또 나를 위하여 구할 것은 내게 말씀을 주사 나로 입을 열어 복음의 비밀을 담대히 알리게 하옵소서 할 것이니 이 일을 위하여 내가 쇠사슬에 매인 사신이 된 것은 나로 이 일에 당연히 할 말을 담대히 하게 하려 하심이라" (엡 6:18~20

1월 1주(계승하는 신앙)
선진들의 신앙을 물려받음

와서 그 공의를 장차 날 백성에게 전함이여 주께서 이를 행하셨다 할 것이로다(시 22:31)

공의로우신 하나님, 새해를 맞이한 설렘 속에서 한 해의 삶을 기도로 시작하게 하심에 감사드립니다. 지난 사흘 동안에도 하나님의 보호하심은 심히 기묘하게 나타났습니다. 주님을 사모하는 모든 사람들의 마음에 빛이 되시며 주님을 믿는 모든 영혼들의 생명이 되심에 감사드립니다. 미쁘신 여호와여, 주님의 이름으로 모인 지체들이 참마음으로 예배하는 한 시간이 되게 하옵소서. 하늘의 은혜로 살던 저희에게 삼일기도회로 모이게 하셨음에 은혜를 구하게 하옵소서. 새해의 하루하루를 주님의 말씀으로 인도함을 받게 하옵소서. 세워주신 찬양대의 찬양으로 이전에 모인 모두가 하나님을 영화롭게 해드리게 하옵소서. 거룩한 성도들이 아름다운 신앙으로 주님의 나라를 이루기를 소망합니다.

성경을 통하여 믿음의 선진들이 가졌던 신앙을 본받게 하시고, 나의 것으로 물려받게 하옵소서. 하나님의 말씀과 신앙 선배들의 안내를 받으며, 주님의 ○○ 교회가 굳건하게 세워지기를 소망합니다.

올해에도 이 교회를 위하여 일꾼들을 세워 주셨으니 열심히 봉사하게 하옵소서. 제직회를 만들어 주셨으니, 부름을 받은 이들이 서로 섬기기를 간절히 원하면서 예수님의 이름으로 기도드립니다. 아멘.

1월 2주(계승하는 신앙)

여호와께 간구하는 신앙

저가 환난을 당하여 그 하나님 여호와께 간구하고 그 열조의 하나님 앞에 크게 겸비하여(대하 33:12)

인자하신 하나님, 모든 영광과 찬송이 하나님께 돌려지기 원합니다. 예배하는 모든 심령의 마음과 뜻이 하나님께 합당하게 하시옵소서. 지난 삼일 동안에도 저희를 주님의 사랑과 은혜와 보호 속에서 살게 하셨음에 감사와 영광을 드립니다. 복된 시간이 되게 하옵소서.

예배를 받으시는 주여, 저희에게 하나님의 말씀을 듣게 하시니 즐겁습니다. 이 말씀을 전하시는 목사님께 능력을 더하시옵소서. 전하시는 말씀이 이 백성에게 빛이 되기를 소망합니다. 갈 길을 밝히 보이시는 말씀이 되어 의에 이르게 하옵소서. 이 밤에도 예배를 돕는 손길들을 축복합니다. 오늘도 주님 앞에서 세상의 소금이요 세상의 빛이 된 사명을 다하게 하옵소서. 예배당 안에서만 주님의 뜻을 본받아 산다고 외치고 다짐하는 주의 백성이 되지 말게 하시고, 선한 사마리아 사람처럼 고통당하는 이웃에게 진정한 이웃으로 다가갈 수 있는 주의 백성이 되게 하시옵소서. 저희가 사는 세상은 너무나 험합니다. 마귀가 우는 사자와 같이 두루 다니며 삼킬 자를 찾고 있습니다. 저희에게 믿음을 더해 주셔서 주 안에서 언제나 승리하게 해 주시기를 간절히 원하면서 예수님의 이름으로 기도드립니다. 아멘.

1월 3주(계승하는 신앙)

대대로 잇는 믿음의 노래

네 자녀에게 부지런히 가르치며 집에 앉았을 때에든지 길에 행할 때에든지 누웠을 때에든지 일어날 때에든지 이 말씀을 강론할 것이며(신 6:7)

소망을 주시는 하나님, 아버지 하나님의 은혜를 누리던 주님의 백성들이 기도회로 나왔습니다. 진리의 말씀으로 새해의 삶에 대한 계획을 단단히 하게 해 주시니 감사드립니다. 주님 앞에서 새로운 각오를 갖고 출발한 이 달의 생활이 말씀으로 힘차게 시작하도록 하옵소서.

말씀의 하나님, 이 밤에 예배하는 중에 주님께서 하시는 일의 기이함을 저희가 보게 하옵소서. 이 시간에 고백하고 회개하오니 저희의 부족함을 용서하여 주시옵소서. 말씀을 선포하시기 위해서 단에 서신 목사님께 성령님의 크신 감동이 있으시기 원합니다. 찬양대원들이 기도하면서 준비한 찬양이, 이 예배를 더욱 거룩하게 할 수 있기를 원합니다. 오늘도 갈급한 심령으로 나왔사오니 주께서 저희의 기도에 응답해 주시옵소서. 주여 저희 성도들의 사업과 가정과 자녀들에게 함께 하셔서 복에 복을 더해 주는 놀라운 주님의 역사가 일어나게 하옵소서. 간절히 바라옵기는 하나님의 감동 안에서 사랑으로 하나가 되어 영광을 드리는 교회 공동체가 되게 하시기 원합니다. 옛적 일을 생각하지 말라는 말씀을 기억하며, 새 일을 이루실 하나님 아버지를 바라보기 원하면서 예수님의 이름으로 기도드립니다. 아멘.

1월 4주(계승하는 신앙)

가문으로 번지는 신앙

오직 산 자 곧 산 자는 오늘날 내가 하는 것과 같이 주께 감사하며 주의 신실을 아비가 그 자녀에게 알게 하리이다(사 38:19)

사랑의 하나님, 귀한 지체들이 하나님께 예배를 드립니다. 주님께서 주신 일터에서 힘을 다하여 살다가 다시 모였습니다. 예배드리러 나온 저희에게 복을 내려 주옵소서. 이 전에 모인 이들마다 받은 은혜로 입술을 열어 하나님의 높으심을 찬양하게 하옵소서.

하나님 아버지, 진리의 말씀으로 저희를 새롭게 하실 목사님의 기도에 응답하셔서 말씀이 풍성한 시간이 되게 하옵소서. 저희가 신령과 진정으로 예배하는 것을 돕기 위해 수고하는 이들이 있으니, 그들이 복되게 하옵소서. 성가대원들이 은혜의 찬양을 하여 모두에게 기쁨이 넘치기 원합니다. 민족의 명절인 설을 맞이해서 집을 떠난 성도들이 많습니다. 먼 길의 여행을 떠나는 그들의 교통편을 지켜 주시고, 평안하게 하옵소서. 그들이 오랜만에 찾은 고향에서 부모에게 인사를 드리고, 가족들과 즐거운 시간을 갖도록 보호해 주시옵소서. 간절히 바라기는 명절의 즐거움 속에서 하나님의 영광을 가리는 일을 하지 않도록 하옵소서. 기쁨이 시간에 일가와 친척들에게 복음을 전할 수 있는 기회가 되게 하시기를 원하면서 예수님의 이름으로 기도드립니다. 아멘.

1월 5주 (계승하는 신앙)

선대를 따르는 믿음

너희는 이 일을 너희 자녀에게 고하고 너희 자녀는 자기 자녀에게 고하고 그 자녀는 후시대에 고할 것이니라 (욜 1:3)

일을 이루시는 하나님, 하나님의 은혜 안에서 흩어져 지내던 ○○ 교회의 성도들이 삼일기도회로 함께 하였습니다. 오직, 은혜로만 하나님께 영광을 드리고 예배할 수 있음을 고백합니다. 성령님이 인도하심에 따라 예배드리고 기도하게 하옵소서. 이 시간에도 주님의 은총과 도움을 바라는 생명들이 오늘 우리의 현실 속에 수없이 있습니다. 나라 일을 맡은 위정자들, 휴전선을 지키는 국군장병들, 대학가의 젊은 지성들, 어두운 세상에서 방황하는 생명들, 그들도 다 우리의 형제들이오니 사랑과 능력으로 보살펴 주옵소서.

하늘의 하나님, 주님의 거룩한 교회를 위하여 간절히 기도하오니 ○○ 교회를 모든 진리로 채워 주시고 온 교회에 평화와 진리가 가득 차게 하옵소서. 오늘의 예배를 위해서 말씀을 전해 주시는 목사님을 위해서 간구하오니, 성령님의 능력과 권세에 붙들리게 하옵소서.
저희를 사랑하시는 주님의 말씀을 전하시게 하옵소서. 주님의 말씀이 저희에게 법이 되기를 소망합니다. 천국 시민으로 살아가는 법도가 되게 하옵소서. 모든 성도들에게 진리의 부요함을 누리는 생명의 법이 되기를 원하면서 예수님의 이름으로 기도드립니다. 아멘.

2월 1주 (결단하는 신앙)

의를 구하는 결단

백성이 여호수아에게 말하되 우리 하나님 여호와를 우리가 섬기고 그 목소리를 우리가 청종하리이다 한지라 (수 24:24)

홀로 섬김을 받으실 하나님, 암탉이 병아리를 제 품에 품는 것처럼, 주일 이후 사흘 동안에 저희를 보호해 주셨음에 감사드립니다.
이 시간에 성령님의 인도로 예배당을 찾았으니, 마음을 다해서 예배하게 하옵소서. 예배하는 가운데 인간의 문제는 해결함을 받는 귀한 역사를 허락하옵소서. 하나님 아버지, 지난 사흘 동안에도 부지불식간에 지은 죄를 용서해 주시옵소서. 날마다 최선을 다하여 살지 못하고, 아이들과 지내면서 버럭 성질을 부렸던 죄를 용서해 주시고, 이 시간에 하나님과의 신령한 교제를 갖게 하옵소서.

새해의 삶을 시작하는 분주함과 어수선함 속에서 벌써 한 달을 보내게 되었습니다. 하나님께서 믿음으로 시작하게 하셨던 1월에 선조들의 신앙을 계승하려는 삶을 살게 하셨음에 감사드립니다. 성경 속 사람들의 행적을 저희의 것으로 삼기를 바랐고, 저희 ○○ 교회에 주신 아름다운 신앙의 선배들을 흠모하는 중에 그 신앙을 물려받게 하셨습니다. 2월에는 더욱 믿음으로 정진하게 하옵소서. 이 밤에 들려 주시는 하나님의 말씀을 영원한 재산으로 삼게 하옵소서. 말씀으로 살게 해 주심을 믿으며 예수님의 이름으로 기도드립니다. 아멘.

2월 2주(결단하는 신앙)
전심으로 여호와만을 섬김

저가 전심으로 여호와의 도를 행하여 산당과 아세라 목상들도 유다에서 제하였더라(대하 17:6)

신실하신 하나님, 아버지의 사랑으로 지내던 저희가 이 밤에 기도회로 머리를 숙였습니다. 가정과 직장, 아이들은 학교에서 하나님의 은혜를 누리고 살았습니다. 주님께서 허락하신 자리에서 열심을 다하여 지내게 하셨다가 이 밤에 불러 주셨으니, 참 마음으로 기도하게 하옵소서. 여호와 우리 주여, 저희 공동체를 위해 일꾼들을 세워 주셨음에 감사드립니다. 주님의 몸 된 교회를 위하여 수고하시는 목사님께 은혜와 진리로 충만케 하여 주시고, 장로님들과 여러 전도사님, 집사님들에게도 더욱 크신 축복을 내리셔서 교회와 목사님을 받들어 섬기는데 부족함 없게 도와 주옵소서.

하나님, 목사님께서 말씀을 선포하실 때, 성령님의 감동하심이 있기를 소망합니다. 영원에 이르도록 해 주는 말씀을 붙잡고, 그 말씀을 따라 십자가의 길을 따르게 하옵소서. 어려운 시련을 배울 수 있는 은총을 우리에게 내려 주시고, 십자가를 지고 인내의 힘과 변하지 않는 믿음으로 그리스도를 따르게 하옵소서. 주님과 더불어 십자가의 고난을 이기게 하시고 주님의 능력과 평화의 비밀을 알게 해 주시기를 원하면서 예수님의 이름으로 기도드립니다. 아멘.

2월 3주(결단하는 신앙)

정하고, 정하는 믿음

그는 흉한 소식을 두려워 아니함이여 여호와를 의뢰하고 그 마음을 굳게 정하였도다(시 112:7)

의뢰하게 하시는 하나님, 주님의 은혜를 바라고 머리를 숙인 ○○ 교회의 권속들에게 이 밤에도 하나님의 말씀에 소망을 두게 하옵소서. 저희가 각자의 일터에서 지내던 지난 시간에도 복된 말씀에 들어있는 생명의 약속에 소망을 걸고 보냈습니다. 오늘도 하나님의 말씀이 위로가 되고, 즐거움이 되기 원합니다.

하나님 아버지, 저희 교회에 주어진 사명을 감당치 못하여 갖고 있던 달란트를 빼앗기는 어리석음을 범치 않고, 열심을 다하여 맡겨진 사명에 충성하므로 큰 결실을 맺게 하여 주시옵소서. 인간의 무력함을 아시는 주여, 저희의 몸과 마음을 안과 밖으로 도와 주시기를 간절히 구하오니 손길을 펼쳐 주시옵소서. 모든 육체적 불행에서 보호하시고 모든 죄악으로부터 우리를 지켜 주옵소서. 하나님의 인도하심을 받아 가르침을 받고, 하늘나라의 교제를 누리게 하옵소서. 성령님의 보혜사적 도우심과 능력으로 육체의 속박에서 건져 주시며, 주의 자녀들에게 속한 영적 자유를 누리게 해 주시기를 간절히 원하면서 예수님의 이름으로 기도드립니다. 아멘.

2월 4주(결단하는 신앙)
오직 여호와만으로

그들이 그 얼굴을 시온으로 향하여 그 길을 물으며 말하기를 너희는 오라 잊어버리지 아니할 영영한 언약으로 여호와와 연합하자 하리라(렘 50:5)

전능하신 하나님, 날마다 주님의 품 안에서 우리의 참된 평화를 찾으며 지내게 하셨음에 감사드립니다. 주님의 보혈이 심판 때에 우리를 구원하시고, 죄악된 생각과 외부의 포악으로부터 해방시켜 주심을 믿으며 살던 저희를 다시금 성전으로 불러 주셨습니다. 이 시간에 진정의 마음으로 예배하게 하옵소서.

하나님, 악의 권세가 제아무리 강하다 하더라도 능력의 주이신 하나님께서 이 악의 권세를 물리쳐 주셨음에 감사드립니다. 이제, 더욱 더 담대히 주님의 일을 감당해 나가려는 다짐을 하게 하옵소서. 이 세상의 어둠을 밝히는 작은 불꽃이 되겠다고 결단하게 도와 주시옵소서. 자비로우신 하나님, 삼일절을 맞이합니다. 그 옛날, 저희의 신앙 선배들은 나라를 사랑하였고, 민족의 미래를 염려하면서 기도하였습니다. 주님의 보내심으로 나라의 한 모퉁이에서 헌신하였습니다. 암담한 조국의 현실에 아파하면서 하나님의 도우심을 구했습니다. 이 시간에 신앙 선배들의 열정을 본받게 하옵소서. 예수님의 이름으로 기도드립니다. 아멘.

3월 1주(선행하는 신앙)

선행과 구제의 신앙

욥바에 다비다라 하는 여제자가 있으니 그 이름을 번역하면 도르가라 선행과 구제하는 일이 심히 많더니(행 9:36)

소원을 품게 하시는 하나님, 2월을 복되게 하신 하나님이 3월을 살게 하셨음을 믿습니다. 저희가 이 봄의 시간을 살아갈 때, 지난 2월에 보호하시고 도와 주셨던 그 사랑을 기억하면서 열심히 살게 하옵소서. 이 저녁의 예배와 기도로 말미암아 3월의 생활이 기적이 되기를 소망하게 하옵소서. 은사를 주시는 하나님, 교회의 제직회원들이 기쁨으로 교회를 섬기기 원합니다. 저희는 늘 제직회원들이 하나님께 충성을 다하는 일꾼들이 되도록 기도하게 하소서. 오늘도 성령께서 그들의 마음을 다스리셔서 어떤 명예를 위한 제직이 되지 않도록 도와 주시옵소서. 그들이 주님의 일에 거룩한 봉사자로 부름을 받았다는 사실 앞에서 열심을 다하게 하옵소서.

아버지 하나님, 이 시간에도 말씀으로 저희의 심령을 하늘나라에 두기 원합니다. 주님의 약속에 따라 복을 누리게 하시고, 의에 이르게 하옵소서. 말씀을 들을 때 성령님의 깨닫게 하심으로 진리를 찾게 하옵소서. 그것이 저희에게 기쁨이 되기를 소망합니다. 주님께서 저희 교회의 머릿돌이 되어 주심을 간구합니다. 온 성도들이 서로 사랑하고 섬기기를 원하면서 예수님의 이름으로 기도드립니다. 아멘.

3월 2주 (선행하는 신앙)
영광에 참여하는 착한 일

오직 선행으로 하기를 원하라 이것이 하나님을 공경한다 하는 자들에게 마땅한 것이니라(딤전 2:10)

살아 계신 하나님, 주님께로 이르는 길이 된 십자가를 바라보며 예배하기 원합니다. 놀라우신 은혜에 찬양을 드리고, 오늘 저희가 빌 바를 다 아뢸 수 있게 하옵소서. 성도들마다 기쁨으로 충만하기 원합니다.

여호와 하나님, 주님의 피가 묻혀있는 복음으로 구원을 받은 이들이 엎드렸습니다. 아무 공로 없지만, 주님께서 흘려 주신 보혈을 의지하여 하나님을 아버지라 부릅니다. 저희를 받아주시고, 기도회를 통하여 영광을 받으옵소서. 이 밤에도 예배의 영으로 저희를 인도하셔서 하늘의 하나님께 합당한 찬미를 드리게 하옵소서. 주님께서 저희의 마음에 간구하게 하신 것을 다 빌고 돌아가는 복된 예배당이 되게 하옵소서. 주님의 고난에 감사하면서 돌아가게 하옵소서.

전능하신 하나님, 주님께서는 고통을 겪으신 후에야 기쁨에 이르렀고 십자가에 죽으신 후에야 영광을 받으셨습니다. 은혜를 베푸시어 저희가 십자가의 길을 갈지라도 하나님의 아들 예수님을 위하여 나아가게 하옵소서. 오직 참된 삶과 평화의 걸음만을 걷기를 원하면서 예수님의 이름으로 기도드립니다. 아멘.

3월 3주 (선행하는 신앙)

꾸어주는 주님의 손길

가난한 자를 불쌍히 여기는 것은 여호와께 꾸이는 것이니 그 선행을 갚아 주시리라 (잠 19:17)

인애하신 하나님, 원근각처에 퍼져 있던 하나님의 자녀들이 한 자리에 모이게 하셨음에 감사드립니다. ○○ 교회의 권속들이 동서남북에서 모여왔습니다. 하나님께서 주신 생업의 자리에서 땀을 흘리며 지내던 주님의 자녀들이 하나님께서 찾으시는 시간에 모였습니다.

응답하시는 하나님, 주님의 백성들이 예배로 찬양을 드릴 때, 영광을 받으옵소서. 이 시간에도 복된 말씀을 주시니 감사드립니다. 하늘의 신령한 복과 땅의 기름진 복이 약속되어 있는 말씀으로 살게 하옵소서. 주님의 십자가 길을 묵상하는 사순절에 하나님의 말씀을 듣는 귀를 주옵소서. 그 말씀에 가슴이 뜨거워지게 하옵소서. 말씀에 의지하여 낙심하지 않고 지내게 하옵소서.
기도를 들으시는 주여, 이 시간에 베풀어 주시는 은혜로 사흘 동안 세상의 일에 얽매어서 살던 저희가 쉼을 얻게 하옵소서. 피곤해진 심령에 안식을 주는 성령님의 충만하신 임재를 경험하게 하옵소서. 저희들이 물질의 축복에만 만족하는 어리석은 자들이 되지 않게 해 주시옵소서. 저희 교회와 가정에서 간구의 소리가 끊어지지 않게 하시기를 원하면서 예수님의 이름으로 기도드립니다. 아멘.

3월 4주(선행하는 신앙)

선행으로 이웃을 섬김

삼가 누가 누구에게든지 악으로 악을 갚지 말게 하고 오직 피차 대하든지 모든 사람을 대하든지 항상 선을 좇으라(살전 5:15)

구원을 이루신 하나님, 인생을 위하여 살을 찢으시고, 고귀한 피를 십자가 위에서 흘리신 주님을 묵상하면서 지낸 저희가 한 자리에 모였습니다. 주님께서 마지막으로 제자들과 함께 식탁에 둘러 앉으셨던 때를 기억합니다. 삼일기도회의 시간에 저희도 주님의 죽음을 묵상하며 예배하기 위하여 자리를 같이했습니다.

하나님 우리 아버지여, 저희의 불신앙을 회개합니다. 세상의 유혹에 시간을 빼앗기고, 주님을 위해서 사는 마음도 빼앗겨 결국에는 평안을 잃고 지냈던 삶을 용서해 주시옵소서. 영으로 부요한 것을 놓치자 기도하기보다는 염려를 하였고, 소망을 품기보다는 낙심하여 좌절된 모습으로 살았습니다. 용서해 주시옵소서. 사랑의 하나님, 하나님의 말씀을 사모하여 청종하게 하옵소서.

주님의 말씀으로 저희가 온전히 세워지게 하옵소서. 주님께서 유월절 저녁에 그 다락방에서 제자들에게 감격을 안겨 주셨듯이 오늘 이 시간 우리에게도 깊은 감화를 주시옵소서. 우리의 마음과 몸이 경건하게 하옵소서. 성령님이 함께 하셔서 저희에게 충만한 은혜를 베풀어 주심을 믿으면서 예수님의 이름으로 기도드립니다. 아멘.

4월 1주 (전도하는 신앙)

복음을 전하는 귀한 사명

이 천국 복음이 모든 민족에게 증거되기 위하여 온 세상에 전파되리니 그제야 끝이 오리라 (마 24:14)

복음의 하나님, 이 밤에 머리를 숙인 성도들에게 하나님의 말씀으로 지혜로운 신앙생활을 하도록 이끌어 주옵소서. ○○ 교회와 이 교회에 속한 권속들이 주님의 말씀으로 명철하기를 소망합니다. 삶의 등불이 되는 말씀이 악한 일로 가지 않도록 저희를 지켜 주시도록 하옵소서.

성령님으로 함께 하시는 하나님, 오늘 단에 서서 주님의 귀한 말씀을 증거하실 목사님에게 신령한 능력과 성령으로 충만케 하시기 원합니다. 말씀을 통해 주의 영광이 드러나게 하시고 주님께서 귀하게 쓰시는 종으로 삼아 주시기 원합니다. 저희가 주님을 따름이 성령님의 감동과 말씀에서 이루어지게 하옵소서. 신실하신 하나님, 그 생애와 가르침으로 저희에게 진실된 복의 길을 열어 주신 전능하신 예수님을 묵상합니다. 거룩한 의무의 길은 십자가로 향하는 일이며 믿음의 보상은 가시 면류관일 수도 있다는 사실을 보여 주셨습니다. 주님께서는 하나님의 뜻을 이루기 위해 사는 것을 고통과 죽음을 통하여 보여 주셨습니다. 그 거룩한 길을 따르는 저희가 되도록 이끌어 주실 것을 원하면서 예수님의 이름으로 기도드립니다. 아멘.

4월 2주 (전도하는 신앙)

땅 끝까지 이르는 주님의 증인

오직 성령이 너희에게 임하시면 너희가 권능을 받고 예루살렘과 온 유대와 사마리아와 땅 끝까지 이르러 내 증인이 되리라 하시니라(행 1:8)

보혈의 주님, 주님의 십자가에서 죽으심이 저희를 위한 것임에 감사하며 지내게 하셨습니다. 주님이 고난을 당하셨음을 묵상하면서 지내던 저희가 모였습니다. 지난 사흘의 시간에 주님의 십자가를 바라보며 지냈습니다. 이 시간에 보혈의 은혜로 구원을 얻었음을 기뻐하며 찬송하게 하옵소서. 하나님 아버지, 온 인류를 위해 갈보리에서 고통의 십자가를 지신 주님을 생각합니다.

고난 주간에 주님의 십자가 고난의 순간을 생각하지 않을 수 없습니다. 오직 주님의 고통 당하심은 이 세상 온 인류의 죄를 대속 하신 하나님의 크신 섭리이시기에 그 사랑과 은총에 감사할 따름입니다. 흠 없으신 하나님의 독생자 예수 그리스도께서는 죄인으로부터 문초를 받으시고 채찍을 맞으셨습니다. 야유와 침 뱉음 속에서 무거운 형틀인 십자가를 지고 골고다까지 걸어가신 주님이십니다.

말씀으로 찾아오시는 하나님, 이 밤에 말씀을 들음으로써 성령님께서 영혼을 구원하실 일에 대한 기대 하게 하옵소서. 저희의 마음에 고난의 의미를 품게 하시기를 원하면서 예수님의 이름으로 기도드립니다. 아멘.

4월 3주(전도하는 신앙)
모든 족속에게 전파될 예수

또 그의 이름으로 죄 사함을 얻게 하는 회개가 예루살렘으로부터 시작하여 모든 족속에게 전파될 것이 기록되었으니(눅 24:47)

구원의 하나님, 주님께서 부활하심으로 누리게 하신 영생의 소망을 즐거워하면서 지냈습니다. 오늘도 저희에게 부활의 신앙을 갖도록 하옵소서. 부활의 주님을 믿으므로 저희도 부활할 것을 바라고, 그 신앙으로 살게 하옵소서. 기도회로 모인 지금, 부활의 신앙을 찬송으로 확증하고, 영광을 드리게 하옵소서.

사유하시는 하나님, 우리 예수님께서 죽음의 권세를 이기신 이 시간에, 승리의 찬송을 불러야 하는 저희이지만 마음이 죄로 얼룩져 있음을 고백합니다. 저희를 위해 수난을 당하셨던 그날들을 생각하면서 지냈어야 했건만 그렇지 못하였던 한 주간의 삶이었음을 고백합니다. 썩어질 것들에 마음을 빼앗기지 않게 하옵소서. 주님께서 저희의 영원을 위해 부활의 첫 열매로 보증이 되셨음을 믿고 천국을 소망하게 하옵소서. 생명을 살리는 명령에 순종하여 복음을 들고 담대히 나서기 원합니다. 주의 자녀로서 빛이 되고 소금이 되게 하시어 그리스도인이 행할 적극적인 삶을 살아 나가며 주님의 부활을 저버리지 않도록 도와 주시기를 간절히 원하면서 예수님의 이름으로 기도드립니다. 아멘.

4월 4주 (전도하는 신앙)

부활의 신앙, 부활의 복음

빌립이 하나님 나라와 및 예수 그리스도의 이름에 관하여 전도함을 저희가 믿고 남녀가 다 세례를 받으니(행 8:12)

부활 신앙의 하나님, 죽음을 이기신 주님이 권세로 담대하게 살게 해 주셨음에 감사드립니다. 하나님께서 미워하시는 것들을 담대히 거절하고 살아왔던 지난 사흘을 돌아볼 때, 기쁨과 감사가 넘칩니다. 더러운 일에 몸을 내어주지 않고, 죄가 되는 일에 유혹당하지 않고, 믿음으로 살게 하셨음을 기뻐합니다.
십자가의 어두움으로부터 영원한 빛과 영광의 삶을 베풀어 주신 전능하신 하나님을 찬송하게 하옵소서.

이 시간에 주님의 승리의 영광으로 우리를 채워 주옵소서. 우리를 변화시키고 힘을 주사 이 땅에 사는 동안 우리를 하나님으로부터 떼어 놓으려는 모든 것을 이기고 주님을 의지하며 영원한 삶의 나라로 갈 수 있게 하소서. 믿음에 이르게 하시는 하나님, 선포되는 말씀으로 저희를 지혜롭게 하옵소서. 하나님의 뜻을 깨닫게 하옵소서. 성령님께서 크게 감동하시어 말씀에 순종하기 원합니다. 마가의 다락방에서 모여 기도하고 예루살렘 거리로 흩어져 나간 그리스도의 증인들처럼 우리도 그러한 삶을 살게 해 주시기를 원하면서 예수님의 이름으로 기도드립니다. 아멘.

4월 5주 (전도하는 신앙)

우리가 전파하는 예수

우리가 우리를 전파하는 것이 아니라 오직 그리스도 예수의 주 되신 것과 또 예수를 위하여 우리가 너희의 종 된 것을 전파함이라 (고후 4:5)

하늘의 하나님, 황혼의 시간에 주님의 자녀들을 불러 주시니 감사드립니다. 성령님의 인도하심에 따라 주님 앞으로 나왔습니다. 은혜를 베풀어 주심을 바라고 나왔습니다. 주님의 보혈을 의지해서 나왔으니, 기도회로 모이는 시간이 복 되게 하옵소서.

전능하신 하나님, 인생의 구원을 위하여 독생자 예수님을 십자가의 죽음으로 보내시고 영광의 부활로 마귀의 권세를 깨뜨려 주심을 감사드립니다. 우리로 하여금 죄에 대해서는 매일매일 죽게 하사 하나님의 아들 예수 그리스도의 부활의 기쁨 속에서 주님과 함께 오래도록 살 수 있게 하소서. 독생자의 승리를 통하여 영생을 주셨습니다. ○○ 교회의 성도들에게 영생의 소망을 붙잡고 살아가게 하옵소서. 전파하시는 하나님, 말씀으로 저희를 새롭게 하시는 여호와 하나님의 은혜를 기립니다. 저희의 영혼을 죄로부터 구하셨듯이 이 밤에 하나님의 말씀으로 많은 죄인들이 돌아오기 원합니다. 이 말씀을 받은 저희에게 복음을 들고 일어나게 하옵소서. 죽음의 지옥불로 뛰어가는 불쌍한 영혼들을 향해서 복음을 외치게 하옵소서. 예수님의 이름으로 기도드립니다. 아멘.

5월 1주 (봉사하는 신앙)

주 안에서 자녀를 섬김

선행을 배우며 공의를 구하며 학대받는 자를 도와주며 고아를 위하여 신원하며 과부를 위하여 변호하라 하셨느니라 (사 1:17)

어린이에게 복을 주시는 하나님, 저희에게 어린이들을 맡겨 주셨음에 감사드립니다. 지난 사흘 동안에도 믿음의 본을 보이며, 주 안에서 양육하게 하셨음을 즐거워합니다. 저희 자녀들의 마음 밭에 주님의 복음과 진리의 씨앗을 뿌려 주시고 성령님의 크신 능력으로 가꾸어 주시며, 말씀의 영양분을 충분히 주셔서 그들이 영과 육이 건강한 자녀들로 자라게 복을 내려 주시옵소서. 도움을 베푸시는 하나님, 이 귀한 시간에 하나님의 말씀을 청종하게 하옵소서. 하늘의 말씀으로 심령을 새롭게 하옵소서. 지혜롭게 하시는 권면의 말씀으로 성도의 삶을 풍성히 살게 하옵소서. 진리가 주는 복된 생활을 사모하는 말씀을 듣게 하옵소서. 주님의 말씀이 언제나 심령에 머무르기를 원합니다. 종일 묵상하는 저희가 되게 하옵소서.

이 시간에 하나님 앞에서 구별된 ○○ 교회의 귀한 가족들을 축복합니다. 가족들이 믿음으로 하나가 되어 주님의 사역에 동참하여 하나님의 사랑을 받고 칭찬받게 하옵소서. 우리 모두가 서로 사랑하게 하여 주시고 가정과 가족이 소중함을 알아 서로 섬기며 기도하게 하시기를 원하면서 예수님의 이름으로 기도드립니다. 아멘.

5월 2주(봉사하는 신앙)
부모를 기쁘게 해드리는 자녀

우리 각 사람이 이웃을 기쁘게 하되 선을 이루고 덕을 세우도록 할지니라(롬 15:2)

인애하신 하나님, 하나님께서 주신 가정의 복을 누리며 살다가 주님의 전으로 모였습니다. 언제나 저희의 간구에 응답하셨듯이, 이 시간에 ○○ 교회의 권속들이 부모를 위하여 기도하시는 것들을 응답하여 주시옵소서. 부모를 사랑하고 존경하여 섬김으로 하나님의 복을 누리게 하옵소서. 어버이 공경하기를 원하는 저희에게 격려의 말씀이 되기를 소망합니다. 말씀이 선포될 때, 성령님께서 저희 마음에 역사하시기를 소망합니다. 주님의 말씀을 사랑하여 간절한 마음으로 듣게 하시고, 진리를 배워 보화를 지니게 하옵소서.

구하게 하시는 여호와여, 이 시간에, 병약하신 부모들이 있으면 하루속히 건강을 회복하여 주시옵소서. 혹시라도 아직까지 예수님을 알지 못하는 부모님이 있다면 우리의 목숨과도 같이 사랑하는 아니 그보다 더 사랑하는 부모 형제들에게 구원을 허락하여 주시옵소서. 두 번 다시 만날 수 없는, 귀하신 부모님을 주신 하나님을 경배하면서, 아버지와 어머니께 기쁨을 드리는 자식들이 되게 하시기를 간절히 원하면서 예수님의 이름으로 기도드립니다. 아멘.

5월 3주(봉사하는 신앙)

거룩한 봉사의 직무

이 봉사의 직무가 성도들의 부족한 것만 보충할 뿐 아니라 사람들의 하나님께 드리는 많은 감사를 인하여 넘쳤느니라(고후 9:12)

긍휼의 하나님, 하나님께서 구별해 주신 가정마다 하늘의 복으로 살아가게 하옵소서. 그들의 살림이 윤택하게 하시고, 전대와 창고가 비지 않게 하옵소서. 늘 부요하여 남에게 꾸어주고 나누어 주기도 하는 섬김의 삶을 누리게 하옵소서. 주님의 사랑과 축복이 날마다 더하는 가정들이 되게 하여 주시기를 원합니다. 예배를 받으시는 하나님, 신령과 진정으로 드리는 예배가 되기 원합니다. 말씀을 준비하신 목사님께 성령으로 감동해 주시고, 하나님의 뜻이 온전히 선포되기 원합니다. 주님의 말씀이 저희를 새롭게 하셨으니, 이 진리에서 떠나지 않게 하옵소서. 이 밤에도 저희의 상한 심령이 말씀으로 치료를 받고, 위로함을 얻게 하옵소서. 그 말씀으로 저희를 향한 주님의 뜻이 무엇인지 분별하게 하소서.

저희가 무슨 일을 하든지 말씀의 인도와 기준에 따라 행하게 하소서. 주님께서 주신 믿음의 자녀들이 부모의 믿음을 물려받고, 신앙 선조들의 교훈을 받아 성장하는 복을 주시옵소서.
어려서부터 자기 인생을 주님에게 맡기고, 하나님의 능력으로 인도함을 받게 하시기를 원하면서 예수님의 이름으로 기도드립니다. 아멘.

5월 4주(봉사하는 신앙)

가족이 서로 섬기는 아름다움

그 이웃을 업신여기는 자는 죄를 범하는 자요 빈곤한 자를 불쌍히 여기는 자는 복이 있는 자니라(잠 14:21)

찬양으로 영광을 받으셔야 할 여호와여, 하나님의 귀하신 이름을 영원부터 영원까지 송축합니다. 주님의 은혜로 복되게 지냈던 거룩한 자녀들이 주님에게 나왔으니 찬양과 영광을 받아 주시옵소서. 모든 주님의 백성들이 여호와를 찬양하게 하옵소서.

자비로우신 하나님, 특별히 암담한 청소년들의 장래를 위해서도 간구하지 못한 무딘 가슴을 용서하옵소서. 주님의 자녀들에게 천국의 법도를 가르쳐 주시기 원합니다. 저희를 믿음에서 믿음으로 이르게 하사, 듣고 배운 말씀에 따라 순종의 삶을 살게 하옵소서. 오직 마음의 소원을 하나님께 두고 살기를 소망하게 하옵소서.

전능하신 하나님, 오늘 삼일 기도회 모임 위에 크신 복을 내려 주시사 향기로운 제사 되게 하소서. 여전히 부족하지만, 이 시간의 모임을 통해서 걸음이 실족지 않게 악에서 떠나 선을 행하게 하옵소서. 우리의 모든 경영과 계획을 주께서 아시오니 선하신 뜻 안에서 이루어져 영광스런 열매를 맺게 해 주시기를 원하면서 예수님의 이름으로 기도드립니다. 아멘.

6월 1주 (기도하는 교회)

주님의 영광을 선포하는 교회

너희가 내 이름으로 무엇을 구하든지 내가 시행하리니 이는 아버지로 하여금 아들을 인하여 영광을 얻으시게 하려 함이라 (요 14:13)

부르시는 하나님, 지난 사흘 동안에도 하나님이 사랑은 크셨습니다. 자기의 자녀들을 돌아보시는 하나님의 은혜는 넓으셨습니다. 그 사랑과 은혜에 감사하여 머리를 숙이고 기도하는 시간을 갖게 하옵소서. 저희의 지난 시간을 돌아볼 때마다 하나님 아버지께 감사를 드립니다. 무지한 저희는 다 양 같아서 각기 제 길로 갔지만, 주님께서는 독생자까지 보내주시고, 대속의 은총을 베푸셨으니 감사의 찬양을 드립니다.

은혜로우신 하나님, 오직 사랑으로 주의 나라를 위하여 헌신할 수 있도록 우리를 승화시켜 주옵소서. 하루가 열리는 아침마다 복된 날이 되게 하시며 태양이 깃드는 곳마다 주의 사랑 빛나게 하옵소서. 태양 아래 슬픔 사라지고 부끄럼도 벗겨지고 나의 말과 행함이 유리알처럼 맑게 작은 일에도 감사하며 어려운 일에 봉사하며 살게 하옵소서. 거짓이나 헛된 욕망 버리고 정직하고 겸손히 살게 하소서.

능력을 행하시는 하나님, 당신의 사랑을 받고 있음을 알게 하소서. 구원의 은혜를 얻은 저희를 이 시간의 말씀으로 채워 주심을 믿고 예수님의 이름으로 기도드립니다. 아멘.

6월 2주(기도하는 교회)

기도 안에서 평안한 지체들

나의 괴로운 날에 주의 얼굴을 내게 숨기지 마소서 주의 귀를 기울이사 내가 부르짖는 날에 속히 내게 응답하소서(시 102:2)

자기 백성을 찾으시는 아버지, 하나님의 사랑과 은혜로 구속을 받은 주님의 백성들이 예수님의 이름을 부르며 모였습니다. 각자가 하나님께로부터 보냄을 받았던 삶의 자리에서 살다가 이 시간에 구속의 은총을 베푸신 주님의 이름으로 모였습니다.

미쁘신 하나님, 저희를 온화하게 하사 이웃에게 사랑을 베풀게 하옵소서. 나의 믿음 또한 강하지도 굳건하지도 못하여 늘 회의에 빠지며 주를 믿지 못하였습니다. 나를 도우사 믿음을 굳게 하시고 주를 온전히 믿게 하옵소서. 내가 가진 모든 보화를 주께 온전히 드립니다. 여호와 우리 주의 말씀은 언제나 신실하심을 고백합니다.

오늘도 말씀을 사모하게 하시고, 하나님의 미쁘심을 기뻐하게 하옵소서. 이 밤에 저희의 심령을 십자가의 보혈로 받아 주시고, 예비하신 은혜를 내려 주시는 귀한 기도회의 시간이기를 소망합니다. 간절히 바라오니, 주님의 자녀들이 세상에서 사는 동안에 믿음으로 살게 하옵소서. 오늘 낮에 누렸던 따스한 빛처럼 모든 이에게 유익을 주며 해 지는 시간에는 언제나 주님 앞에 감사가 넘치는 기도드리게 해 주시기를 원하면서 예수님의 이름으로 기도드립니다. 아멘.

6월 3주 (기도하는 교회)

기쁨이 충만한 교회

지금까지는 너희가 내 이름으로 아무 것도 구하지 아니하였으나 구하라 그리하면 받으리니 너희 기쁨이 충만하리라 (요 16:24)

인자하신 하나님, 삶의 자리에서 은혜를 입고 지내던 저희를 불러 주셨음에 영광을 드리게 하옵소서. 또한, 때를 따라 나타난 돕는 은혜로 지냈음에 더욱 큰 은혜를 사모하여 기도하기 원합니다. 하나님의 존전에서 예배하기 위하여 모였사오니 참 예배를 드리게 하옵소서.
여호와 우리 하나님, 주님께서 거룩하게 하신 이 시간에, 강단을 통해서 송이 꿀보다도 더 단 말씀을 듣기 원합니다. 주님의 자녀들이 천국의 말씀을 이해하고, 즐길 수 있게 성령님의 감동하심이 있기를 소망합니다. 진리의 말씀에 순종하면서 늘 주님과 함께 있게 하옵소서.

나는 가난하나, 주는 부하사 가난한 자에게 충만한 자비를 베푸십니다. 나는 죄인이나, 주는 온전하십니다. 나는 죄로 가득하나, 주께는 공평이 충만하십니다. 그러므로 나는 줄 것이 없고 받을 것밖에 없사오니, 주님의 뜻을 거역하여 타락하지 말게 하시고, 우리 자신의 생각만으로 스스로를 더럽히지 말게 하옵소서. 그동안에도 베풀어 주신 은혜와 사랑에 감격하여 간구하는 기도회의 한 시간이 되기를 소망하면서 예수님의 이름으로 기도드립니다. 아멘.

6월 4주 (기도하는 교회)

매일 기도 매일 응답의 교회

내 의의 하나님이여 내가 부를 때에 응답하소서 곤란 중에 나를 너그럽게 하셨사오니 나를 긍휼히 여기사 나의 기도를 들으소서(시 4:1)

전능하신 하나님, 지난 삼일 동안도 은혜를 베푸신 하나님, 영원히 멸망 받아 마땅했던 저희를 구원의 반열에 서게 하시고 보호해 주셨음에 대하여 감사드립니다. 하나님을 대적하는 세력과 같이 있었으나 믿음으로 살게 하셨음을 감사드립니다.

기도를 들으시는 주여, 이 시간에 기도할 때, 무엇을 먹을까, 마실까, 입을까의 간구에서 떠나 하나님의 나라와 하나님이 의를 구하는 기도회로 인도해 주시옵소서. 하늘의 의를 먼저 구할 때에 이 모든 것을 더하여 주시리라 하신 말씀을 기억합니다. 이 시대를 향한 주님의 음성을 담아내기 위해서 말씀을 전하시는 목사님도 성령으로 충만하게 하소서. 저희에게 주시는 말씀은 천금보다 귀한 것임을 깨닫습니다. 하나님의 백성으로 삼아 주셨으니, 말씀으로 인도하옵소서.

이 시간에 함께 간구해야 할 성도들의 모습이 더러 보이지 않습니다. 무엇이 그들로 하여금 예배당으로 모이지 못하게 하였는지 하나님의 도우심이 있으시기를 간절히 구합니다. 주님의 은혜로 예배의 시간을 지키는 은총을 내려 주시기를 간절히 빌면서 예수님의 이름으로 기도드립니다. 아멘.

7월 1주(성경 읽는 신앙)

성숙함에 이르는 말씀

여호와여 주의 인자하심이 땅에 충만하였사오니 주의 율례로 나를 가르치소서(시 119:64)

살아 계신 하나님, 오늘 저희들이 기도회로 모였으니 주님이 기뻐 받으시는 향기로운 기도를 드릴 수 있도록 인도하옵소서. 하늘의 하나님의 뜻이 이 땅에서 이루어질 것을 기다리는 기도를 드리게 하옵소서. 하나님께서 구별하시고 지켜 주셔서 입술이 지혜를 말하며, 마음에 하나님의 법을 두게 하셨습니다. 용서의 하나님, 지난 시간에도 손쉽게 지낼 수 있는 달콤한 유혹에 넘어가 하나님의 영광을 버리고 살았습니다. 하나님을 찬양해야 할 시간에 세상의 육적인 쾌락을 도모하며 시간을 소비하고 말았으니 용서해 주시옵소서. 먹고, 살아가는 땅에 것들로 분주해야 하지만, 하나님의 일을 이루어드림에 대하여 고민하는 삶이 있게 하옵소서.

주 여호와여, 저희를 위하여 베푸시는 말씀을 즐겨하게 하옵소서. 주님의 사람으로 세워지도록 주의 종이 배설하시는 식탁에 은혜로 참여하는 저희가 되기를 원합니다. 말씀을 지키고 따름으로써 주님의 자녀들의 삶이 풍성하기를 소망합니다. 이로써 주님의 나라를 상속받기 위해 경건한 자녀로 살게 하시고, 우리가 주의 백성으로 지내는 날들이기를 원하면서 예수님의 이름으로 기도드립니다. 아멘.

7월 2주 (성경 읽는 신앙)

말씀의 은혜로 세워지는 교회

너는 돌아와 다시 여호와의 말씀을 청종하고 내가 오늘 네게 명령하는 그 모든 명령을 행할 것이라 (신 30:8)

말씀으로 살게 하시는 하나님, 지난주 중에도 저희의 주어진 삶의 터전에서 살 때, 함께 하셨음에 감사드립니다. 눈동자 같은 보호를 받으면서 이기는 삶을 살아왔습니다. 이 시간에 다시금 주님의 전에 모여 영광과 찬송을 하나님께 돌리며, 그 무한한 은혜와 사랑을 다시 사모할 수 있게 하심을 감사드립니다. 임마누엘의 하나님, 말씀의 은총으로 저희가 세워지고 있음을 즐거워합니다. 이 시간에 목사님의 설교로 더 한층 믿음에 곧게 서게 하옵소서. 저희 교회에 교육의 시간을 허락하셔서 유치부 어린이들이 여름성경학교를 마쳤습니다. 기도와 말씀으로 그들이 한층 더 성숙해졌음에 감사드립니다. 그들이 믿음으로 성장하도록 저희가 더욱 기도하게 하옵소서. 저희 교회의 권사님들과 집사님들이 성령 충만하기 원합니다.

그리하여 성령님께서 섬기게 하심을 따라 교회와 성도들을 위하여 봉사하게 하옵소서. 그들의 심령을 성령께서 주관하셔서 성령님의 인도에 따라 섬기게 하옵소서. 마음을 드려 간절히 기도드리니 믿음과 성령이 충만한 제직들이 되어 교회를 부흥시키게 하시기를 원하면서 예수님의 이름으로 기도드립니다. 아멘.

7월 3주 (성경 읽는 신앙)

언제나 예가 되는 말씀

그러므로 너희는 크게 힘써 모세의 율법 책에 기록된 것을 다 지켜 행하라 그것을 떠나 좌로나 우로나 치우치지 말라 (수 23:6)

온전하게 하시는 하나님, 비옵기는 빈 무덤 같은 우리의 심령 속에 주님 오시옵소서. 진리의 빛과 은총의 향기로 가득 채워 주시고 삶의 용기와 지혜를 다시 얻게 하여 주옵소서. 주님이 우리 마음에 오시면 저 밝은 하늘이 열리고 주님의 빛이 저 넓은 대지를 비취는 것처럼, 죄와 슬픔과 고뇌는 사라지고 활기찬 생명의 능력이 우리의 심령 속에서 용솟음쳐 오르리라 믿습니다.

하나님 아버지, 이 시간에 하나님의 말씀을 청종할 때, 하늘에 대하여 두려움을 갖게 하옵소서. 하나님의 말씀은 언제나 예가 되오니, 그 명령에 순종하도록 성령님의 인도하심을 간구합니다. 하나님의 말씀으로 불평할 수밖에 없는 일들이 파도처럼 밀려와도 주님을 바라보게 하옵소서. 힘들고 고단한 시간들이 폭포가 떨어지듯이 몰려와도 하나님께서 이기게 하심을 바라보게 하옵소서.

저희 아이들에게도 성경을 가까이하는 복을 허락해 주시옵소서. 주님의 은혜로 1학기의 공부를 마치고 방학을 했으니, 집에 있는 동안에 성경을 사랑하게 하옵소서. 말씀을 묵상하고, 말씀의 약속을 기다리는 중에 합력하여 선이 이루어지는 것을 보게 해 주시기를 원하면서 예수님의 이름으로 기도드립니다. 아멘.

7월 4주 (성경 읽는 신앙)

말씀으로 형통함을 봄

만일 그들이 청종하여 섬기면 형통히 날을 보내며 즐거이 해를 지낼 것이요 (욥 36:11)

복락의 하나님, 내가 세상 끝날 때까지 너희와 항상 함께 있으리라 하신 은혜를 누리게 하옵소서. 이 시간 우리의 전에 나타나시어 우리의 마음을 뜨겁게 하여 주옵소서. 부활의 주님께서 무능력한 우리의 상태를 해방시키시고 새 생명의 감격을 맛보게 하옵소서.

하나님, 지난 삼일 동안도 어둡고 험악한 세상에서 방황하며 살았습니다. 아버지의 영광과 뜻을 드러내기보다는 우리의 육신의 안일과 평안만을 추구할 때가 많았습니다. 우리가 사는 세상의 모든 것이 아버지의 장중에 있음을 알면서도 우리 삶의 모습은 그 뜻대로 따르지 못하고 세상을 좇아갈 때가 많았으니 용서해 주시옵소서.

전능하신 아버지여, 말씀을 대하여 저희의 심령이 거룩하게 하옵소서. 주님 앞에서 흠이 없는 심령이 되어 간절히 사모함으로 받게 하시기를 소망합니다. 주님의 말씀은 저희가 신뢰할 만하오니, 그 은혜로 만족하게 하옵소서. 하늘의 지혜를 주시옵소서. 그리하여 선과 악을 분별하게 하시고, 죄는 버리고 의를 취할 수 있는 용기를 주시기를 원하면서 예수님의 이름으로 기도드립니다. 아멘.

7월 5주 (성경 읽는 신앙)

하나님의 백성, 백성의 하나님

내 율례를 좇으며 내 규례를 지켜 행하게 하리니 그들은 내 백성이 되고 나는 그들의 하나님이 되리라 (겔 11:20)

여호와 우리 주여, 주님께서 허락하신 삶의 현장에서 저희를 지키셨고, 마음에 원하는 대로 역사해 주셨음에 찬송으로 영광을 드리는 이 시간이 되게 하옵소서. 짧은 시간을 기도의 밤으로 모였지만, 진심으로 감사하게 하옵소서. 존귀와 영광을 받으시기에 합당하신 하나님께 바치게 하옵소서. 지난 시간 저희의 모습을 볼 때, 말씀을 가까이하고 말씀에 순종하며 살기보다는 인간의 생각과 인간의 지혜를 따르는 불신앙의 모습이었음을 용서하옵소서. 하나님은 우리를 여전히 사랑하시고 자녀로 삼고 계심을 감사드립니다. 그 은혜에 감사하며 이 시간도 우리의 추한 모습을 고백하오니 주님의 십자가의 능력으로 용서해 주옵소서.

영광의 하나님, 이제, 마음을 다하여 대속의 십자가를 지신 주님의 사랑을 찬양하게 하옵소서. 하나님의 말씀이 여호와의 성실하심을 깨닫게 합니다. 하나님의 말씀이 저희에게 기쁨이 됨을 고백합니다. 이 진리를 깨닫게 하시는 성령님의 은혜로 풍성한 삶을 누리게 하옵소서. 성령님의 역사하심에 순종해서 하늘에 드리는 열매를 맺게 하시기를 원하면서 예수님의 이름으로 기도드립니다. 아멘.

8월 1주 (애국하는 신앙)

하나님이 만져주시는 민족

가로되 가이사의 것이니이다 이에 가라사대 그런즉 가이사의 것은 가이사에게, 하나님의 것은 하나님께 바치라 하시니 (마 22:21)

전능하신 하나님, 지난 삼일 동안도 은혜를 베푸시어 죄인들을 구원의 반열에 서게 하고 보호해 주심을 감사드립니다. 이 시간 주의 이름으로 모여 말씀을 선포하고 기도하는 곳마다 우리 주님 역사하옵소서. 하나님의 말씀을 즐거워하는 성도들이 귀를 기울입니다. 하늘의 법을 배울 수 있도록 깨닫는 마음을 주셔서 은혜를 누리게 하옵소서. 나라를 세우시는 하나님, 이 민족을 통해 영광 받으시기를 원하는 하나님께 찬양을 드리는 민족이 되게 하옵소서. 갈릴리 호수를 여행하시며 유대인과 이방인을 복음으로 하나 되게 통일과 평등을 이루어 나아가신 예수님을 생각합니다. 이미 주님을 믿는 저희가 땅 끝까지 이르러 복음을 전하는 열성을 보이게 하옵소서. 이 민족이 복음으로 주님께 돌아오게 하옵소서.

자비로우신 하나님, 하나님의 은혜가 ○○의 성도들에게 내려지기를 간절히 구합니다. 이 백성들의 영적인 생활에서만이 아니라, 육신적인 삶에서도 주님의 베푸심으로 넉넉하게 하옵소서. 이 교회에 속한 성도마다 주님의 은혜의 줄에서 끊어지지 않게 해 주시기를 원하면서 예수님의 이름으로 기도드립니다. 아멘.

8월 2주(애국하는 신앙)

복음을 전하는 나라 사랑

저희가 내게 이르되 사로잡힘을 면하고 남은 자가 그 도에서 큰 환난을 만나고 능욕을 받으며 예루살렘 성은 훼파되고 성문들은 소화되었다 하는지라(느 1:3)

자기 백성을 돌보시는 하나님, 주일을 지내고 사흘 동안도 위로부터 부어지는 은혜를 누리게 하심에 감사드립니다. 하나님의 은혜는 저희에게 말씀으로 다가왔음을 믿습니다. 이 보배로운 말씀을 소홀히 여기지 않도록 은혜를 주시고, 저희를 가르치시는 교훈에 집중하게 하옵소서. 하나님 여호와여, 오늘도 저희에게 말씀을 주시는 하나님의 선하심에 감사드립니다. 이 시간에, 능히 내 자신이 부서지고 하나님이 다스리시는 살아있는 말씀을 허락하여 주옵소서.

저희 교회의 상처 입은 심령들이 치유되기를 원하오니 위로의 말씀을 주옵소서. 권능이 있는 말씀을 주시옵소서. 그 말씀이 저희를 행위가 완전하도록 이끌어 주심을 믿습니다.

민족의 하나님, 이 나라가 주님으로 인하여 사는 길을 찾도록 회개의 영을 부어 주옵소서. 가르치는 사람이나 정치하는 사람을 권고하시어 바른 지도자의 길을 가게 하옵소서. 저희 모두 주님의 법을 지키기를 즐거워하게 하옵소서. 그래서 저희가 선교의 도구가 되기를 원합니다. 가는 곳마다 그리스도의 빛이 드러나기를 원하면서 예수님의 이름으로 기도드립니다. 아멘.

8월 3주 (애국하는 신앙)

하나님께서 세우시는 민족

각 사람은 위에 있는 권세들에게 굴복하라 권세는 하나님께로 나지 않음이 없나니 모든 권세는 다 하나님의 정하신 바라 (롬 13:1)

살아 계신 하나님, 사흘 동안에도 천국 생활을 하던 저희가 주님 앞으로 나왔습니다. 하나님의 사랑을 입어 영원의 삶을 산 지난 사흘이었습니다. 이 땅에 몸을 두고 있으나 저희의 심령은 하늘에 두고 소망 가운데 지냈습니다. 하늘의 위로로 소생의 힘을 얻었음에 감사드립니다. 이 시간에, 목사님의 설교를 통해서 예수님의 십자가로 말미암아 죄의 문제가 해결되었음을 확인하게 해 주시고, 천국의 백성으로 살아가려는 다짐을 새롭게 하게 하옵소서. 이 백성의 삶에 깊숙이 개입하셔서 이 땅에서 예수님의 말씀으로, 예수님의 몸짓을 닮아 정의와 평화가 깃드는 민족 통일을 주옵소서.

나라를 지키시는 하나님, 하나님의 베푸신 은혜 안에서 새로운 소망을 가지며 하나님 나라의 평강을 맛보게 하옵소서. 하나님의 자녀답지 못하게 살아온 모습을 고백합니다. 사람들의 눈은 속일 수 있어도 하나님의 불꽃 같으신 눈동자 앞에서는 그대로 드러날 뿐이오니, 저희의 죄를 용서해 주시옵소서. 연약함을 불쌍히 여겨 주시고, 하나님의 자비하심으로 은혜를 입게 해 주시기를 원하면서 예수님의 이름으로 기도드립니다. 아멘.

8월 4주 (애국하는 신앙)

나라를 위해 흘리는 눈물

우리가 바벨론의 여러 강변 거기 앉아서 시온을 기억하며 울었도다(시 137:1)

하나님, 하나님 아버지의 이름을 찬양합니다. 오늘 우리를 아버지의 사랑 가운데서 부르셔서 삼일 기도회로 모이게 하시니 감사드립니다. 주님을 저희 인생의 반석으로 삼아서 살아온 지난 시간을 돌아볼 때, 감사를 드릴 뿐입니다. 예수님의 품 안에서, 예수님의 보호를 받으며 살아왔습니다. 인자하신 하나님, 말씀의 거울로 저희를 비추시고 영혼을 가르치사 저희의 삶 전체가 하나님 아버지를 향한 삶이 되게 하시고 주님을 저희의 희망과 위로로 삼게 하옵소서. 강단에 세우신 종을 통해서 하나님의 말씀이 온전히 선포되게 하시며, 그 말씀에 순종과 부복으로 따르게 하소서. 저희의 심령에 하늘나라를 소망하는 말씀으로 채워 주시기를 원합니다.

기도를 들으시는 주여, 하나님의 교회가 주님의 영광으로 충만한 지금, 말씀으로 저희를 다스려 주시기 원합니다. 그 말씀이 나라를 사랑함에 이르게 하시고, 하나님께서 주신 이 땅을 위해 눈물을 흘리게 하옵소서. 정치가들을 비롯해서 사회를 주도하는 지도자들을 위하여 기도하게 하옵소서. 이 나라 백성의 행복과 평안을 위하여 간구하기를 간절히 원하면서 예수님의 이름으로 기도드립니다. 아멘.

9월 1주(심방하는 신앙)
주님의 지팡이와 막대기

각각 자기 일을 돌아볼 뿐더러 또한 각각 다른 사람들의 일을 돌아보아 나의 기쁨을 충만케 하라(빌 2:4)

감사하신 하나님, 아침마다 만나를 줍게 하셨던 은혜로 지난 사흘을 보냈습니다. 부지불식간에 돕는 손길을 베푸셔서 지난 8월을 보냈습니다. 폭염으로 저희의 몸이 상하지 않도록 지켜주심에 감사드립니다. 여름의 뜨거운 햇볕으로 곡식들이 익어가게 하시고, 나무마다 열매를 맺게 하셨습니다. 하나님의 여름은 참으로 좋았습니다.

하나님 아버지, 이 밤에 간절히 구하오니, 죄악과 방탕의 유혹이 범람하는 이 험한 세상에서 저희를 지켜 주시고 주의 지팡이와 막대기로 인도하옵소서. 저희의 마음 밭에 주님의 복음과 진리의 씨앗을 뿌려 주시고 성령의 크신 능력으로 가꾸어 주시며, 말씀의 영양분을 충분히 주셔서 영과 육이 건강한 자녀로 살아가도록 복을 주옵소서. 말씀으로 말미암은 약속의 은혜를 사모하게 하옵소서. 여호와 우리 주여, 일찍이 이곳에 주님의 몸 된 교회를 세워 주셔서 성령의 권능을 세상에 쏟아 놓는 능력의 제단이 되게 하여 주셨음을 즐거워합니다. 저희 교회가 더욱 성령 충만한 교회가 되게 하시고, 진리의 빛을 밝게 비출 수 있는 생명의 제단이 되게 하심을 믿으면서 예수님의 이름으로 기도드립니다. 아멘.

9월 2주(심방하는 신앙)

주님의 손길로 대함

벗었을 때에 옷을 입혔고 병들었을 때에 돌아보았고 옥에 갇혔을 때에 와서 보았느니라(마 25:36)

영광을 받으실 하나님, 부족한 저희를 사랑하셔서 하나님의 백성으로 삼아 주시고, 지난 사흘 동안도 지켜 주셨음에 드립니다. 십자가의 군병이 되어서 사탄의 세력과 영적인 전쟁에서 승리하여 이렇게 나왔습니다. 주님의 이름이 원수 마귀를 무찌르게 하셨습니다. 참으로 감사합니다. 자비로우신 하나님, 오늘도 하나님의 말씀을 들을 수 있는 특권을 주셨음에 감사드립니다. 은혜로운 말씀에 참여하여 복을 누리게 하심을 기뻐합니다. 오늘, 종일 생명의 말씀을 묵상하게 하옵소서. 저희의 삶을 평강으로 이끌어 주시고, 성령님으로 인하여 경건한 삶을 살게 하심을 감사합니다.

하나님 아버지, 아직도 저희 주위에는 어려움으로 고통 당하는 이들이 있으니, 그들에게 주님의 자비하심을 보여 주시옵소서. 불우한 환경에서 가난과 질병으로 고생하는 이웃들이 많이 있사오니 그들을 불쌍히 여기시고 주께서 친히 품어 주셔서 그 품 안에서 정상적으로 살아가는 주의 백성이 되게 복을 내려 주시옵소서.
저희 모두가 그들을 친형제처럼 사랑하며 도우며 기도할 수 있는 믿음도 허락하시기를 원하면서 예수님의 이름으로 기도드립니다. 아멘.

9월 3주(심방하는 신앙)

사랑과 선행을 격려함

또 약속하신 이는 미쁘시니 우리가 믿는 도리의 소망을 움직이지 말고 굳게 잡아 서로 돌아보아 사랑과 선행을 격려하며(히 10:23~24)

미쁘신 주 하나님, 죄인 중에 죄인으로 멸망을 받아야 했던 저희를 예수님의 보혈로 의롭게 하심에 감사드립니다. 의인의 자녀로 살게 하시고, 생명을 지켜 주셨습니다. 지난 사흘의 삶도 하나님의 은혜였음을 고백합니다. 복된 시간에, 하나님께서는 저희의 심령을 붙들어 주시고, 하늘의 백성들은 찬양과 경배를 바치게 하옵소서.

여호와 우리 주여, 이 시간에, 구원의 은총을 마음껏 찬양하는 시간이 되도록 성령님의 충만하신 임재를 소원합니다. 그 은혜 안에서 빌 바를 다 아뢸 수 있게 하시고, 저희 자신뿐만 아니라, 기도를 통해서 섬겨야 할 지체들을 위하여 간구하게 하옵소서. 저희의 일거수일투족을 눈동자와 같이 지키시는 성령께서 각 심령마다 충만하게 임하셔서 모든 고통에서 자유 함을 얻게 하시고 기쁨으로 주님을 찬양할 수 있는 삶이 되게 하시옵소서. 예배하는 이 시간에 하나님의 말씀으로 새 힘을 공급받게 하옵소서. 목사님의 말씀에 귀한 약속이 있으니 그것을 지켜 생명의 길에 이르게 하옵소서. 저희의 부요함이 말씀에 있음을 고백합니다. 그 말씀이 영원히 저희의 발걸음을 지켜 주시기를 원하면서 예수님의 이름으로 기도드립니다. 아멘.

9월 4주(심방하는 신앙)

고아와 과부를 돌아봄

하나님 아버지 앞에서 정결하고 더러움이 없는 경건은 곧 고아와 과부를 그 환난 중에 돌아보고 또 자기를 지켜 세속에 물들지 아니하는 이 것이니라(약 1:27)

돌아보시는 하나님, 지난 삼일 동안도 우리를 보호하신 손길을 인하여 감사를 드리면서 예배하는 한 시간이 되게 하옵소서. 마음껏 부를 수 있는 구원의 노래를 주셨음에 찬송으로 영광을 돌리는 한 시간이 되게 하옵소서. 이 시간에 하나님께서 말씀을 주신다는 사실만으로 감격하게 하옵소서. 저희와 ○○ 교회를 사랑하셔서 말씀을 주실 때, 아멘으로 받기를 즐거워합니다. 성령의 밝은 빛으로 저희 심령을 채우사 주님의 뜻을 온전히 분별하며 세상의 악한 권세를 이기는 선한 싸움의 승리자로 삼아 주시기를 원합니다.

지금 육체적으로나 정신적으로 또는 여러 가지 문제로 고통당하는 성도들도 있습니다. 주님께서 제직들의 마음을 주관하셔서, 그들의 심령을 주의 사랑으로 불붙여 주실 것을 믿고 간구합니다. 그리하여 교회를 통하여 하나님께서 받으시고자 하시는 열매를 맺게 하소서. 나그네로 잠시 동안 살아가는 이 땅에서 주님의 말씀은 저희의 양식임을 고백합니다. 그 양식으로 만족할 때, 새 노래로 주님의 전에 찬양을 드리면서 예수님의 이름으로 기도드립니다. 아멘.

10월 1주 (교제하는 신앙)

풍성하게 하심에 드리는 영광

저희가 사도의 가르침을 받아 서로 교제하며 떡을 떼며 기도하기를 전혀 힘쓰니라 (행 2:42)

한 몸을 이루시는 하나님, 주님의 정결한 피로 깨끗하게 씻어 주셨음을 기억하며 예배하기 원합니다. 주님께 열납되기에 합당한 기도회로 이 시간을 드리게 하여 주옵소서. 주님의 백성들이 믿음으로 주를 바라게 하시고, 신령과 진정한 마음이 되어 하나님이 받으실 만한 온전한 예배를 드리게 하여 주옵소서. 여호와 하나님, 말씀을 들고 단 위로 오르신 목사님을 축복합니다. 늘 성령님의 충만하심 속에서 사역을 감당해 오시지만, 이 밤에는 말씀의 영으로 더욱 충만하게 하셔서 진리를 선포하시게 하옵소서. 이 시간에 선포되는 말씀에 의해 저희를 사랑하시는 하나님의 사랑을 깨닫기 원합니다. 주님의 약속대로 구원하심에 이르고 복되게 하심을 믿습니다.

하나님의 은혜로 아름다운 계절을 맞이합니다. 추석 명절을 통하여 풍성함을 누리게 하옵소서. 주님께서 주신 것들로 부요함을 즐기고, 베푸신 손길에 영광을 드리게 하옵소서. 바라옵건대, 이 복스러운 계절에 하나님의 진노를 사는 일이 없게 하옵소서. 추석 명절을 일가와 친척들과 함께 보낼 때, 죄를 짓는 일이 없도록 은혜로 역사하시기를 바라면서 예수님의 이름으로 기도드립니다. 아멘.

10월 2주 (교제하는 신앙)

함께 고백을 하는 신앙

너희를 불러 그의 아들 예수 그리스도 우리 주로 더불어 교제케 하시는 하나님은 미쁘시도다 (고전 1:9)

교제하게 하시는 하나님, 저희를 주님의 사랑과 은혜와 보호 속에서 지난 삼일 동안도 살게 하셨음을 즐거워합니다. ○○ 교회의 성도들이 기도회로 모인 이 시간에 주님께 마땅한 영광을 드리게 하옵소서. 아직까지 일손을 놓지 못해서 이 시간에 함께 하지 못한 지체들에게 은혜를 내려 주시옵소서.

예배의 하나님, 이미 찬송과 기도로 예배가 진행 중에 있음을 기뻐합니다. 하나님께서 받으실 만한 순서로 예배할 때, 영광이 나타나기 원합니다. 이 밤에도 신령한 말씀을 듣게 하심을 즐거워합니다. 그 말씀이 만나가 되어 영혼의 양식을 삼게 하옵소서.

진리의 말씀이 저희의 입에서 떠나지 않게 하옵소서. 날마다 양식을 구하는 것처럼, 하나님의 말씀으로 살아가게 하옵소서. 기도를 들으시는 주여, 저희에게 섬길 수 있는 이웃을 주셨음에 감사드립니다. 저희가 서로 사랑하면서 천국에서의 삶을 바라보게 하심에 감사드립니다. 하나님께서 사랑하시는 주님의 백성들을 즐거워하게 하옵소서. 이 세상에 사는 동안에 생애의 동반자이면서 함께 주님의 일을 이루어나갈 협력자로서 그들을 보게 하옵소서. 이웃을 자신보다 낮게 여기는 마음을 갖게 해 주시기를 원하며 예수님의 이름으로 기도드립니다. 아멘.

10월 3주(교제하는 신앙)

함께 섬김으로 대하는 성도들

그러므로 그리스도 안에 무슨 권면이나 사랑에 무슨 위로나 성령의 무슨 교제나 긍휼이나 자비가 있거든(빌 2:1)

여호와 우리 주여, 일찍이 저희에게 믿음을 주셔서 성경을 통하여 하나님 아버지를 만나게 하셨습니다. 또한 우리의 속죄자이시며 중보자이신 예수님을 알고, 믿고, 구원받게 하여 주신 은혜를 감사드립니다. 저희가 주님의 이름을 부르며 기도할 때, 하나님께서 높아지시기 원합니다. 신실하신 주 여호와여, 오늘, ○○ 교회의 권속들이 하나님을 향한 열망으로 가슴이 뜨거워지게 하옵소서. 주님을 향한 마음으로 가슴이 채워지기를 소망합니다. 저희 마음에 하나님의 사랑이 뜨겁고, 넘치게 부어져 있을 때, 그 사랑을 이웃과 나누게 될 줄로 믿습니다. 주님께서 이기신 것처럼 저희도 승리하기 원합니다.

예수님의 이름으로 세상의 죄악된 일들과 싸워 이기게 하소서. 주님의 부활이 저희에게 이김을 확증하오니 겁내지 말고, 마귀의 유혹을 물리치게 하소서. 저희도 승리한다는 담대함으로 나아가게 하옵소서. 주님을 향한 열정으로 기도하는 무릎을 갖게 하옵소서. 말씀에 대한 다짐을 하게 하옵소서. 평안을 주시는 말씀을 붙잡고 평생을 살아가겠노라는 의로운 결단을 경험하게 해 주심을 원하면서 예수님의 이름으로 기도드립니다. 아멘.

10월 4주 (교제하는 신앙)
지체 안에서 천국에 소망을 둠

이로써 네 믿음의 교제가 우리 가운데 있는 선을 알게 하고 그리스도께 미치도록 역사하느니라 (몬 1:6)

전능하신 하나님, 하나님의 그 크고 놀라우신 구속의 은총을 감사하며 찬송을 드립니다. ○○ 교회의 권속들에게 소망의 약속을 주셨음에 하늘나라를 바라보고 살아왔습니다. 그 은혜를 묵상하면서 예배하게 하옵소서. 이 시간에, 예배의 순서를 담당한 지체들이 거룩한 소명을 다하게 하소서. 주님의 은혜가 없으면 살 수 없는 저희입니다. 말씀대로 살기를 원하였지만 부끄러운 모습으로 살았습니다. 지난 시간에도 하나님의 영광을 가로막는 일들을 했음을 고백합니다. 긍휼을 베풀어 주옵소서. 주님의 영광을 가리는 말을 해왔고, 감정에 따라 행동을 했던 삶을 용서해 주시기 바랍니다. 절제하지 못하고, 혈기를 일삼으며 살았던 것을 용서하옵소서.

진리의 하나님, 지금, 저희가 하나님의 말씀을 사랑하는 마음으로 가슴이 뜨거워지게 하옵소서. 하나님의 말씀대로 살아감에 대한 감격의 설렘이 있기 원합니다. 새 생명의 떡인 주의 진리의 말씀으로 어두운 세상을 밝게 비추며 살게 하옵소서. 말씀 위에 교회를 세워주시고, 불의의 세상 중에서 믿음으로 의로운 생활을 보다 힘쓰게 해 주심을 간절히 원하면서 예수님의 이름으로 기도드립니다. 아멘.

10월 5주(교제하는 신앙)

서로에게 사랑을 나누는 지체들

간구할 때마다 너희 무리를 위하여 기쁨으로 항상 간구함은 첫날부터 이제까지 복음에서 너희가 교제함을 인함이라(빌 1:4~5)

연합하게 하시는 하나님, 보내심을 받았던 세상에서 땀을 흘리던 저희가 이곳에 모였습니다. 게으르지 말고, 열심히 살라 하시던 주님의 뜻을 좇아 부지런히 살던 저희입니다. 이 시간은 기도회로 모이게 하셨으니, 은혜를 간구하는 ○○ 교회의 성도들이 되게 하옵소서. 여호와 우리 주여, 돌이켜 보건대, 주님 앞에서 허물이 있었던 삶을 고백합니다. 입으로는 주님의 이름을 찾았으나, 몸으로는 여전히 옛사람의 성품으로 대했던 일들이 많았습니다. 죽어야 할 모습을 붙잡고 지냈음을 용서하옵소서. 아직도 저희의 교만한 죄악을 성령의 불로 태우고, 깨우쳐서 회개하게 하옵소서.

하나님, 오늘도 저희를 위해서 선포되는 말씀을 소중히 여기게 하옵소서. 하나님을 사랑하듯이 말씀을 사랑함이 이 시간에 저희의 것이 되게 하옵소서. 주님께서 성경에 약속하신 것같이, 우리 한 사람 한 사람을 항상 인도하시고 보호하여 주심을 믿습니다. 저희 ○○ 교회의 권속들은 주님의 사랑과 주님의 손길로 서로를 향하여 사랑을 나누고, 은혜를 나누도록 이끌어 주시기를 원하면서 예수님의 이름으로 기도드립니다. 아멘.

11월 1주 (고백하는 신앙)

주님을 경외하는 삶

내가 또한 너희에게 말하노니 누구든지 사람 앞에서 나를 시인하면 인자도 하나님의 사자들 앞에서 저를 시인할 것이요(눅 12:8)

찬양을 받으실 여호와여, 삶의 터전에서 예수님의 이름을 부르며 즐겁게 지내게 하셨음을 기뻐합니다. 주님의 이름으로 죄를 이기고, 대적하는 사탄의 궤계를 물리쳤음을 감사드립니다. 이 밤의 시간에 기도회로 모인 ○○ 교회의 권속들에게 승리의 면류관을 바라보도록 하옵소서. 주님의 사랑하는 백성들이 하나님의 거룩하신 이름을 높이고 예배하기 위해 이 자리에 나아왔습니다. 예배하는 저희의 마음과 생각이 온전히 주님께로 향하게 하옵소서. 설교를 듣는 순간에 그것이 양식이 되어 배부름을 느끼게 하시고, 오직 말씀을 사모하면서 살겠다는 은혜의 다짐을 보게 하옵소서. 저희가 주님의 말씀을 기뻐하기 원합니다.

영원의 하나님, 삶의 안내자로 성령님을 보내셔서 저의 영혼과 육체를 성스러움으로 이끌어 주시옵소서. 주님을 향한 경외와 사랑 안에서 구원하시고, 일으켜 세워 주시옵소서. 주님의 형상으로부터 오는 빛과 하늘로부터의 평화를 내려 주시고 우리 주님의 날에 저희 영혼을 구원하시옵소서. 예수님의 이름으로 기도드립니다. 아멘.

11월 2주(고백하는 신앙)
기도하는 중에 준비하는 예물

그러므로 함께 하늘의 부르심을 입은 거룩한 형제들아 우리의 믿는 도리의 사도시며 대제사장이신 예수를 깊이 생각하라(히 3:1)

하나님, 주의 자녀들이 이 저녁에 머리 숙여 예배를 시작합니다. 우리의 마음과 하나님의 뜻이 하나가 되어 주의 나라를 이루는 시간이 되게 하옵소서. 추수기를 작정하여 주시고, 때를 따라 우리 곧 당신의 어린 양들에게 땅에서 나는 열매를 주시니 주님께 넘치는 감사를 드립니다. 하나님 아버지, 지난 사흘 동안에도 지은 죄가 있어 용서를 구합니다. 주님께서는 저희가 받는 유혹을 알고 계십니다. 주님께서는 저희의 적들의 간계를 아시며, 저희 마음속의 허위도 또한 알고 계십니다. 간절히 구하옵건대 하나님의 전신갑주로 저희를 무장하게 하옵소서. 성령님의 손으로 저희를 붙잡아 주시옵소서.

이 좋은 시간에 하나님의 말씀을 듣게 하시니 감사드립니다. 추수감사절을 맞이하는 저희의 심령이 감사로 벅차게 하옵소서. 하나님께서 베풀어 주신 것으로 살아온 저희에게 주님의 것을 돌려드릴 수 있는 영광을 주셨으니 기쁨으로 예물을 드리게 하옵소서. 감사절의 예물을 생각으로 준비하지 않고, 기도하는 중에 드리도록 하옵소서. 하나님께서 베풀어 주신 은혜가 큰즉, 저희의 예물도 크게 드림이 있기를 원하면서 예수님의 이름으로 기도드립니다. 아멘.

11월 3주 (고백하는 신앙)

오직 하나님의 은혜라!

모든 입으로 예수 그리스도를 주라 시인하여 하나님 아버지께 영광을 돌리게 하셨느니라 (빌 2:11)

이름을 드러내시는 하나님, 황금 들판을 바라보면서 주님의 손길을 떠올리는 시간을 보냈습니다. 안타깝게도 생업이 분주하여 주님의 손길을 묵상하는데 부족하였으나 지난 사흘 동안 분주히 살았던 시간을 돌아보면서 주님을 바라보게 하옵소서. 주님의 은혜를 기다림을 즐거워하는 시간 되게 하옵소서. 이 밤에도 메마른 저희 심령에 단비와 같은 생수의 말씀을 주시려고 목사님을 단에 세우셨습니다. 하나님의 음성이 대언되어서 전해지는 목사님의 말씀에 귀한 약속이 있으니 그것을 지켜 생명의 길에 이르게 하옵소서.

저희의 부요함이 말씀에 있음을 고백합니다. 감사함으로 말씀을 청종하게 하시옵소서. 행여 교훈에서 떠나 죄를 짓지 않게 하시며 두려운 마음으로 하나님을 사랑하게 하옵소서. 이 모든 은혜와 한이 없으신 자비에 감사하여 주께만 영광을 돌립니다. 이 나라와 이 백성 위에 부어진 무한한 복과 자비와 섭리를 베푸시니 감사와 찬송을 드립니다. 이 풍성한 자비의 의미를 바로 깨닫게 하사 날마다 하나님께로 나아가는 발자국마다 겸손과 거룩함과 순종을 나타내게 하시기를 원하면서 예수님의 이름으로 기도드립니다. 아멘.

11월 4주 (고백하는 신앙)

사람이 되어 오신 예수님

누구든지 예수를 하나님의 아들이라 시인하면 하나님이 저 안에 거하시고 저도 하나님 안에 거하느니라 (요1 4:15)

고백을 받으시는 하나님, 이 밤의 시간에 하나님의 은혜를 사모합니다. 주님의 거룩하신 임재 앞에 기도하게 하시니 그 은혜와 사랑에 무한한 감사와 영광을 드립니다. 주님께 예배하며 기도할 때 주님께서 미워하시는 교만한 마음이 물러가게 하시고, 모든 허탄한 것들이 뿌리 뽑히게 하시며, 믿음이 새롭게 열리는 복된 시간이 되게 하옵소서. 주님 앞에 다 내어드리게 하옵소서. 주님께서 받으시지 못할 생각이나 행동을 했던 죄악을 회개하게 하옵소서. 사람의 눈을 피해서, 사람은 모르지만 하나님의 눈을 피할 수는 없었으니 회개하게 하옵소서. 주님의 영광을 가린 죄를 자복할 때 용서해 주시고, 새 은혜로 덧입혀 주심을 믿습니다. 인류를 죄와 저주로부터 구원해 주시려고 이 땅에 오신 예수님을 생각하게 하옵소서.

저희 ○○ 교회의 권속들이 하나님이 사람이 되어 오신 예수님을 생각하면서 은혜 안에서 대강절을 지키게 하옵소서. 성탄절을 맞이하면서 인생들을 향한 하나님의 사랑을 더욱 뜨겁게 느끼는 시간들을 주시옵소서. 주님께 더 가까이 가게 하시고, 주님의 영광에 집중하게 해 주시기를 원하면서 예수님의 이름으로 기도드립니다. 아멘.

12월 1주 (찬송하는 신앙)

회중에서 드리는 찬양

여호와여 주의 기사를 하늘이 찬양할 것이요 주의 성실도 거룩한 자의 회중에서 찬양하리이다 (시 89:5)

영광을 받으실 하나님, 오직 여호와의 이름을 높이고 그 이름을 찬양하는 영광을 돌리기 원합니다. "여호와 우리 주여 주의 이름이 온 땅에 어찌 그리 아름다운지요 주의 영광이 하늘을 덮었나이다"
하나님께서 죄인들을 위하여 이루어 주신 구원의 역사를 찬양하게 하옵소서. 구속의 은총을 사모하는 백성들에게 구주를 보내 주신 기쁜 소식을 찬양하는 저희가 되게 하옵소서.
하나님 우리 주여, 이 시간에 성령님의 은혜로 말씀을 듣게 하옵소서. 저희 모두 왕 앞에 부복한 신하의 심정으로 하나님의 말씀을 받기 원합니다. 목사님의 입으로 말씀이 대언될 때, 그 말씀을 전하게 하신 성령님의 감동이 있어 깨닫기 원합니다. 깨달음의 영을 허락하셔서 주님의 말씀을 가슴에 두고, 하나님의 법도에 충실하게 하옵소서.

성탄절을 기다리는 저희 ○○ 교회의 예배당이 아버지 하나님께 찬송하는 집이 되게 하옵소서. 하나님의 영광을 즐거워하는 성도들의 교제가 살아 있게 하시며, 하나님의 나라에 대한 소망을 잃지 않는 공동체가 되게 하옵소서. 예수님의 이름으로 기도드립니다. 아멘.

12월 2주 (찬송하는 신앙)

성탄절에 오신 하나님

찬송하리로다 그는 우리 주 예수 그리스도의 하나님이시요 자비의 아버지시요 모든 위로의 하나님이시며 (고후 1:3)

하나님, 이 시간 성령님께서 뜨거운 마음을 부어 주시옵소서. 졸지 않고 깨어 있는 심령으로 산 예배를 드리게 하여 주옵소서. 은혜를 사모하여 나온 성도들의 마음에 새 양식을 먹이시고, 새 힘이 넘치는 복을 주옵소서. 성탄절을 기다리는 마음의 분주함보다 예배에 집중하게 하옵소서. 전능하신 하나님, 이 시간에 우리의 영혼을 어루만져 주사 새롭게 하시고, 잘못된 마음을 고쳐 주옵소서. 우리의 거짓과 죄악과 완악한 마음을 용서하시고 사하여 주옵소서. 오늘의 말씀으로 주님의 법도를 배우기를 원합니다. 그 거룩한 교훈을 마음에 받아 평생에 지키며 살기를 다짐하게 하옵소서.

저희 아이들과 가족을 위하여 간구합니다. 이제 곧 한 학기의 공부를 마치고 방학에 들어가는데, 방학 생활을 지혜롭게 계획하게 하옵소서. 저희 가정에서도 이루어져야 할 것들이 소망 가운데 성취되는 기쁨을 누리게 하옵소서. 하나님께서 죄인들을 구하시려고 이 세상에 이루어 놓으신 크신 일을 묵상하게 하옵소서. 그 일을 이루신 하나님의 계획을 찬양하면서 성탄절을 기다리게 해 주시기를 원하며 예수님의 이름으로 기도드립니다. 아멘.

12월 3주 (찬송하는 신앙)

새 노래로 노래하는 성도들

항해하는 자와 바다 가운데 만물과 섬들과 그 거민들아 여호와께 새 노래로 노래하며 땅 끝에서부터 찬송하라 (사 42:10)

새 노래를 받으실 하나님, 이 밤에 기도회로 모인 저희에게 처음 성탄절의 은혜를 주시옵소서. 모든 이들이 한 해의 끝에서 분주하지만, 저희는 주님을 찾는 은혜를 누리게 하옵소서. 아기 예수님을 찾아 경배했던 목자들의 마음을 누리기 원합니다. 아기 예수님을 직접 뵈옵는 마음으로 머리를 숙입니다. 자비로우신 하나님, 구원받은 주님의 백성으로 합당하게 살지 못하였음을 뉘우칩니다. 육신의 약함과 믿음 없음으로 인하여 저질렀던 여러 가지 우리들의 잘못과 허물을 용서해 주옵소서. 저희 ○○ 교회에 죄를 용서해 주시는 은혜가 강물처럼 흐르게 하옵소서. 성탄절을 생각하면서 하나님의 말씀에 귀를 모으게 하옵소서. 천사가 일러주는 말을 목자들이 귀담아들었던 것처럼, 진리의 말씀을 사모하게 하옵소서.

성령님께서 저희의 마음을 넓혀 주시고, 강단에서부터 흘러나오는 말씀을 받게 하옵소서. 저희가 하나로 모여 사랑하며 살게 하셨음을 기억하면서 기도드립니다. 어떤 일들이 있다 할지라도 하나님께서 하나 되게 하신 것을 힘써 이루어 드리는 ○○ 교회가 되기 원하면서 예수님의 이름으로 기도드립니다. 아멘.

12월 4주(찬송하는 신앙)

친 백성으로 살아온 복

찬송하리로다 하나님 곧 우리 주 예수 그리스도의 아버지께서 그리스도 안에서 하늘에 속한 모든 신령한 복으로 우리에게 복 주시되(엡 1:3)

복을 주시는 하나님, 날마다 함께 하시며, 시간과 사건 속에서 영원토록 주의 이름이 영광이 되옵소서. 한 해의 시간이 화살처럼 빠르게 지나갔음을 실감합니다. 지난 한 해 동안에 하나님께서 저희에게 하신 일은 참으로 위대하였습니다. 저희 ○○ 교회의 권속들마다 주님의 은혜로 복된 삶을 살았습니다. 주님의 친 백성으로 거룩한 시간을 보냈음에 감사드립니다.

여호와 우리 하나님, 한 해를 보내고 새 해를 맞이하는 이 시간에 저희의 죄를 용서해 주시옵소서. 금년에 지은 죄를 새해까지 갖고 가지 말게 하옵소서. 저희의 죄가 주홍 같이 붉다 할지라도 희게 씻어 주실 것을 믿고 회개합니다. 부지불식간에 저지른 죄나 고의로 지은 죄를 용서해 주시옵소서. 예수 안에서 거듭난 날을 기억하며 살아가게 하옵소서. 성령님의 감동하심으로 진리를 따르는 길을 선택하게 하시고, 하늘의 법을 저희 앞에 두게 하옵소서. 지나온 한 해도 주님께서 여러 가지 방법으로 복 주신 것들을 헤아리며 찬양을 드리기 원합니다. 이제, 주님은 저희의 전부가 되시기를 원하면서 예수님의 이름으로 기도드립니다. 아멘.

4장
절기 기념일 예배
대표기도문

"또 너희는 기도할 때에 외식하는 자와 같이 하지 말라 그들은 사람에게 보이려고 회당과 큰 거리 어귀에 서서 기도하기를 좋아하느니라 내가 진실로 너희에게 이르노니 그들은 자기 상을 이미 받았느니라 너는 기도할 때에 네 골방에 들어가 문을 닫고 은밀한 중에 계신 네 아버지께 기도하라 은밀한 중에 보시는 네 아버지께서 갚으시리라 또 기도할 때에 이방인과 같이 중언부언하지 말라 그들은 말을 많이 하여야 들으실 줄 생각하느니라 그러므로 그들을 본받지 말라 구하기 전에 너희에게 있어야 할 것을 하나님 너희 아버지께서 아시느니라"(마 6:5~8)

사순절
주의 영예를 찬양하게 하옵소서

너희는 이르기를 우리의 구원의 하나님이여 우리를 구원하여 만국 가운데서 건져 내시고 모으시사 우리로 주의 성호를 감사하며 주의 영예를 찬양하게 하소서 할찌어다(대상 16:35).

전능하신 여호와여, 사순절을 맞이하여 하나님의 위대하심에 영광을 드립니다. 주님의 십자가로 저희들의 구원을 이루신 은혜의 하나님께 영광을 드립니다. 이 시간에 십자가에서 이루어진 구속의 은혜를 감사하면서 예배하는 저희들이 되게 하옵소서. 사순절의 영광을 드리기 원합니다.

하나님 아버지, 이 시간에 저희들의 죄를 고백합니다. 하나님을 영화롭게 해드리기보다, 저희들 자신의 영광을 위해서 살아왔던 죄를 용서하옵소서. 삶의 모든 자리에서 여호와의 주님 되심을 인정해드리지 못했던 죄를 용서하옵소서. 주님께서는 죄악을 사유하시며 허물을 덮어 주심을 믿습니다.

십자가의 하나님, 죄인들의 구원을 위해서 주님께서 고난을 당하셨음을 묵상하는 저희들에게 감사의 노래를 부르게 하옵소서. 우리를 위한 십자가였음에 감사의 찬양을 드리는 저희들이 되기 원합니다. 주님을 향한 감사가 세상을 살아가도록 하는 동기가 되게 하옵소서. 간절히 바라옵기는 사순절의 신앙을 통해서 교회의 권속들에게 감사할 줄 아는 마음을 지니도록 하옵소서. 감사할 줄 아는 마음을 가지면 모든 것이 감사로 받아들여짐을 믿습니다. 그리하여 삶의 모든 상황 속에서 감사하며 살게 하옵소서. 저희들이 감사의 사람이 되어, 누추한 말 어리석은 말 희롱의 말을 하지 않게 하옵소서.

하늘의 하나님, ○○ 교회의 성도들이 한 마음으로 머리를 숙인 이 시간이 하나님께 영광이 되기를 소망합니다. 시작된 예배가 하나님의 영광 속에 진행되게 하옵소서. 사순절의 주님을 묵상하는 말씀을 대언하실 목사님께서 단에 오르셨으니 생명과 진리의 말씀을 선포하게 하옵소서.

이 예배를 아름답게 하는 ○○ 찬양대의 귀한 찬양을 받아주옵소서. 이들의 찬양을 통해서 하나님께는 영광이 드려지고, 회중들은 힘을 얻기를 원합니다. 지금, 저희들이 예배하는 동안에 예배당의 안팎에서 봉사하는 종들이 있음에 감사드립니다. 귀한 지체들의 섬김으로 예배를 아름답게 하시니 종들이 은총을 입게 하옵소서.

거룩하신 하나님, ○○ 교회를 지켜 주심에 감사드립니다. 오늘도 하나님의 뜻을 이루어 드리고, 구원의 방주 역할을 다하게 하옵소서. 세상을 위하여 자신의 몸을 내어주셨던 주님과 같이 사순절을 보내면서 하나님의 뜻을 이루어 드리기 위해 세상을 섬기는 교회가 되기를 소망하면서 이 모든 간구를 예수님의 이름으로 기도드립니다. 아멘.

종려주일

구원을 베푸시는 주님을 보게 하옵소서

시온의 딸아 크게 기뻐할찌어다. 예루살렘의 딸아 즐거이 부를찌어다. 보라 네 왕이 네게 임하리니 그는 공의로우며 구원을 베풀며 겸손하여서 나귀를 타나니 나귀의 작은 것 곧 나귀새끼니라(슥 9:9).

복을 주시는 하나님, 주님께서 고난을 통해 구원을 베풀어 주신 은혜를 즐거워합니다. 구속의 인자하심이 영원하신 하나님께 감사로 예배하는 시간이 되게 하옵소서. 저희들을 흑암의 권세로부터 구원해 주신 여호와의 강한 손과 펴신 팔에 감사하는 주님의 백성들이 되게 하옵소서.

불쌍히 여기시는 하나님, 예수님을 사랑하지 못했던 저희들의 비겁함을 용서해 주옵소서. 주님보다는 세상이 두려워서 믿음으로 행하지 못했던 행실을 자복합니다. 주님을 두려워하지 않은 저희들의 악함을 고백합니다. 이 시간에 하나님의 은혜와 자비하심으로 용서함을 받게 하옵소서.

은혜로우신 하나님, 주님의 고난으로 말미암아 저희들에게 누리게 하신 은혜를 즐거워합니다. 십자가의 구속을 찬송하는 ○○ 교회의 권속들에게 은혜의 물결이 넘치기를 소망합니다. 주님을 즐거워하는 예배가 되게 하옵소서. 주의 이름으로 오신 왕에게 찬송을 드리는 시간이기를 소망합니다.

예루살렘으로 들어오실 때, 나귀를 타셨던 예수님을 기억합니다. 주님은 평화의 왕이셨기에, 나귀를 타신 예수님을 알게 하옵소서. 세상에 평안을 주시려고 오신 만왕의 왕을 찬송하는 예배를 드리게 하옵소서. 이 시간에 머리를 숙인 ○○ 교회의 성도들에게 십자가에서 이루어진 평화를 누리게 하옵소서.

영화로우신 하나님, 온 성도들이 우러러 하늘을 바라보며 여호와의 이름에 경배합니다. 저희들을 부르셔서 종려주일에 영광을 드리게 하심을 즐거워합니다. 목사님을 세우셔서 하나님의 말씀을 듣게 하심을 감사드립니다. 그 말씀으로 구원을 베푸시는 주님을 보게 하옵소서.

저희 교회를 영화롭게 하셔서 ○○ 성가대를 세워주시고, 오늘도 그들이 마음과 몸을 드려 찬양할 때, 하나님의 은혜를 체험하는 복된 자리로 인도해 주옵소서. 예배에 사탄이 역사하지 않게 하시고, 하나님의 영광을 훼방하는 세력들은 물리쳐 주옵소서. 많은 이들 가운데 예배를 위한 봉사자들이 순종함으로 하나님께 영광을 드리고 있사오니 복된 봉사가 되게 하옵소서.

하나님, ○○ 교회가 속해 있는 지역사회를 위해서 간구합니다. 여호와의 은혜가 이곳에 임하여 교회를 세우게 하셨으니, ○○동이 복된 땅이 되게 하시고 하나님께서 구원하시기로 작정하신 이들이 저희 교회를 통해 천국의 문에 이르기를 소망합니다. 이 모든 간구를 예수님의 이름으로 기도드립니다. 아멘.

고난주간

갈보리 산의 십자가를 바라보게 하옵소서

이에 예수께서 가라사대 아버지여 저희를 사하여 주옵소서 자기의 하는 것을 알지 못함이니이다 하시더라 저희가 그의 옷을 나눠 제비 뽑을 쌔(눅 23:34)

전능하신 여호와여, 주님께서 대속의 죽으심으로 구속을 이루신 은혜에 영광을 드립니다.
구원하심과 영광이 하나님께 있음을 고백합니다. 저희들을 성도로 살아가게 하는 힘과 사탄의 공격에 대한 피난처도 하나님께 있으니 오직 영광 받으옵소서.

사유하시는 하나님, 골고다 언덕의 십자가를 묵상하지 않고 살아가는 죄를 회개합니다. 고난의 십자가를 두려워하여 마음을 다른 곳에 두었음을 고백합니다. 하나님을 잊고서 살았던 저희의 죄를 용서해 주옵소서.

겟세마네의 하나님, 저주와 멸망으로부터 저희들을 구속하시려고 독생자를 버리신 은혜가 새롭습니다.
주님께서 고난의 잔을 거절하지 않으시고 받으심으로써 저희들은 영생에 이르게 되었습니다. 이 시간에 예배드릴 때, 갈보리 산의 십자가를 바라보게 하옵소서.
자기를 십자가에 못 박는 로마 군병들을 향해서 '저희를 사하여 주옵소서' 라고 간구하신 주님을 생각합니다. 주님의 간구는 저희들을 위한 것이셨음을 고백합니다. 저희들이 받아야 할 고난을 주님께서 대신 받으셨음을 묵상하면서 갈보리의 십자가를 바라보기를 소망합니다.

하늘의 하나님, 원근각처에서 주어진 삶을 살던 성도들이 성회로 모였으니 하늘로부터 위로가 있기 원합니다.
주님의 고난을 기억하면서 오직 성령님의 충만하심으로 예배하는 권속들이기를 소망합니다. 하늘의 백성들에게 은혜를 주시려고 목사님을 세우셨음에 감사드립니다. 그의 입술을 성령님께서 주관하셔서 이 백성들이 말씀을 듣게 하옵소서.

○○ 성가대원들이 신령과 진정으로 최상의 찬양을 드리기를 소망합니다. 오늘도 믿음과 열심으로 봉사하는 일꾼들이 있습니다. 맡은 자리에서 예배의 진행을 돕는 손길들에게 은혜를 더하여 주옵소서.

거룩하신 하나님, ○○ 교회가 세상을 섬기도록 하셨음에 감사드립니다. 어려움을 당하여 고통 속에 있는 이들을 교회적으로 돌아보게 하옵소서.
좀 더 헌신해서 하나님의 사랑을 이들에게 나누어 주게 하옵소서. 교회에서 관리하는 사회봉사 사역에도 더욱 헌신하게 하시기를 원하면서 이 모든 간구를 예수님의 이름으로 기도드립니다. 아멘.

부활절
다시 사신 주님을 찬송하게 하옵소서

이날 곧 안식 후 첫날 저녁 때에 제자들이 유대인들을 두려워하여 모인 곳에 문들을 닫았더니 예수께서 오사 가운데 서서 가라사대 너희에게 평강이 있을찌어다 (요 20:19)

신실하신 하나님, 부활절의 아침에 찬양을 드리며 경배합니다. 저희들을 위하여 주님께서 다시 살아나셨음을 감사하며, 죽음의 권세를 이기신 하나님의 영광을 찬양합니다.
부활의 주님을 영원히 찬양하는 복된 시간이 되게 하옵소서.
이 시간, 오직 예수님의 이름이 높임을 받으소서.

용서하시는 하나님, 예수님의 부활을 찬양하면서 지내지 못한 삶들을 돌아보며 회개합니다. 부활과 영생이 없는 것처럼 육신의 삶에만 집중하여 다시 사신 주님을 잊었음을 고백합니다. 죽은 행실을 회개하고, 하나님께 대한 신앙으로 새롭게 하옵소서.

여호와 우리 주여, 예수님께서 죽음의 권세를 파하신 것을 기념하는 오늘, 승리와 평강을 주신 주님을 찬송합니다. 세상의 권세를 이기신 영광의 주를 찬미하는 저희들이기를 소원합니다. 다시 사신 주님의 이름이 온 땅에 퍼짐을 즐거워합니다.
이 복스러운 아침에 부활하셔서 평강의 주님으로 제자들을 찾으셨던 모습을 묵상합니다. 예수님의 다시 사심을 믿지 못하고, 두려움과 불안에 떨던 제자들을 생각합니다. 부활의 주님께서는 의심으로 불안해하는 그들에게 못자국이 선명한 손과 발을 보여주셨습니다. 저희도 주님이 못자국난 손과 발을 보면서 승리의 찬가를 부르게 하옵소서.

삼라만상을 다스리시는 하나님, 경배와 찬양을 여호와께 드립니다. 주님의 부활을 기뻐하는 이 시간, 주님을 만난 제자들처럼 주님을 만나게 하옵소서.
하나님의 종으로 구별되신 목사님을 세워주심에 감사드립니다. 종을 통해서 전해지는 말씀에 순종하게 하옵소서.
○○ 성가대원들이 성령님께 감동되어 드리는 찬양으로 온 교회에 영광이 넘치기를 원합니다.
이 찬양이 좌절에 빠진 사람들에게 용기를 갖게 하시고, 연약한 사람들에게 치유의 은혜를 입게 하옵소서. 이 시간에 예배의 진행을 돕고, 성도들을 위하여 봉사하는 지체들의 헌신을 받으시옵소서. 사탄의 세력이 틈 타지 못하게 하옵소서.

하나님 아버지, 저희 교회가 영혼을 구원하는 일에 열심을 품게 하셨음에 감사드립니다. 불신자들을 불쌍히 여기는 마음을 주셨으니, 열심히 복음 전하게 하옵소서. 한 영혼이라도 더 구원해내는 교회가 되기를 원하면서 이 모든 간구를 예수님의 이름으로 기도드립니다. 아멘.

성령강림절

진리의 영으로 충만하게 하옵소서

저는 진리의 영이라 세상은 능히 저를 받지 못하나니 이는 저를 보지도 못하고 알지도 못함이라 그러나 너희는 저를 아나니 저는 너희와 함께 거하심이요 또 너희 속에 계시겠음이라 (요 14:17)

자비로우신 하나님, 약속하셨던 대로 저희들의 구원을 위해 성령님을 보내주신 여호와의 이름을 높여드립니다.
성령님의 임재로 은혜의 바다로 나아가게 하셨으니, 아버지의 사랑에 젖게 하옵소서. 저희들을 부요하게 하시는 성령 하나님의 이름을 즐거워하고, 예배하게 하옵소서.

여호와 우리 주여, 성령님을 모셔 들이지 못하고, 세상적인 풍조에 마음을 두고 지냈음을 회개합니다.
성령님의 역사하심을 환영하고, 성령님께서 저희를 사용하시기를 기대해야 하는데, 인간적인 욕망을 앞세웠던 죄를 자복합니다. 여호와의 긍휼하심으로 저희를 죄에서 떠나게 하옵소서.

거룩하신 하나님, 근심과 슬픔과 두려움에 쌓여 있던 제자들에게 약속하셨던 그대로 오신 보혜사를 기뻐하게 하옵소서. 성령님께서 영원토록 저희와 함께 있으심을 믿을 때, 심령이 든든해짐을 고백합니다. 오늘 예배하는 저희들이 진리의 영으로 충만하기를 소망합니다. 우리 주님의 인격과 사랑과 능력이 똑 같으신 성령님께서 임마누엘로 역사하시니 감사드립니다.

예수님처럼 우리를 사랑하시고 인생들에게 오셔서 우리와 함께 계시니 더욱 감사드립니다. 예배하는 이 자리에 하나님의 자비하심을 찬양하는 소리가 가득하게 하옵소서. 성령님을 사모하고, 성령님의 인도를 받음에 목말라 하는 심령이 되게 하옵소서.

하늘의 하나님, ○○ 교회의 성도들이 한 마음으로 머리를 숙인 이 시간이 하나님께 영광이 되기를 소망합니다. 저희들이 진리의 영으로 충만하기를 소망하면서 성령강림절의 예배를 드리는 회중에게 은혜를 내려 주옵소서. 이 교회를 위하여 주의 종을 보내셨으니, 생명의 말씀을 듣게 하옵소서. ○○ 성가대원들이 아름다운 찬양으로 영광을 드릴 때, 온 성도들에게는 예배하려는 마음이 더욱 간절해지게 하옵소서. 이 한 시간의 예배가 거룩하게 드려지고, 성도들이 신령과 진정으로 예배할 수 있도록 여러 모양으로 수종을 드는 종들을 세우셨음에 감사드립니다. 하나님의 영광을 나타내려는 모든 이들에게 벅찬 감격의 시간이 되게 하옵소서.

여호와여, ○○ 교회로 하여금 하나님께 영광을 돌리고 이 땅에서 사명을 잘 감당하도록 직분자들에게 기름 부으심을 감사합니다. 성령강림절을 맞이해서 저희들은 하늘의 신령한 은혜로 새로워지기를 소망합니다. 하나님 앞에 착한 일꾼들이 되어 교회를 위해서 충성하기를 원하면서 이 모든 간구를 예수님의 이름으로 기도드립니다. 아멘.

삼위일체주일

성삼위의 영광 아래로 이끌어 주옵소서

저희를 주신 내 아버지는 만유보다 크시매 아무도 아버지 손에서 빼앗을 수 없느니라 나와 아버지는 하나이니라 하신대(요 10:29~30)

즐거움의 하나님, 죄에서 구원받고 하나님의 도우심으로 살게 하셨음을 기뻐합니다. 삼위 하나님의 자비로우심으로 저희들이 여기까지 이르렀음에 감사드립니다. 저희들이 노래로 하나님의 살아계심을 찬송하고, 베풀어 주신 은혜에 감사함으로써 그 위대하심을 선포하게 하옵소서.

주 하나님, 여호와께서는 저희들의 죄를 깨끗이 씻어주심을 믿습니다. 불의를 일삼으며 저지른 모든 죄를 용서하여 주심을 믿고 죄를 고백합니다. 말에나 행동에나 믿지 않은 자들처럼 행하고 지냈음을 용서하옵소서. 거룩한 자리에서 주홍같이 붉은 죄가 눈처럼 희게 씻어지는 은혜를 입게 하옵소서.

유일하신 하나님, 삼위로 계시면서 오직 한 분이신 하나님께 찬송과 영광을 드립니다. 성삼위 하나님께서 저희들의 구원을 위해서 역사하시는 은혜에 감사드립니다. 어린아이와 젖먹이들의 입에서 나오는 찬미를 온전케 하심과 같이 저희들의 찬송으로 드려지는 예배를 온전하게 하옵소서. 이 시간에도 하나님의 삼위가 저희들의 온전함을 위하여 일하심을 기대합니다. 영원에 이르기까지 여호와 앞에서 든든히 서게 하옵소서. 여호와를 구하는 즐거움 하나님의 은혜로 나아가게 하옵소서. 하나님의 거룩하심과 같이 거짓이 없고, 순결함으로 예배하도록 저희들의 심령을 다스려 주옵소서. 성도들이 한 마음으로 예배하게 하옵소서.

크고 위대하신 하나님, 삼위일체주일에 성령님의 인도하심에 따라 드리는 예배를 기뻐합니다. 성삼위의 영광 아래로 이끌어 주시려고 목사님을 단에 세우셨음에 감사드립니다. 그의 입술을 성령님께서 주관하셔서 말씀을 듣는 중에 이 백성들이 성령님께 자신을 내어드리는 결단을 하게 하옵소서.
○○ 성가대원들이 신령과 진정으로 온전한 찬양을 드리기를 소망합니다. 함께 한 저희들도 화답하며 여호와의 임재를 바라보게 하옵소서. 오늘도 자원하는 마음으로 봉사하는 일꾼들이 있습니다. 맡은 자리에서 예배의 진행을 돕는 손길들에게 은혜를 더하여 주옵소서.

낮은 자들의 하나님, 주변에는 원하지 않게 어려운 일들을 만나 노숙인으로 지내는 이들을 불쌍히 여겨 주옵소서. 사업에 실패를 했거나 순간적인 잘못으로 생활의 터전을 잃은 이들을 도와주옵소서. 삼위일체 하나님의 살리시는 은혜로 인해 다시 일어서게 하옵소서. 또한 질병으로 고통을 당하고 있는 이들에게는 치료하시는 하나님의 손길로 어루만져주시기 원하며 이 모든 간구를 예수님의 이름으로 기도드립니다. 아멘.

맥추감사절

처음 익은 열매를 드리게 하옵소서

네 재물과 네 소산물의 처음 익은 열매로 여호와를 공경하라. 그리하면 네 창고가 가득히 차고 네 즙틀에 새 포도즙이 넘치리라(잠 3:9~10).

자비로우신 하나님, 금년의 첫 소출을 거두어들이게 하신 여호와의 이름을 높여드립니다. 풍성한 수확으로 기쁨을 얻는 ○○ 교회의 권속들이 하나님의 손길을 송축하게 하옵소서. 맥추감사절에 머리를 숙인 성도들이 여호와께 마음을 드려 시와 찬미와 신령한 노래로 예배하게 하옵소서.

사유하시는 하나님, 하나님 앞에서 죄를 자복하고 그 뜻대로 행하도록 하는 은혜를 보게 하옵소서. 맥추감사절을 지냄으로써 첫 수확에 대하여 감사해야 하지만 저희들의 심령은 메말랐음을 고백합니다. 하나님께서 베풀어주심에 만족할 줄 모르고 불평을 해왔습니다.

거두게 하시는 하나님, 이 시간에 이르기까지 필요한 것을 모자람이 없이 공급해 주신 은혜에 감사드립니다. 머리를 숙인 ○○ 교회의 성도들마다 기쁨과 감사로 첫 소산물을 갖고 왔으니 받으옵소서. 예배를 드리면서 감사의 제단을 쌓을 때 영광을 받으소서.
이 첫 소산물을 드리면서 과거에 저희들의 처지가 어떠하였음을 고백하고 감사하게 하옵소서. "나의 나 된 것은 하나님의 은혜라"라는 고백으로 드리니 받으옵소서.

저희들이 첫 소산물을 드릴 때, 저희에게 좋은 것으로 넘치게 채우실 하나님의 복된 약속을 기대하게 하옵소서. 넘치는 복을 내려 주시면, 저희에게 재물이 쌓임을 믿습니다. 성도의 가정마다 하나님의 은혜가 풍성하게 임함을 믿습니다.

영화로우신 하나님, 온 성도들이 우러러 하늘을 바라보며 여호와의 이름에 경배합니다. 여호와의 은혜로 맥추감사절을 보내면서 처음 익은 열매를 드리겠다는 결단을 하게 하옵소서. 이 교회를 위하여 주의 종을 보내셨으니, 이 시간에 진리와 은혜의 말씀을 듣게 하옵소서. 그에게 성령님의 충만하심과 지식을 더하셔서 천국의 말씀을 선포하게 하옵소서. ○○ 찬양대원들이 하나님을 찬양할 때, 이 예배당이 천상의 자리가 되기를 원합니다. 그 찬양으로 저희들에게는 예배하려는 마음이 더욱 간절해지게 하옵소서. 이 한 시간의 예배가 거룩하게 드려지도록 여러 모양으로 수종을 드는 종들을 세우셨음에 감사드립니다. 저희들이 마음을 다하여 순서, 순서에 임하게 하시고, 임마누엘의 은혜를 소망하게 하옵소서.

자기 백성을 돌아보시는 하나님, 지상에 있는 많은 나라들과 더불어 이 나라를 지켜 주옵소서. 하늘의 문을 여시고, 이 땅의 사람들에게 부하게 하시며, 강건하게 하시는 은혜를 내려 주옵소서. 맥추감사절의 풍성함을 원하면서 이 모든 간구를 예수님의 이름으로 기도드립니다. 아멘.

추수감사절

추수의 즐거움을 누리게 하옵소서

주께서 이 나라를 창성케 하시며 그 즐거움을 더하게 하셨으므로 추수하는 즐거움과 탈취물을 나누는 때의 즐거움 같이 그들이 주의 앞에서 즐거워하오니(사 9:3).

구원의 하나님, 영화로우신 그 이름을 영원히 찬송하기 위하여 머리를 숙였습니다. 추수의 기쁨을 감사하는 예배의 즐거움을 주셨으니, 그 이름을 찬송하는 권속들과 교회가 되게 하옵소서. 하나님 앞에 나온 권속들마다 여호와의 이름에 영광을 드리고, 그 이름을 기뻐하게 하옵소서.

여호와 우리 주여, 저희들이 죄를 지었음을 고백합니다. 하나님의 영광을 위함보다 저희들의 즐거움과 만족에 마음을 두고 지내왔습니다. 영생을 가지지 못한 이들처럼 세상에서 남보다 더 재물을 취하고, 손해를 보지 않으려는 마음에 쫓겨 살았음을 회개합니다. 악행을 저질렀으니 용서하옵소서.

만물의 하나님, 여호와의 손이 주님의 백성들을 창성하게 하셨음에 감사하여 머리를 숙입니다. 저희들이 여호와로 인한 즐거움에 찬송을 부를 때, 하늘에 가득하기를 소망합니다. 하나님의 도우심이 즐거움을 더하게 하셨으므로 추수하는 즐거움에 찬양으로 가득하게 하옵소서. 하나님이 은혜는 밭고랑마다 비로 적셔지게 하셨고, 움을 트인 싹들마다 크게 자라 알곡들이 맺히게 하셨습니다. 적당한 햇빛과 바람은 나무의 가지마다 열매를 맺게 해주셨습니다. 이로써 사람들이 추수의 즐거움을 누리게 되었으니 감사드립니다. 여호와의 손이 저희를 흥겹게 하셨으니 이 모든 것들은 다 주님의 것입니다. 영광을 받으옵소서.

삼라만상을 다스리시는 하나님, 저희들이 예배하는 이 시간을 주님의 손에 드립니다. 목사님을 붙드셔서 ○○ 교회의 권속들에게 하나님의 말씀을 전하게 하옵소서. 오늘의 말씀이 저희들의 심령을 새롭게 하여 추수하는 즐거움을 누리는 삶을 사는 결단이 되게 하옵소서. ○○ 찬양대원들이 예배하는 회중을 대표해서 하나님의 영광을 찬양하게 하옵소서. 귀한 지체들이 몸을 드려 준비한 찬양이 이 자리를 하나님의 영광으로 가득하게 하옵소서. 저희들이 경건을 다해 예배하는 동안에 전심으로 섬기는 이들이 있음에 즐거워하며 그들을 축복합니다. 거룩한 예배로 오직 하나님께 영광이 되고, 마귀가 틈을 타지 않게 하옵소서.

아버지 하나님, 빈궁함으로 말미암아 경제적으로 고통을 당하는 이들을 불쌍히 여겨주옵소서. 직장을 잃고 살아가는 것이 막막해진 이들에게 소망을 갖게 하옵소서. 지금은 어려움에 처해 있으나 어떤 환경에서도 기도하는 가운데 참게 하시고, 도우시는 하나님의 손길이 나타나기를 원하면서 이 모든 간구를 예수님의 이름으로 기도드립니다. 아멘.

대강절

메시아를 보게 하여 주옵소서

이는 한 아기가 우리에게 났고 한 아들을 우리에게 주신바 되었는데 그 어깨에는 정사를 메었고 그 이름은 기묘자라, 모사라, 전능하신 하나님이라, 영존하시는 아버지라, 평강의 왕이라 할것임이라(사 9:6).

자비로우신 하나님, 여호와의 이름을 높여드립니다. 죄인들의 구원을 위해서 메시야를 보내 주신 여호와의 이름을 송축합니다. 사람의 몸을 입으신 하나님의 아들이 오심으로써 흑암에 있던 이들이 큰 빛을 보게 되었으니 이 시간에 하나님의 이름을 높이는 예배를 드리게 하옵소서.
미쁘신 하나님, 하늘 보좌를 버리시고 이 땅에 오신 예수님을 영접하지 않고, 저희들 자신의 생각에 치우쳐서 지낸 시간들을 회개합니다. 성탄절을 기다리면서 마땅히 우리의 임금으로 오신 주님께 영광을 드려야했건만 대강절마저도 우리의 날들로 지키려 했던 죄악을 회개하니 깨끗이 씻어 주옵소서.

대강절의 하나님, 흑암으로 가득 찬 이 세상에 생명을 구원할 빛으로 오신 예수님을 즐거워합니다. 죄인들을 위하여 평강의 왕으로 오셨던 아기 예수님을 기뻐하면서 오늘 예배를 드리게 하옵소서. 죄악과 전쟁과 사망의 땅에 평화를 가져오시는 왕으로 나신 아기 예수님을 경배하게 하옵소서. 주님의 오심으로 산 길이 열렸음을 기뻐합니다. 아기 예수님의 나심을 통하여 이 땅에 평강의 빛이 생겼습니다.

주님께서는 인간과 하나님과의 평화를 이루셨고, 또한 사람과 사람 사이에 평화를 이루셨습니다. 흑암에 행하던 백성이 큰 빛을 보고 사망의 그늘진 땅에 거하던 자에게 빛이 비추게 된 성탄절을 기다리면서 신령과 진정으로 예배하게 하옵소서.

찬양을 받으실 하나님, 이 좋은 시간에 ○○ 교회의 권속들이 하나님의 영광만을 나타내려 머리를 숙였습니다. 보혈의 피로 구속함을 입은 하나님의 자녀들에게 대강절의 은혜를 내려 주옵소서. 목사님께서 진리의 말씀으로 저희들을 인도하실 때, 영안이 열려서 우리의 메시아를 보게 하옵소서.

이 시간에 ○○ 찬양대의 찬송으로 하나님의 영광이 교회 안에 가득하게 하시고, 저희들은 그 은혜로 하나님께 더욱 가까이 나아가도록 하옵소서. 오늘도 하나님께서 받으실 만한 예배가 되기 위해서 예배위원들로 하여금 봉사하도록 하셨으니 감사드립니다. 마귀의 훼방을 멸하시고, 오직 하늘의 하나님을 영화롭게 해드리는 예배가 진행되게 하옵소서.

여호와 하나님, 교육기관을 통하여 많은 인재들이 양성되게 하심을 즐거워합니다. 이들 교육기관에 하나님의 다스리심이 나타나기를 소망합니다. 가르치는 교사들에게 하나님의 주권의식을 느끼게 하시고, 하나님의 도시를 형성하는 비전을 품게 해주시기를 원하면서 이 모든 간구를 예수님의 이름으로 기도드립니다. 아멘.

성탄절 1

구주가 나셨음을 기뻐하게 하옵소서

천사가 이르되 무서워 말라 보라 내가 온 백성에게 미칠 큰 기쁨의 좋은 소식을 너희에게 전하노라 오늘날 다윗의 동네에 너희를 위하여 구주가 나셨으니 곧 그리스도 주시니라(눅 2:10~11).

신실하신 하나님, 거룩한 성탄절의 아침에 찬양을 드리며 경배합니다. 하나님의 아들이 저희들에게 오셨음에 감사하며 하늘의 하나님께 영광을 드리는 시간이 되게 하옵소서. 하나님이 사람의 모습을 갖고 이 땅에 오신 기쁨을 서로 나누면서 예배로 영광을 드리게 하옵소서.

주 여호와여, 이 시간에 저희들을 긍휼히 여겨 주옵소서. 아기 예수님께서 오신 평화의 밤에 천군과 천사들처럼 기뻐 찬송하지 못한 죄를 회개합니다. 주님을 영접하는 것과 상관없는 이 세상의 일들에 마음을 빼앗기고, 성탄절 예배를 드리는 저희들을 용서하옵소서.

하늘의 하나님, 아기 예수님의 나심을 기뻐하며 경배합니다. 하나님의 아들이 죄인들의 구원을 위하여 찾아오신 날은 참으로 기쁜 날입니다. 아기 예수님의 나심은 큰 기쁨의 좋은 소식 입니다. 좋은 날에 성도들이 찬양과 경배를 드립니다.
하나님의 아들이 저희들에게 오심으로써 구원의 길이 열렸음에 즐거워합니다. 하늘에서 이루어졌던 하나님의 뜻이 이 땅에서 이루어졌으니 저희들이 드리는 영광을 받으옵소서. 주님의 탄생으로 영생에 이르는 소망을 갖게 되었고, 천국 백성이 되었습니다. 예수님의 세상에 오셨음을 반가워하면서 예배하는 이 교회에 하나님의 은혜가 강물처럼 흐르게 하옵소서.

영원하신 하나님, 성탄절에 주님의 백성들을 거룩하게 하시고, 마음을 다 바쳐 예배하도록 하심에 감사드립니다. 구주가 나셨음을 기뻐하여 영광을 드리는 은혜를 주시려고 목사님을 단에 세우셨음에 감사드립니다. 그의 입술을 성령님께서 주관하셔서 저희들이 성탄의 기쁜 소식을 듣게 하옵소서.

○○ 성가대원들이 신령과 진정으로 최상의 영광을 드리기를 소망합니다. 함께 한 저희들도 화답하며 여호와의 임재를 바라보게 하옵소서. 오늘도 자원하는 마음으로 온전하게 봉사하는 일꾼들이 있습니다. 맡은 자리에서 예배의 진행을 돕는 손길들에게 은혜를 더하여 주옵소서. 성삼위 하나님만이 영광을 받으옵소서.

성탄절의 하나님, 성탄의 기쁜 소식이 복지시설에서 자라는 아이들이 가슴에 전해지기를 소망합니다. 가정의 형편이 어렵거나 부모가 없어 복지시설에서 살아가는 어린이들이 여호와의 긍휼하심을 보게 하옵소서. 성탄절이 위로가 되게 하시고, 소망이 되시는 예수님을 사랑하면서 자라게 해 주시기를 원하면서 이 모든 간구를 예수님의 이름으로 기도드립니다. 아멘.

5장
교회 행사 예배
대표기도문

"여호와여 내 기도를 들으시고 나의 부르짖음을 주께 상달하게 하소서 나의 괴로운 날에 주의 얼굴을 내게서 숨기지 마소서 주의 귀를 내게 기울이사 내가 부르짖는 날에 속히 내게 응답하소서" (시 102:1~2)

신년주일
주님의 인도하심을 바라보게 하옵소서

내 발이 그의 걸음을 바로 따랐으며 내가 그의 길을 지켜 치우치지 아니하였고 내가 그의 입술의 명령을 어기지 아니하고 일정한 음식보다 그 입의 말씀을 귀히 여겼구나(욥 23:11~12)

살아계신 하나님, 소망을 주시는 손길을 바라봅니다. 새해를 시작하면서 저희들을 인도하실 하나님을 바라보게 하옵소서. 저희들 각 사람에게 계획하셨던 여호와의 뜻대로 살아가는 한 해가 되게 하옵소서. 하나님만을 만족히 여기고, 부족함이 없도록 인도하신다는 믿음으로 살게 하옵소서.

주 여호와여, 새 생명이 충만함에 이를 준비가 안 된 저희들을 용서하옵소서. 새해의 첫 주일, 하나님을 영화롭게 해드릴 만큼 심령을 깨끗케 하지 못하고 머리를 숙였음을 회개합니다. 여호와의 성결로 심령을 새롭게 하시고, 이 땅을 새롭게 하시는 하나님의 일하심에 동참하게 하옵소서.

자비로우신 하나님, 새 해를 맞게 하시고 첫 예배를 드리는 영광을 주셨음에 감사드립니다. 주 여호와의 백성들이 예배할 때, 영혼의 눈이 뜨여 하나님을 뵙고, 여호와의 은총을 사모하게 하옵소서. 인생을 도우시는 하나님을 의지하고 살아가는 새 해가 되게 하옵소서.

소망을 여호와께 두게 하옵소서.
여호와께서는 가난한 자를 도우시고, 궁핍한 자를 긍휼히 여기시니 이 백성들이 하늘을 바라보며 살아가기 원합니다. 인생의 길을 오직 하나님만 아시오니 여호와께 마음을 두고 살게 하옵소서. 올 한 해를 살아갈 때, 하나님의 인도하심을 기대하게 하옵소서. 저희들의 삶을 온전히 맡기게 하옵소서. 금년에도 하나님의 일들이 이루어지기를 소망합니다.

찬양을 받으실 하나님, 이 시간, ○○ 교회의 권속들이 하나님의 영광만을 나타내려 머리를 숙였습니다. 신년주일에 하나님의 인도하심을 바라는 믿음으로 영광을 드리게 하옵소서. 주님의 귀한 교회를 위해서 세우신 목사님께 신령한 은혜를 더하셔서 생명의 말씀으로 저희를 새롭게 하옵소서. 여호와의 영광이 교회에 선포되도록 성가대를 세워주셨습니다. ○○ 찬양대원들이 하나님을 예배하는 저희들을 대신하여 찬양하는 역할을 귀하게 감당하게 하옵소서. 이 시간에 예배를 위해서 성실히 맡은 직분의 자리에서 봉사하는 지체들을 기억해 주옵소서. 저들의 수고를 통해서 영화롭게 예배를 드리게 하셨음에 감사드립니다.

저희들을 금년 한 해 동안에 인도하시기에 조금의 부족함도 없게 하옵소서. 저희들을 천국의 일꾼이 되어 살도록 이끄시는 종이 되기를 원하면서 모든 간구를 예수님의 이름으로 기도드립니다. 아멘.

교회창립일

천국의 문을 여는 교회되게 하옵소서

내가 천국 열쇠를 네게 주리니 네가 땅에서 무엇이든지 매면 하늘에서도 매일 것이요 네가 땅에서 무엇이든지 풀면 하늘에서도 풀리리라 하시고(마 16:19).

구원의 하나님, 영화로우신 그 이름을 영원히 찬송하기 위하여 머리를 숙였습니다. 하나님의 섭리에 따라 ○○ 교회를 세우시고, 이날에 이르기까지 지켜주신 여호와의 이름을 높여드립니다. 그 이름은 죄인들에게 생명이 되셨고, 절망에 처했던 이들에게는 소망이 되어 주셨음에 영광을 드립니다.

미쁘신 하나님, 주님의 교회를 통해서 영광을 드려야 하는 저희들이 헌신하는데 부족하였음을 용서하옵소서. 교회가 이 지역사회에서 하나님께 영광을 드리기에 힘써야 하는데, 저희들이 헌신하기에 부족해서 영광을 드리지 못하고 있음을 회개합니다. 저희들의 악함을 자복하니 용서하옵소서.

교회의 하나님, ○○ 교회가 이 땅에 세워진 지 ○년 동안 믿음의 반석 위에서 성장해 왔음에 감사드립니다. 저희들이 예수님을 그리스도로 믿어 천국열쇠를 받았으니 세상을 향해서 천국의 문을 열게 하옵소서. 교회는 천국의 문을 열고 닫는 위대한 사명과 특권을 부여 받았음을 믿습니다. 불신자들에게 복음을 전해 천국의 문을 여는 교회가 되게 하옵소서. 죄로 인하여 무거운 짐을 지고 가는 이들이 이 교회로 말미암아 천국으로 들어가는 은혜를 주옵소서. 여호와의 구원의 은혜로 이미 천국을 가진 저희에게 하나님께서 구원하시기로 작정하신 이들을 보게 하옵소서. 주님께서 오실 날이 가까워졌으니 더 많은 이들에게 천국의 문을 열게 하옵소서.

만물의 주인이신 하나님, 주님을 영화롭게 해드리는 예배가 되도록 권능을 나타내시옵소서. 저희들을 부르셔서 교회창립을 기념하는 날에 영광을 드리게 하심을 즐거워합니다. 목사님을 세우셔서 하늘 양식의 말씀을 전하게 하심을 감사드립니다. 그 말씀으로 천국의 문을 여는 교회가 되도록 저희들이 헌신하게 하옵소서.
저희 교회를 영화롭게 하셔서 ○○ 찬양대를 세워주시고, 오늘도 그들이 마음과 몸을 드려 찬양할 때 사탄이 역사하지 않게 하시고, 하나님의 영광을 훼방하는 세력들은 물리쳐 주옵소서. 예배를 위한 봉사자들이 순종함으로 하나님께 영광을 드리고 있으니 복되게 하옵소서.

만물을 다스리시는 하나님, 여호와의 땅에 ○○ 교회를 세우시고, 뭇 영혼들을 구해내는 일에 많은 종들이 섬겼습니다. 여호와의 섭리에 따라 이 교회에 양떼를 인도한 교역자들에게 상급을 주옵소서. 척박한 땅에서 애쓴 이들이 복을 누리기를 원하면서 예수님의 이름으로 기도드립니다. 아멘.

세례예식

빛 가운데 행하도록 인도해 주옵소서

저가 빛 가운데 계신 것 같이 우리도 빛 가운데 행하면 우리가 서로 사귐이 있고 그 아들 예수의 피가 우리를 모든 죄에서 깨끗하게 하실 것이요(요일 1:7).

영광의 하나님, 예수님을 구주로 믿게 하시고, 많은 증인된 성도들 앞에서 세례를 받게 하심을 즐거워합니다. 오늘 거룩한 예식에 참여하는 이들이 물로 세례를 받는 동안에 성령님으로 충만하기를 소망합니다. 저들이 세례예식을 통해서 옛사람은 죽고, 새 사람 되어 하나님께 마음을 드리게 하옵소서.

자비로우신 하나님, 오늘 세례를 받는 이들을 축복하는 저희들이 새롭게 되기를 원합니다. 주님께서 다시 오시는 그날까지 교회 안에서 격려하고, 기도로 도우면서 하나님의 사람으로 든든히 세워져 가는 것을 보게 하옵소서. 저희들이 세례를 받는 이들의 증인이 되었으니 연약한 지체들을 섬기며 지내게 하옵소서.

예식의 주인이신 하나님, 주님이 교회를 통해서 귀한 예식이 진행되게 하심에 감사드립니다. 복음을 듣고, 예수님을 믿어 하나님의 자녀로 살기로 다짐하고 세례를 받습니다. 이들의 머리 위에 거룩한 물이 떨어질 때, 성령의 빛으로 인도받기를 소원합니다. 하늘의 영광을 보게 하옵소서. 오늘 세례를 받는 형제와 자매들은 교회의 지체가 되었습니다. 이제, 이들은 하나님 앞에서 왕 같은 제사장이 되었고, 거룩한 교회의 일원이 되었습니다. 바라옵건대 이들에게는 저희들이 누렸던 은혜 그대로 하나님 앞에서 자라가고 예수님의 사랑 안에 거하며, 교회를 섬기게 하옵소서. 주님께서 다시 오시는 그때까지 한 성령으로 교제하는 저희들이 되게 하옵소서.

아버지 하나님, 저희들 각자가 세례예식을 기다리며 교회에 모였으니 하늘로부터 위로가 있기 원합니다. 여호와의 은혜로 세례예식에 참여하여 빛 가운데로 행하도록 이끌어 주시는 하나님을 소망하게 하옵소서. 교회를 위하여 주의 종을 보내셨으니, 그에게 성령님의 충만하심과 지식을 더하셔서 천국의 말씀을 선포하게 하옵소서. ○○ 성가대원들이 하나님을 찬양할 때, 이 교회 안에 하나님의 영광이 가득하기를 원합니다. 그 찬양으로 저희들에게는 예배하려는 마음이 더욱 간절해지게 하옵소서. 저희 모두가 마음을 다하여 예배에 임하게 하시고, 임마누엘의 은혜를 소망하게 하옵소서.

주 여호와여, 저희 ○○ 교회에 새 생명을 향한 비전을 품게 하셔서 감사드립니다. 온 성도들이 하나님께로 돌아와야 할 영혼들을 품고 기도하게 하옵소서. 기다리시는 주님의 심정을 품고 전도하기로 작정한 영혼을 바라보게 해 주시기를 원하면서 모든 간구를 예수님의 이름으로 기도드립니다. 아멘.

성찬예식

주님의 죽으심을 기념하게 하옵소서

너희가 이 떡을 먹으며 이 잔을 마실 때마다 주의 죽으심을 오실 때까지 전하는 것이니라 그러므로 누구든지 주의 떡이나 잔을 합당치 않게 먹고 마시는 자는 주의 몸과 피를 범하는 죄가 있느니라(고전 11:26~27).

신실하신 하나님, 성찬식의 예배에 찬양을 드리며 경배합니다. 이 시간에 예수님께서 언약하신 말씀을 지키기 위해 모이게 하시니 감사드립니다. 저희는 주님의 살과 피를 기념하고, 하늘에서는 하나님만 영광을 받으시는 예배가 되기 원합니다.

미쁘신 하나님, 주님의 살과 피를 대할 때, 주께 범죄한 일들을 회개합니다. 주님을 사랑한다고 하면서도 주님의 인도하심을 배척하였고, 하나님을 의지한다 하면서도 하나님을 기다리지 않은 교만으로 주의 목전에 악을 행하였사오니 용서하옵소서. 성찬에 임재하시는 주님의 몸으로 새롭게 하옵소서.

하늘의 하나님, 주님의 자녀들을 천국의 식탁으로 불러 주셔서 감사드립니다. 주님의 몸으로 차려주신 식탁에서 영원의 잔치를 즐기게 하옵소서. 유월절의 만찬에서 떡과 잔을 나누시면서 이를 행하라 하신 하나님의 명령을 행하기를 원합니다. 이에, 오늘 저희들은 주님의 살과 피를 나누면서 주님의 몸을 이루려 합니다.

이 거룩한 예식으로 말미암아 예수는 그리스도이심을 기리게 하옵소서. 이 예식으로 주님의 말씀과 주님의 사역과 주님의 죽음과 주님의 부활을 항상 기억하고 기념하게 하옵소서. 떡을 먹고, 포도주를 마심으로써 저희들을 위해서 내어주신 주님의 몸을 누리기 원합니다. 주님의 영화로우신 생명의 일부를 우리 몸 속에 받아 들이게 하옵소서.

하늘의 하나님, ○○ 교회의 성도들이 머리를 숙여 하나님께 영광을 드립니다. 주님의 몸에 참여하는 성찬예식을 기뻐할 때, 주님을 만난 거룩한 아침의 제자들처럼 은혜를 누리게 하옵소서. 하나님의 교회를 돌보도록 목사님을 세워주심에 감사드립니다. 목사님이 전하시는 말씀에 순종하게 하옵소서. ○○ 성가대원들이 성령님께 감동되어 드리는 찬양으로 온 교회에 영광이 넘치기를 원합니다. 이 찬양이 실망과 근심으로 좌절에 빠진 사람들에게 용기를 갖게 하시고, 육신적으로 연약한 사람들에게 치유의 은혜를 입게 하옵소서. 이 시간에도 예배의 진행을 돕고, 성도들의 예배를 위하여 봉사하는 지체들의 헌신을 받으시고, 사탄의 세력이 틈 타지 못하게 하옵소서.

전능하신 하나님, 오늘 주님의 몸을 받은 저희들이 성령님께로 충만해지기를 소망합니다. 성찬의 떡과 포도주를 통해서 임마누엘을 경험하게 하옵소서. 성찬의 은혜로 성령님께 몸을 드려 인도하시는 대로 살아드리게 하옵소서. 성령님의 은혜로 충만하기를 원하면서 이 모든 간구를 예수님의 이름으로 기도드립니다. 아멘.

어린이주일

하나님의 사랑으로 자라게 하옵소서

사랑하는 아들 디모데에게 편지하노니 하나님 아버지와 그리스도 예수 우리 주께로부터 은혜와 긍휼과 평강이 네게 있을찌어다(딤후 1:2).

전능하신 여호와여, 어린들을 보호해 주시는 크고 위대하심에 영광을 드립니다. 저희들에게 상급으로 어린이들을 주셨고, 기도와 사랑으로 키우게 하셨음을 즐거워합니다. 어린이들을 보면서 하나님의 은혜와 자비하심을 배우게 하셨으니, 이제 더욱 저희들의 마음을 하늘에 두게 하옵소서.

여호와 하나님, 어린이를 볼 때, 저희들이 죄로 더러워진 마음을 봅니다. 여호와의 목소리를 청종치 아니하고 자신의 유익을 위하여 살아온 것을 용서하옵소서. 여호와의 법과 율례와 증거대로 행치 아니하였으니 회개합니다. 하나님의 말씀에 순종하는 은혜를 허락하옵소서. 오직 하나님께 구하오니 죄악된 행실로부터 저희를 건져 주옵소서.

어린이들의 아버지 되시는 하나님, 저희들의 가정에, 저희 ○○ 교회에 어린이들이 있게 하심을 즐거워합니다. 그리스도의 이름으로 어린이를 영접하여 그들이 잘 자라도록 돕게 하시니 감사합니다. 가정이라는 울타리를 통해서 키가 자라고 지혜가 자라게 하시고, 교회에서는 하나님에 대하여 자라게 하시니 감사합니다.

바라기는 그들이 사랑을 받으면서 자라게 하옵소서. 부모로부터, 형제들에게서, 친구들부터 아낌없는 사랑을 받게 하옵소서. 사랑의 풍요로움 속에서 정서적으로 온전히 성장하게 하옵소서. 그리고 주님께서 우리를 사랑하시듯이 다른 사람들을 사랑하며 살기를 소망합니다, 그 사랑을 통해 하나님이 사랑의 풍성함을 깨닫고 하나님을 가까이 하는 삶을 살게 하옵소서.

위대하신 하나님, 성령님의 인도하심에 따라 시작된 예배를 기뻐합니다. 목사님을 붙드셔서 ○○ 교회의 권속들에게 하나님의 말씀을 전하게 하옵소서. 오늘의 말씀이 저희들의 심령을 새롭게 하여 하나님의 사랑으로 아이들을 양육하게 하옵소서. ○○ 찬양대원들이 예배하는 회중을 대표해서 하나님의 영광을 찬양하게 하옵소서. 귀한 지체들이 몸을 드려 준비한 이 찬양의 자리가 하나님의 영광으로 가득하게 하옵소서. 저희들이 예배하는 동안에 자원하여 섬기는 이들이 있음에 즐거워하며 그들을 축복합니다. 거룩한 예배로 오직 하나님께 영광이 되고, 마귀가 틈을 타지 않게 하옵소서.

치료의 하나님, 어린이로 말미암아 기쁨을 누리는 지금, 환자들을 위해서 간구합니다. 몸이 늙어서 병들어 집이나 병원에서 홀로 있는 이들이 있으니 도와주옵소서. 회복하게 하시는 여호와의 만져주심으로 구원해 주옵소서. 병든 이들에게는 싸매어주시는 은혜로 병상에서 일어나게 해 주시기를 원하면서 이 모든 간구를 예수님의 이름으로 기도드립니다. 아멘.

어버이주일
부모에게 효도하도록 이끌어 옵소서

네 부모를 공경하라 그리하면 너의 하나님 나 여호와가 네게 준 땅에서 네 생명이 길리라(출 20:12).

복을 주시는 하나님, 오늘도 부모님에 의해서 베풀어 주신 은혜를 즐거워합니다. 하나님께서 노년의 부모님을 보호해 주셨으며, 그들에게 약속하신 은혜와 복을 자손들이 받아 누리게 하셨음에 감사드립니다. 저희들이 어버이를 더 공경하고 잘 모심으로써 거룩한 후손이 되게 하옵소서.

인자하신 하나님, 부모에게 효도하기보다는 노년의 부모를 섬기는 것이 때때로 귀찮게 여겨지기도 했던 죄악을 고백합니다. 부모를 섬기고 돌보아드리는 것이 힘들기도 했던 죄악을 고백합니다. 부모에게 효도를 다함으로써 하늘의 아버지이신 하나님께로 이르게 하신 진리를 배우게 하시고, 부모님을 공경함으로써 약속된 은혜를 누리게 하옵소서.

자비로우신 하나님, 어버이주일에 하늘 어버이이신 여호와께 감사하고, 부모를 주셨음에 찬미의 제사를 드리게 하옵소서. 하나님은 좋으신 아버지시라 우리를 지켜주시되, 육신의 부모에 의해서 이만큼 살게 하셨습니다. 이 좋은 시간에 예배할 때, 부모에게 공경하기를 다짐하게 하옵소서.

지난 시간동안 하나님께 충성하지 못했음과 같이 부모에게도 효도를 다하지 못하고 이 주일을 맞이했습니다. 오늘 어버이를 주신 은혜에 감사하는 예배를 드릴 때, 사람의 마음이 아닌 성령님의 역사하심으로 부모를 공경하며 살게 하옵소서. 부모에게 효도함을 통해서 하나님께로 나아가게 하옵소서.

위대하신 하나님, 성령님의 인도하심에 따라 시작된 예배를 기뻐합니다. 이 시간에 진행되는 순서에 따라 성도들이 어버이주일의 영광을 예배하게 하옵소서. 오늘도 단 위에 서신 목사님을 위하여 간구합니다. 귀한 종에게 말씀의 능력을 더하여 주옵소서.
○○ 찬양대가 아름다운 찬양이 있는 예배로 하나님께 영광을 돌리게 되며 찬송의 능력을 체험하게 하옵소서. 하나님의 은혜로 살아오고 있음에 그에 대한 응답으로 예물을 준비해 왔으니 믿음으로 드리게 하옵소서. 이른 시간부터 나와서 예배를 돕는 지체들이 있습니다. 저들의 봉사를 받으시고 복을 내려 주옵소서.

만복의 하나님, 주님의 이름으로 모든 가정들을 축복합니다. 하나님께서 사랑하셔서 가정을 선물로 주셨으니 가정마다 하나님의 나라를 이루고, 불신 가정에서는 예수님을 구주로 영접하는 복된 역사가 이루어지기를 소망합니다. 가정에서 참 안식을 누리고 식구들이 화목하게 지내도록 해 주시기를 원하면서 이 모든 간구를 예수님의 이름으로 기도드립니다. 아멘.

제직회

함께 수고하는 교회되게 하옵소서

저희가 다 자기 일을 구하고 그리스도 예수의 일을 구하지 아니하되 디모데의 연단을 너희가 아나니 자식이 아비에게 함같이 나와 함께 복음을 위하여 수고하였느니라(빌 2:21~22).

전능하신 여호와여, 주님의 교회가 부흥의 은혜를 입게 하셨음에 영광을 드립니다. 이 교회를 위해서 제직들을 세우시고, 진리와 은혜가 충만하게 하셨으니 영광을 거두옵소서. 제직들이 일꾼된 부르심에 감사하면서 하나님의 영광을 위하여 헌신하는 종들이 되게 하옵소서.

미쁘신 하나님, 제직들이 온 성도들 앞에서 신앙과 행실에 모범이 되지 못하였음을 회개합니다. 매일의 생활에서 성령님께 민감하지 못하고, 타성적으로 지내왔음을 고백합니다. 저희 ○○ 교회가 하나님의 교회요, 세상 사람들에게 영광을 드러내는 공동체가 되는데 제직들의 헌신이 없었음을 용서하옵소서.

교회의 하나님, 이 땅에 ○○ 교회를 세우시고 제직들의 봉사로 말미암아 지역사회에서 부흥할 수 있음에 감사드립니다. 교회의 모든 제직들이 하나님 앞에서 일꾼으로 부름을 받은 소명감과 사명감으로 뜨겁게 하옵소서. 저희들의 섬김을 통해 교회가 든든해짐을 잊지 않게 하옵소서.

○○ 교회가 서로를 위해주는 공동체가 되게 하옵소서. 서로가 서로를 아껴주는 사랑이 넘치는 유대를 갖고 있었던 바울과 빌립보 교회처럼 서로가 서로를 위하여 사랑으로 종노릇하며, 위해주고 함께 수고하는 교회가 되게 하옵소서. 제직들이 교회를 위해서 서로를 섬기면서 수고하며, 복음을 위하여 뜻을 같이하는 마음을 품게 하옵소서.

만물의 주인이신 하나님, 주님을 영화롭게 해드리는 제직회가 진행되도록 하옵소서. 한 공동체로 부름을 받은 저희가 한 목소리로 주어진 사명을 감당하는 신앙을 고백하게 하옵소서. 하나님의 나라를 바라보면서 모든 제직들이 수고하는 교회가 되기를 소망하게 하옵소서. 강단에서 생명과 진리로 이끄실 목사님께 하나님의 말씀으로 흥왕함을 보게 하옵소서. 이 교회를 위하여 ○○ 찬양대원들을 준비시키셨음에 감사드립니다. 하나님 앞에서 찬송을 맡은 이들이 벅찬 감격으로 찬양을 부르게 하시고, 저희들은 예배하려는 마음이 더욱 간절해지게 하옵소서. 이 시간에도 예배를 위해 여러 모양으로 수종을 드는 종들에게 복을 내려 주옵소서.

주 여호와여, 하나님의 교회를 위해 제직을 세우셨으니 그들이 성령님과 지혜에 충만케 하옵소서. 그들의 가정에도 경건함과 두려움으로 하나님을 섬김이 있게 하소서. 온 식구들이 협력자가 되어 제직의 사명을 잘 감당하게 해 주시기를 원하면서 이 모든 간구를 예수님의 이름으로 기도드립니다. 아멘.

사경회(부흥회)

하나님의 말씀을 잘 받게 하옵소서

내가 곧 당신에게 사람을 보내었더니 오셨으니 잘하였나이다 이제 우리는 주께서 당신에게 명하신 모든 것을 듣고자 하여 다 하나님 앞에 있나이다(행 10:33).

신실하신 하나님, 사경회를 맞이하여 찬양을 드리며 경배합니다. 말씀의 풍성함을 통해서 은혜로 인도해 주심을 믿고 찬양과 경배를 드립니다. 이 시간에 주님의 은혜를 사모하는 이들에게 생수가 넘치게 하시고, 베풀어지는 생명의 역사로 찬양을 드리게 하옵소서.

하나님 아버지, 이 시간에 주님을 섬기는 생활에 게을렀음을 회개합니다. 악인의 형통을 부러워하고, 여호와를 경외하기보다는 그들의 방식을 따르는 것에 마음을 빼앗기기도 했음을 고백합니다. 하나님께서 마음에 소원을 주셨음에도 감사하지 못하고, 기도하는 데 게을렀음을 용서하옵소서.

하늘의 하나님, 저희들을 새롭게 하시려고 성회를 열어 주셨으니, 마음의 문을 열고 은혜를 사모하게 하옵소서. 여호와의 음성을 들을 수 있도록 영적인 귀가 열려지게 하옵소서. 이 자리에 모인 성도들 모두 하나님의 음성을 들어서 진리의 말씀을 따르고, 풍성한 은혜를 누리게 하옵소서.

목사님의 입술을 통해서 증거되는 여호와의 말씀이 저희들의 빈 심령에 뜨겁게 채워지고, 성령님께서 충만히 거하시게 하옵소서. 하나님의 은혜에 민감하지 못하였던 냉랭한 심령이 말씀으로 뜨거워지고, 말씀의 운동력이 나타나 마른 뼈와 같았던 저희들을 생명의 사람으로 바꾸어 주옵소서.

영화로우신 하나님, 온 성도들이 우러러 하늘을 바라보며 여호와의 이름에 경배합니다. 사경회를 맞이해서 오직 성령님의 충만하심으로 예배하는 권속들이기를 소망합니다. 이 좋은 시간에 주님의 권속들에게 은혜를 주시려고 목사님을 단에 세우셨음에 감사드립니다. 그의 입술을 성령님께서 주관하셔서 이 백성들이 말씀을 듣게 하옵소서.
○○ 찬양대원들이 신령과 진정으로 최상의 찬양을 드리기를 소망합니다. 오늘도 자원하는 마음으로 사경회를 위하여 봉사하는 일꾼들이 있습니다. 맡은 자리에서 예배의 진행을 돕는 손길들에게 은혜를 더하여 주옵소서.

임마누엘의 하나님, 저희들이 신령한 은혜로 즐거워하는 이 시간에 절망에 처해 있는 이들에게 은혜를 내려 주옵소서. 하나님의 긍휼하심으로 고통에 있는 이들에게 소망을 주옵소서.
오직 하나님의 자비하심이 절망의 어둠을 몰아내시고, 위로와 기쁨이 되어주시기를 원하면서 이 모든 간구를 예수님의 이름으로 기도드립니다. 아멘.

성경학교

신앙의 사람으로 자라게 하옵소서

네 자녀에게 부지런히 가르치며 집에 앉았을 때에든지 길에 행할 때에든지 누웠을 때에든지 일어날 때에든지 이 말씀을 강론할 것이며(신 6:7).

전능하신 여호와여, ○○ 성경학교를 맞이해서 하나님께 영광을 드립니다. 진리의 말씀으로 온전하게 해주시고, 그리스도의 장성한 분량에 이르는 은혜를 허락해 주옵소서. 이 기간에 하늘의 하나님께 영광을 드리면서 말씀을 배우고 예수님을 더 알아가는 어린이들이 되기 원합니다.

구원의 하나님, 어린이들이 주님의 구원을 사모하도록 가르치는데 부족하였음을 회개합니다. 교사가 된 저희들이 주님의 구원을 사모하는데 무감각하여 어린이들도 주님의 구원하심에 민감하지 못하였습니다. 이 기회를 통해서 하나님의 말씀을 즐거워하고 구원의 은혜를 바라보게 하옵소서.

여호와 우리 주여, 하나님의 말씀 학교에서 다음 세대들에게 하늘의 사랑을 가르치게 하옵소서. 저희가 주님께로부터 받은 사랑을 통해서 사랑을 가르치게 하옵소서. 그 사랑에서 아이들은 하나님을 배우고, 예수님을 구주로 모시고 살줄로 믿습니다. 성경학교 기간 동안 하나님을 향한 믿음과 소망, 사랑을 배워 믿음의 사람으로 자라게 하옵소서.
이 시간에 하나님을 사랑하며, 예배드리는 생활을 가르치기 원합니다. 부족하지만 마음과 뜻과 정성을 다해서 하나님을 사랑하는 본을 보이게 하옵소서. 아울러 저희에게 주신 믿음으로 믿음을 가르치는 성경학교가 되게 하옵소서. 단순히 흥미를 쫓는 오락적인 프로그램보다 하나님에의 소망을 갖도록 인도하게 하옵소서.

영원하신 하나님, 주님의 백성들을 거룩하게 하시고, 마음을 다 바쳐 예배하도록 하심에 감사드립니다. 저희들을 부르셔서 성경학교를 개교하면서 영광을 드리게 하심을 즐거워합니다. 목사님을 세우셔서 하늘 양식의 말씀을 전하게 하심을 감사드립니다. 그 말씀으로 어린이들이 신앙의 사람으로 자라기를 기도하게 하옵소서.
저희 교회를 영화롭게 하셔서 ○○ 찬양대를 세워주시고, 오늘도 그들이 마음과 몸을 드려 찬양할 때, 하나님의 은혜를 체험하는 복된 자리로 인도해 주옵소서. 이 예배에 사탄이 역사하지 않게 하시고, 하나님의 영광을 훼방하는 세력들을 물리쳐 주옵소서. 하나님께 영광을 드리게 하옵소서.

하나님 아버지, 어린이들이 믿음의 일꾼으로 잘 자랄 수 있도록 이 나라를 붙들어 주옵소서. 우리 나라를 지켜주시고 하나님 앞에서 복스러운 민족이 되게 하옵소서. 성경을 배울수록 어린이들이 나라를 위해 기도하게 하시옵소서. 하나님께 영광을 드리는 나라가 되기 원하면서 이 모든 간구를 예수님의 이름으로 기도드립니다. 아멘.

수련회
은혜 베풀 때에 받게 하옵소서

가라사대 내가 은혜 베풀 때에 너를 듣고 구원의 날에 너를 도왔다 하셨으니 보라 지금은 은혜 받을만한 때요 보라 지금은 구원의 날이로다 (고후 6:2).

신실하신 하나님, ○○ 수련회의 거룩한 자리에서 찬양을 드리며 경배합니다. 저희 교회의 청소년들을 돌보아주셨던 그 은혜로 ○○ 수련회를 누리게 하셨습니다. 학생들이 준비된 프로그램에 잘 적응하여 여호와를 찬양하게 하옵소서. 말씀과 기도를 통해서 자신을 단련하여 온전함에 이르게 하옵소서.

긍휼의 하나님, 학생들과 함께 성령님께 충만함을 누리는 삶을 살기에 힘쓰지 못했음을 회개합니다. 그들과 감정적으로 어울리는 데 그쳤을 뿐, 하나님께 소망을 두는 삶에 본을 보이지 못했습니다. 이 시간에 먼저 저희 교사들에게 회개의 영을 부어 주셔서 은혜로 인도하옵소서.

거룩하신 하나님, 저희 ○○ 교회의 ○○ 지체들에게 은혜를 받을 시간을 주셨음에 감사드립니다. 복스러운 집회에 ○○들이 성령님으로 충만하게 하옵소서. 은혜를 사모하며 열심히 모이게 하옵소서. 사랑스러운 이들이 하나님을 만나기를 결단하고 무릎을 꿇었으니, 하늘의 문을 열어 주옵소서. 성회로 모인 시간마다 하나님께 부르짖어 기도하는 ○○ 지체들이 되게 하옵소서. 엘리사가 성령 충만을 사모하여 스승 엘리야에게 매달렸을 때 하나님께서는 갑절의 영감을 주셨던 것처럼, 우리가 은혜를 받게 되면 하늘의 신령한 복과 땅의 기름진 복을 받아 누리게 됨을 믿습니다.

전능하신 하나님, 영광으로 임재하사 수련회를 시작하면서 드리는 예배를 영화롭게 하시기를 원합니다. 저희들에게 은혜를 받게 하시려고 목사님을 단에 세우셨음에 감사드립니다. 그의 입술을 성령님께서 주관하셔서 이 자리에 무릎을 꿇은 심령들마다 말씀을 듣게 하옵소서. 성령님의 날선 검의 말씀으로 죄악이 드러나게 하시고 회개하게 하옵소서.

○○ 찬양대원들이 신령과 진정으로 최상의 영광을 드리기를 소망합니다. 함께 한 저희들도 화답하며 여호와의 임재를 바라보게 하옵소서. 오늘도 자원하며 하나님의 자녀들을 위하여 봉사하는 일꾼들이 있습니다. 맡은 자리에서 예배의 진행을 돕는 손길들에게 은혜를 더하여 주옵소서.

이 시간에 주 예수님의 이름으로 혼란케 하는 영을 물리쳐 주옵소서. 하나님의 말씀에 집중하는 것을 방해하는 흑암의 세력을 예수님의 이름으로 도말하시옵소서. 오! 주님, 능력이 많으신 주님의 이름으로 공중의 권세를 잡은 자들을 물리쳐 주시고, 오직 은혜를 사모하게 하시기를 원하면서 모든 간구를 예수님의 이름으로 기도드립니다. 아멘.

전도주일
죄인이 회개하게 해 주옵소서

내가 너희에게 이르노니 이와 같이 죄인 하나가 회개하면 하늘에서는 회개할 것 없는 의인 아흔 아홉을 인하여 기뻐하는 것보다 더하리라(눅 15:7).

살아계신 하나님, 절망에 빠졌던 인생들에게 소망을 주시는 손길을 바라봅니다. 뭇 사람들에게 복음이 전해질 때마다 영생에 이르게 하시는 하나님의 구원을 바라봅니다. 한 사람이라도 더 복음을 전하길 원하시는 여호와의 열심을 소망하오니, 듣는 사람마다 주님을 그리스도로 믿게 하옵소서.

자비로우신 하나님, 전도 주일을 맞아 영혼을 사랑하시는 하나님의 마음을 생각할 때, 우리의 모습을 보며 회개합니다. 저희들은 복음의 빚진 자가 되었음에도 불구하고, 이 빚을 갚으려 하지 않았음을 고백합니다. 전도는 마땅한 일임에도 그 동안 무관심했던 죄악을 회개합니다. 생명을 살리는 일에 소홀했음을 용서해 주시고, 복음을 전하는 일에 헌신하게 하옵소서.

선한 목자이신 하나님, 잃은 양을 찾은 목자의 기쁨을 교회를 통해서 보여드리기 원합니다. 오늘 저희들이 거리로 나가 하나님께서 찾으시는 생명들을 구해오게 하옵소서. 그 생명들로 말미암아 천국 잔치를 열게 하옵소서. 전도하기를 쉬지 않는 ○○ 교회에 항상 기쁨이 넘치게 하옵소서. 복음을 전하는 일에 게으르지 않고, 영혼을 사랑하는 교회가 되기를 소원합니다. 불신자들의 영혼이 영원히 버림받는 것을 보고만 있지 않게 하옵소서. 복음을 전하지 아니하면 내게 화가 있을 것임 이로라는 말씀을 가슴에 새기기를 소망합니다. 영혼을 사랑하여 복음을 들고 나가는 저희들이 되게 하옵소서.

영원하신 하나님, 주님의 백성들을 거룩하게 하시고, 마음을 다 바쳐 예배하도록 하심에 감사드립니다. 성도들이 전도주일을 지키고 예배하러 모였으니 이 시간 오직 성령님의 충만하심으로 예배하는 성도들이 되기를 소망합니다. 말씀을 전하시는 목사님의 입술을 성령님께서 주관해 주시고, 이 백성들이 말씀을 듣게 하옵소서.
○○ 찬양대원들이 신령과 진정으로 최상의 찬양을 드리기를 소망합니다. 오늘도 자원하는 마음으로 하나님의 예배를 위하여 봉사하는 일꾼들이 있습니다. 맡은 자리에서 예배의 진행을 돕는 손길들에게 은혜를 더하여 주옵소서.

거룩하신 하나님, 전도주일에 목회자들을 위하여 간구합니다. 죽어가는 이들을 살리는 일에 목회자들이 본을 보이게 하옵소서. 온 교회가 이 일에 기쁨으로 헌신케 하옵소서. 하나님 홀로 영광을 받으옵소서. 목회자들의 기도와 헌신으로 저희들이 생명의 꼴로 배부른 기쁨을 주시고, 교회가 부흥되기 원하면서 이 모든 간구를 예수님의 이름으로 기도드립니다. 아멘.

세계선교주일

만민에게 복음을 전파하게 하옵소서

또 가라사대 너희는 온 천하에 다니며 만민에게 복음을 전파하라 믿고 세례를 받는 사람은 구원을 얻을 것이요 믿지 않는 사람은 정죄를 받으리라(막 16:15~16).

신실하신 하나님, 세계선교주일을 맞이해서 찬양을 드리며 경배합니다. 바다를 건너 한 사람에게라도 복음이 전해지기를 바라시는 하나님의 사랑이 저희를 뜨겁게 해주시기를 원합니다. 자기 백성을 찾으시는 하나님의 열심을 찬양하게 하시며, 복음을 전하는 저희들이 되게 하옵소서.

대속하시는 하나님, 저희들이 전할 복음의 짐을 대신 짊어지고 집을 떠난 선교사들을 위해 기도하지 못한 죄를 고백합니다. 먼 땅에서 사역을 하는 선교사들의 비전과 그들의 건강을 위해 기도하지 못했음을 시인합니다. 저희를 대신해서 복음을 전하러 간 그들을 향해 늘 열린 마음으로 간구하게 하옵소서.

전능하신 하나님, 저희 ○○ 교회에 선교의 비전을 주셨으니 헌신하게 해주시기를 간구합니다. 아직도 복음을 듣지 못한 미전도 종족들에게 복음을 전하기 위해 기도하게 하옵소서. 그들에게 복음을 전하고 있는 선교사들을 위하여 기도하게 하옵소서. 필요한 물질도 드리게 하옵소서.

주님께서 분부하신 땅 끝까지 만민에게 복음을 전파하라는 지상명령에 순종하는 저희들이 되기 원합니다. 아직도 복음을 받아들이지 않는 이웃에게 복음을 전하는 교회가 되게 하옵소서. 저희들의 선교 열정으로 인하여 이 지구상에 성령님의 역사가 넘치기를 소원합니다. 특히 서방의 교회들을 다시 일깨워서 부흥의 역사를 일으키는 일을 감당하게 하옵소서.

영광의 하나님, 신령과 진정으로 시작된 예배에 성령님의 역사하심이 나타나기를 소망합니다. 만민에게 복음을 전파하는 ○○ 교회가 되기를 소망하면서 세계선교주일의 예배를 드리는 회중에게 은혜를 내려 주옵소서. 이 교회를 위하여 주의 종을 보내셨으니, 진리와 생명의 말씀을 듣게 하옵소서.
○○ 찬양대원들이 아름다운 찬양으로 영광을 드릴 때, 온 성도들에게는 예배하려는 마음이 더욱 간절해지게 하옵소서. 성도들이 신령과 진정으로 예배할 수 있도록 여러 모양으로 수종 드는 종들을 세우셨음에 감사드립니다. 하나님의 영광을 나타내려는 모든 이들에게 벅찬 감격의 시간이 되게 하옵소서.

여호와 우리 하나님, 주님의 몸 된 나라를 위하여 세계 여로 곳에 선교사들을 보내셨음에 감사드립니다. 그들이 하나님의 보내심으로 파송되었으니 하나님의 마음을 품고 사역에 임하게 하옵소서. 기도와 말씀 속에서 은혜가 풍성하게 하시고, 주님께 집중될 수 있기를 원하면서 이 모든 간구를 예수님의 이름으로 기도드립니다. 아멘.

사회봉사주일
봉사 정신을 지니도록 하옵소서

각각 자기 일을 돌아볼 뿐더러 또한 각각 다른 사람들의 일을 돌아보아 나의 기쁨을 충만케 하라(빌 2:4).

전능하신 여호와여, 영광이 하나님께 있음을 고백합니다. 그 영광으로 저희들을 지키시고, 오늘 사회봉사주일의 예배를 드리게 하셨습니다. ○○ 교회가 여호와의 손이 되어 고난 속에서 어렵게 지내고 있는 이들에게 긍휼을 베풀게 하셨음에 하나님께 영광을 드립니다.

자비로우신 하나님, 이웃을 섬기기에 부족하였음을 회개합니다. 어려운 이들에게 여호와의 손길이 되어 사랑으로 섬기는 것이 언제나 겉치레에 지나지 않았음을 고백합니다. 이기적으로 살아온 죄를 용서하시고, 하나님이 영광을 소망하면서 사회봉사를 다짐하게 하옵소서.

여호와 하나님, 사회봉사주일을 맞이해서 저희들에게 세상과 인류를 사랑하시는 하나님의 손길이 되게 하심을 기뻐합니다. 사회봉사는 교회와 그리스도인의 본질적 사명임을 깨닫고 적극적으로 참여하게 하옵소서. 진정한 섬김과 나눔의 길을 걸어가신 그리스도를 본받기를 소망합니다. 먼저, 지역사회에서 고통을 받는 이웃에게 많은 사랑을 나누어 주기를 소망합니다.

저희들이 하나님의 사랑으로 이웃과 세상을 향하여 손을 펴며 갖고 있는 재물을 나누게 하옵소서. 주님께서는 너희가 여기 내 형제 중에 지극히 작은 자 하나에게 한 것이 곧 내게 한 것이라고 가르쳐 주셨습니다. 소외되어 고통받는 이웃들을 섬기는 저희들이 되게 하옵소서. 지금까지도 사회봉사를 실천하려 노력해 왔으나 오늘 이 사명을 더욱 새롭게 해주옵소서.

위대하신 하나님, 성령님의 인도하심에 따라 시작된 예배를 기뻐합니다. 이 시간, 성도들이 사회봉사주일의 영광을 예배하게 하옵소서. 오늘도 말씀을 선포하실 목사님을 위하여 간구합니다. 귀한 종에게 말씀의 영감과 능력을 나타내 주옵소서.

○○ 찬양대의 아름다운 찬양이 있는 예배로 하나님께 영광을 돌리게 하시니 감사합니다. 찬송의 능력을 체험하게 하옵소서. 하나님의 은혜로 살아오고 있음에 그에 대한 응답으로 예물을 준비해 왔으니 믿음으로 드리게 하옵소서. 누구보다도 이른 시간에 나와서 예배를 돕는 지체들이 있습니다. 저들의 봉사를 받으시고 복을 내려 주옵소서.

하나님 아버지, 저희들에게 함께 살아가는 이웃들을 주시고 그들과 어울려 지역사회를 이루게 하시니 감사합니다. 여호와의 은혜가 이곳에 임하여 ○○동이 복된 땅이 되게 하옵소서. 이곳의 다양한 조직들이 활발하게 움직여 아름다운 지역사회가 되어지기를 소망하면서 이 모든 간구를 예수님의 이름으로 기도드립니다. 아멘.

교육진흥주일
진리를 가르쳐 지키게 하옵소서

내가 너희에게 분부한 모든 것을 가르쳐 지키게 하라 볼찌어다 내가 세상 끝 날까지 너희와 항상 함께 있으리라 하시니라(마 28:20).

신실하신 하나님, 교육진흥주일에 찬양을 드리며 경배합니다. 이 땅에 ○○ 교회가 세워지고, 진리를 가르치고 배우게 하심에 찬양을 드립니다. 저희 교회에 사람을 세우는 일을 맡겨주셨음에 영광을 드립니다. 모든 성도들이 하나님의 말씀에 주리고, 은혜에 목말라 진리 안에서 예배하게 하옵소서.

여호와 우리 주여, 저희들의 부족으로 ○○ 교회가 교육하는 사명을 제대로 감당하지 못했음을 회개합니다. 교회의 여러 일들을 하면서 교육이 시급한 과제들 때문에 뒤로 밀렸던 것을 고백합니다. 하나님의 사람을 키우는 일이 가장 우선이어야 함에도 불구하고 교육에 불성실했음을 용서하옵소서.

하늘의 하나님, 교회를 세우시고, 예수님께서 행하신 모든 이들을 가르치도록 위임을 받았으니 성실하게 감당하게 하옵소서. 이 땅에 계시는 동안 가르쳐 지키게 하셨던 예수님의 말씀을 지키는 저희들이기를 원합니다. 공생애 기간 동안에 가르치기에 힘을 쏟으셨던 주님을 기억합니다. 천국의 복음을 전파하시며 가르치셨던 그 열심을 따르게 하옵소서. 간절히 바라오니, 저희 ○○ 교회가 가르치는 교회되어서 교회 안팎에서 주님이 그리스도이심을 가르치게 하옵소서. 주님의 교회로 말미암아 이 땅에 그리스도를 주로 섬기는 이들이 넘치게 하시고, 가르치는 사역을 통해 진리 안에 거하게 하옵소서. 그 가르침으로 오고 오는 세대에 천국일꾼을 키워내는 교회가 되기를 소망합니다.

신실하신 하나님, 성령님의 인도하심으로 드리는 교육진흥주일의 예배를 기뻐합니다. 교육진흥주일을 맞이하면서 이 교회에 속해 있는 모든 권속들에게 진리를 가르쳐 지키게 하는 역사가 일어나기를 소원하게 하옵소서. 교회를 위하여 주의 종을 보내셨으니, 진리의 말씀을 듣게 하옵소서. 성령님의 충만하심과 지식을 더하셔서 천국의 말씀을 선포하게 하옵소서. ○○ 찬양대원들이 하나님을 찬양할 때, 교회가 천상의 자리가 되기를 원합니다. 그 찬양으로 저희에게는 예배하려는 마음이 더욱 간절해지게 하옵소서. 마음을 다하여 예배에 임하게 하시고, 모인 모두가 임마누엘의 은혜를 소망하게 하옵소서.

사람을 기르시는 주여, 주님의 교회에서 어린이들이 자라게 하셨으니 그들에게 배움에 대한 소망을 주옵소서.

하나님의 말씀을 가까이 하고, 진리를 배우는데 열심을 품게 하옵소서. 교회에서 교육을 받는 동안에 각자가 자신들을 향하신 하나님의 계획에 민감하게 해 주시기를 원하면서 이 모든 간구를 예수님의 이름으로 기도드립니다. 아멘.

성서주일
만백성에게 성경을 전하게 하옵소서

너희가 성경에서 영생을 얻는 줄 생각하고 성경을 상고하거니와 이 성경이 곧 내게 대하여 증거하는 것이로다(요 5:39).

성서주일의 하나님, 오늘은 이 땅에 성경을 보급하는 대한성서공회를 즐거워하며 하나님께 영광을 드리려고 머리를 숙였습니다. 저희들에게 성경을 주셔서 구원의 길을 알게 하셨음에 감사드립니다. 성경을 읽어 영생의 말씀을 상고하게 하신 하나님께 온전한 예배를 드리게 하옵소서.

생명샘의 하나님, 성경을 가까이 하지 않고 거짓 행위를 미워하지 못한 죄를 고백합니다. 진리의 말씀에 목말라 하고, 하나님의 뜻을 구하기에 시냇물을 찾는 사슴과 같지 않았음을 회개합니다. 하나님을 떠난 세상의 일들을 찾으려 했던 어리석은 죄를 예수님의 보혈로 씻어주옵소서.

인자하신 하나님, 대한성서공회의 수고를 통하여 저희에게 성경을 갖게 하셨음에 감사드립니다. 하나님의 말씀이 우리말로 번역, 출판, 반포되도록 하신 하나님의 손길을 찬양합니다. 우리말 번역 성경이 잘 번역되어 국민들이 쉽게 말씀을 접하게 역사하신 은혜에 감사드립니다.

오늘 성서주일에 성경의 반포 사역을 위해 기도합니다. 저희들이 하나님의 말씀을 받은 것에 대한 감사와 감격으로 이웃에게 성서를 보급하고자 하는 뜨겁게 하옵소서. 이를 위해서 특별히 헌금하게 하시고, 보다 많은 이들에게 성경이 반포되도록 기도하게 하옵소서. 이 일을 위하여 수고하는 모든 종들에게 복을 내려 주옵소서.

찬양을 받으실 하나님, 주님의 백성들을 거룩하게 하시고, 마음을 다 바쳐 예배하도록 하심에 감사드립니다. 성서주일에 만백성들에게 성경을 전하려는 거룩한 결단을 하는 예배로 영광을 드리게 하옵소서. 강단에 오르신 목사님께 신령한 은혜를 더하여서 생명의 말씀으로 저희를 새롭게 하옵소서.

여호와의 영광이 선포되도록 찬양대를 세워주셨습니다. ○○ 찬양대원들이 하나님을 찬양하는 역할을 귀하게 감당하게 하옵소서. 이 시간에 예배를 위해서 성실히 맡은 직분의 자리에서 봉사하는 지체들을 기억해 주옵소서. 저들의 수고를 통해서 더욱 영화롭게 예배를 드리게 하셨음에 감사드립니다.

말씀이신 하나님, 대한성서공회를 세우시고, 성경이 땅 끝까지 전해지기를 원하시는 하나님의 열심을 저희들에게도 주옵소서. 글을 읽을 줄 아는 사람이면 누구에게라도 성경이 읽혀지도록 반포하는 일에 참여하게 하옵소서. 저희들 각자가 한 권의 성경을 구입하여 불신자들에게 권하는 운동이 일어나기를 원하면서 이 모든 간구를 예수님의 이름으로 기도드립니다. 아멘.

교회기관 총회

주님이 원하시는 일꾼이 되게 하옵소서

그러므로 누구든지 이런 것에서 자기를 깨끗하게 하면 귀히 쓰는 그릇이 되어 거룩하고 주인의 쓰심에 합당하며 모든 선한 일에 예비함이 되리라(딤후 2:21).

복을 주시는 하나님, 금년 한 해 동안 ○○○회를 지켜주셨음을 감사드립니다. 여호와의 도우심으로 금년에는 선한 일을 많이 실행할 수 있었음을 감사드립니다. 이제 일 년 동안 지내온 것에 대한 정리를 하고, 새로운 임원을 선출하려 합니다. 새해의 사역을 위하여 새로운 일꾼을 세우도록 인도하옵소서.

자비로우신 하나님, 지나온 한 해를 돌아볼 때, 맡은 자들이 구할 것은 충성이었음에도 충성하지 못한 모습을 회개합니다. ○○○회가 부흥되지 못한 나태함을 회개합니다. 예수님의 피로 깨끗케 하옵소서. 임원의 직분을 맡은 이들과 평회원으로 섬겼던 이들 모두가 회개하며 새로운 다짐을 하게 하소서.

살아계신 하나님, 귀한 종들이 하나님의 일을 맡아 한 해 동안 수고하게 하셨음에 감사드립니다. 주님께서 저희 ○○○회를 복 주셔서 좋은 일꾼들이 선출되게 하옵소서. 교회의 일꾼을 세우는 것이 중요한 일이오니, 주님의 마음에 합한 자가 일꾼으로 세워지게 하옵소서. 주님은 일곱 집사를 세운 초대 교회는 일꾼들로 말미암아 더욱 크게 부흥하였음을 보여주셨습니다. 저희 교회에도 그런 역사를 보여 주옵소서. 성령님께 충만한 사람을 세워주옵소서. 하나님의 일은 사람의 힘으로가 아니라 성령님의 힘으로 행할 수 있음을 고백합니다. 지혜가 충만하며, 하나님과 사람에게 칭찬을 듣는 사람을 세워 주옵소서.

하늘의 하나님, ○○ 교회의 ○○○ 회원들이 한 마음으로 머리를 숙인 이 시간이 하나님께 영광이 되기를 소망합니다. 총회를 시작하기 전에 주님의 백성들이 말씀을 듣게 해 주셨음에 감사드립니다. 말씀을 증거하실 목사님께 능력을 더하여 주셔서 주님이 원하시는 일꾼이 되기를 다짐하게 하옵소서.

오늘도 주님을 영화롭게 해드리기 위해 특송을 준비한 지체들을 축복해 주옵소서. 예수님을 구주로 믿는 무리들이 한 마음으로 하나님을 찬양하며 예배하도록 하옵소서. 예배하러 나오기를 기다리면서 준비한 예물을 감사함으로 드리게 하옵소서. 이 예배가 신령과 진정으로 드려지기 위해서 봉사하는 종들이 있으니, 그들이 맡은 직분을 더욱 충성스럽게 감당하게 하옵소서.

역사의 주인이신 하나님, 저희들이 총회로 모인 이 시간, 나라를 위하여 간구합니다. 이 땅에 많은 나라와 많은 이들이 사는데, 저희들에게 이 나라를 주셨습니다. 이 나라와 국민들이 하나님을 즐거워하고, 여호와의 인도하심을 소망하게 하시기를 원하면서 모든 간구를 예수님의 이름으로 기도드립니다. 아멘.

교육기관 졸업예배

주님의 사람으로 준비하게 하옵소서

내가 이미 내 하나님의 전을 위하여 힘을 다하여 예비하였나니 곧 기구를 만들 금과 은과 놋과 철과 나무며 또 마노와 박을 보석과 꾸밀 보석과 채석과 다른 보석들과 화반석이 매우 많으며(대상 29:2).

전능하신 여호와여, 오늘 저희들이 제 ○○회 교육부서 졸업예배를 드리기 위해서 모였습니다. 저희 교회를 통해서 천국의 일꾼을 기르게 하신 하나님의 위대하심에 영광을 드립니다. 이들을 교회에 맡겨주시고 온 성도들이 기도하는 가운데 교사들의 헌신으로 말미암이 아이들이 잘 자랐음에 영광을 드립니다.

용서하시는 하나님, 아이들의 교육환경을 위해서 좀 더 애쓰지 못하였음을 회개합니다. 교육부서를 내 몸처럼 돌아보는 일에 게을렀습니다. 교육부서를 통해서 아이들이 세워지는 사역에 헌신이 부족했음을 용서하옵소서. 귀한 아이들을 위해 기도하는데도 부족하였음을 회개합니다.

자비로우신 하나님, 여호와께서 귀한 지체들을 세상에 태어나게 하셨으며, 교회 안에서 믿음과 기도로 성장하게 하셨습니다. 정해진 교육기간 동안에 말씀을 잘 배우고, 오늘은 졸업을 감사하여 예배를 드립니다. 부모님의 수고로 길러지고, 하나님께서 저들을 자라게 하셨으니 진심으로 감사드립니다. 이제 소정의 교육기간을 마치고 졸업을 하는 지체들을 축복합니다. 이들 중에는 또 다시 상급학년의 교육부서로 진학해서 다시금 성경을 배우고 영성에 이르는 훈련을 하게 될 것입니다. 그리고 대학부를 마치고, 성인이 되어 자치단체에 가입하게 될 청년들이 있습니다. 모두가 졸업의 영광 속에서 주님을 위하여 살아야 함을 알게 하옵소서.

영화로우신 하나님, 온 성도들이 주님께 감사하며 교육기관의 졸업예배를 드리니 받으옵소서. 예배가 진행되는 동안 자라나는 아이들을 하나님의 사람으로 준비시키기에 부족함이 없는 성도들이 되게 하옵소서. 주님의 귀한 교회를 위해서 세우신 목사님께 신령한 은혜를 더하여 주옵소서. 오늘도 ○○ 찬양대를 세워주셨습니다. ○○ 찬양대원들이 하나님을 영화롭게 하며 찬양할 때, 여호와의 영광이 넘치게 하옵소서. 이 예배가 원만히 진행되도록 봉사하는 지체들이 있어서 감사드립니다. 맡은 직분을 감당할 때, 하나님이 함께 하시는 은혜를 경험하게 하옵소서.

일꾼을 세우시는 여호와여, 하나님의 교회와 성도들을 위해서 목회자들이 봉사하게 하심에 감사드립니다. 이들의 기도와 헌신으로 교회가 부흥되고 있음을 즐거워합니다. 담임 목사님께 능력을 더하셔서 성도들을 인도하심에 부족함이 없게 하시고, 부교역자들에게도 한 마음으로 동역하게 하시기를 원하면서 이 모든 간구를 예수님의 이름으로 기도드립니다. 아멘.

송년주일

하나님을 가까이 하게 하옵소서

하나님께 가까이 함이 내게 복이라 내가 주 여호와를 나의 피난처로 삼아 주의 모든 행사를 전파하리이다(시 73:28).

신실하신 하나님, 지난 한해 하나님께서는 저희에게 참으로 좋으신 아버지가 되어주셨습니다. 주님의 넘치는 자비로우심으로 저희들은 살아왔습니다. 저희에게 베풀어 주신 그 모든 은혜를 생각하며 찬양을 드리니 받으옵소서. 때를 따라 돕는 은혜로 도우시며, 만족하게 하셨음에 찬미를 드립니다.

미쁘신 하나님, 이 시간에 회개의 영을 허락하셔서 저희들의 잘못된 모습을 돌아보게 하옵소서. 하나님 앞에서 몸과 시간과 물질을 거룩하게 구별하지 못하고, 하나님의 일을 위하여 즐거움으로 드리지 못한 죄를 고백합니다. 하나님께서는 기다리고 계셨지만, 저희들은 딴 길로 갔사오니 용서하여 주옵소서.

시간의 주인이신 하나님, 하나님의 은혜로 시작했던 금년이 송년주일로 끝에 이르게 되어 감사드립니다. 하나님의 권능으로 저희들이 평안히 지내왔습니다. 하나님께 가까이 함이 우리에게 복인 것을 믿고 지내왔습니다. 저희에게 회개의 은혜를 주시고, 하나님과 멀어지지 않게 붙들어 주셨음에 더욱 감사드립니다.

자기 백성을 돌아보시는 은혜로 여기에까지 이르렀으니 찬미의 제사를 드리는 예배가 되게 하옵소서. 이 시간 항상 주님과 함께 하였는가를 살펴보게 하옵소서. 어떤 상황에서라도 주님과 동행하는 신앙의 삶을 살아오게 하셨으니 진심으로 감사하게 하옵소서.

만물의 주인이신 하나님, 주님을 영화롭게 해드리는 예배로 진행되도록 권능을 나타내시옵소서.
○○ 교회의 성도들이 한 마음으로 머리를 숙인 이 시간이 하나님께 영광이 되기를 소망합니다. 한 해의 마지막 주일에 주님을 묵상하는 저희들에게 말씀을 선포하실 목사님께서 단에 오르셨으니 생명과 진리의 말씀을 전하게 하옵소서.
이 예배를 아름답게 하는 ○○ 찬양대의 찬양을 받아주옵소서. 이들의 찬양을 통해서 하나님께는 영광이 드려지고, 회중들은 힘을 얻기를 원합니다. 지금, 저희들이 예배하는 동안에 교회 안팎에서 봉사하는 종들이 있음에 감사드립니다. 귀한 지체들의 섬김으로 예배를 아름답게 하시니 종들이 은총을 입게 하옵소서.

새 날을 주시는 하나님, 기쁘거나 힘들고 어려울 때에도 항상 주님과 함께 하도록 하셨음에 머리를 숙여 경배합니다. 여호와의 은혜로 한 해를 살아왔음에 감사드리는 지금 의로운 결단을 하게 하옵소서. 새해에는 여호와를 따르는데 열심을 내며, 마음을 다하여 하나님을 사랑하고 섬기게 하시기를 원하며 모든 간구를 예수님의 이름으로 기도드립니다. 아멘.

6장
교회 기관 헌신 예배
대표기도문

"내가 기도할 때에 기억하며 너희로 말미암아 감사하기를 그치지 아니하고 우리 주 예수 그리스도의 하나님, 영광의 아버지께서 지혜와 계시의 영을 너희에게 주사 하나님을 알게 하시고 너희 마음의 눈을 밝히사 그의 부르심의 소망이 무엇이며 성도 안에서 그 기업의 영광의 풍성함이 무엇이며 그의 힘의 위력으로 역사하심을 따라 믿는 우리에게 베푸신 능력의 지극히 크심이 어떠한 것을 너희로 알게 하시기를 구하노라" (엡 1:16~19)

제직회 헌신예배

쓰임을 받는 종들이게 하옵소서

형제들아 너희 가운데서 성령과 지혜가 충만하여 칭찬 듣는 사람 일곱을 택하라 우리가 이 일을 저희에게 맡기고(행 6:3)

흥왕하게 하시는 여호와여, 하나님의 영광이 이 자리에 있는 것을 보고 엎드려 경배합니다. 성전을 통해서 주의 백성들과 함께 하시는 하나님의 선하심을 찬양합니다. 이 저녁에도 인자하심이 영원하심에 대하여 경배를 드립니다.

하나님 아버지, 저희의 악함을 회개합니다. 겉으로 드러나지는 않으나 마음에 품은 죄악을 용서해 주시기 원합니다. 예배를 드릴 때 일뿐, 언제나 순종이 부족한 저희였습니다. 주님을 바란다 하면서도 주님께 대한 목마름 없이 지내왔습니다. 예배하기 전에, 하나님 은혜와 사랑으로 죄를 씻음 받게 하옵소서.

예배의 하나님, 거룩한 날에 하나님의 사랑을 입은 주님의 권속들이 모였습니다. 지금은 제직회의 헌신 예배로 다시 한 번 머리를 숙였으니, 오직 하늘의 하나님께 영광을 드리게 하옵소서. 성도들의 마음을 열어 주시고, 그 입술이 하늘을 향하여 열리게 하옵소서. 제직들이 새롭게 하나님 앞에서 헌신을 다짐하는 시간에 격려의 말씀을 들으려 합니다. 말씀을 전해 주시려고 ○○○ 목사님을 저희 교회에 보내 주셨음에 감사드립니다. 하나님의 사자를 통하여 저희 교회와 제직들에게 꼭 필요한 메시지가 선포되기를 소망합니다. 이 예배를 위하여 찬양대를 세워 주셨으니 귀한 지체들이 주님의 이름을 영화롭게 해드리게 하옵소서. 예배하러 교회에 모인 성도들과 함께 주님의 영광을 찬양하게 하옵소서.

구하라 하신 하나님, 교회를 위해서 기도합니다. 교회 내의 기관마다 주님께서 붙들어 주시기 원합니다. 세우신 종들마다 사랑하여 주셔서, 주님의 몸 된 교회를 위하여 죽도록 충성하게 하옵소서. 하나님의 자녀들로 이루어진 주님의 몸 된 교회가, 세상에서 방황하며 인생의 무거운 짐을 지고 고통을 겪는 심령들에게 주님의 약속하신 신령하고 기름진 복을 나눠 주게 하옵소서.

만복의 하나님, 이 좋은 시간에 헌신을 다짐하는 제직회원들을 축복합니다. 몸을 드려 헌신할 때마다 저들의 심령 속에 주님 사랑하는 기쁨이 충만하게 하옵소서. 충성을 바쳐서 성령님의 권능으로 쓰임을 받는 종들이 되게 하시기 원하면서 예수님의 이름으로 기도드립니다. 아멘.

너희가 그리스도 예수 안에서 나의 동역자들인 브리스가와 아굴라에게 문안하라 저희는 내 목숨을 위하여 자기의 목이라도 내어 놓았나니 나뿐 아니라 이방인의 모든 교회도 저희에게 감사하느니라(롬 16:3~4).

남전도회 헌신예배(20~30대)
지체들의 헌신을 받으옵소서

그러므로 누구든지 이런 것에서 자기를 깨끗하게 하면 귀히 쓰는 그릇이 되어 거룩하고 주인의 쓰심에 합당하며 모든 선한 일에 예비함이 되리라(딤후 2:21)

산 제물을 원하시는 하나님, 태초에 세상을 지으신 그때부터 오늘에 이르기까지 우주만물을 다스리시고, 연약한 인생을 보호하여 주심에 찬양과 경배를 드립니다. 이스라엘의 구속자에게 영광을 드립니다. 이스라엘의 거룩한 이이신 여호와께 경배드립니다. 이 밤에도 자연의 만물을 통하여 영광을 받으시기 원합니다.

여호와 하나님, 주님께 기도하며 자복할 수 있는 은혜를 원합니다. 하나님의 영광을 가리울 만한 죄들을 회개하게 하시며, 용서하심의 은혜로 새롭게 하옵소서. 이제, 저희가 지은 모든 죄를 고백하고 뉘우치오니 용서하여 주옵소서. 저희가 주님의 마음을 닮지 못하고 허영과 시기와 미움으로 살아왔사오니, 고쳐주시기 원합니다. 사유하시는 은혜로 거듭나는 밤이 되기 원합니다.

큰 영광을 받으실 하나님, 영화로운 시간에 하나님의 은총을 받고 있는 주님의 자녀들이 모였습니다. 이 복된 밤에 ○○○ 남전도회의 헌신예배로 모여 산 제물로 저희를 드리고자 하니 하늘의 하나님께 영광을 바치게 하옵소서. 오늘 예배에서 은혜와 진리의 말씀을 전해 주시려고 ○○○ 목사님을 단에 세워 주셨음에 감사드립니다. 이 시간에 전해 주시는 말씀이 하나님께 영광을 드리고, ○○○ 남전도회 회원들에게는 크게 은혜를 끼치는 말씀이기를 소망합니다.

하나님, 주님의 교회가 온전한 주님의 능력 있는 공동체가 되게 하시기 바랍니다. 모든 형제와 자매들이 하나님의 말씀으로 충만한 삶을 이루어 드리는 공동체가 되게 하소서. 주님의 평강과 소망과 사랑이 넘쳐나는 교회이기 원합니다. 저희 모두가 가정과 사회에서 하나님의 자녀의 신분으로 참되게 살며, 의롭게 살아가게 하소서.

신실하신 하나님, 주님의 교회를 위해서 ○○○ 남전도회를 세워 주셨으니 그들을 축복합니다. 부름을 받은 지체들의 헌신으로 교회는 더욱 부흥되기를 소망합니다. 그들이 모든 성도들 앞에서 주님께의 헌신을 새롭게 하고, 교회의 유익을 위하여 쓰이기를 다짐하는 삶이 복이 되게 하시기를 간절히 구하면서 예수님의 이름으로 기도드립니다. 아멘.

사람이 마땅히 우리를 그리스도의 일꾼이요 하나님의 비밀을 맡은 자로 여길지어다 그리고 맡은 자들에게 구할 것은 충성이니라(고전 4:1~2).

남전도회 헌신예배(40~50대)

교회를 든든히 하는 종들 되게 하옵소서

저가 이르러 하나님의 은혜를 보고 기뻐하여 모든 사람에게 굳은 마음으로 주께 붙어 있으라 권하니 바나바는 착한 사람이요 성령과 믿음이 충만한 자라 이에 큰 무리가 주께 더하더라(행 11:23~24)

큰 무리를 더하시는 하나님, 이 시간에 굽혀 경배합니다. 저희의 생명을 지으신 여호와 앞에 무릎을 꿇는 예배를 드리려 합니다. 참 좋으신 하나님 아버지이신 그 이름에 알맞는 경배를 드립니다. 영원토록 감사하며 살 수 있도록 도와주시는 하나님께 감사를 드립니다.

하나님 아버지, 자기의 죄를 숨기는 자는 형통하지 못하나 죄를 자복하고 버리는 자는 불쌍히 여김을 받으리라 하신 말씀을 기억합니다. 다시금 다짐하오니, 죄에 대해 죽고, 의에 대해 살겠습니다. 굽어살피셔서 이 다짐에 은총을 내려주시기 원합니다.
손으로 발로, 머리로 가슴으로, 마음으로 생각으로 춤추며 주님께 영광을 돌립니다.

경배를 받으실 하나님, 주님의 사람으로 부름을 받아 섬기고 있는 ○○○ 남전도회의 헌신예배로 산 제물을 드립니다. 하나님께서 친히 예배를 주관해 주시옵소서. 순서를 담당한 이들에게 신령과 진리로 임하게 하시옵소서. 오늘, 하나님의 말씀을 듣고, 단 위에 서신 목사님을 축복합니다.

하나님의 종이 들려주시는 말씀이 헌신을 다짐하는 이들이나 같이 예배하는 성도들에게 놀라운 역사를 나타내 주시기 원합니다. 성가대원들의 아름다운 찬양이 하늘에 상달되고, 저희에게는 성령님의 감동하심이 더하는 은혜가 있게 하옵소서.

은혜 위에 은혜를 주시는 하나님, 저희들이 분주히 지냈던 지난 사흘 동안에도 하나님은 역사를 쉬지 않으셨습니다. 성령님의 감동하심이 이 전에 다시 모이도록 하셨으니 성령으로 충만한 시간이 되게 하옵소서. 이 저녁에, 주님의 이름으로 모인 이 교회 공동체를 축복합니다. 그리하여 주님으로 새롭게 되는 역사의 주인공들이 되게 하옵소서.

일꾼을 선택하신 하나님, 주님의 교회에서 일꾼으로 부름을 받은 이들을 축복합니다. 저희에게 죽어가는 영혼들을 불쌍히 여기는 마음이 불일 듯 일어나게 하시기 원합니다. 교회의 각 기관에서 믿지 않는 이웃들을 주님께로 인도하기에 부족함이 없게 하옵소서. 모든 기관과 부서들이 세우신 목적에 따라 아름답게 교회를 섬기기에 부족함 없게 하시기를 원하면서 예수님의 이름으로 기도드립니다. 아멘.

내가 참 포도나무요 내 아버지는 그 농부라 무릇 내게 있어 과실을 맺지 아니하는 가지는 아버지께서 이를 제해 버리시고 무릇 과실을 맺는 가지는 더 과실을 맺게 하려 하여 이를 깨끗케 하시느니라(요 15:1~2).

남전도회 헌신예배(60대 이후)

남은 생애를 주님께 드리게 하옵소서

헤브론이 그니스 사람 여분네의 아들 갈렙의 기업이 되어 오늘날까지 이르렀으니 이는 그가 이스라엘의 하나님 여호와를 온전히 좇았음이며 (수 14:14)

앙망하게 하시는 하나님, 지금도 살아서 저희를 지켜 주시는 이스라엘 하나님 여호와를 찬송합니다. 날마다 주님의 이름을 높이고, 도와 주시는 사랑에 감사하며 찬양을 드립니다.
예배를 드리는 이 시간에 온몸으로 찬양하게 하소서. 우리의 생명이 되신 아버지의 사랑으로 날마다 우리를 주님의 은혜 가운데 지켜 주셨음을 감사드립니다.

하나님 아버지, 육신의 삶에 쫓겨 하나님의 은혜를 잊고 지냈음을 회개합니다. 입으로는 예수님이 나의 주인이라 하면서도, 행실로는 제가 스스로 주인 노릇을 했었습니다.
진심으로 용서를 구합니다. '죄인을 불러 회개시키러 왔노라'라고 하신 예수님을 찬양합니다.

신실하신 하나님, 주님 앞에서 안식한 날의 황혼의 시간에 하나님의 은혜로 사는 천국의 백성들이 모였습니다. 지금은 ○○○ 남전도회의 헌신예배로 마음의 무릎을 꿇고 경배를 드리고자 마음을 모읍니다. 저희 교회에서 가장 연장자들인 ○○○ 남전도회 회원들을 강건하게 해 주시기를 소망합니다. 이 귀한 시간에 말씀을 전해 주시려고 ○○○ 목사님을 준비시켜 주셨음에 감사드립니다. 기도와 소망으로 준비하신 말씀을 전하시는 강단에 불의 역사가 임하게 하옵소서. 찬양대원들이 찬양으로 영광을 드리고, 함께 예배하는 저희 모두에게 하늘의 감동으로 옷 입는 시간이게 하옵소서.

주님의 교회가 솔선하여 허물이 있는 곳을 치유하고, 모자란 곳을 채우며, 나누인 곳을 하나 되게 하는 데 최선을 다하게 하시고, 주님의 영광을 높이 드러낼 수 있는 교회가 되게 하옵소서. 성도들의 마음과 마음에 새 생명을 주셔서 우리 영혼이 되살아나서 교회 안에 사랑과 기쁨과 찬송이 넘치게 하소서.

복을 주시는 하나님, 귀한 종들을 축복합니다. 오늘의 예배로 헌신을 새롭게 하는 ○○○ 남전도회 회원들이 큰 힘을 얻게 하옵소서. 노령의 나이에도 불구하고, 물러서지 않았던 갈렙의 은혜를 주시옵소서. 연장자들의 모범적인 헌신으로 봉사하는 ○○○ 남전도회로 만들어 주실 것을 믿으며 예수님의 이름으로 기도드립니다. 아멘.

오직 여호와를 앙망하는 자는 새 힘을 얻으리니 독수리의 날개 치며 올라감 같을 것이요 달음박질하여도 곤비치 아니하겠고 걸어가도 피곤치 아니하리로다(사 40:31).

여전도회 헌신예배(20~30대)
수종을 드는 여인들이 되게 하옵소서

너희 단장은 머리를 꾸미고 금을 차고 아름다운 옷을 입는 외모로 하지 말고 오직 마음에 숨은 사람을 온유하고 안정한 심령의 썩지 아니할 것으로 하라 이는 하나님 앞에 값진 것이니라(벧전 3:3~4)

중심을 보시는 하나님, 하나님의 충만하심으로 그 영광이 이 예배당에 나타나고 있습니다. 저희를 죄로부터 구원하신 영원한 왕이신 하나님을 찬양합니다. 저희의 삶을 에덴동산을 돌보셨듯이 지켜 주신 손길에 감사하오며, 하나님의 영화로운 이름을 찬양합니다.

사유하시는 하나님, 저희의 마음 문을 두드려 열게 하시고, 세상 죄를 이기려는 싸움에 승리하게 하옵소서. 약한 저희의 상처 입은 심령을 주님께서 십자가를 지시고 피를 흘리신 손으로 치유하옵소서. 아직도 저희의 심령에 교만과 사욕이 스며있거든 성령의 불로 죄악을 태우고, 깨우쳐서 회개하게 하옵소서. 주님의 보혈로 용서함을 받아 깨끗함을 누리기 원합니다.

인자하신 하나님, 거룩한 날이 다 가고 황혼의 시간에 하늘나라를 소망하는 주님의 자녀들이 모였습니다. 지금은 ○○○ 여전도회의 헌신예배로 다시 한 번 머리를 숙였으니, 오직 하늘의 하나님의 은혜가 충만한 이 전이 되게 하옵소서. 이 복된 예배에서 말씀을 선포하시는 목사님, 기도하는 성도들에게 주님의 역사를 나타내 주소서. 성가대원들이 찬양을 드리려고 세워졌음을 즐거워합니다. 영광의 찬양을 부르게 하시고, 오늘, 헌신을 각오하는 ○○○ 여전도회 회원들이 '아멘'으로 응답하는 복을 누리게 하옵소서.

자비로우신 하나님, 저희 속에 성령으로 충만하게 채워 주셔서, 하나님의 영광을 나타내는 삶이 되게 하여 주옵소서. 여호와 우리 하나님께서 부족한 종의 간구를 들어주심을 믿습니다. 이에, 담대하게 간구하오니, 이 교회에 복을 내려 주시기 원합니다. 그리고 교회가 세상 속에서 주님의 뜻을 나타내기를 원합니다. 이 교회가 이 지역에서 하나님의 진리를 선포하게 하옵소서.

○○○ 여전도회를 성삼위 하나님의 이름으로 축복합니다. 이 예배를 시작으로 ○○○ 여전도회가 교회의 기둥답게 여러 모습으로 섬기기를 충성하게 하옵소서. 복음을 드러내는 교회로서의 사명을 다하기에 부족함이 없도록 도와 주시기 바랍니다.
그리하여 저희 ○○ 교회가 하나님의 나라 확장을 위해 ○○○ 여전도회를 통해 사용되기를 원하며 예수님의 이름으로 기도드립니다. 아멘.

내가 진실로 너희에게 이르노니 온 천하에 어디서든지 이 복음이 전파되는 곳에는 이 여자의 행한 일도 말하여 저를 기념하리라 하시니라(마 26:13).

여전도회 헌신예배(40~50대)

지체들의 헌신으로 부흥하게 하옵소서

네가 그리스도 예수의 좋은 군사로 나와 함께 고난을 받을지니 군사로 다니는 자는 자기 생활에 얽매이는 자가 하나도 없나니 이는 군사로 모집한 자를 기쁘게 하려 함이라(딤후 2:3~4)

경배를 받으시는 여호와여, 저희에게, 하나님의 영광과 위엄을 보여 주심을 감사드립니다. 주님의 권세와 영광에 합당한 찬미의 예배를 드리기 원합니다. 구별해서 선택받은 무리들이 모였사오니, 주님을 찬송하고 영광을 돌리게 하시옵소서.

용서하시는 하나님, 예배하러 나와 주님의 십자가를 바라보니 눈물이 앞섭니다. 바라보아야 할 하나님의 나라보다는 세상 속에서 욕심과 정욕을 따라 살았음을 고백합니다. 믿음보다는 사람의 생각으로, 하나님의 뜻보다는 자신의 일을 이루기 위해서 동분서주하다가 이 시간에 나왔사오니 용서해 주옵소서.

주 여호와 하나님, 주일을 마감하는 시간에 하나님의 은총을 받고 있는 여호와의 백성들이 무릎을 꿇었습니다. 이 시간에는 ○○○ 여전도회의 헌신예배로 영광을 드리려 합니다. 하나님께서 마련하신 영광의 시간에 여호와 앞에서 헌신을 다짐하는 아름다움이 경험되게 하옵소서. 목사님께서 말씀을 전하시기 위해 단에 오르셨으니,

그 말씀이 능력이 있어서 ○○○ 여전도회 회원들이 하늘의 힘을 얻게 하옵소서. 예배의 순서를 주님께서 다스리시고, 영화롭게 하옵소서. 교회를 세우시는 하나님, 먼저, 저희 교회를 비롯해서 한국 교회를 위해 간구합니다. 하나님은 이 땅에 복음의 풍성한 열매를 맺게 하셨습니다. 사회의 아픔에 동참하는 참으로 의로운 교회가 되게 하옵소서. 세계를 향한 교회, 사랑 안에서 서로 연합하고 교제하는 교회, 성령님의 질서와 말씀이 흥왕하는 교회가 되게 하옵소서.

오늘 헌신을 새롭게 하는 ○○○ 여전도회 회원들을 축복합니다. 복스러운 지체들의 헌신으로 이 지역에 구원을 받아야 할 하나님의 백성들이 많이 주님께로 돌아오기 원합니다. 이 지역사회를 향한 교회의 사명을 깨닫는 지체들이 되기를 축복합니다. 그들의 기도와 사랑으로 교회가 지역을 섬기게 하옵소서. 이를 위해서 물질을 드리는 일에도 열심을 내게 하심을 원하면서 예수님의 이름으로 기도드립니다. 아멘.

무릇 지혜로운 여인은 그 집을 세우되 미련한 여인은 자기 손으로 그것을 허느니라 정직하게 행하는 자는 여호와를 경외하여도 패역하게 행하는 자는 여호와를 경멸히 여기느니라 (잠 14:1~2).

여전도회 헌신예배(60대 이후)
구별된 여종들이 헌신하게 하옵소서

늙은 여자로는 이와 같이 행실이 거룩하며 참소치 말며 많은 술의 종이 되지 말며 선한 것을 가르치는 자들이 되고 저들로 젊은 여자들을 교훈하되 그 남편과 자녀를 사랑하며(딛 2:3~4)

면류관을 예비하신 하나님, 주께서 지으신 모든 민족이 와서 주의 앞에 경배하며 주의 이름에 감사를 돌립니다. 그리스도 예수 우리 주님의 성호를 높이 들며 살게 하셨습니다. 때로는 유혹에 밀려 넘어지기도 하였으나 곧 일어서게 하시고, 사단을 무찌르며 십자가의 군병답게 살도록 하신 하나님이셨습니다.

사유하시는 하나님, 지난 한 주간 동안에 세상에 살면서 주님을 기쁘시게 하지 못하고, 육신을 위하여 이기적인 욕망과 많은 죄악에서 살아 왔습니다. 저희의 회개를 들어주시고 용서해 주소서. 이제, 참으로 죄를 거절하며 살 수 있는 믿음의 용기를 주옵소서.

미쁘신 주 여호와여, 하나님의 사랑을 입은 ○○ 교회의 성도들이 그 크신 은혜에 찬양을 드리려 다시 모였습니다. 이 시간에는 주님께서 귀하게 사용하시며, 교회의 든든함을 위하여 봉사하게 하시는 ○○○ 여전도회 회원들이 헌신을 다짐합니다. 어려운 이들을 섬기는 구제와 지역사회에 착한 일을 하는 봉사의 열매를 많이 맺게 하옵소서. ○○○ 여전도회 회원들이 오늘 예배를 드리는 마음으로 주어진 사명을 감당하여 교회가 참으로 하나님의 살아 계심을 선포하게 하옵소서.

전능하신 하나님 아버지, 믿음이 연약한 심령들에게는 강하고 담대한 믿음을 허락해 주시기 원합니다. 그리고 말씀에 갈급하고 굶주린 심령들에게는 말씀의 충만함이 있는 예배이기를 원합니다. 우리의 기쁨이 되시는 주님을 만나는 체험이 있게 하옵소서. 저희 중에는 여러 가지 세상 일로 시달리며 근심에 빠져 있는 성도들이 있사오니, 그들의 무거운 짐을 주님께서 대신 맡아 주시옵기를 바라옵니다.

예배 중에 계시는 하나님, 영화로운 시간에 주님의 자비를 입고 있는 ○○○ 여전도회 회원들을 축복합니다. 그들의 헌신예배를 즐거워하는 가운데 함께 모인 성도들을 축복합니다. ○○○ 여전도회 회원들은 하늘의 은총으로 구별된 자들이 되었으니 거룩한 전에서 찬양과 경배로 영광을 드리게 하옵소서. 오직 하늘의 하나님의 은혜가 충만한 이 전이 되게 하시기를 원하면서 예수님의 이름으로 기도드립니다. 아멘.

이제 후로는 나를 위하여 의의 면류관이 예비되었으므로 주 곧 의로우신 재판장이 그 날에 내게 주실 것이니 내게만 아니라 주의 나타나심을 사모하는 모든 자에게니라(딤후 4:8).

선교 헌신예배
복음 전파를 위해 드리게 하옵소서

온 땅이여 여호와께 노래하며 그 구원을 날마다 선포할지어다 그 영광을 열방 중에, 그 기이한 행적을 만민 중에 선포할지어다(대상 16:23~24)

선포하시는 하나님, 예배하러 모인 저희로 주께 영원히 감사하게 해 주시옵소서. 이 전에 함께 한 주님의 자녀들이 전심으로 하나님을 찬송하게 하옵소서. 날마다 함께 하시며, 시간과 사건 속에서 영원토록 주의 이름이 영광이 되기 원합니다.

사유하시는 주님, 이 시간에 저희를 돌아볼 때, 부끄럽습니다. 복음 전파가 저희의 일이라 하였으면서도 가진 것을 선교에 다 드리지 못한 죄인의 손을 봅니다.
복음 전파를 위해 수고하기를 인색했던 죄를 용서해 주시옵소서. 각 사람이 행한 대로 심판하실 하나님을 두려워하게 하옵소서. 그리하여 죄를 지었던 삶에서 돌이켜 회개하고 모든 죄에서 떠나는 용기를 주옵소서.

이름이 크신 하나님, 하늘의 만나로 하루를 은혜롭게 보낸 천국의 백성들이 황혼의 시간에 다시 모였습니다. 이 밤에는 하나님을 사랑하고 교회를 위하여 충성을 다하려는 선교부의 헌신예배로 영광을 드리려 합니다. 이 예배를 위하여 ○○○ 목사님을 보내 주셨음에 감사드립니다. 오늘 밤에, 예비된 종의 입술을 통해서 진리의 말씀을 듣고 새로워짐의 은혜를 보게 하옵소서.

○○○ 목사님께서 섬기시는 교회에도 은총이 더하기를 간절히 원합니다. 주님께서 성가대원들을 이 밤에도 세우셨으니, 거룩한 찬양, 기도로 불리어지는 찬양, 몸이 드려지는 찬양을 하게 하옵소서. 그 찬양의 은혜가 선교를 위한 헌신에 격려가 되게 하옵소서.

여호와 우리 주여, 저희 교회에 영혼을 구원에 이르게 하는 아름다운 사명을 주셨음에 감사드립니다.
죽어가는 영혼을 살려내는 역사에 몸을 드리고, 시간을 드리고, 물질을 드려 동참하는 성도들이 세워지게 하옵소서. 그들의 심령에 세계 곳곳의 땅들이 보여 지게 하시며, 아버지의 품으로 돌아와야만 하는 영혼들을 보게 하옵소서.

인애하신 하나님, 주님의 명령에 따라 땅 끝까지 복음이 전파되는 일을 위해서 헌신하는 선교부의 지체들에게 복스러운 예배가 되기를 소망합니다. 그들이 선교에 헌신할 때, 하늘의 문이 열려져 신령한 복을 누리기 원합니다.
아울러, 땅의 기름진 것으로 만족한 삶을 살게 하심을 믿으면서, 예수님의 이름으로 기도드립니다. 아멘.

먼 땅에서 오는 좋은 기별은 목마른 사람에게 냉수 같으니라(잠 25:25).

구제 헌신예배
어려운 이들을 돌아보게 하옵소서

고아와 과부를 위하여 신원하시며 나그네를 사랑하사 그에게 식물과 의복을 주시나니 너희는 나그네를 사랑하라 전에 너희도 애굽 땅에서 나그네 되었었음이니라(신 10:18~19)

인생을 도우시는 주여, 여호와의 영광이 이 자리에 있는 것을 보고 엎드려 경배합니다. 성전을 통해서 주의 백성들과 함께 하시는 하나님의 선하심을 찬양합니다. 이 저녁에도 인자하심이 영원하심에 대하여 경배를 드립니다. 주님의 자녀들이 거룩한 곳을 다시 찾아 나왔습니다.

하나님 아버지, 고의적으로 인간의 교만에 빠져 예배할 사람으로 살지 않았음을 회개합니다. 이웃을 내 몸과 같이 사랑해야 했건만 그렇게 하지 못 하였음을 용서하옵소서. 목마른 자들에게 냉수 한 그릇의 공궤를 하지 못하고 자신의 주머니만을 붙들고 살아온 죄를 용서하옵소서. 세상의 연락을 쫓다가 주님 앞에 나온 저희를 용서해 주시기를 구합니다.

하늘의 위로를 받은 날에 하나님의 사랑을 입은 ○○ 교회의 성도들이 모였습니다. 주님 앞에 정한 시간에 모여 찬양으로 영광을 드리는 지금은 구제를 위한 헌신예배로 머리를 숙였습니다. 먼저, 구제를 담당하고 있는 종들에게 은혜를 더하셔서 그들 자신이 헌신되게 하옵소서. 이 밤에 온 성도들이 일심으로 구제를 위해 헌신을 각오하고 있습니다. 진실로 저희 교회가 이 땅에서 섬기고 돌아보아야 하는 구제사역에 물질로 봉사하기 원합니다.

자비로우신 하나님, 이제, 하나님의 자비로우심으로 성도답게 살게 하시기 바랍니다. 비록 가난하고, 병든 육체를 갖고 살아도, 하늘의 하나님을 바라보게 하옵소서. 저희 교회에 속한 지체들이 한결같이 주님의 뜻대로 사는 종들이 되기를 소망합니다. 그리하여 악을 물리치고 하나님을 기쁘시게 하는 것을 사모하는 삶을 살기를 원합니다.

대접하게 하시는 하나님, 이 시간에 구제 헌신예배를 드리는 성도들을 축복합니다. 구제부의 종들과 모든 이들이 하나님께서 이 땅의 사람들을 사랑하시되 어려움을 당하는 이들을 저희에게 맡겨주셨음에 대하여 고백하게 하옵소서. 저희 교회가 하나님의 손이 되어 섬김의 사역을 다할 때, 성도들에게 풍성하게 하시는 역사와 부요하게 하시는 은혜가 임함을 믿으면서 예수님의 이름으로 기도드립니다. 아멘.

주라 그리하면 너희에게 줄 것이니 곧 후히 되어 누르고 흔들어 넘치도록 하여 너희에게 안겨 주리라 너희의 헤아리는 그 헤아림으로 너희도 헤아림을 도로 받을 것이니라(눅 6:38).

찬양대 헌신예배

하늘에 영광을 선포하게 하옵소서

이 백성은 내가 나를 위하여 지었나니 나의 찬송을 부르게 하려 함이니라(사 43:21)

영화로우신 하나님, 온 성도들이 여호와 앞에 엎드려 예배하기를 원합니다. 분주해야만 하였던 일상을 내려놓고, 종일을 예배하는 시간으로 보냈습니다. 참 안식의 하루를 마감 짓는 시간에 ○○○ 찬양대 헌신 예배로 다시 모였습니다. 이 시간에 찬양과 경배를 주님께 드립니다.

용서해 주시기를 기다리시는 주님의 품에 죄악을 내려놓습니다. 주님의 영광을 위하여 저희의 모든 것으로 섬긴다 하면서도 게으름과 나태함으로 지내온 모습을 볼 때, 회개합니다. 추한 모습을 갖고 있으면서도 회를 칠한 무덤처럼 살아온 죄를 용서해 주시옵소서.

자비로우신 하나님, 이 좋은 시간에 ○○○ 찬양대원들이 헌신을 다짐하는 예배를 드립니다. 하나님 앞에서 아름다운 직분을 받은 그들을 복스럽게 하옵소서. 그동안에도 교회에 은혜를 끼친 그 헌신이 아름다웠으나 오늘의 예배로 ○○○ 찬양대원들이 새로워지게 하옵소서. 이 예배를 위하여 목사님을 보내 주시고, 말씀을 전하게 하심에 즐거워합니다. 존경하는 목사님의 입술에서 하나님의 말씀이 떨어지게 하시고, 그 말씀 한 절, 한 절을 받을 때, 저희에게 벅찬 감격이 있기를 소망합니다.

기도를 들으시는 주여, 생명의 구주가 되시는 예수님을 찬양하고, 하나님을 영화롭게 해드리는 교회에 은혜를 더하옵소서.

오늘 새로운 마음으로 헌신을 약속한 ○○○ 찬양대로 말미암아 크게 영광된 교회가 되기를 소망합니다. 그들의 찬양으로 성도들의 심령이 은혜의 단비로 늘 적셔지게 하옵소서. 그리고 그들과 똑같은 마음으로 예배하는 성도들이 되게 하시기를 원합니다.

복을 주시는 하나님, 이 시간에 ○○○ 찬양대를 축복합니다. 대장을 비롯해서 모든 대원들에게 은혜와 진리로 충만하게 하옵소서. 부족한 입술로 그들을 위하여 기도드립니다.

오직 주님께서 찬양대의 감독이 되어 주시고, 성령님께서 거룩한 지체들을 인도하셔서 찬양의 직무를 정성껏 섬기게 하옵소서. 주님의 몸에 붙어 있는 한 지체가 되어 하나님의 나라에 영광을 드리기를 사모하는 ○○○ 찬양대가 되기를 원하면서 예수님의 이름으로 기도드립니다. 아멘.

큰 소리로 외쳐 가로되 구원하심이 보좌에 앉으신 우리 하나님과 어린 양에게 있도다 하니 모든 천사가 보좌와 장로들과 네 생물의 주위에 섰다가 보좌 앞에 엎드려 얼굴을 대고 하나님께 경배하여(계 7:10~11).

구역장 헌신예배
선한 목자의 마음을 품게 하옵소서

여호와는 나의 산업과 나의 잔의 소득이시니 나의 분깃을 지키시나이다 내게 줄로 재어 준 구역은 아름다운 곳에 있음이여 나의 기업이 실로 아름답도다(시 16:5~6)

신실하신 하나님, 성도들이 교회에 모일 때마다 하나님을 찬양하는 소리로 가득하게 하옵소서. 주님의 교회가 신앙의 공동체를 이루어 하나님의 영광을 선포하게 하옵소서. 또한, 서로를 향해서 봉사하는 교회 되어 주님의 영광을 드러내게 하옵소서.

하나님 아버지, 이 시간에 구역장 헌신 예배로 머리를 숙이나, 저희의 죄를 떨쳐 버릴 수 없어 용서를 구합니다. 하나님의 양떼를 맡은 구역장들뿐만 아니라, 저희 각자가 주님의 보내심으로 빛과 소금이 되어야 했지만 그렇지 못하였음을 용서해 주시옵소서. 육신이 연약하고 믿음이 부족하다는 핑계로 주님의 말씀대로 살지 못하였음을 회개합니다.

성전에 계신 하나님, 하늘로부터 은혜가 내리는 시간에 천국을 사모하는 거룩한 자녀들이 모였습니다. 하루를 복스럽게 지내게 하시고, 육신의 안식을 주신 그 은총을 묵상하며 구역장 헌신예배에 임하게 하옵소서. 구역장들이 귀한 직분 앞에서 마음을 새롭게 할 때, 충성을 다하여 사명을 감당하는 힘을 누리기 원합니다. 예배의 순서에 따라 목사님께서 말씀을 전하실 때, 큰 위로와 능력이 덧입혀지기를 소망합니다. 하늘에서 쏟아지는 폭포수와 같은 말씀으로 강한 용사가 되게 하옵소서.

교회를 세우시는 하나님, 하나님의 자비로우심으로 구역장들이 맡겨진 직무를 잘 감당하는 아름다운 종으로 살게 하옵소서. 그들의 헌신이 교회로 하여금 빛과 소금이 되라 하신 주님의 뜻대로 봉사하는 공동체가 되게 하옵소서. 그리하여 악을 물리치고 하나님을 기쁘시게 하는 것을 사모하는 주님의 몸이 되기 원합니다.

복을 주시는 하나님, 구역장들을 축복합니다. 위로부터 내려주시는 은총으로 승리하는 종들이 되게 하옵소서. 주님의 성소에서 하나님을 찬양하며, 그의 권능의 궁창에서 그를 찬양합니다. 주여, 우리 교회에 성령으로 충만하옵소서. 그들의 섬김을 통해서 성도들이 온전하게 세워지고, 흠이 없는 하나님의 사람으로 세워질 것을 소망하면서 예수님의 이름으로 기도드립니다. 아멘.

그러므로 누구든지 이런 것에서 자기를 깨끗하게 하면 귀히 쓰는 그릇이 되어 거룩하고 주인의 쓰심에 합당하며 모든 선한 일에 예비함이 되리라(딤후 2:21).

교사 헌신예배

온전히 드리게 하옵소서

말씀하시되 나를 따라오너라 내가 너희로 사람을 낚는 어부가 되게 하리라 하시니 저희가 곧 그물을 버려두고 예수를 좇으니라(마 4:19~20)

교회를 인도하시는 하나님, 저희에게 맡겨 주신 어린 양떼를 자원하는 마음으로 보살피게 하심에 감사드립니다. 저희를 교사로 부르시고, 어린 생명들이 주님께 가는 길로 이끌기에 부족함이 없도록 믿음을 더하여 주심에 즐거워합니다.

혹 부지 중에라도 보인 저희의 잘못된 모습으로 말미암아 어린 생명들이 상처받고 낙심할 수도 있사오니 언제나 주님 앞에서 산다는 저희의 신앙 의식이 흐트러지지 않게 도와 주시고 먼저 저희 자신을 주님의 말씀으로 잘 갈고 닦을 수 있도록 이끌어 주시옵소서.

예배하게 하시는 여호와여, 주님께서 구별하신 날을 거룩하게 보낸 성도들이 하나님을 찬미하려고 다시 머리를 숙였습니다. 이 시간의 예배는 교사 헌신예배로 드리니 영광을 받아 주시옵소서. 교사들에게 어린 심령들을 위하여 언제나 신앙의 모범을 보일 수 있기를 다짐하는 헌신의 예배를 드리게 하옵소서.

오늘 말씀을 들고 단 위에 서시는 강사 목사님을 성령의 능력으로 붙들어 주셔서 목사님의 선포하시는 말씀을 통해 모든 교사들이 영적으로 결단하는 시간이 되게 하여 주시옵소서. 예배의 순서를 맡은 분들에게도 함께 하셔서 성령의 인도함을 받게 하시옵소서.

우리 주 여호와여, 영혼을 귀하게 여길 줄 아는 교사들이 되기를 원합니다. 맡겨진 영혼들을 한 영혼이라도 곁길로 나가지 않도록 잘 살필 수 있는 교사들이 되게 하여 주시옵소서. 열악한 환경 속에서도 교사의 직분을 감당하고자 힘쓰고 애쓰는 주의 종들이 있나이다. 성령께서 위로하여 주시고 은혜를 더하여 주셔서 항상 기쁨이 넘쳐 나게 하시고 착하고 충성된 종이라고 인정하시는 주님의 복이 있기를 원합니다.

만복의 하나님, 지도 전도사님을 위시하여 지도부장, 지도 교사들이 한마음 한 뜻이 되어 주님이 맡기신 어린 생명들을 잘 양육할 수 있게 하시고, 부흥하는 주일학교가 될 수 있도록 이끌어 주시옵소서. 함께 머리 숙인 모든 성도들도 영적인 교육의 중요성을 깨닫기를 원합니다. 온 성도들이 혼연일치가 되어서 자녀들의 신앙교육에 전념할 수 있도록 복을 내려 주시기를 원하면서 예수님의 이름으로 기도 드립니다. 아멘.

너희는 자기를 위하여 또는 온 양떼를 위하여 삼가라 성령이 저들 가운데 너희로 감독자를 삼고 하나님이 자기 피로 사신 교회를 치게 하셨느니라(행 20:28).

유년주일학교 헌신예배

주님의 어린이로 자라게 하옵소서

비록 아이라도 그 동작으로 자기의 품행의 청결하며 정직한 여부를 나타내느니라 듣는 귀와 보는 눈은 다 여호와의 지으신 것이니라(잠 20:11~12)

어린 아이들의 하나님, 이 시간 저희에게 커다란 기쁨을 주신 하나님께 영광을 드립니다. 저희가 여러 모습으로 예배를 드리지만, 이 저녁에는 특별한 예배로 모이게 하심에 감사를 드립니다. 저희의 다음 세대인 어린이들이 하나님께 헌신을 다짐합니다. 저희가 주님께 영광을 드리지만 이보다 더 큰 영광이 또 어디에 있을는지 감사합니다.

저희는 어리지만, 하나님 앞에서 드려야 하는 영광이 있음을 믿습니다. 그럼에도 주님의 영광을 잊고 지낸 시간들을 회개합니다. 거룩한 하나님의 집에서도 놀이를 잊지 못하고, 단지 즐거움을 위해 시간을 보낸 것도 용서해 주시옵소서. 이웃을 섬기고 사랑해야 함에도 자신의 즐거움만 찾던 지난 시간들을 용서하옵소서.

여호와 하나님, 안식의 시간을 다 보내고, 감사하는 시간에 하나님의 은총을 받고 있는 ○○ 교회의 권속들이 모였습니다. 하나님의 은총을 입은 주님의 권속들이 거룩한 날이 다 가기 전에 유년수일학교 헌신예배를 드리고자 모였습니다. 예배의 영광을 하나님만이 받으시고, 어린이들에게는 은총으로 새롭게 하시옵소서. 어린이들을 세우려고 귀한 목사님을 단으로 부르신 하나님을 찬양합니다. 그의 입술에 의해 진리의 말씀이 선포될 때, 저희 아이들이 생명의 영으로 풍성하게 하옵소서.

하나님 아버지, 주님의 몸 된 교회를 위하여 기도합니다. 주님의 크신 뜻이 계셔서 이곳에 교회를 세워 주시고 오늘날까지 지켜 주시니 감사합니다. 이 교회가 지역사회의 구원 방주가 되게 하심을 기뻐합니다. 이 동네에 있는 많은 아이를 불러 모아 주시고, 생명의 길로 인도하는 유년주일학교가 되게 하옵소서.

거룩한 밤에, 헌신예배를 드리는 유년주일학교를 축복합니다. 어린이들과 교사들 모두에게 크신 복을 내려 주시옵소서. 어린이들은 지혜와 총명으로 자라게 하시고, 그들을 위해서 섬김을 다하는 교사들에게는 주님의 일꾼으로 감당할 만한 복을 주시옵소서. 저희 교회 유년주일학교에 크신 능력과 축복을 허락하셔서 죽어가는 많은 심령들에게 복음의 기쁜 소식을 전하기를 원하면서 예수님의 이름으로 기도드립니다. 아멘.

예수께서 가라사대 어린 아이들을 용납하고 내게 오는 것을 금하지 말라 천국이 이런 자의 것이니라 하시고 저희 위에 안수하시고 거기서 떠나시니라(마 19:14~15).

중 · 고등부 학생회 헌신예배
하나님께 드리는 삶이 되게 하옵소서

또 네가 어려서부터 성경을 알았나니 성경은 능히 너로 하여금 그리스도 예수 안에 있는 믿음으로 말미암아 구원에 이르는 지혜가 있게 하느니라(딤후 3:15)

진리로 이끄시는 하나님, 저희를 믿음 안에서 자라게 하심을 감사드립니다. 이 교회에 중 · 고등부를 허락하셔서 그리스도의 장성한 분량에까지 자라가도록 하신 은혜에 감사를 드립니다. 어려서부터 주님을 알게 하셨으니, 이 믿음으로 자라게 하옵소서.

미쁘신 하나님, 하나님 앞에서 지은 죄를 고백합니다. 공부하기에 분주한 시간을 보내고 있다는 핑계로 말씀에 순종하는 삶에 부족했음을 용서해 주시옵소서. 주님께서 하라고 하신 말씀을 따르지 않았고, 하지 말라고 하신 말씀도 지키지 못한 생활을 용서하옵소서.

영원하신 하나님, 저희를 위하여, 좋으신 선생님들을 세워 주셨으니 감사드립니다. 선생님들께서 저희를 위해 늘 기도하시는 중 · 고등부가 되도록 이끌어 주시기 바랍니다. 선생님들과 저희가 믿음 안에서, 서로 사랑하며 소망으로 열매를 맺는 중 · 고등부를 만들어 나가기 위해 헌신하게 하옵소서. 주님께서 함께 하시면, 하나님의 나라를 이루어 드리는 중 · 고등부가 될 줄로 믿습니다. 이 헌신예배로 인하여 고귀하고 성스러운 믿음으로 주님을 향한 사랑을 소중히 간직하기 원합니다. 오늘 귀한 말씀을 들려주시는 목사님께 성령님의 영력이 갑절이나 더하게 하옵소서. 하나님의 사자가 선포하시는 말씀으로 학생들이 새로워지게 하옵소서.

사랑의 하나님, 저희를 깨우치셔서, 중·고등부에서 이루어야 하는 목적을 달성하게 하옵소서. 저희가 여기에 머무는 동안에, 저희의 삶을 주님의 거룩하심으로 채우게 하옵소서. 또한 하나님의 나라와 우리나라에 꼭 필요한 인물이 되려는 소망을 품게 하옵소서.

좋으신 하나님, 오늘 헌신을 다짐하는 학생들을 축복합니다. 저희에게 주님의 풍성한 지혜를 허락해 주시기 원합니다. 저희를 지켜보시는 교회의 여러 어른들께 기쁨을 드리는 성숙을 보이기 원합니다. 저희가 선택하는 모든 일들을 지도하셔서, 늠름한 십자가의 군병들이 되게 하소서. 저희의 마음을 열어서 진리를 받아들이게 하시기를 원하면서 예수님의 이름으로 기도드립니다. 아멘.

형제들이 와서 네게 있는 진리를 증거하되 네가 진리 안에서 행한다 하니 내가 심히 기뻐하노라 내가 내 자녀들이 진리 안에서 행한다 함을 듣는 것보다 더 즐거움이 없도다(요3 1:3~4).

대학생 · 청년회 헌신예배
새벽 이슬 같은 청년들을 받으옵소서

또한 네가 청년의 정욕을 피하고 주를 깨끗한 마음으로 부르는 자들과 함께 의와 믿음과 사랑과 화평을 좇으라 어리석고 무식한 변론을 버리라 이에서 다툼이 나는 줄 앎이라(딤후 2:22~23)

교회를 지키시는 하나님, 세상을 다스리시며 교회를 보호하시는 하나님께 영광을 드립니다. 주님의 이름으로 모인 저희의 찬양을 받으시고, 영광을 취하시기 원합니다. 주님의 젊은이들이 헌신을 다짐하게 하시니 감사드립니다. 복된 시간이 되게 하옵소서.

거룩하신 하나님 아버지, 지난 한 주간 동안도 결코 아름답지 못하였습니다. 여러 가지로 범한 죄와 허물이 많이 있습니다. 이 시간에 저희의 모든 죄를 주님께 자복하고 회개하오니 주 예수 그리스도의 보혈로 깨끗함을 얻게 하소서. 십자가의 은혜만이 청년들을 새벽의 이슬처럼 아름답게 해 주실 줄 믿습니다.

살아 계신 하나님, 전능하신 하나님, 주일의 은혜를 받으며, 풍성한 생명의 만나로 배불렸던 저희가 이 시간에 무릎을 꿇습니다. 헌신예배에 무릎을 꿇은 청년들이 주님의 십자가로 말미암아 죄의 문제를 해결 받는 은혜를 누리게 하옵소서. 또한, 하늘나라의 백성이 되게 하신 하나님의 이름을 높이는 고백을 하게 하옵소서. 목사님께서 기도하시는 중에 준비하신 말씀을 다 전하실 수 있도록 성령님의 도우심을 간구합니다. 오늘 저희 ○○ 교회의 권속들이 들어야만 하는 생명의 말씀이 선포되기를 간절히 원합니다.

함께 하시는 여호와여, 여호와는 위대하시니 우리 하나님의 성, 거룩한 산에서 극진히 찬양 받으시옵소서. 모든 성도들이 자신을 돌아보고 맡겨진 사명을 감당하도록 붙들어 주시기 원합니다.
저희가 이 땅 위에 사는 동안 하나님의 사람이라는 인생의 본분을 잊지 않게 하옵소서. 그리고 교회의 머리 되신 예수님을 남편같이 귀히 섬기게 하옵소서.

자비로우신 하나님, 새벽의 이슬 같은 주님의 청년들을 축복합니다. 어느 모로도 부족한 지체들이지만, 저희의 헌신을 받으시는 하나님의 능력이 나타나 크게 쓰임을 받는 종들이 되게 하옵소서.
젊어서부터 자신의 인생을 하나님과 주님의 나라에 드린 이들의 생애를 영화롭게 하옵소서. 이들의 헌신으로 하나님의 뜻이 이 땅에서 이루어지기를 간절히 원하면서 예수님의 이름으로 기도드립니다. 아멘.

이 세상이나 세상에 있는 것들을 사랑치 말라 누구든지 세상을 사랑하면 아버지의 사랑이 그 속에 있지 아니하니(요1 2:15).

7장
심방 예배
대표기도문

"믿음의 기도는 병든 자를 구원하리니 주께서 그를 일으키시리라 혹시 죄를 범하였을지라도 사하심을 받으리라 그러므로 너희 죄를 서로 고백하며 병이 낫기를 위하여 서로 기도하라 의인의 간구는 역사하는 힘이 큼이니라 엘리야는 우리와 성정이 같은 사람이로되 그가 비가 오지 않기를 간절히 기도한즉 삼 년 육 개월 동안 땅에 비가 오지 아니하고 다시 기도하니 하늘이 비를 주고 땅이 열매를 맺었느니라" (약 5:15~18)

일반 성도의 가정(장년)-1
하나님 앞에서 거룩하고 흠 없게

너희 마음을 굳건하게 하시고 우리 주 예수께서 그의 모든 성도와 함께 강림하실 때에 하나님 우리 아버지 앞에서 거룩함에 흠이 없게 하시기를 원하노라(살전 3:13).

신실하신 주여, OOO 성도님에게 여호와께서 방패로 함 같이 은혜로 지켜주시니 감사드립니다. 오늘 심방을 통해서 성도님과 권속들이 하나님을 사랑하며 살아가게 하옵소서.

베드로의 집에 들어가신 주님께서는 그의 장모의 병을 고쳐주셨습니다. 목사님께서 주님의 이름으로 이 가정을 찾으셨으니 그의 손길을 사용하시는 하나님의 능력을 보기 원합니다.
저희들은 무지하여 OOO 성도님의 가정에 있는 아픔을 알지 못하나 하나님은 아시오니 치료하여 주옵소서. 모든 어려움이 해결될 줄로 믿습니다.

영광을 나타내시는 하나님, 하나님께서 구별하신 거룩한 성도들에게 복을 내려주시기 원합니다. 예배로 모인 저희들이 그리스도의 십자가를 생각하게 하소서.

이 가정을 위해서 예비된 말씀을 목사님께서 전하실 때, 성령 하나님의 위로와 축복을 얻게 하소서.
그 말씀에 새로워지고 힘을 얻게 하옵소서.

하나님의 집에서 선한 열매를 맺는 OOO 성도님이 되게 하옵소서. 이제 하나님의 복음을 전하고 교회를 위하여 봉사하는 소망을 갖게 하옵소서. 예배를 돕고 성도들을 도우며 교회를 굳게 하는 일에 많은 손길들이 필요하오니 OOO 성도님에게 자원하는 마음을 주옵소서.

성도를 부요하게 하시는 주여, 성도님께서 그리스도 안에서 권세를 누리게 하시니 감사를 드립니다. 하나님께서 택하신 종에게 영생과 물질의 권세도 주셨음을 믿습니다. 교회를 섬기도록 재정적으로 넘쳐나게 하옵소서. 주님의 영광을 위해서 베푸는 생활을 하도록 은총을 더하옵소서.

주님의 은혜로 OOO 성도님에게 교회를 위한 기도에 헌신하게 하옵소서. 담임 목사님의 기도 동역자가 되어 성도들과 담임 목사님의 목회를 위해 간구하게 하옵소서.

예수님의 사랑을 이웃에게 전하고, 복음을 전파하는 OO 교회가 되도록 구하게 하옵소서. 서로 기도하면서 교회를 더욱 사랑하게 하옵소서. 우리 주 예수님의 이름으로 기도 드립니다. 아멘.

일반 성도의 가정(장년)-2
점도 없고 흠도 없이

그러므로 사랑하는 자들아 너희가 이것을 바라보나니 주 앞에서 점도 없고 흠도 없이 평강 가운데서 나타나기를 힘쓰라(벧후 3:14).

전능하신 여호와 하나님, OOO 성도님의 삶에서 하나님이 모든 것을 주심을 보게 하시니 감사를 드립니다. 주님께서 성도님에게 아침마다 새로운 은혜를 더하기를 소망합니다.

하나님을 경외하는 OOO 성도님의 가족이 신령한 은혜로 살아감을 감사드립니다. 생명의 말씀을 받아 온 가족이 하나님을 사랑하고, 위로부터 내려지는 복으로 살아가게 하시니 찬송을 드립니다.
날마다 성령님의 충만하심으로 은혜가 넘치기를 소망합니다. 주님의 은혜가 택하심을 받은 성도님과 자녀들에게 넘치며 범사가 잘 되게 하옵소서.

예배의 하나님, 주님의 십자가를 바라보면서 드리는 예배에 하늘의 영광이 가득하기를 원합니다. 아름다운 주님의 이름에 합당한 영광을 드리게 하옵소서.
목사님을 통해서 하나님의 말씀을 들을 때, 그 말씀이 성도님과 이 가정에 복이 되기 원합니다. 하나님의 음성에 순종하여 주님의 사랑

안에 거하기를 간절히 구합니다.

택함을 받은 지체들이 강건하게 되는 것을 보니 저희들 모두에게 기쁨입니다. 하나님께서 주님의 피로 성도님을 구속해 주시고, 성령님으로 충만하게 하셨으니 마귀가 틈을 타지 못할 것을 믿습니다.
이 시간에 주님의 이름으로 명할 때, 성도님을 괴롭히던 마귀는 쫓겨갈지어다. 공부하는 중에 있는 자녀들을 방해하는 모든 세력이 멸망할지어다.

여호와 우리 주여, 하나님께서 OOO 성도님에게 봉사의 직무를 맡기기를 바라시는 계획을 알게 하옵소서. 기도와 헌신으로 말미암아 주님의 교회가 세워지는 비전에 대한 깨달음을 주옵소서. 담임 목사님을 도와서 교회를 세워나가는 일에 충성하며 봉사의 직무를 맡게 하옵소서. 기도로 세워지는 종이 되기 원합니다.

OOO 성도님에게 은혜를 주시기를 간구합니다. 여호와 앞에서 말씀에 순종하고, 성령님의 충만하신 역사를 소망하게 하옵소서. 저를 향한 하나님의 사랑이 성실하신 것처럼 OOO 성도님도 성실히 신앙생활을 하도록 도와주옵소서. 우리 주 예수님의 이름으로 기도 드립니다. 아멘.

일반 성도의 가정(장년)-3
땅에서 네 날이 길리라

오직 온전하고 공정한 저울추를 두며 온전하고 공정한 되를 둘 것이라 그리하면 네 하나님 여호와께서 네게 주시는 땅에서 네 날이 길리라(신 25:15).

영광을 하늘 위에 두신 주여, OOO 성도님이 평안을 누리게 하셨음에 찬양을 드립니다. 귀한 종의 기도와 헌신으로 온 식구들이 복을 받게 하옵소서. 택함을 받은 가정에서 날마다 천국의 모습을 보게 하심에 감사드립니다.

가버나움에서 주님께서 중풍으로 누워있는 백부장의 하인을 고쳐주신 은혜를 기억합니다. 하나님의 종이 방문했으니 OOO 님의 가정의 말못할 문제를 해결해 주옵소서. 저주의 사슬이 풀어지고 마귀가 쫓겨나며, 육체의 질병에서 고침을 받는 역사를 이루어 주옵소서.

존귀와 영광의 하나님, 하나님의 이름이 높임을 받으시는 예배를 드리게 하옵소서. 우리가 구원의 첫 은혜의 감격으로 예배드리게 하옵소서. 주님의 이름으로 이 가정을 찾아주신 목사님의 말씀에 놀라운 역사를 나타내 주옵소서.
예배의 은총으로 자녀들이 주 안에서 화목하며 하나님이 기억하시는 가족이 되게 하옵소서.

하나님의 사랑의 입은 OOO 성도님의 가정이 복되고 형통한 은혜를 보게 하심에 감사드립니다. 날마다 성령님의 역사가 나타나는 은혜를 내려 주옵소서. 은혜와 축복으로 이 가정이 범사에 잘 되는 것을 보게 해주실 것을 믿으며 감사를 드립니다. 여호와의 능하신 구원을 바라며 전심으로 섬기며 살아가도록 복을 주옵소서.

의를 이루시는 여호와여, OO 교회에 우리가 담당하고 섬겨야 할 일들이 많이 있음을 성도님이 알게 하옵소서. 저희가 거룩한 몸의 지체로서 교회를 섬길 때, 그리스도의 빛이 비추어지는 은혜를 주시고, 성도로서 온전해지는 기쁨을 보게 하옵소서. OOO 성도님에게 자기의 달란트를 사용하는 지혜를 주옵소서.

지금 저희들은 주님을 구하지 않고 지내는 성도들을 많이 봅니다. 성령님께서 OOO 성도님을 만져주셔서 하늘의 사람으로 살아가도록 인도해 주옵소서. 하나님의 음성을 듣기 위해 기도하게 하시고, 여호와의 손과 발이 되어 주의 나라에 영광을 돌리게 하옵소서. 우리 주 예수님의 이름으로 기도 드립니다. 아멘.

일반 성도의 가정(장년)-4
하나님의 은혜와 긍휼과 평강

은혜와 긍휼과 평강이 하나님 아버지와 아버지의 아들 예수 그리스도 께로부터 진리와 사랑 가운데서 우리와 함께 있으리라(요이 1:3).

은혜가 풍성하신 하나님, 이스라엘 하나님 여호와께서 OOO 성도님 가족에게 평강을 주시고 영원히 거하시니 찬양을 드립니다. 주님의 이름으로 심방한 저희들에게도 평안을 주옵소서.

OOO 성도님의 가정을 아침마다 새롭게 하시고, 날마다 드리는 기도가 응답되는 복을 허락하옵소서. 지금까지도 온 가족이 하나님을 경외하게 하심에 감사드립니다. 아울러 공부하는 자녀들이 우수한 성적을 거두게 하시고, 교회생활에도 부지런하게 하시니 감사드립니다.

보좌에서 복을 주시는 여호와여, 성도님의 가정에서 드리는 찬송이 하늘에 닿기를 소망합니다. 천사들이 화답하여 하나님을 높이는 찬송이 울려 퍼지게 하옵소서. OOO 성도님과 이 가정의 권속들이 들어야 하는 생명의 말씀이 선포되기를 간절히 원합니다. 그 말씀이 축복과 위로가 되게 하옵소서.

저희들로 하여금 범사에 여호와를 인정하게 하셨음에 감사드립니다. 오늘도 마음을 다하여 하나님을 의뢰하는 OOO 성도님을 인도해 주실 줄로 믿습니다.
그의 발에 등이 되시고, 그의 길에 빛이 되어주심을 믿습니다. 그리하여 OOO 성도님의 가정에 평안하며 자녀들이 강건할 것을 믿습니다. 이 가정의 문제들이 해결되는 은혜의 시간이 되게 하옵소서.

소원을 품게 하시는 하나님, 우리 각 사람이 주님의 몸에 있는 지체로서 서로 섬기고 봉사하여 여호와의 뜻을 이루게 하옵소서. OOO 성도님에게 하나님의 교회에서 기도와 봉사로 주님의 영광을 드러내는 비전을 주옵소서. 이 모든 은혜가 OOO 성도님께서 예수님의 말씀을 믿고 순종하는 열매임을 믿습니다.

마음의 소원을 이루어주시는 여호와의 은혜를 나타내주옵소서. 주님께서 우리를 위하여 가난하게 되셨으니 OOO 성도님의 가정에 물질의 복이 넘치게 하옵소서. 남들에게 베풀고 어려운 이들을 도와도 모자람이 없는 넉넉한 재물을 취하게 하옵소서. 날마다 가정에서 필요한대로 풍성하게 채워 주옵소서. 우리 주 예수님의 이름으로 기도드립니다. 아멘.

일반 성도의 가정(젊은이)-1
굳게 해야 할 부르심과 택하심

그러므로 형제들아 더욱 힘써 너희 부르심과 택하심을 굳게 하라 너희가 이것을 행한즉 언제든지 실족하지 아니하리라(벧후 1:10).

구원의 뿌리이신 하나님, 영화와 존귀로 관을 씌우시는 하나님의 은혜가 OOO 성도님의 가정에 넘침을 감사드립니다. 그 은혜로 이 가정이 여호와 앞에서 복되게 하시고, 아침마다 새롭게 하옵소서.

생명의 빛으로 인하여 이 가정의 식구들이 주님을 믿게 하심에 감사드립니다. 예수님을 구주로 믿고 구원 얻어 하나님의 영광을 위해서 사는 목표를 주셨습니다.
부모와 자녀들이 주님을 두려워하여 죄를 짓지 않고 영생을 얻게 하셨으니 감사를 드립니다. 삶에 온갖 불행의 요소가 있으나 하나님을 믿고 평안을 누리게 하옵소서.

높은 데 계신 여호와여, 하나님의 사랑이 저희들을 이곳으로 불러 예배드리게 하셨습니다. 주님을 사랑하여 이곳에 모였으니 마음을 다하여 대속의 십자가를 지신 예수님의 사랑을 찬양하게 하옵소서.

이 예배를 통해서 복된 가정에서 자녀들은 부모에게 효도하고, 부모들은 주의 교양과 훈계로 자녀들을 키우게 하옵소서.

제자들이 바다에 나갔을 때 큰 물결이 배에 덮이게 되자 바람과 바다를 잔잔케 하셨던 주님의 능력이 OOO 성도님의 가정에 임하게 하옵소서.

이 시간에 성령님의 충만하심으로 OOO 성도님의 가정에 부는 풍랑을 잔잔케 하옵소서. 질병과 생활의 어려움을 해결해 주시고, 학업에 힘쓰는 자녀들에게 지혜와 능력을 더하여 주옵소서.

하늘에 계신 하나님, OO 교회가 해야 할 일이 많으나 일꾼이 부족하오니 OOO 성도님에게 천국에 대한 소명을 듣게 하옵소서. 하나님께 순종하여 몸을 드릴 수 있게 하옵소서. OOO 성도님이 여호와 앞에서 충성을 다하므로 그 일한 것에 상급을 받아 잔치에 참여하는 기쁨을 주옵소서.

OOO 성도님이 하나님의 자녀가 된 이후에 주님을 사모하면서 살아오셨으니 그 사랑이 더욱 커지게 하옵소서. 주님의 자녀로의 부르심과 택하심을 굳게 하는 은혜를 주옵소서.
날마다 임마누엘의 신앙을 가지고 세상을 이기게 하옵소서. 성령님의 충만하신 능력을 받아 승리하며 헌신하는 종이 되게 하옵소서. 모든 것을 아시는 우리 주 예수님의 이름으로 기도 드립니다. 아멘.

일반 성도의 가정(젊은이)-2
믿는 도리를 굳게 잡으라

그러므로 우리에게 큰 대제사장이 계시니 승천하신 이 곧 하나님의 아들 예수시라 우리가 믿는 도리를 굳게 잡을지어다(히 4:14).

여호와 우리 주여, 여호와께서 OOO 성도님과 함께 하셔서 이 집안의 권속들이 하는 일에 형통하게 하신 은혜에 감사드립니다. OOO 성도님과 그의 가족이 언약의 말씀을 행하는 중에 예비하신 복을 누리게 하옵소서.

이 땅에 많은 가정이 있지만 OOO 성도님과 OOO 집사님의 가정을 거룩하게 해주셨음에 감사드립니다. 온 가족이 하나님을 경외함으로써 서로를 이해하고 사랑하게 하옵소서. 남편과 아내가 사랑으로 하나 되게 하시고, 부모와 자녀가 그리스도 안에서 서로 섬기는 아름다운 가정을 이루어가게 하옵소서.

위대하신 하나님, 저희가 선택받았음에 감사하면서 예배하러 왔습니다. 이 땅에서 부모를 공경하듯이 하나님께 경건한 예배를 드리도록 인도하옵소서.
정결한 마음으로 여기에 모인 성도들에게 복을 내려주옵소서. 목사님께서 전하시는 말씀에 감격하는 은혜를 누리게 하옵소서. 생명의 말씀에서 마땅히 지키고 따를 길을 알게 하옵소서.

날마다 OOO 성도님을 지켜주심을 믿습니다. 이제까지 그를 사랑해 주셨던 손길로 만져 주옵소서. 하나님의 얼굴을 그에게 돌리시어 복된 삶을 살게 하옵소서. 크신 은총으로 평강을 누리게 하시고, 하나님의 은혜가 해 같이 빛나기를 원합니다. OOO 성도님을 시기하고 모함하려던 사탄의 세력을 결박하시고, 주님의 은혜를 기뻐하면서 찬양으로 영광을 돌리게 하옵소서.

자비를 나타내시는 여호와여, OOO 성도님께서 젊을 때 제자로 부름을 받으셨으니, 힘을 다하여 여호와를 섬기며 맡겨진 직무에 충성하게 하옵소서. 그의 기도와 헌신으로 주님의 교회를 부흥하고 생명의 열매가 맺히게 하옵소서. 마음과 뜻을 다하는 봉사를 통해서 천국 창고에 보화를 쌓게 하옵소서.

OOO 성도님이 주님 앞에서 믿는 도리를 굳게 잡고 지내도록 복을 주옵소서. 이 가정에 불행이 없게 하시고 형통한 은혜를 주옵소서.

OOO 성도님과 이 가정이 복된 지체들로 세상으로부터 구별되었으니 그 은혜로 이 가정이 차고 넘치는 복된 생활을 누리게 하옵소서. 예수님의 이름으로 기도 드립니다. 아멘.

일반 성도의 가정(젊은이)-3
영혼을 깨끗하게 하는 순종

너희가 진리를 순종함으로 너희 영혼을 깨끗하게 하여 거짓이 없이 형제를 사랑하기에 이르렀으니 마음으로 뜨겁게 서로 사랑하라(벧전 1:22).

손을 펴시는 하나님, 연약한 자를 지키시는 은혜가 OOO 성도님에게 있음을 감사드립니다. 이 땅에서 잠시 수고스러운 삶을 살지만 믿음으로 승리하여 교회에 본이 되시는 OOO 성도님으로 인하여 영광을 드립니다.

갈릴리 해변을 찾아오신 주님을 만난 시몬과 안드레가 주님의 말씀에 순종하고 따라나섰던 것처럼, 오늘의 심방을 통해서 OOO 성도님과 그의 가정에도 말씀에 순종하는 은혜가 있기를 소망합니다. 제자로 부르심을 받은 이 가정이 하나님의 영광을 바라고 주님의 뜻에 순종하게 하옵소서.

영광을 받으시는 주여, 여기 모인 우리가 이 자리로 불러 주신 하나님을 예배하게 하옵소서. 온전한 마음으로 주님을 경배하기 원합니다. 주님께서 마련해 주신 예배의 자리에서 기쁨의 공동체를 이루게 하옵소서.

생명과 진리의 말씀을 선포하시는 목사님께 성령님의 충만하심이 있기 원합니다.
이 가정이 말씀으로 충만해져서 진리의 풍성함을 누리게 하옵소서.

하나님의 은혜와 사랑으로 OOO 성도님의 가정이 복된 터전이 되게 하셨음에 감사드립니다. 주님을 사랑하고, 말씀대로 실천하는 OOO 성도님이 되게 하옵소서. 온 가족이 성령님의 충만하심을 바라게 하옵소서. 성령님의 도우시는 손길로 승리하게 하옵소서.

교회의 하나님, 사랑하는 OOO 성도님이 자녀로 삼으시고, 일꾼으로 부르시는 하나님의 마음을 알게 하옵소서. 사도들을 도왔던 집사들의 마음이 성도님에게도 일어나기 원합니다. 자신이 바로 주님이 찾으시는 일꾼임을 깨닫게 하옵소서. 자녀에게 복을 주시려고 일꾼이 되게 하시는 비밀을 깨닫게 하옵소서.

여호와의 말씀대로 날마다 소성케 되는 은총을 주옵소서. 자기 백성을 만나와 메추라기로 먹이셨던 그 은혜가 OOO 성도님에게도 나타나기를 원합니다.
옷이 헤어지지 않고 양식이 떨어지지 않게 하시며, 얻고자 하는 이에게 후히 대접하게 하옵소서. 풍성한 재정으로 주님을 더욱 존귀케 하는 가족이 되게 하옵소서. 주 예수님의 이름으로 기도 드립니다. 아멘.

일반 성도의 가정(젊은이)-4
잠잠히 하나님만 바라라

나의 영혼아 잠잠히 하나님만 바라라 무릇 나의 소망이 그로부터 나오는도다(시 62:5).

하늘에 계신 하나님, OOO 성도님이 주의 풍성한 사랑을 힘입어 성공적인 삶을 살게 하셨으니 하나님을 찬양합니다. 하나님을 부르며 함께 주를 경외함으로 예배하게 하옵소서.

홍수로 세상을 심판하실 때, 노아를 찾아오셔서 방주를 짓게 하셨던 은혜를 저희들도 경험하게 하옵소서. 이 세상을 향하신 하나님의 일에 저희들이 쓰이게 되기를 원합니다. 오직 여호와의 영광만을 바라고 사는 성도님과 가족들이 하나님의 도구가 되는 복을 주옵소서. 노아가 여호와께 은혜를 입었던 것처럼 OOO 성도님이 하나님 앞에서 의롭고 완전한 자로 준비되게 하옵소서.

영광을 받으시는 하나님, 하나님 앞에 무릎을 꿇고 회개하며 영광을 드립니다. 간절한 마음으로 하나님께 예배를 드리오니 받아 주옵소서. 머리를 숙인 저희들이 여호와 앞에서 영원히 성민이 되게 하옵소서. 은혜와 진리의 말씀을 받게 하시니 감사드립니다.

목사님을 통해서 이 가정에 복을 주시고, 위로하시는 하나님의 음성을 듣게 하옵소서.

어지러운 세상에서 믿음으로 열심히 살아가는 이 가정에 은혜로 충만하게 하옵소서. 고통받는 세상에서 원통한 일이 많지만 이 가정에는 원통함이 없고 주님께서 모든 일을 해결해주시니 감사를 드립니다.

성령님께서 충만히 임하셔서 이 가정의 문제를 해결해 주옵소서. OOO 성도님 부부와 자녀들이 섬기고 사랑하며 열린 마음으로 서로의 말에 귀기울이게 하옵소서.

인자하신 주여, 구속의 은총으로 저희들이 그리스도 예수 안에서 하나님의 의가 되게 하심에 감사드립니다. OOO 성도님께서 의로움과 거룩함과 구속함이 되신 예수님을 즐거워하며 살아가도록 도와주옵소서. 날마다 하나님을 쫓아 새롭게 하옵소서.

OOO 성도님이 담임 목사님을 도와 OO 교회가 이 지역에서 거룩한 사명을 감당하게 하옵소서. 선한 일꾼으로 자기를 드려 하나님을 영화롭게 해드리게 하옵소서. OOO 성도님을 좋은 일꾼으로 삼아주신 하나님께 성령의 열매를 맺게 하옵소서. 주님이 쓰시기 원하시는 귀한 그릇이 되게 하옵소서. 우리 주 예수님의 이름으로 기도 드립니다. 아멘.

새신자의 가정-1

악한 일에서 건져내시는 주

주께서 나를 모든 악한 일에서 건져내시고 또 그의 천국에 들어가도록 구원하시리니 그에게 영광이 세세 무궁토록 있을지어다 아멘(딤후 4:18).

소망을 주시는 여호와여, OOO 성도님의 가정에 복을 주시는 하나님이 하늘의 이슬과 땅의 기름진 것들로 채워주시니 감사드립니다. 날마다 풍성한 은혜와 물질로 OOO 성도님의 가정에 채워주시는 주님을 찬양합니다.

기쁘고 복된 날, 이 가정에 OOO 성도님으로 인하여 기쁨을 주시니 감사를 드립니다.
전능하신 하나님의 특별하신 계획으로 이 가정을 이끌어 주옵소서. 이 땅에서의 삶을 주시고 OO 교회의 새신자로 등록하게 하셨으니 하늘의 은총으로 넘치게 채워주소서.

구원의 은혜와 의롭다하신 사랑에 감사하면서 경배드리기 원합니다. 오직 하나님만이 예배를 받으옵소서. 우리의 모든 정성과 사랑을 모아 예배하기 원합니다. 말씀을 준비하신 목사님께 성령으로 감동하게 해 주옵소서.
OOO 성도님 가정의 지체들을 먹이시는 하나님의 은혜가 말씀으로 주어지기 원합니다. 함께 한 저희들에게도 하늘의 위로를 받는 말씀이 되기를 소망합니다.

이 시간 예루살렘으로 들어오신 주님을 맞이했던 이들의 마음을 저희들도 갖기 원합니다. 나귀를 타신 예수님을 보자 무리가 겉옷을 길에 펴고, 나뭇가지를 베어 길에 깔았듯이 심방 예배를 통해서 이 자리에 함께 하시는 주님을 맞는 마음을 주옵소서. 주의 이름을 높이며 찬송을 부르기를 원합니다.

사랑이 풍성하신 하나님, 저희들에게 사랑의 말을 주신 하나님을 찬양합니다. 두 사람이 사랑으로 가정을 이루게 하셨으니 감사를 드립니다. 하나님의 말씀 안에서 사랑으로 대화할 때 이 가정에 놀라운 역사가 일어나게 하옵소서.

이 시간에 부요케 하시는 하나님의 손길을 구합니다. OOO 성도님의 가정을 택하시고 복되게 하셨으니 은혜가 넘치게 하옵소서. 신령한 은혜와 필요한 물질을 넉넉하게 하옵소서.

OOO 성도님의 자녀들을 이제까지 키워주셨으니 저들의 생애를 복되게 하옵소서. 날마다 하나님께서 능력의 손으로 붙들어 주실 것을 믿습니다. 우리 주 예수님의 이름으로 기도 드립니다. 아멘.

새신자의 가정-2
거룩함에 이르는 열매

그러나 이제는 너희가 죄로부터 해방되고 하나님께 종이 되어 거룩함에 이르는 열매를 맺었으니 그 마지막은 영생이라(롬 6:22).

이 가정을 사랑하시는 하나님, OOO 성도님과 가족에게 복을 주사 번성하게 하신 여호와의 이름을 높여드립니다. OOO 성도님의 가정에 은혜를 베푸시며, 포도주와 기름으로 풍성하게 하셨으니 감사를 드립니다.

사람들의 교만하여 탑을 쌓을 때 하나님께서 간섭하셨듯이, 이 시간에 하나님께서 은혜로 OOO 성도님의 가정을 간섭하시고 도우시기를 소망합니다.
저희들이 어리석어 범죄할 때 막아주시고, 하나님의 영광을 나타내도록 간섭해 주옵소서. 여호와의 특별한 은총이 OOO 성도님의 가정에 임하길 소원합니다. OOO 성도님의 가정에 준비하신 복을 넘치도록 부어 주옵소서.

만유의 주 여호와여, 주님의 이름으로 하나된 지체들이 온 마음과 정성을 모아 예배드리려 합니다. 찬양을 드릴 때 홀로 하나님만이 영광을 받으시기 원합니다. 주님의 이름에 합당한 영광을 돌리게 하옵소서. 진리를 알지 못하고 방황하는 자가 위로를 받게 해주옵소서.

하나님을 사랑하고 그 뜻대로 살려 애쓰시는 OOO 성도님의 가정에 주님의 은총이 더하기를 소망합니다. 여호와를 경외하는 가족이 축복을 받는 줄 믿으오니 온 가족이 주일을 온전히 지키고 복을 누리게 하옵소서. 하나님 앞에서 한 마음으로 성실히 주일을 지키면서 신령한 은혜를 받게 하옵소서.

사탄을 대적하시는 주여, 하나님의 사랑을 찬양하며 지내는 OOO 성성도님에게 사탄이 틈타지 못할 것을 믿습니다. 죄에서 구원받아 의의 자녀가 되었으니 주님께서 기뻐하시는 일을 하며 성령의 열매를 맺게 하옵소서. 다시는 마귀에게 종노릇하지 않게 하옵소서. 오직 주 안에서 믿음의 삶을 살도록 이끌어 주옵소서. 주님께서 예비하신 면류관을 받을 수 있는 영광을 주옵소서.

OOO 성도님이 오늘까지 하늘의 복으로 살아오게 하셨음에 감사드립니다. OOO 성도님의 수고가 헛되지 않고 축복을 받게 하옵소서.

OOO 성도님과 그의 가정에게 삼십 배, 육십 배, 백 배로 돌려 받는 은혜를 누리게 하소서. 소망하는 일을 도와주시며 공부하는 자녀들에게는 지혜로 간섭하옵소서. 우리 주 예수님의 이름으로 기도 드립니다. 아멘.

새신자의 가정-3
더러운 것에서 자신을 깨끗하게

그런즉 사랑하는 자들아 이 약속을 가진 우리는 하나님을 두려워하는 가운데서 거룩함을 온전히 이루어 육과 영의 온갖 더러운 것에서 자신을 깨끗하게 하자(고후 7:1).

복을 누리게 하시는 하나님, 주 안에서 OOO 성도님의 가족이 여호와를 바라는 중에 풍성케 하셨으니 그 이름을 높여드립니다.
하나님께서 사랑하시는 OOO 성도님의 가정에서 기쁨으로 예배하게 하옵소서.

주님의 보혈의 은혜가 이 가정에 흐르게 된 것에 감사드립니다. 하나님께서 구원하시기로 작정하신 OOO 성도님과 OOO 성도님이 OO 교회의 한 식구가 되게 해주셨으니 찬양을 받으옵소서.
이 가족을 사랑하시는 은혜가 임하여 풍족히 먹도록 하시고, 날마다 놀라운 일을 행하신 하나님을 즐거워하게 하옵소서.

우리의 주 하나님, 하나님의 크신 손에 있는 온 땅이 주님의 영광을 드러내기를 원합니다. 땅에 있는 모든 것들이 주님의 아름다우심을 찬양하게 하옵소서.

목사님께서 저희들에게 하나님의 말씀을 전하시도록 이끌어 주시기 원합니다. OOO 성도님과 이 자리에 있는 권속들에게 하나님의 음성을 듣는 은혜의 시간이 되게 하소서.

예수 그리스도 안에서 영생을 얻은 저희들이 말씀을 사모하는 은혜를 주옵소서. 이 시간 성령님께서 저희 마음에 충만히 임하셔서 진리를 사모하게 하시고, 들은 말씀에 순종하여 살도록 인도해 주옵소서.

모든 것에 넘치게 하시는 주여, 율법의 저주에서 성도님을 속량해 주셨음에 감사드립니다. 구속받은 하나님의 은혜 안에서 성도님이 풍성한 삶을 살게 하옵소서. 필요한 것에 풍성하게 채워주시는 여호와의 손을 보게 하옵소서.
그 은혜를 통하여 하나님께 더욱 큰 영광을 드리게 하옵소서. OOO 성도님과 그의 가족이 살아가는 동안에 수치를 당하지 않게 하시고, 명예를 누리게 하옵소서.

여호와의 속량을 통해서 죄와 사망과 저주에서 놓여남을 믿습니다. 이 가족이 땅의 것은 하나님께 맡기고 오직 주님을 영화롭게 해드리는 삶을 소망하게 하옵소서.
옛 사람의 행실을 버렸으니 하나님의 일에 소망을 품게 하시며, 하늘로부터 보내심을 받은 자로 살게 하옵소서. 우리 주 예수님의 이름으로 기도 드립니다. 아멘.

새신자의 가정-4
믿음을 굳게 하여 대적하라

너희는 믿음을 굳건하게 하여 그를 대적하라 이는 세상에 있는 너희 형제들도 동일한 고난을 당하는 줄을 앎이라(벧전 5:9).

생명의 길을 보여주신 하나님, 이스라엘을 모든 환난에서 구속하신 하나님께서 OOO 성도님을 지켜주셨음에 감사드립니다. 사탄이 여러 가지로 이 가정을 괴롭히지만 성도님께서 인내하며 승리하도록 붙들어 주옵소서.

지금까지 하나님께서 OOO 성도님의 가정에 주인이 되어 주시고, 가족들 모두가 천국을 바라보면서 지내게 해주신 은혜에 감사드립니다. 하늘의 영광이 복된 가정에 넘치게 하시고, 온 가족이 하나님을 찬양하게 하옵소서. 능력의 주께서 죄와 사탄의 유혹을 물리치게 하셔서 하나님의 존귀한 이름에 영광을 드리게 하옵소서.

우리 믿음의 주이신 하나님, 주님의 이름을 높이며, 하나님께 마땅한 영광을 드리기를 원합니다. 이 시간 마음으로 무릎을 꿇게 하시고 하늘의 영광을 취하옵소서. 하늘나라에 소망을 두고 사는 저희들에게 복을 주옵소서. 옛 사람을 십자가에 못 박으면서 땅의 것을 버리는 은혜를 주셨으니 이 예배를 통하여 천국에 마음을 두고 담대히 살아가게 하옵소서.

여호와께서 나타나실 때, 사람 셋을 영접하여 대접했던 아브라함에게 임했던 은혜가 OOO 성도님에게도 임하기를 소망합니다. 주님의 이름으로 저희들이 심방을 왔으니 성령 하나님께서 이 가정을 방문해주셨음을 믿습니다.

이 시간에 저희들도 하나님을 만나는 은혜를 경험하기 원합니다. 이 심방을 통해서 하나님의 은혜가 나타나고 묶여 있던 문제들로부터 자유롭게 하옵소서.

하늘의 위로를 베푸시는 주여, 하나님께서 지혜와 계시의 눈을 밝히셔서 오늘도 하나님을 알고, 마음의 눈이 밝게 하셨음에 감사드립니다. 사랑하는 OOO 성도님에게 하나님의 말씀으로 새롭게 되는 소원을 품게 하옵소서. 사탄이 옛 사람의 생활로 돌아가도록 유혹해도 믿음으로 거절하도록 은총을 내려 주옵소서. 주님의 강권하시는 위로로 승리를 경험하게 하옵소서.
온전히 마음을 드려 예배하는 은혜를 누리게 하시고, 하나님과 교회를 위하여 헌신하기를 새롭게 다짐하는 복을 주옵소서.
성령님의 능력으로 충만하여 승리하는 삶을 살게 하옵소서. 믿는 자에게 능치 못함이 없음을 알게 하여 주옵소서. 우리 주 예수님의 이름으로 기도 드립니다. 아멘.

임신-1

여호와의 권고로 얻은 선물

네 아비의 하나님께로 말미암나니 그가 너를 도우실 것이요 전능자로 말미암나니 그가 네게 복을 주실 것이라 위로 하늘의 복과 아래로 원천의 복과 젖먹이는 복과 태의 복이리로다(창 49:25).

사랑의 하나님, 자기 백성을 돌아보시는 자비로우신 하나님을 찬양합니다. 이 가정의 자손을 위한 기도를 들으시고 응답해주신 하나님의 인자하심을 찬양합니다. 지극히 높으신 주의 이름을 찬송하오니 받아주옵소서. 여호와 하나님의 자비하심이 이 가정에 영원하옵소서.

산모를 축복합니다. 아내를 사랑하고 그녀가 아기를 갖기까지 곁에서 수고한 OOO 형제를 축복합니다. 이제부터 성령님의 충만을 소망하면서 출산을 기다리게 하옵소서.
오직 하나님만을 앙망하고 살아온 귀한 가정에 생명을 선물로 주셨으니, 그 생명을 축복합니다. 우주만물을 지으신 능력으로 새 생명을 지어서 OOO 자매의 태 안에 심어주셨으니 영광을 받아주옵소서.

영광의 보좌에 계신 여호와여, 이 시간에 마음으로 주님 앞에 엎드립니다. 신랑과 신부에게 약속하신 후손을 보는 복을 주셨으니 감사의 예배를 드리기 원합니다.

태 안에서 시작된 아기의 생명을 주님께서 지켜주실 것을 믿고 드리는 이 예배가 저희들 모두에게 복이 되기를 소망합니다.

말씀을 전하시는 목사님을 능력으로 붙들어 주시고, 복된 말씀으로 축복하게 하옵소서. 말씀의 은혜가 산모와 복중의 아기에게 임하여 산모와 아기가 모두 강건하게 하옵소서.

임신하여 예배로 영광을 드리는 이 가정에 하나님의 예비하신 축복을 부어주시고 필요한 것들을 채워주옵소서. 해산의 기쁨을 볼 때까지 복이 이어지기를 소망합니다.

기도에 응답하시는 주여, 주님께서 이들 부부에게 복을 주심을 감사드립니다. 생육하고 번성케 하시는 하나님의 복이 이 가정에 나타났으니 땅에서 잘 되는 가정이 되기 원합니다.

주님의 은혜를 사모하면서 태 안의 생명이 경건한 자손으로 세상에 나오도록 기도하는 어머니가 되게 하옵소서.

OOO 자매가 해산하기까지 양가에 은혜를 내려 주옵소서. 양가 모든 가족들이 OOO 자매를 돕기를 소망합니다.

이 집안의 모든 이들이 복을 받도록 은혜로 충만하게 하옵소서. 예수님의 이름으로 기도 드립니다. 아멘.

출산-1
하나님으로부터 복 받은 아이

여인이 아들을 낳으매 이름을 삼손이라 하니라 아이가 자라매 여호와께서 그에게 복을 주시더니(삿 13:24).

소망의 하나님, 여호와께서 OOO 성도님을 위하여 큰일을 하셨으니 여호와의 이름을 찬양하며 즐거워합니다. 저희들의 소망대로 OOO 성도님을 구원해 주시고, 그 은혜로 살게 하시며 새 생명을 보게 하셨습니다.

사랑을 입은 주님의 자녀들이 한 자리에 모였사오니 기뻐하고 즐거워합니다. 이 아기를 주신 하나님께 찬양을 드립니다. 이제부터 영원까지 여호와의 이름을 찬송하는 가정이 되게 하옵소서. 아기에게 능력과 찬송이 되신 하나님께서 영광을 받아주옵소서. 은혜를 받은 가정에서 감사함으로 하나님의 이름을 찬송하게 하옵소서.

예배 중에 계시는 하나님, 은혜로우신 구세주의 이름을 높이 찬양합니다. 복된 가정에 아기를 주신 하나님께 예배드리게 하셨으니 은혜의 시간이 되게 하옵소서.
성령님의 은총으로 예배를 통해서 영광을 드리기 원합니다. 만왕의 왕이신 주님께 구속함을 받은 성도들이 경배를 드리니 받아 주옵소서. 이 시간 하늘에서 천사들이 영광으로 화답하게 하옵소서.

출산의 수고를 다한 산모를 축복합니다. 생명을 태 안에서 기르는 동안 보호해주신 그 은총으로 산모를 강건하게 하옵소서. 해산으로 몸이 연약해졌으니 하나님의 회복하심을 간구합니다. 산모의 모든 몸의 조직을 새롭게 다듬어 주옵소서.

자녀를 위해서 기도하는 부모가 되기 원합니다. 주님 앞에서 OOO 성도님이 좋은 어머니가 되게 하시고, OOO 집사님은 하나님의 뜻대로 아기를 키우는 아버지가 되게 하옵소서.

이 두 사람이 아기를 위해서 무릎을 꿇을 때 하늘 문을 여시고 응답해 주시기 원합니다. 경건한 부모의 양육을 받으며 이 아기가 신실한 사람이 되게 하옵소서.

소망을 주시는 주여, OOO 권사님께서 할머니가 되시어 아기를 안게 하시니 감사를 드립니다. 어린 생명이 자라며 하나님의 뜻을 높이는 인물이 되기를 소망하게 하옵소서.
할머니의 기도를 받으면서 세상에 태어났으니 하나님과 사람들에게 사랑을 받는 아이로 자라게 하옵소서. 예수님의 이름으로 기도 드립니다. 아멘.

생일-1
하나님께 복을 받은 사람

여호와의 이름으로 오는 자가 복이 있음이여 우리가 여호와의 집에서 너희를 축복하였도다(시 118:26).

영생을 주신 주 하나님, OOO 집사님께서 구원의 은혜를 받은 그날부터 예수님의 이름으로 살아오게 하셨음을 감사합니다. 하나님 안에서 OO회 생일을 맞이해서 감사의 예배를 드리오니 열납해 주옵소서.

날마다 지켜 주시는 하나님의 은혜에 감사를 드립니다. 주님, 지금도 마귀가 우는 사자같이 두루 다니며 삼킬 자를 찾으오니 OOO 집사님을 보호해 주옵소서. OOO 집사님이 성령님으로 충만한 삶을 살기를 소망합니다.
OOO 집사님이 주님의 크신 팔에 의지하여 살아가시기를 원합니다. 자신을 지켜 하나님 앞에서 순결하게 살아가기 원합니다. 잠깐 있다가 사라지는 세상의 물질주의적 가치관을 갖지 않도록 지켜 주옵소서.

세상의 주인이신 여호와여, 저희들 모두 마땅히 하나님의 자녀로서 산 제사를 드리기 원합니다. 특별히 생일의 주인공인 OOO 집사님께서 마음을 드리니 받아 주옵소서.

저희의 영혼을 사랑하는 하나님께 드립니다. 향기로운 제물이 되게 하소서. 날마다 삶이 하나님께 산 제물로 드려지게 하옵소서.
주님께서 주셨음을 생각하여 작은 일에도 감사하게 하옵소서. 원치 않은 일을 하게 되거나 어려운 일에 부딪치더라도 하나님의 뜻을 구하며 감사하게 하옵소서. 감사로 주님을 영화롭게 해드리는 삶을 살아가기 원합니다.

영존하시는 하나님, 이 생일에 주님의 팔에 의지해서만 살 수 있음을 찬송으로 고백하게 하옵소서.
OOO 집사님이 연약할 때 힘을 주시는 은혜에 감사하여 영광을 드립니다. 하나님께로부터 크신 복을 받게 하옵소서. 이를 위해서 늘 주님을 바라보며 말씀에 순종하게 하옵소서.

OOO 집사님이 하나님의 은혜를 기뻐하며 세상을 거절하는 은혜를 누리게 하옵소서. 신자의 삶은 능력으로 만물을 붙드시는 하나님께 있으니 세상을 바라보지 않게 하옵소서.

마음과 생각이 하나님께 드리고 하나님과 동행하며 살게 하옵소서. 거룩하신 하나님 앞에서 연약한 존재임을 잊지 않게 하옵소서. 예수님의 이름으로 기도 드립니다. 아멘.

회갑-1
시와 찬미와 신령한 노래

그리스도의 말씀이 너희 속에 풍성히 거하여 모든 지혜로 피차 가르치며 권면하고 시와 찬미와 신령한 노래를 부르며 마음에 감사함으로 하나님을 찬양하고(골 3:16).

높은 곳에 계신 하나님, 오늘, 하나님의 뜻이 있어 세상에 보내주신 OOO 집사님의 회갑을 맞이하였습니다. 집사이자 존경하는 어머니의 평생 동안 크고 의로우신 일을 행하신 주님의 이름이 높아지기를 원합니다.

오직 하나님만이 영광을 받으셔야 마땅한 자리에서 어머니를 위하여 간구합니다. 지금까지 어머니와 함께 하셨던 하나님의 사랑이 더해지기를 소망합니다.
어머니에게 복을 주셔서 기도하는 것마다 응답하여 주소서. 하나님께 영광을 돌려 드리고, 성도들에게는 유익을 끼치는 어머니가 되게 하옵소서.

우주를 다스리시는 주여, 주님의 자녀들이 한 마음으로 주님을 찬송하게 하옵소서. 어머니를 통해서 나타난 하나님의 은혜를 묵상하며 예배드리기를 원합니다.
이 시간에 저희 가정을 위해서 목사님을 모셨사오니 그 입술을 붙들어 주옵소서. 목사님의 말씀이 어머니에게 하나님의 음성이 되기를 원합니다. 저희들이 예배드릴 때 성령님의 충만하심이 나타나게 하옵소서.

높이 계신 하나님께서 저희들을 부르셨으니 머리를 숙였습니다. 회갑을 맞으신 어머니가 평안하시며 하나님만 바라보며 사시기를 원합니다. 우리 모두가 주님의 이름에 찬양을 드리게 하옵소서.
주님께서 어머니를 소원의 항구로 인도하실 것을 믿습니다.

은혜로우신 하나님, 하나님께서 능력의 팔을 펴서 약속하신 말씀이 이루어지는 복된 시간이기를 소망합니다. 어머니의 수고로 자란 저희들이 참 진리이신 예수님을 따르는 일꾼이 되게 하옵소서.

집사님께서 사시는 날 동안 궁핍하지 않기를 간구합니다. 지금까지 하나님의 은혜로 사셨던 것처럼 하나님의 은혜로 필요한 재물을 공급받으면서 살아가게 하옵소서.
이웃에게 베풀며 살아갈 수 있도록 풍성한 은혜를 주옵소서. 예수님의 이름으로 기도 드립니다. 아멘.

고희-1
의인의 자손을 보는 즐거움

네가 땅에 뿌린 종자에 주께서 비를 주사 땅 소산의 곡식으로 살찌고 풍성케 하실 것이며 그 날에 너의 가축이 광활한 목장에서 먹을 것이요 (사 30:23).

존귀하신 하나님, OOO 장로님이 고희를 맞이하게 하신 주님께 영광을 드립니다. 믿음을 지키며 한 평생을 사셨으니 OOO 장로님께서는 승리하셨습니다. 이 잔치를 즐기면서 저희들 모두 주님께 찬양의 예배를 드리게 하옵소서.

귀한 날을 주셔서 감사드립니다. 하나님 안에서 삶의 복된 날을 맞으신 OOO 장로님을 축복합니다.
이후에 성령님의 충만하심이 장로님의 삶에 더욱 넘치기를 소망합니다. 노년의 아름다운 인생을 하나님 앞에서 거룩하게 사시기를 축복합니다.

OOO 장로님의 인생에 복을 주셔서 감사드립니다. 이 시간 고희를 맞이하신 장로님이 하나님의 은혜를 기억하며 예배를 드립니다. 자손들과 일가친척들 그리고 성도들이 함께 머리를 숙였습니다.
목사님께서 말씀을 전하실 때 성령님의 크신 역사로 채워주소서. 그 말씀에 순종하고 온전한 마음을 주님께 드리게 하옵소서.

OOO 장로님의 삶에 역사하신 하나님의 크신 권능을 세상에 선포하옵소서.
OOO 장로님의 자손들에게도 하나님을 향한 믿음의 고백이 있기를 소망합니다. 주님의 은혜로 이 가정에 풍성하고 광대한 복이 임하였습니다. 이 믿음의 자손들이 부모의 하나님을 자신들의 주님으로 고백하게 하옵소서. 부모가 누린 복이 자손들의 삶에 이어지기를 원합니다.

전능하신 여호와여, OOO 장로님의 이후의 생애가 하나님의 마음에 합하게 쓰임 받는 시간이기를 원합니다.
하나님 나라에 소망을 두고 주님 앞에서 살아가게 하소서. 사시는 날 동안 가난이나 어려움이 틈타지 않게 하옵소서. 질병의 고통이나 어두움의 세력이 역사하지 못하도록 지켜 주옵소서.

이 자리에 머리를 숙인 이들에게 하늘의 신령한 은혜를 허락하옵소서. 땅의 기름진 것들로 채워주옵소서. 주님의 자녀들이 하나님께 영광을 드리고 청지기의 삶을 살아가게 하옵소서.
그리하여 천국에 상급을 쌓는 성도들이 되기를 원합니다.

저희들이 사는 날 동안 하나님의 영광을 소원하며 살게 하옵소서. 예수님의 이름으로 기도 드립니다. 아멘.

약혼-1
주님의 사랑을 입은 형제와 자매

요셉이 잠을 깨어 일어나서 주의 사자의 분부대로 행하여 그 아내를 데려 왔으나 아들을 낳기까지 동침치 아니하더니 낳으매 이름을 예수라 하니라(마 1:24~25).

인생을 주관하시는 하나님, 우리에게 기쁘고 소중한 시간을 주셔서 감사드립니다. 오늘 OOO 형제와 OOO 자매가 약혼예식을 갖습니다. 복된 약혼예식에 만물이 하나님의 위엄을 찬송하기 원합니다.

신랑과 신부가 세상에 태어나서 지금까지 지내오는 동안 함께 해주신 주님의 은혜를 기억합니다. 이들을 세상에 보내시고 성령님의 충만하심 안에서 소망을 품고 자라게 하심에 감사를 드립니다.
OOO 형제와 OOO 자매는 하나님의 영광을 인생의 소원으로 삼고 자랐습니다. 이들을 이처럼 훌륭하게 키워 새 가정을 이루도록 돕는 부모들의 수고를 기억하옵소서.

거룩하신 하나님, 주님의 보좌 앞에서 OOO 형제와 OOO 자매가 양가의 부모를 모시고 가까운 이웃들과 더불어 예배를 드립니다. 이 예식을 주관하실 하나님께 영광과 존귀를 드립니다.

목사님께서 준비하신 말씀이 신랑과 신부에게 축복이 되게 하시고 저희들에게 위로가 되기를 원합니다.

한 가정을 세우시려는 주님의 계획을 기뻐합니다. 신랑과 신부가 하나님의 뜻을 살펴서 이 땅에서 주님의 나라를 이루기를 원합니다.

주님께서 이들에게 빛이 되시고 기도에 응답해 주셨습니다. 하나님 앞에서 약혼 예식을 치르는 신랑과 신부가 아름답게 세워지게 하옵소서.

복의 근원이신 주여, 두 사람이 한 몸이 되게 하신 하나님의 뜻에 따라 최선을 다하여 살아가게 하옵소서.

하나님을 섬기는 깊은 믿음을 가지게 하옵소서. 양가 부모님께 효도하고 온 집안이 화목하도록 노력하게 하옵소서. 나아가 사회와 민족을 위해 공헌하는 창조적인 가정이 되게 하옵소서.

오늘 두 사람의 약혼을 축하하기 위하여 이 자리에 온 모든 이들을 하나님께서 축복해 주시기를 간절히 구합니다.

저희들이 신실한 두 사람을 지켜보며 각자의 결혼생활을 돌아볼 수 있는 귀중한 은혜의 시간이 되게 하옵소서.

이 예식이 하나님께는 큰 영광을 드리고 저희들 모두에게는 즐거운 잔치가 되도록 인도해 주옵소서. 예수님의 이름으로 기도 드립니다. 아멘.

결혼-1
인생에서 가장 복된 날

남편 된 자들아 이와 같이 지식을 따라 너희 아내와 동거하고 저는 더 연약한 그릇이요 또 생명의 은혜를 유업으로 함께 받을 자로 알아 귀히 여기라 이는 너희 기도가 막히지 아니하게 하려 함이라(벧전 3:7).

은혜로우신 여호와여, 인생의 복된 날에 우리 하나님을 찬양합니다. 오늘 신랑 OOO 형제와 신부 OOO 자매가 결혼 예배를 드리게 되었음에 영광을 드립니다. 이 두 사람을 축복하여 주옵소서.

귀한 믿음의 가정에서 장성한 신랑과 신부로 인하여 찬양을 드립니다. 이들을 사랑으로 키워 새 가정을 이루도록 하신 신랑과 신부의 부모로 인하여 찬양을 드립니다. 여기 모인 우리 모두가 감사와 영광을 주님께 드리게 하소서. 이 시간 모든 만물이 주님의 사랑을 기뻐하여 찬양합니다.

우리의 주님이 되시는 하나님, 하나님 안에서 성대한 결혼예식을 맞이하여 예배합니다. 신랑과 신부의 아름다운 모습을 즐거워하며 예배드리오니 영광을 받아주옵소서.

이 자리에 위대하신 하나님의 사랑으로 충만하게 채워주옵소서. 목사님의 설교에 성령님의 감동하심이 넘치기를 원합니다.

거룩한 예식을 집례하시는 목사님께 은혜를 더하여 주시기 원합니다. 이 예식을 복되게 하시는 하나님을 기뻐하게 하옵소서.
신랑과 신부에게 은혜를 주시고, 이 자리에 모인 이들에게 축복이 넘치기를 소원합니다. 하나님이 이루신 새 가정에 천국의 복을 내려 주옵소서.

사랑의 하나님, 이제 두 사람이 하나가 되어 사랑으로 가정을 이루려고 합니다. 여기 모인 성도들이 새 가정을 보며 축복할 때 성령님께서 충만하게 역사하여 주옵소서.
신부와 신랑이 평생 동안 오늘 이 순간을 가슴속에 지니게 하시고 서로 존중하며 주님이 주신 삶을 누리게 하옵소서.

이제 인생의 새로운 시작입니다. 이들의 사랑으로 새로운 생명이 태어날 때 하늘과 땅이 기뻐하게 하시고, 하나님을 섬기며 자녀들을 양육하게 하옵소서.

때를 따라 도우시는 주님의 사랑으로 복된 지체로 살아가기를 소망합니다. 두 사람의 만남을 예비하시고 사랑으로 맺어 주신 하나님의 은혜가 언제나 이 가정에 넘치게 하옵소서. 예수님의 이름으로 기도드립니다. 아멘.

새 가정 축복-1
주님께서 지켜주시는 가정

아내들아 남편에게 복종하라 이는 주 안에서 마땅하니라 남편들아 아내를 사랑하며 괴롭게 하지 말라(골 3:18~19).

가정을 세우시는 하나님, OOO 형제와 OOO 자매의 하나님을 찬양합니다. 하늘에서부터 이들의 삶을 계획하시고 때가 되어 가정을 이루게 하셨습니다. 두 사람이 사랑으로 한 몸이 되게 하셨으니 영광을 받아주옵소서.

친히 저희들과 함께 계신 여호와께 찬송으로 영광을 드립니다. 성령님께서 충만하신 복을 주셔서 새 가정에 좋은 집을 마련해 주셨으니 영광을 받으옵소서.
성령님의 충만하신 역사가 넘치게 하옵소서. 이 시간 새 가정에 복된 보금자리를 주신 하나님께 영광을 드리며 기쁨으로 경배하기를 원합니다.

기쁨을 주시는 하나님, 주님 안에서 OOO 형제와 OOO 자매에게 새 집을 주셔서 예배드립니다. 이 집에 모인 저희들이 마음과 뜻을 다하여 경배드리니 받아주옵소서.
이 자리에 위대하신 하나님의 능력이 충만하기를 소망합니다. 생명의 말씀이 선포될 때 성령님의 역사가 넘치게 하옵소서.
신랑과 신부를 축복합니다. 여호와께서 집을 세워주시는 복이 이들에게 임하기를 원합니다. 주님께서 친히 파수꾼이 되셔서 지켜주시고, 일하는 수고가 헛되지 않게 하옵소서.

이제 두 사람은 서로의 부모를 자신의 부모로 섬기게 되었습니다. 양가 부모에게 효도하는 부부가 되기를 바라며 축복합니다. 두 사람에게 경건한 자손을 얻는 복을 주옵소서. 부부의 깊은 사랑으로 자손을 보는 기쁨이 있게 축복하옵소서.

거룩하신 주 여호와여, 새 가정을 이룬 두 사람에게 영적인 눈을 뜨게 해 주시기 바랍니다.
믿음의 눈을 떠서 이 가정을 인도하시는 하나님을 보게 해 주소서. 사람의 힘으로는 믿음에 굳게 설 수 없사오니 주님의 사랑으로 두 사람을 이끌어 주옵소서.

모든 만물이 주님의 사랑을 기뻐하여 찬양합니다. 신랑과 신부가 임마누엘의 하나님을 고백하며 살아가게 하옵소서. 두 사람의 마음이 곧 여호와의 전이 되게 하옵소서.
주님께서 이들 곁에 계심을 알게 하옵소서. 언제나 하나님을 바라보며 살아가게 하소서. 예수님의 이름으로 기도 드립니다. 아멘.

이사-1
하나님의 사랑으로 마련한 집

사람이 하나님의 주신 바 그 일평생에 먹고 마시며 해 아래서 수고하는 모든 수고 중에서 낙을 누리는 것이 선하고 아름다움을 내가 보았나니 이것이 그의 분복이로다(전 5:18).

임마누엘의 하나님, 저희들이 예배로 모인 이 자리에 위대하신 하나님의 능력이 충만하기를 소망합니다.
이사의 기쁨을 주신 하나님께서 머리를 숙인 저희들에게도 동일한 기쁨을 주실 것을 믿고 감사를 드립니다.

주님의 은혜가 이 가정에 함께 하심에 감사드립니다. 성령님께서 이 가정의 사정을 아시고 예비하사 좋은 곳으로 장막을 옮기게 하셨음을 기뻐합니다. 지극히 깊고 크신 사랑과 은혜로 OOO 성도님을 보호해 주시고 오늘의 즐거움을 주셨으니 영광과 찬양을 드립니다.

사랑하는 자녀에게 신실하신 여호와 하나님이여, OOO 성도님과 이 가정의 즐거움에 함께 하면서 예배합니다. 하나님께서 의로우신 손을 드시고 새 집을 주셨사오니 모든 만물이 주님의 사랑을 기뻐하여 찬양합니다.

목사님께서 준비하신 말씀을 증거하실 때 하늘의 은혜를 체험하게 하옵소서. 그 말씀이 생명의 양식이 되고 가족에게는 복된 약속이 되기를 원합니다.

주님의 자녀들을 축복합니다. 오직 하나님의 말씀으로 가정을 세우기 위해 노력하는 OOO 성도님을 축복합니다. 이 집에서 살아가는 동안 하나님의 일하심을 깨닫는 마음을 주시기를 소망합니다.

주님의 뜻에 순종하고 하나님 앞에 잠잠히 기다리는 은혜를 주옵소서. 하늘 문을 여시고 살아가는데 필요한 모든 것을 공급해 주시기를 기도합니다.

장막을 예비하신 하나님, 주님께서는 구원의 은혜를 주신 날부터 지금까지 이 가족을 인도해 주셨습니다. 택함을 받은 가족이 이 장막에서 복을 받게 하옵소서.
 하나님의 주신 것으로 먹고 마시며, 해 아래서 수고하여 얻은 것으로 낙을 누리는 은혜를 경험하는 가정이 되게 하옵소서. 모든 가족이 주님의 은혜를 찬양하면서 살아가도록 도와주옵소서.

하나님의 사랑으로 마련한 집에서 예배할 때, 장차 저희들이 이사를 갈 천국의 집을 바라보게 하옵소서. 하나님께서 마련해주신 장막에서 예배를 드리며 우리의 참 장막이 하늘에 있음을 소망하게 하옵소서. 예수님의 이름으로 기도 드립니다. 아멘.

개업-1

처음 익은 열매로 여호와를 공경하라

만군의 여호와가 이르노라 너희의 온전한 십일조를 창고에 들여 나의 집에 양식이 있게 하고 그것으로 나를 시험하여 내가 하늘 문을 열고 너희에게 복을 쌓을 곳이 없도록 붓지 아니하나 보라(말 3:10).

인도하시는 하나님, 주님께서 OOO 성도님에게 복을 약속하시고 새로운 일을 하게 하셨으니 찬양을 드립니다. 하나님의 계획하심에 따라 이끌어 주옵소서.

여기까지 OOO 성도님을 인도해 주신 성령님을 찬양합니다. 성령님께서 성도님을 위하여 마련해주신 가게를 통해서 각양 좋은 것들을 받게 하옵소서.
스스로 채우지 아니한 아름다운 집을 얻는 복을 누리게 하옵소서. 파지 아니한 우물도 얻게 하시며, 심지 아니한 포도원도 차지하는 복을 주심을 믿고 찬양을 드립니다.

주 여호와여, 이제껏 베풀어주신 사랑에 감격하여 경배하는 시간이기를 소망합니다. 하나님의 크신 은혜에 감사하며 드리는 예배가 되게 하옵소서.

신령과 진정으로 주님께 영광을 드리고 천사처럼 섬기려는 결심을 하게 하옵소서. 주님의 사랑을 찬송하며 그 이름에 높이게 하옵소서.
OOO 성도님에게 주신 사업을 축복합니다.
주의 복을 받는 자가 땅을 차지한다는 약속대로 OOO 성도님에게 많은 것을 허락하시기 원합니다. 다니던 회사에서 성실하게 일하시다가 사업을 시작하셨으니 주님의 영광을 위해서 번창하기를 소망합니다. 함께 일하시는 분들의 손길도 축복합니다.

자비로우신 하나님, 주님께서 시작하신 이 사업장을 축복합니다. OOO 성도님에게 비전을 주시고 이 일에 헌신하도록 하셨음을 감사드립니다. 그에게 발로 밟는 곳을 주시는 은혜가 있기를 소망합니다.

주님께서 문을 열도록 하셨으니 늘 함께 하셔서 번성하게 하옵소서. 이 가게를 당할 곳이 없게 해주시기 바랍니다. 이 가게를 드나드는 이들에게 복음이 전파되게 하옵소서.

OOO 성도님의 개업으로 저희들에게 즐거움을 주시니 감사드립니다. 형제의 일을 나의 일처럼 여기는 성도들이 이 사업을 위해 기도하오니 응답해 주옵소서.
주님의 권고하심으로 저희들이 이 사업을 위해서 기도하게 하옵소서. 예수님의 이름으로 기도 드립니다. 아멘.

창립기념-1

주께서 창성케 하신 회사

주께서 이 나라를 창성케 하시며 그 즐거움을 더하게 하셨으므로 추수하는 즐거움과 탈취물을 나누는 때의 즐거움 같이 그들이 주의 앞에서 즐거워하오니(사 9:3).

신실하신 하나님, 주님의 이름으로 세워진 OO 사의 창립 O 주년에 하나님께 영광을 드립니다. 날마다 좋은 것들로 OO 사를 만족하게 하시니 찬양으로 영광을 드립니다. 오늘은 창립을 기념하는 날로 승리의 날입니다.

무에서 유를 창조하시는 주님의 권능이 OOO 장로님과 함께 하셔서 좋은 기업으로 발전하게 하시니 크신 영광을 드립니다.
이 시간 저희들이 하나님께 감사하며 즐거워하게 하옵소서. 기적을 만드시는 손길로 회사를 도우셨으니 창립 O 주년의 영광을 주님께 드립니다.

함께 하시는 하나님, 하나님께서 지금까지 저희들을 지켜 주셨음에 감사드립니다. 목사님께서 생명의 말씀을 전하실 때 그 말씀대로 살아가기를 다짐하게 하옵소서.

주님의 말씀을 생명의 양식으로 받아 심령이 배부르게 하소서. 하나님께서 약속하신 말씀이 이루어지는 복된 시간이기를 소망합니다. OO 기업을 축복합니다. 오래 전에 개업 예배를 드린 그때부터 창립 기념일을 맞이하는 지금까지 주님의 영광만을 위해서 봉사해 온 회사입니다.

이 회사가 주님이 보시기에 아름다워 이 땅에 존재하는 줄로 믿습니다. 주님의 이름으로 OO 기업을 축복하오니 세상에 있는 제 2의 거룩한 공동체가 되게 하옵소서.

인자하신 주여, 주님 앞에서 존귀한 OOO 장로님과 주님의 거룩한 사업장을 축복합니다. 이 회사에서 일하는 종업원들을 축복합니다. 우리 주님께서 OOO 장로님에게 이 회사를 맡겨주시고 직원들과 협력하여 회사를 경영하게 하셨으니, 모든 이들이 선한 청지기가 되어 일하게 하소서. 이 회사가 창대하게 되어 왕성하게 활동하게 하옵소서.

회사의 창립 O 주년의 영광을 예배하는 자리에 OOO 장로님과 모든 직원들이 머리를 숙이게 하심에 감사드립니다. 이 복된 자리에 교회의 성도들을 불러주시니 감사드립니다.

날마다 하나님께서 함께 하심으로 주님의 나라를 위해 귀하게 쓰이는 일터가 되기를 소망하게 하소서. 예수님의 이름으로 기도 드립니다. 아멘.

임종-1

성도가 사모하는 더 나은 본향

저희가 이제는 더 나은 본향을 사모하니 곧 하늘에 있는 것이라 그러므로 하나님이 저희 하나님이라 일컬음 받으심을 부끄러워 아니하시고 저희를 위하여 한 성을 예비하셨느니라(히 11:16).

생명을 주관하시는 여호와여, 한 평생 아름답게 믿음으로 살아오신 권사님의 임종을 지켜주옵소서. 주님의 품에서 죽음을 기다리시는 OOO 권사님께 힘을 주옵소서. 주님을 찬양하면서 병고를 견디어내게 하심을 감사드립니다.

많은 이들이 자신의 죽음 앞에서 원망하고 불평합니다. 그러나 지금 OOO 권사님은 죽음을 감사함으로 맞이하고 계십니다.
성령님께서 여종의 육체를 지켜주시며 괴로움을 이기게 하셨고, 기도하게 하셨음에 감사드립니다. 고통스러웠으나 불평 없이 인내하셨음을 기억합니다.

존귀하신 하나님, 우리 주님께 겸손히 마음을 모읍니다. 함께 할 때 기뻤던 OOO 권사님의 임종예배를 받아주옵소서.
머리를 숙인 저희들 모두가 온전한 마음으로 주님께 경배하기 원합니다. OOO 권사님을 사랑하시는 하나님께 예배를 드리고 크신 권능을 선포하기 원합니다.

가족과 성도들의 예물을 받으시고 복을 내려 주옵소서.
주님을 사랑하고 교회를 위해서 수고를 아끼지 않으신 OOO 권사님을 축복합니다. 이제 자손들과 성도들의 찬양 속에서 하나님 품에 안기기를 기다리고 있습니다.

그렇게 기다렸던 천성을 향한 길에 들어서셨으니 함께 해주옵소서. 주님을 뵙게 될 때 슬기로운 다섯 처녀처럼 기뻐하며 천국으로 들어가기를 소망합니다.

온전케 하시는 여호와여, OOO 권사님은 모두가 사모하는 더 나은 본향으로 가심을 기뻐하는 가족이 되기 원합니다.
그렇게 천국을 사모하시던 권사님을 보내드리는 영광을 누리게 된 가족들에게 은혜를 주옵소서. 어머니의 신앙을 이어받는 자녀들이 되게 하시고, 할머니의 하나님을 주로 고백하는 자손들이 되게 하소서.

언제나 저희들에게 신앙의 도전이 되셨던 OOO 권사님과 헤어질 시간입니다. 권사님의 임종과 장례를 통해서 하늘의 은혜를 맛보게 하옵소서. OOO 권사님의 신앙대열에 서겠다는 결심을 하게 해 주옵소서. 예수님의 이름으로 기도 드립니다. 아멘.

입관-1
천사장의 소리와 하나님의 나팔

주께서 호령과 천사장의 소리와 하나님의 나팔로 친히 하늘로 좇아 강림하시리니 그리스도 안에서 죽은 자들이 먼저 일어나고(살전 4:16).

만물의 창조주 하나님, 오랫동안 저희들과 같이 지냈던 고 OOO 집사님을 기억합니다. 고인이 본향으로 돌아가셨으니 저희 모두가 삶의 진리를 깨달아 하나님은 주시는 분이시며 취하시는 분이심을 잊지 않게 하소서.

흠모할 만한 신앙의 삶을 사셨던 고인과 함께 교제했던 저희들은 행복했습니다. OOO 집사님은 성령님과 동행하기를 즐거워했고, 성령님으로 충만한 종이셨습니다.
그의 헌신과 수고로 말미암아 교회가 크게 부흥하였음에 감사드립니다. 특별히 주일학교 교사로 오랫동안 수고하여 어린이들과 청소년들을 기르신 그 수고를 기억하옵소서.

임마누엘 하나님, 예배를 통해서 이 자리에 있는 이들이 영원한 하늘의 집을 바라보게 하옵소서. 우리의 생명과 모든 것이 다 하나님의 것이요, 우리는 이 모든 것을 주님의 허락하신 날까지 잠시 맡아 다스리는 주님의 청지기입니다.

이 예배를 통하여 영광을 하나님께 드리고 진리를 깨닫게 하옵소서.
말씀으로 저희를 위로하실 목사님께 은총을 더하여 주옵소서.
고 OOO 집사님의 가족을 축복합니다. 고인이 주님의 사랑 안에서 자녀들을 훌륭하게 키울 수 있게 하셨으니 감사드립니다.
고인의 자녀들은 부모님을 공경하였습니다. 귀한 자녀들이 믿음의 세계에서만 아니라 세상에서도 남들을 지도하는 위치에 있게 하셨으니 영광을 받으시옵소서.

위로하시는 하나님, 인간적으로는 슬픈 시간이지만 하나님께 대해서는 영광의 시간입니다. 유족들에게 하나님의 뜻을 분별할 수 있는 지혜와 믿음을 더하여 주옵소서.
이 가정에 크신 은혜로 채워 주셔서 슬픔이 변하여 기쁨이 되게 하여 주옵소서. 고인이 땅에서 지내는 동안 간구하였던 모든 기도가 자녀들의 사는 날 동안 응답되게 하소서.

고인과 함께 신앙생활을 하는 중에 하나님이 주신 모든 은혜와 선물을 귀히 간직하게 하옵소서. 고인과 함께 했던 기도와 찬송, 예배의 추억을 기억하게 하옵소서.

저희들도 언젠가 주님께서 찾으실 때 언제나 순종하는 마음으로 하나님께 돌려드릴 수 있는 지혜를 주옵소서. 예수님의 이름으로 기도드립니다. 아멘.

발인-1
승리의 부활에 참여하는 영광

우리가 살아도 주를 위하여 살고 죽어도 주를 위하여 죽나니 그러므로 사나 죽으나 우리가 주의 것이로라(롬 14:8).

우리 주 여호와여, 하나님 앞에서 사시던 고 OOO 장로님의 영혼을 받아주시니 찬양을 드립니다. 주 앞에 엎드린 저희들이 겸손히 예배 드리게 하옵소서. 이 시간에 하늘의 영광과 땅의 위로를 베풀어주옵소서.

오늘 소중한 날에 저희들이 머리를 숙였습니다. 이제 고인께서는 하나님의 품에 안기셨습니다. 근심 걱정 없이 주님의 보좌 앞에서 영광을 드리고 계실 것을 믿습니다. 이제 성령님의 충만하심 안에서 빛보다 더 밝은 그곳을 사모하며 발인 예식을 거행하게 하옵소서.

죄를 용서하시는 주여, 고 OOO 장로님의 생애를 추억하며 저희들을 돌아봅니다. 여기에 모인 이들 중에 생명의 주권이 주께 있음을 깨닫지 못한 이가 있다면 용서하옵소서.
하나님을 믿으면서도 죄악에서 떠나지 못한 이들을 불쌍히 여겨주옵소서. 범죄하는 이들을 건지시어 생명을 얻게 하옵소서.

하나님의 은혜에 감사하며 진리를 붙잡는 예배가 되게 하시기를 소망합니다. 이 시간 유족들의 눈물을 씻어 주시고 가슴에 맺힌 아픔을 제하여 주옵소서. 신령한 하나님 나라를 바라보게 하옵소서.
우리가 슬픔 가운데서도 힘을 얻어 예배함은 주님께서 새 하늘과 새 땅을 보여 주셨기 때문입니다.
이 자리에 함께 모인 이들에게 예비하신 나라를 유업으로 받도록 허락하옵소서.

생명의 주인이신 하나님, 고인의 죽음을 통해서 의와 진리로 새롭게 하심을 감사드립니다.
고 OOO 장로님의 발인 예배에 머리를 숙인 성도들도 주안에서 잠들 때, 흰옷 입고 주님과 함께 영원한 나라를 소유하게 될 것을 믿습니다. 예수님으로 말미암아 이 모든 것이 응할 때 승리하게 하옵소서.

생명책에 믿는 자들의 이름이 기록되고 승리의 반열에 서게 해 주옵소서. 우리가 세상을 떠날 때에 주안에서 평강과 복을 얻게 해 주옵소서.

모든 사람이 승리의 부활에 참여할 때 하나님께서 기뻐하시는 자가 되게 해 주옵소서. 예수님의 이름으로 기도 드립니다. 아멘.

하관-1

하나님께 영광, 유족들에게 소망

이기는 자는 이와 같이 흰 옷을 입을 것이요 내가 그 이름을 생명책에서 반드시 흐리지 아니하고 그 이름을 내 아버지 앞과 그 천사들 앞에서 시인하리라(계 3:5).

생명의 주 하나님, 고 OOO 성도님의 영혼을 거두어 주시니 감사를 드립니다. 고인이 천국에 가심으로써 우리 하나님께 영광이 되고 유족들에게는 소망이 되었습니다.

고 OOO 성도님의 발인예배를 성령님께서 주관하시고 영광을 받으옵소서. 고인이 저희들과 한 지체가 되어 하나님을 섬기게 하셨으니 영광을 드립니다.
성도님은 늘 교회를 중심으로 사셨고 임종하시는 그 순간까지도 하나님의 나라의 일을 생각하셨습니다. 고인의 생애를 통해서 영광을 받으신 주님의 은혜가 저희들에게 임하기를 소망합니다.

여호와 우리 주여, 주님의 보좌 앞에서 예배합니다. 천지의 만물이 우리 하나님의 위엄을 찬송하기 원합니다.
이 자리에서 유족과 일가친척들, 성도들 모두가 하나 되어서 하나님께 영광과 존귀를 드립니다. 목사님이 기도로 준비하신 하나님의 말씀을 전하실 때 은혜가 충만하게 하소서. 말씀 속에서 저희들 모두에게 위로와 격려를 받기 원합니다.

사랑하는 유족을 위해 간구합니다. 함께 살던 이를 먼저 천국으로 보낸 후 슬퍼하는 이들을 주님께서 품어주옵소서. 아파하는 마음을 위로하시고 성령의 은혜로 감싸주옵소서. 그리하여 부르심을 받은 고 OOO 성도님에게 주셨던 은혜를 누리게 하옵소서.

자비로우신 하나님, 고인과 함께 삶을 나누었던 지체들을 축복합니다. OO 교회 안에서 성도의 교제를 나누었던 이들이 고인과의 추억을 가슴에 묻습니다.

이제 주의 자비와 보호를 받게 하시고, 영원한 생명의 약속을 기다리다가 영원한 하늘나라에서 기쁜 얼굴로 만나게 하옵소서. 이 땅에서 우리의 잠시 받는 환난이 장차 우리로 하여금 지극히 온전하고 영원한 영광을 얻게 하심인 줄 믿습니다.

우리의 본질은 진토임을 분명히 알고 있습니다. 사람은 들에 핀 백합화 같아서 세월이 지나면 없어져 그 흔적도 찾지 못하게 되지만, 저희들은 부활을 믿고 있습니다.

오늘 발인예배에서 다시 한 번 영생을 믿고 부활의 새 아침을 기다리게 하옵소서. 예수님의 이름으로 기도 드립니다. 아멘.

첫 성묘-1
항상 주와 함께 있으리라

그 후에 우리 살아 남은 자도 저희와 함께 구름 속으로 끌어 올려 공중에서 주를 영접하게 하시리니 그리하여 우리가 항상 주와 함께 있으리라(살전 4:17).

위로해 주시는 하나님, 이 자리에 모인 주님의 자녀들이 한 마음으로 주님께 찬송을 드리게 하옵소서. 주 안에서 잠드신 고 OOO 성도님의 첫 성묘 자리에 성령님의 위로가 넘치기를 소망합니다.

예배하러 모인 저희들이 주께 감사하게 하옵소서. 함께 한 유족들과 주님의 자녀들이 성령님의 위로하심을 받게 하옵소서.
성령님의 충만하신 인도로 하나님을 찬송하게 하옵소서. 저희들이 보는 것은 고인이 누워있는 산소이지만 하늘에 계실 고인의 영혼을 바라보게 하옵소서.

영광을 받으실 하나님, 저희들이 예배할 때 성령님의 충만하심이 나타나게 하옵소서. 하나님께서 약속하신 말씀이 이루어지는 복된 시간이기를 소망합니다.

예배에 거룩하신 하나님의 은혜가 있게 하시고, 참여하는 성도들에게도 복을 내려 주옵소서. 목사님께서 말씀을 선포하실 때 능력으로 함께 하옵소서.
유족들에게 천국에 대한 소망을 품게 하시고, 고인의 신앙을 이어 믿음의 거목들이 되게 하옵소서.

온 성도들이 전심으로 예배할 때, 하나님께는 영광이 드려지고 유족들에게는 은혜가 임하기 원합니다. 사랑하는 가족을 먼저 주님의 품으로 보낸 슬픔을 위로하여 주옵소서.

날마다 함께 하시는 하나님, 사랑하는 유족들이 언제나 변함 없이 하나님의 자녀로 살게 하옵소서. 비록 가난하고 연약한 육체를 갖고 살아도 하나님을 바라보게 하옵소서. 이들이 주님의 뜻대로 사는 믿음의 사람이 되기를 소망합니다. 예배를 통해서 천국을 상속받는 경건한 자녀임을 알게 하옵소서.

우주를 다스리시는 하나님, 높이 계신 하나님께서 낮고 천한 저희들을 돌보아 주시는 사랑을 찬송합니다. 우리를 의롭게 해주신 주님의 보혈을 찬양하면서 예배를 드리기 원합니다. 예배를 통해서 천국을 상속받는 경건한 자녀로 살아가게 하옵소서. 예수님의 이름으로 기도 드립니다. 아멘.

추도식-1

고인을 추억하며 예배하는 시간

형제들아 내가 이것을 말하노니 혈과 육은 하나님 나라를 유업으로 받을 수 없고 또한 썩은 것은 썩지 아니한 것을 유업으로 받지 못하느니라(고전 15:50).

영광으로 이끄시는 하나님, 주님을 사랑하기에 이곳에 모였습니다. 고 OOO 집사님께서 이 세상에 사는 동안 믿음을 지켜 본이 되는 삶을 살게 하셨음에 감사드립니다. 이 시간이 유족들에게 새로운 은혜와 복이 되게 하옵소서.

주님의 긍휼하심으로 살아오던 저희들이 모였습니다. 고인을 추억하면서 감사로 예배하는 한 시간이 되기 원합니다.
저희를 구속하여 자녀로 불러 주시고, 고인이 이 땅에 계셨을 때, 같이 찬송하며 기도했던 시간을 감사드립니다. 이 시간에 성령님의 충만하심이 고인의 자손들에게 넘치기를 소원합니다.

자비로우신 여호와여, 하나님의 사랑이 저희들을 이곳으로 불러 예배드리게 하셨습니다. 마음을 다하여 대속의 십자가를 지신 주님의 사랑을 찬양하게 하옵소서.

목사님의 음성으로 하나님의 말씀을 듣기 원합니다. 말씀을 전해 주실 목사님에게 성령님의 능력이 더하셔서 그 말씀을 듣고 저희들이 새 힘을 얻게 하옵소서. 이 모든 절차를 주님께서 인도하셔서 하나님께 영광이 되도록 하옵소서.

고 OOO 집사님의 후손을 축복합니다. 이들이 주님 앞에서 날마다 복되게 살게 하옵소서. 어머니를 본받아 믿음 안에서 성실한 삶을 살 수 있도록 인도하여 주옵소서. 고인을 추모하는 이 자리에서 저희들에게 신앙의 후손이 되는 결단을 하게 해주옵소서.

찬양받으실 주 하나님, 사랑하는 이 가정을 위하여 기도합니다. 어머니를 일찍 하나님의 품으로 떠나보냈사오니 아직도 결혼을 하지 않은 자녀들에게 하나님께서 친히 어머니가 되어주시기를 간절히 바랍니다. 혼자서 자녀들의 뒷바라지를 하시는 OOO 집사님을 위로해 주옵소서. 그가 아내의 몫까지 다하면서 살아가오니 하나님께서 함께 하시기를 소망합니다.

고 OOO 집사님께서 이 땅에 계실 때 함께 지내게 하셨음을 감사드립니다. 집사님은 언제나 저희들에게 신앙의 모범이 되셨고 누구보다도 앞장서서 헌신하셨습니다.
집사님의 수고로 많은 성도들이 위로를 받았고 교회가 부흥되었사오니 우리도 그 신앙을 따르게 하옵소서. 예수님의 이름으로 기도드립니다. 아멘.

갑자기 병에 걸린 경우-1

하나님이 하시는 일

예수께서 대답하시되 이 사람이나 그 부모의 죄로 인한 것이 아니라 그에게서 하나님이 하시는 일을 나타내고자 하심이라(요 9:3).

사랑으로 우리를 보시는 여호와여, 지금까지 하나님 앞에서 복되게 살아오신 OOO님에게 닥친 어려움을 위해 저희들이 모였습니다. 모두가 놀란 가운데서도 주님의 선하신 뜻이 이루어지기를 소망합니다. 하나님의 은혜를 내려 주옵소서.

오늘도 귀한 지체들이 하나님 앞에서 행한 모든 허물을 고백하게 하옵소서. OOO님의 병고로 가족이 절망에 빠지지 않게 도와주옵소서. 서로 사랑하며 어른들에게 순종하게 도와주옵소서.

영광을 받으시는 하나님, 저희들이 하늘의 하나님을 향해서 엎드려 경배하게 하옵소서. 목사님께서 하나님의 말씀을 들려주실 때 위로가 받기 원합니다.
진리로 저희를 새롭게 하옵소서. 아울러 이 시간에 OOO님을 괴롭게 한 병의 근원을 주님의 이름으로 결박하시고 쫓아내 주옵소서.

하나님께서는 자기 백성들이 질병으로 고통을 받는 것을 원하지 않으시는 분임을 믿습니다.
메인 자를 놓이게 하며, 맹인을 눈뜨게 하고, 상처받은 이들을 자유케 하시는 하나님의 능력이 나타나기 원합니다. 주님의 부드러우신 손으로 OOO님을 만져주시고 일으켜 주옵소서.

새롭게 하시는 주여, 배 안에서 풍랑을 만났던 요나를 생각하게 합니다. 불순종한 선지자를 풍랑을 통해서 순종의 사람으로 만드셨던 하나님의 은혜가 있기를 소망합니다.

이 상황을 통해서 여호와의 은혜를 누리게 하옵소서. 바다 끝에 가서 거할지라도 주의 손이 인도하시고 주의 오른손이 붙들어 주심을 깨닫는 복된 기회가 되게 하옵소서. 지금은 깨어지는 고통의 시간이지만 새롭게 하시는 은혜를 보게 하옵소서.

복을 주시는 여호와여, OOO님이 건강하기를 바라시는 주님의 이름으로 축복합니다. 이 시간에 그가 잃었던 건강을 도로 찾고 즐거워하는 것이 하나님의 뜻임을 믿습니다.

우리가 이 땅에 살면서 질병과 고통을 당할 수 있으나 주님의 은총으로 나음을 믿습니다. 예수님의 이름으로 기도 드립니다. 아멘.

갑자기 병에 걸린 경우-2
신체를 강건하게 하는 말씀

그것을 네 눈에서 떠나게 하지 말며 네 마음속에 지키라 그것은 얻는 자에게 생명이 되며 그의 온 육체의 건강이 됨이니라(잠 4:21~22).

긍휼하신 주 하나님, 하나님의 은혜로 OOO님과 가족을 위로해 주옵소서. OOO님에게 이처럼 어려움이 생긴 것은 하나님의 뜻임을 믿습니다. 하나님의 은혜로 회복시켜 주옵소서.

주 안에서 사랑을 받는 OOO님이 건강한 것이 하나님의 뜻이라 믿습니다. 갑작스럽게 어려움을 만난 가족을 위로합니다. 성령님께서 만져주시고 감당할 만한 힘을 주실 것을 소망합니다. 저가 건강을 도로 찾는 그 시간까지 기도할 가족들에게 힘을 주옵소서. 이 기회로 하나 되는 가족들이 되게 하옵소서.

의를 이루시는 주여, 힘든 상황에 있는 가족을 성령님께서 위로해 주시고 하나님께 예배드리도록 은혜를 주시니 감사드립니다. 지금까지 OOO님과 이 가정에 은혜를 주신 하나님을 생각하며 예배드립니다. 목사님께서 하나님의 말씀을 전하실 때 성령님의 능력으로 은혜를 받게 하옵소서.

주님께서 문둥병자를 민망히 여기사 깨끗하게 하신 은혜가 OOO님에게 임하기를 원합니다.
OOO님이 자신을 고통스럽게 한 병을 인내하며 주님의 손길을 사모하게 하옵소서.

성령님의 은혜를 통해서 주님의 손길을 기다립니다. 하나님의 뜻으로 OOO님이 질병에서 고침을 받게 하옵소서. 하나님이 원하시면 당장 치료될 것을 믿습니다.
"위대하신 하나님, 주 예수님의 이름으로 명하니 건강한 육체로 회복될지어다. 이 시간에 위기를 맞게 하여 두려움으로 몰아가는 세력은 묶일지어다. 놀라고 초조하게 하도록 하는 사탄의 역사를 주님의 이름으로 결박하노라."
주님께서 주신 권세에 의지하여 주의 이름으로 명령했으니 사탄의 세력이 결박당함을 믿습니다. 다시는 저주의 그림자가 선택된 가정에 다가오지 못함을 믿습니다.

목사님께서 예수님의 말씀에 순종해서 OOO님의 다친 부위에 손을 얹으실 때, 병든 사람에게 손을 얹으면 낫게 하시겠다고 약속하셨으니 말씀대로 이루어질 줄로 믿습니다. 주님의 종이 말씀을 믿고 손을 얹으실 때, 주님의 손이 다친 부위를 치료해 주시고 회복시켜 주옵소서. 예수님의 이름으로 기도 드립니다. 아멘.

갑자기 병에 걸린 경우-3
스올에 버리지 않으시는 하나님

이는 주께서 내 영혼을 스올에 버리지 아니하시며 주의 거룩한 자를 멸망시키지 않으실 것임이니이다(시 16:10).

뜻을 이루시는 여호와여, 일의 끝에 세상이 알지 못했던 일들을 보여주시는 하나님을 믿습니다. 부족한 종이지만 예수님의 이름으로 간구할 때 치유의 역사가 나타날 줄 믿습니다. 여호와의 치료하심을 보여 주옵소서.

때를 따라 은혜를 베푸시고, 영광을 취하신 하나님께 찬송을 드립니다. OOO님께서 건강할 때 영광을 받으셨던 여호와께서 성령님이 충만하심으로 건강을 회복하게 하옵소서.
곤란을 당하게 하신 뜻이 있음을 생각하니 찬송을 드립니다. OOO님이 육체의 어려움을 통해 이루어질 하나님의 일을 바라보게 하옵소서.

주 우리 하나님, 이제까지 우리 주님의 풍성한 사랑으로 지내왔음을 고백합니다. 여호와 앞에서 잠잠히 주님의 이름을 높이게 하옵소서. 저희들이 예배드릴 때 하나님께서 영광을 받으시옵소서.

주님, 어려움을 겪고 있는 OOO님이 위로와 평안을 얻게 하옵소서. 마음을 열고 목사님의 설교를 들으며 주님의 말씀으로 심령이 배부르게 하옵소서.

한 중풍병자가 주님께 죄사함을 받고 괴로운 중풍에서 치유된 것처럼 OOO님도 주님의 은혜로 치료받게 하옵소서.

하나님의 사랑하시는 종이 병을 얻었으니 여호와의 치료하심을 보여 주옵소서. 그리하여 하나님은 자기 백성들을 스올에 버리지 않으심을 알게 하옵소서.

긍휼히 여기시는 하나님, 생각하지 못한 일이었으나 OOO님의 어려움을 통해서 하나님의 일이 이루어지기를 소망합니다.

하나님의 영광을 나타내시려고 OOO의 몸을 사용하고 계심을 믿습니다. 저희들과 OOO님의 가족이 질병에만 눈을 두지 않게 하옵소서. 어려움 뒤에서 일하시는 하나님의 손을 보게 하옵소서. 어려움을 이기고 주님께 영광을 드리게 하옵소서.

우리 하나님은 자기 백성을 양 같이 인도하심을 믿습니다. 온전한 믿음으로 여호와를 바라보는 OOO님이 되게 하옵소서. 받아들이기 힘든 어려움 속에서도 하나님을 찾게 하옵소서.

이 어려움을 통하여 하나님을 보게 하시고 주님께 자신을 맡기게 하옵소서. 예수님의 이름으로 기도 드립니다. 아멘.

불의의 사고로 다치는 경우-1
육체에 나타나는 예수님의 생명

우리 살아 있는 자가 항상 예수를 위하여 죽음에 넘겨짐은 예수의 생명이 또한 우리 죽을 육체에 나타나게 하려 함이라(고후 4:11).

자비로우신 주 하나님, 사랑하는 OOO님께서 갑자기 어려움을 당해 두려워하여 있으니 불쌍히 여겨 주옵소서. 하나님의 능력과 기름 부으시는 은총으로 OOO님을 회복시켜 주옵소서.

갑자기 당한 고통으로 사람의 몸이 하나님의 것임을 깨닫게 하셨음에 찬송을 드립니다. 저희들은 잘 알지 못하지만 사람의 생각과 하나님의 생각이 다름을 알게 해주시니 찬송을 드립니다. 지금은 고통 중에 있으나 OOO님으로 인해 영광을 받으실 하나님을 믿습니다.

좋으신 하나님, 병상에서도 하나님을 찾게 하시며, 예배하게 하셨음에 감사를 드립니다.
이 예배를 통해서 OOO님에게 소망이 있기 원합니다. 이 예배의 시간에 마음을 다하여 여호와의 이름에 합당한 영광을 돌리게 하옵소서. 신령과 진정으로 여호와께 예배하는 저희들이 되게 하옵소서.

설교를 통해서 주시는 말씀으로 위로와 기쁨을 얻게 하옵소서. 목사님을 통해 말씀이 선포될 때 능력이 있는 말씀이 되게 하옵소서.

안식일에 한편 손 마른 사람을 낫게 하신 주님의 은혜를 OOO님에게도 주옵소서. 불의의 사고로 두려움에 처한 OOO님에게 회복의 은혜를 주옵소서.

이 시간 성령님의 만져주시는 역사로 주님의 영광을 보게 하옵소서. 저희는 아무 것도 할 수 없으니 주님께서 친히 저의 손을 잡아 주시고 이전처럼 강건하게 회복시켜 주옵소서.

좋으신 주 여호와여, 불의에 사고로 온 가족이 두려움에 빠져 있으니 구원의 은혜를 내려 주옵소서. 가족에게 일어난 일로 두려워하는 자녀들에게 복을 주옵소서.
합력하여 선을 이루시는 여호와의 손길을 기다리게 하옵소서. 이들의 마음에 평강을 주시고 안식을 얻게 하옵소서.

저희들은 여호와께서 OOO님의 힘과 방패가 되어주심을 믿습니다. OOO님이 하나님을 의지하니 은혜를 입게 하옵소서.

하나님의 도우심으로 마음에 평안을 누리게 하옵소서. 힘든 시간을 보내게 된 가족들에게 하늘의 위로를 내려 주옵소서. 우리를 사랑하시는 예수님의 이름으로 기도 드립니다. 아멘.

불의의 사고로 다치는 경우-2
합력하여 선을 이룸

우리가 알거니와 하나님을 사랑하는 자 곧 그의 뜻대로 부르심을 입은 자들에게는 모든 것이 합력하여 선을 이루느니라(롬 8:28).

위로하시는 여호와여, OOO님이 어려움을 당했지만 여호와의 은혜로 도와주실 것을 믿습니다.
이 일을 통해서 하나님께서 OOO님과 가족을 얼마나 사랑하시는지 보여주옵소서.

사랑하는 OOO님에게 오직 하나님만 바라볼 수 있는 믿음과 은혜를 주옵소서. 이 어렵고 힘든 순간에 하나님을 만나게 하옵소서.
역경을 통해서 우리를 사랑하시는 하나님의 섭리를 배우게 하옵소서. 어려움을 이기고 주님 앞에서 더 나은 모습으로 변화되게 하옵소서.

진리로 인도하시는 하나님, 불의의 사고가 일어난 현장에도 하나님이 계심을 믿습니다. 우리 주님께서 십자가의 보혈로 지켜주셨음을 찬송하면서 예배드립니다.
사고 중에도 보호하심을 받은 OOO님을 반가워하면서 우리 하나님을 높이게 하옵소서.

높이 계신 여호와께 합당한 예배를 드리게 하옵소서. 이 병상에 하나님의 거룩하심이 선포되기 원합니다.

거라사의 광인을 군대 귀신의 들림에서 구원하신 주님을 기억합니다. 그에게 주어졌던 은혜가 오늘 이곳에 임하게 하옵소서.
OOO님과 함께 저희들이 주님께 부르짖사오니 끔찍한 일을 만나게 한 흑암의 세력을 물리쳐 주옵소서. 속히 상처를 치료해 주옵소서. 하나님께서 만져주셔서 저희 모두가 예수님이 하나님의 아들이심을 믿게 해주옵소서.

복의 근원이 되시는 주여, 우리 주님께서 친히 OOO님의 연약한 것을 담당하시고, 병을 짊어지셨으니 저를 일으켜 주옵소서. 고통을 주고 시험하는 사탄을 이기신 주님의 능력이 OOO님에게 임하기를 기도합니다. 성령님의 손길이 아픈 부위를 만져주시고 곧 낫게 하심을 믿습니다. 주님의 이름으로 일어날 것을 믿고 감사드립니다.

갑자기 일어난 어려움 때문에 많은 돈이 필요하오니 여호와께서 재정을 공급해 주시기 원합니다. OOO님이 돈 때문에 염려하지 않게 해주옵소서. 이 사고를 일으킨 피의자와 원만한 합의가 이루어지게 하시고, 보험회사와의 관계도 하나님께서 간섭하여 주옵소서. 예수님의 이름으로 기도 드립니다. 아멘.

불의의 사고로 다치는 경우-3
두려워하지 말라

여호와께서 그에게 이르시되 너는 안심하라 두려워하지 말라 죽지 아니하리라 하시니라(삿 6:23).

치료하시는 하나님, 병자의 손을 잡으시고 불쌍히 여기시며 낫게 하셨던 주님의 얼굴을 저희에게도 돌려주옵소서. 인자하신 얼굴로 OOO님을 바라보시며 치료해 주시는 은혜를 입게 하옵소서. 사랑의 손으로 만져 주옵소서.

OOO님의 완쾌를 위하여 기도하는 가족들에게 하나님의 자비하심이 넘치기를 소망합니다. 갑자기 어려움을 당하였으나 하나님께서 보호하여 주시니 감사를 드립니다.
사랑하는 가족이 갑자기 닥친 어려움으로 슬픔에 빠져 있으니 위로해 주옵소서. 성령님의 충만하심으로 치료하여주시는 은혜를 소망합니다.

담대하게 해주시는 하나님, 성도들과 함께 예배하기를 사모한 OOO님의 심령에 하늘의 크신 위로가 있기를 소망합니다. 이 시간 저희 모두가 경건하게 여호와 앞에 마음을 드리게 하옵소서.

하나님께 예배드리는 이 자리가 복 되게 하옵소서. 목사님께 능력을 더하여 주셔서 그 말씀을 들을 때 믿음이 더하게 하옵소서. 하나님의 말씀으로 능력을 받게 하옵소서.

모든 이들이 절망할 수밖에 없는 상황에도 주님께서 붙잡아 주시면 나을 것을 믿습니다. 주님의 인자한 얼굴로 OOO님을 보아주시고 사랑의 손을 내밀어 주옵소서. 일어나라 말씀해 주심으로 저희들이 기적을 보게 하옵소서. 간호하는 가족들에게 평안을 주옵소서.

합력하여 선을 이루시는 하나님, 갑작스러운 소식에 저희들은 어찌할 바를 모르나 OOO님의 생명이 여호와의 손에 달려 있음을 믿습니다. 구원은 오직 주님께 있으니 주님의 은혜를 받게 하옵소서.

사탄의 참소로 말미암은 것이라면 주님의 십자가로 물리쳐 주옵소서. 이 어려움을 통해서 합력하여 선을 이루시는 하나님을 보게 하옵소서.

풍랑을 다스리시던 주님의 손길로 OOO님의 마음을 어루만지셔서 평안케 하옵소서. 병상에서 초조해하지 않게 하시고, 여호와의 도우심으로 그의 일들이 다 이루어지게 하옵소서. 자녀를 도우시는 하나님의 역사가 나타나서 기적을 보게 하옵소서. 예수님의 이름으로 기도 드립니다. 아멘.

오랜 지병·노환의 경우-1

주께서 그를 일으키시리라

믿음의 기도는 병든 자를 구원하리니 주께서 그를 일으키시리라 혹시 죄를 범하였을지라도 사하심을 받으리라(약 5:15).

자기 백성을 돌아보시는 주여, OOO님께서 연로하시어 질병이 오래 가지만 여호와의 은혜로 새롭게 해주심을 믿습니다.
성령님께서 OOO님의 관절과 골수, 오장과 육부를 만져 주시기를 소망합니다. 회복의 은혜를 입게 하옵소서.

OOO님이 오랜 병중에도 하나님을 사랑하는 데서 멀어지지 않게 하셨음에 찬송을 드립니다. 자신의 몸보다 주님의 일을 더 사랑하며, 교회를 위하여 헌신해 왔던 OOO님이 질병의 고통 속에서도 하나님을 사랑하게 하심에 감사드립니다. 오히려 저희들에게 신앙의 모범이 되고 있으니 하나님께 영광을 드립니다.

만유의 주 하나님, 이렇게 OOO님의 병상에서 사랑하는 성도들이 함께 모여 예배하니 감사를 드립니다. 주님의 은혜로 속히 치료되게 하옵소서. 주님의 보혈에 의지해서 기도하오니 응답해 주옵소서.

특별히 목사님이 전하시는 말씀에 성령님의 역사가 나타나 주님의 음성을 듣게 하옵소서.

저희들이 건강한 몸으로 여호와의 영광을 위해 사는 것이 하나님의 뜻임을 믿습니다.
열 두 해 동안이나 혈루병을 앓던 여인에게 있었던 치유의 은혜를 OOO님에게 내려 주옵소서. OOO님이 이렇게 오랜 시간을 고통 중에 있으니 은혜를 베풀어주옵소서.

우리 주님의 능력으로 OOO님에게 구원의 역사가 나타날 것을 믿습니다. 병든 자에게 손을 얹으면 낫게 하신다고 하신 말씀이 이루어지게 하옵소서.

하나님의 사자가 OOO님의 연약해진 육체에 손을 대는 순간 회복되게 하옵소서. 저의 오장육부를 강건하게 하시고, 신경과 골수, 세포가 새로워지게 하셔서 강건한 신체가 되게 하옵소서.

하늘에 계신 하나님, OOO님의 병고로 슬퍼하는 가족을 축복합니다. 이 가정에 은총을 내리셔서 믿음으로 경건하게 살게 하시고, 성장할수록 여호와의 은총을 입게 하옵소서.

거룩한 자손들에게 여호와의 손이 함께 하셔서 평안한 시간을 갖게 하옵소서. 예수님의 이름으로 기도 드립니다. 아멘.

오랜 지병·노환의 경우-2
선행을 기억하시는 하나님

여호와여 구하오니 내가 진실과 전심으로 주 앞에 행하며 주께서 보시기에 선하게 행한 것을 기억하옵소서 하고 히스기야가 심히 통곡하더라(왕하 20:3).

기쁨을 주시는 여호와여, 하나님께서 낙심하여 희망을 잃은 이 가정에 위로자가 되어 주옵소서. OOO님을 치유하실 하나님의 은혜를 기다리는 가족을 위로합니다.

이 시간 OOO님의 상한 심령을 치유해 주시고 하늘에 소망을 두게 하옵소서. 성령님의 충만하심으로 치료와 위로의 역사가 임하시기 원합니다.
오랜 지병으로 낙심한 OOO님과 가족들의 심령을 소성케 하시고 기쁨으로 승리를 주시는 여호와의 은혜를 바라게 하옵소서.

강건하게 해주시는 하나님, OOO님의 병상을 지키시는 여호와의 은혜를 찬송합니다. 하나님을 향한 사랑과 믿음이 예배에 드러나게 하옵소서. 목사님을 통하여 말씀을 들을 때 저희들의 심령이 새롭게 되기를 원합니다.

여호와의 도우심만을 의지하오니 치료하시는 주님의 은총을 보게 하옵소서. OOO님이 자리를 털고 일어나기 원하오니 주님의 일으키심을 보여주옵소서.

예수님의 피묻은 손을 저에게 내밀어 주옵소서. 오랜 고통으로 연약해진 심령을 붙들어 주시고 강건하게 하옵소서.

기도를 들으시는 주여, 하늘 문이 열리고 OOO님께서 병상에서 일어나시는 것이 하나님의 구속 계획에 들어있음을 믿습니다.
주님의 무덤을 빈 무덤으로 만드셨던 기적의 역사를 이 가족들에게 보여 주옵소서. 하나님의 은혜를 기다리오니 간호하느라 피곤한 가족들에게 힘을 주옵소서.

오랜 병고로 시달리시지만 OOO님의 몸을 사용하시는 여호와의 손을 보게 하옵소서. 지금의 어려움만 보면 낙심하고 절망할 수 있지만 주님의 손길이 나타나기를 바라게 하옵소서.
하나님의 뜻 안에서 저가 회복의 은혜를 누리게 하옵소서. 예수님의 이름으로 기도 드립니다. 아멘.

오랜 지병·노환의 경우-3
열병을 꾸짖으신 예수님

예수께서 가까이 서서 열병을 꾸짖으신대 병이 떠나고 여자가 곧 일어나 그들에게 수종드니라(눅 4:39).

우리의 아픔을 돌아보시는 하나님, 우리 주님의 몸에서 능력이 나가 병자를 치료해주신 은혜가 OOO님 에게 임하게 하옵소서. 오랜 병중에도 OOO님을 지켜주신 여호와를 찬양하는 예배를 드리려 하니 받아주옵소서.

우리를 사랑하시는 주님의 이름으로 OOO님을 축복합니다. 성령님께서 저의 몸을 만져 주옵소서. 고통스럽게 했던 병마를 예수 그리스도의 능력으로 물리쳐 주옵소서.
우리 주님께서 OOO님을 위하여 병을 짊어지신 것을 믿으니 낫게 하옵소서. 예수님의 이름으로 OOO님이 병에서 자유로워졌음을 선포합니다.

신실하신 주 여호와여, 인자하시고 성실하신 하나님의 이름을 높여드립니다. 이 병상이 거룩한 은혜의 자리가 되게 하옵소서. 하나님의 영광이 이 자리에 가득하게 하옵소서. 여호와 앞에 엎드려 예배하오니 영광을 받으옵소서.

목사님께서 말씀을 전하실 때 OOO님에게 위로와 은혜를 받게 하옵소서. 이 말씀이 축복이 되기 원합니다.

믿는 자들에게는 치유의 은혜가 나타난다고 하신 말씀에 의지하여 간구합니다. 오랜 병상의 생활로 연약해진 육체에 주님의 능력을 부어주옵소서.

그 능력으로 병을 이기게 하시고 영혼을 피폐하게 하는 어두움의 세력이 쫓겨가게 하옵소서. 주님의 이름으로 흉악한 질병을 결박해 주시고, 다시는 OOO님의 몸에서 왕 노릇하지 못하게 하옵소서.

자족함을 주시는 여호와여, OOO님이 숙환으로 힘드시지만 이로 인하여 기도하게 하심에 감사드립니다.

이 고통을 통해서 하나님의 영광을 나타내고 있음을 믿습니다. 곧 하나님의 일하심이 나타날 줄로 믿습니다. 낙심하지 않게 하시고 간호하는 가족에게도 하늘의 위로로 인내하게 하옵소서.

OOO님의 투병생활을 통해 이 가정이 화목하게 해주옵소서. 자녀를 위하여 희생한 부모에게 효도할 시간을 주시니 감사합니다.

하나님의 은혜 안에서 성장한 자녀들이 말씀에 순종해서 부모님께 효도하게 하옵소서. 부모의 은혜를 기억하며 연약하신 부모님을 위해 기도하소서. 예수님의 이름으로 기도 드립니다. 아멘.

질병의 고통이 심한 경우-1
주의 이름으로 기름을 바르며

너희 중에 병든 자가 있느냐 그는 교회의 장로들을 청할 것이요 그들은 주의 이름으로 기름을 바르며 그를 위하여 기도할지니라(약 5:14).

결박을 풀어주시는 여호와여, 우리 주 예수님을 무덤에서 다시 살리신 성령님의 역사가 이곳에 일어나기를 소망합니다.
성령님의 역사를 믿고 간구할 때 회복되게 하옵소서. 고통을 주는 질병의 근원이 예수님의 이름아래 묶이게 하옵소서.

OOO님에게 은혜를 베푸시고 좋은 것으로 만족케 하신 여호와를 찬송합니다. OOO님은 몸과 물질을 드려 하나님의 영광을 위해서 헌신하였습니다.
하나님의 능하신 팔로 치료해주옵소서. 저희들 모두가 주님의 영광을 보게 하옵소서. 오늘의 눈물과 아픔이 하나님을 향한 찬양으로 바뀌게 하옵소서.

우리를 일으켜 주시는 하나님, 주님의 이름으로 예배하는 이 병상이 성소가 되기를 소망합니다. 여호와의 은혜로 구별된 이 자리에서 하나님을 경외하여 머리를 숙이게 하옵소서.

질병의 고통이 심해도 성령님께서 OOO님의 영혼을 지켜주시고 인내하게 하셨으니 감사하면서 예배하게 하옵소서. 목사님께서 준비하신 말씀을 전하실 때 믿음으로 듣고 순종하게 하옵소서.

질병을 가져다 준 귀신을 쫓아내시고 병을 치료하신 주님을 기억합니다. 힘든 가운데서도 예수님의 은혜를 바라보는 OOO님에게 치유의 은혜를 베풀어주옵소서.
주님께 소망을 두고 있으니 구속의 은혜를 베풀어주옵소서. 사람으로는 할 수 없는 것을 하나님은 하실 수 있으시니 사랑하는 OOO님이 다시 일어나게 하옵소서.

크신 은총으로 우리를 도우시는 하나님, 가족들이 질병으로 고통을 겪고 있는 OOO님을 불쌍히 여기게 하옵소서. 함께 아픔을 겪으면서 주님을 위한 자리를 마련하게 하옵소서.
주님의 은혜가 이 가정에 넘치도록 하옵소서. 어느 때이든지 주님을 즐거워하게 하옵소서.

여호와께서 자기 백성에게 평강의 복을 주신다는 말씀을 기억합니다. 다윗에게 베푸셨던 그 은혜를 OOO님도 바라고 계시니 하늘 문을 여시고 쏟아 부어 주옵소서.
OOO님의 몸이 성령님의 기름부으시는 은혜로 회복되어 하나님을 찬송하게 하옵소서. 예수님의 이름으로 기도 드립니다. 아멘.

질병의 고통이 심한 경우-2
우리는 나음을 받았도다

그가 찔림은 우리의 허물 때문이요 그가 상함은 우리의 죄악 때문이라 그가 징계를 받으므로 우리는 평화를 누리고 그가 채찍에 맞으므로 우리는 나음을 받았도다(사 53:5).

도우시는 주 여호와여, 주님께서 각색 병든 자들을 고치실 때, 능력으로 역사하셨던 성령님이 고통 중에 있는 OOO님을 만져 주시기 원합니다. 하나님의 자녀가 강건하기를 원하시는 성령님의 은총을 보여 주옵소서.

하나님께서 사랑하시는 자녀를 주님의 이름으로 축복합니다. 이 자리에 성령님의 충만하심으로 함께 해주옵소서. 믿음의 역사로 성령님의 치료하시는 은총이 나타날 것을 확신합니다. OOO님의 믿음으로 하나님의 선하신 사랑의 역사를 보게 하옵소서.

목자가 되시는 하나님, 질병의 고통이 심해도 하나님을 경외하는 마음이 식지 않게 하셨음을 기뻐합니다.
이 자리에 심방 온 성도들과 함께 하나님을 경배하오니 영광을 받아 주옵소서. 신령과 진정으로 예배드리게 하옵소서.

목사님께서 말씀을 전하실 때 OOO님에게 치유의 역사가 나타나게 하옵소서.
앞을 보지 못한 사람을 불쌍히 여기셨던 주님의 은혜를 간구합니다. 눈을 만지시고 치료해주셨던 주님께서 치료해주실 것을 믿고 회복되는 놀라운 은혜를 누리게 하옵소서.

주님 앞에서 OOO님도 믿음으로 나음의 은혜를 입게 하옵소서. 이 시간에 주님이 원하시면 능력이 나타날 줄로 믿습니다.

복을 예비하시는 하나님, 주님께서는 때로 저희의 기대와는 다른 응답을 주실 때가 있습니다.
이해하기 힘든 일 앞에서 하나님의 뜻을 분별하게 하시고, 환경을 사용하여 합력하여 선한 열매를 주시는 은혜를 기다리게 하옵소서. 하나님의 자녀들이 겪는 고통의 배후에 놀라운 하나님의 은혜가 있음을 알게 하옵소서.

주님의 이름으로 이 가정을 참소하려는 사탄을 대적합니다.
"하나님의 자녀를 죽이고 멸망시키려는 마귀의 역사는 물러갈지어다. 주의 영광을 훼방하려는 마귀는 십자가의 능력 아래 거꾸러질지어다." 예수님의 이름으로 기도 드립니다. 아멘.

질병의 고통이 심한 경우-3
고침 받은 병자들

저물매 사람들이 귀신 들린 자를 많이 데리고 예수께 오거늘 예수께서 말씀으로 귀신들을 쫓아내시고 병든 자들을 다 고치시니(마 8:16).

우리를 연단하시는 하나님, 질병이 고통이 심해져 힘들어하는 OOO님을 축복합니다. OOO님이 육신적으로는 힘들지만 그 영혼은 날로 새로워짐을 믿습니다. 하나님의 은혜로 육체의 고통을 이기게 하옵소서.

고통이 심한 중에도 하나님께 소망을 두시는 OOO님에게 천국의 위로가 있기 원합니다. 아픔을 견디는 환자와 곁에서 간호하는 이들의 마음을 어루만져 주옵소서. 환자의 아픔으로 인해 가족이 슬퍼하오니 하나님의 긍휼로 위로해 주옵소서.

우리를 살리시는 하나님, 이 시간 함께 하시는 능력의 주님을 바라보며 예배합니다. OOO님의 고통이 심해서 하나님의 위로를 소망하며 머리를 숙였습니다. 저희들이 주님의 이름을 경배할 때 죽은 자를 살리셨던 주님의 권능이 나타나게 하옵소서. 말씀을 준비하신 목사님께 성령으로 감동해주시고 하나님의 뜻이 온전히 선포되기 원합니다.

가나안 여인의 딸을 고쳐주셨던 주 예수님을 찬양합니다. 주님의 은혜를 간청했던 그 여인처럼 OOO님도 간절히 주님의 은혜를 기다리오니 치유의 역사를 보게 하옵소서.

그 능력이 이 곳에 나타나기를 소망합니다. 하나님의 사랑을 입은 OOO님께서 잃었던 건강을 도로 찾게 하옵소서. 다시 일어나 기쁨으로 헌신하는 종이 되게 하옵소서.

이 고난이 끝나면 정금 같이 연단될 것을 믿습니다. OOO님의 영혼이 하나님을 향하게 하심에 감사드립니다. 각양 좋은 은사와 온전한 선물이 위로부터 올 것을 믿습니다. 귀한 종을 회복시켜 주셔서 천국의 일을 감당하게 하옵소서.

마른 땅에 비를 내리시는 여호와의 은혜로 이 가정에 물질을 공급해 주옵소서. OOO님께서 치료를 받으시는 동안 많은 의료비를 지출했지만 궁핍하지 않게 하옵소서.

여호와의 손길로 풍성하게 하옵소서. 이 가족이 날마다 먹이시고 입히시는 여호와의 손길을 보게 하옵소서. 예수님의 이름으로 기도 드립니다. 아멘.

병원에 입원 중인 경우-1
네 소원대로 되리라

이에 예수께서 대답하여 이르시되 여자여 네 믿음이 크도다 네 소원대로 되리라 하시니 그 때로부터 그의 딸이 나으니라(마 15:28).

고난당하는 자를 신원하시는 하나님, 고통 중에도 OOO님은 하나님을 사랑하니 저희들 모두 기뻐하면서 예배합니다. 우리를 죄에서 구속하신 주님께서 저의 손을 잡아주시고 일으켜 주시기를 간구합니다.

날마다 분주하게 살아온 OOO님에게 은혜를 내려 주옵소서. 가족을 위하여 앞만 보고 달려왔던 저의 고달픈 삶을 하나님께서 새롭게 하시려고 시간을 주셨습니다. 병상에서 오직 하나님만 생각하면서 깊은 깨달음의 시간이 되게 하옵소서. 지금의 시간이 고통이 아니라 주님께서 주신 쉼의 선물로 받아들이게 하옵소서.

소망을 주시는 주여, 위로하러 심방을 온 저희를 도리어 격려하는 OOO님의 하나님을 찬양합니다. 짧은 시간이지만 마음을 다하여 여호와를 송축하는 예배가 되게 하옵소서. 영으로 노래하고 감사하는 복된 시간으로 인도하옵소서.

OOO님을 사랑하여 말씀을 전하실 목사님께 영육간에 강건함을 주옵소서. 목사님의 말씀이 우리를 기르시는 하나님을 선포하는 말씀이 되게 하옵소서.

죽은 소녀에게 일어나라 말씀하셨던 주님의 권능의 음성을 OOO님에게 들려주시기 원합니다. OOO님을 괴롭히고 있는 질병의 세력을 도말해 주옵소서.
OOO님의 영혼을 쓰러뜨리려는 마귀의 역사를 예수님의 보혈로 물리쳐 주옵소서. 성령님의 은혜로 주님의 능력이 나타날 줄로 믿습니다.

예수님께서 채찍에 맞음으로써 이 시간에 OOO님이 나음을 입도록 축복합니다. OOO님께서 나을 것을 확신하게 하옵소서.
주님께서 피와 살을 우리에게 내어주심으로써 영생을 얻었으니 육체의 연약함에서 건져주실 것을 믿습니다. 죄악된 세상에서 병이 들기도 하지만 하나님의 은혜로 치유될 것을 믿습니다.

주 여호와 하나님, 거룩한 지체들이 사랑의 삶을 살게 하셨음에 감사드립니다. 사랑하는 가족이 병원에 입원하게 된 충격을 이기며 가족을 사랑하는 법을 배우게 하옵소서. 이기적인 마음을 버리고 부모와 가족을 돕게 하옵소서. 예수님의 이름으로 기도 드립니다. 아멘.

병원에 입원 중인 경우-2
치료하는 광선을 비추리니

내 이름을 경외하는 너희에게는 공의로운 해가 떠올라서 치료하는 광선을 비추리니 너희가 나가서 외양간에서 나온 송아지 같이 뛰리라(말 4:2).

환난에서 끌어내시는 여호와여, 하나님을 예배하는 이 시간에 주님의 자비하심을 보게 하옵소서. 병든 이를 측은히 여기셨던 은혜가 OOO님에게 임하게 하옵소서. 모든 질병으로부터 자유케 하시는 여호와의 은혜를 기다립니다.

저희들의 심방에 동행하신 예수님께서 OOO님을 불쌍히 여겨 주옵소서. 모든 속박과 질병으로부터 자유롭게 하시는 여호와의 은혜를 기다리는 OOO님을 붙들어 주옵소서. 질병 중에 있는 OOO님께서 주님의 보혈로 치료될 것을 믿고 기도하오니 속히 응답해 주옵소서. 인자와 긍휼이 풍성하신 하나님, 하나님을 사랑하는 자들이 모여 주님을 찬양합니다. 저희들은 잠시 다녀가지만 성령님께서 OOO님을 보호하시고 그의 기도와 찬송을 받으시옵소서.

말씀을 전하실 목사님과 함께 하셔서 생명을 구원하는 능력의 말씀을 전하게 하옵소서.
이 시간에 하나님이 기뻐하시는 거룩한 산 제물로 저희의 몸을 드리는 예배가 되게 하옵소서.

OOO님이 가정에서 자녀들과 단란하게 지낼 시간에 이렇게 병상에 누워있습니다. 주님의 손길로 회복되게 하옵소서. 부족한 종에게 확신을 주시니 감사드립니다. 말씀을 믿고 주님의 이름으로 구하오니 낫게 해주실 것을 믿습니다.

여호와 우리 주여, 하나님의 자녀의 가정이 근심 중에 있으니 어둠의 세력을 몰아내 주옵소서. 온 가족이 고통 중에 있으니 서로 위로하게 하옵소서.

이 시간 주님이 함께 하셔서 우리의 기도를 듣고 응답하실 것을 믿습니다. 예수님의 피로 구원을 받았으니 마귀가 틈타지 못하게 하옵소서.

믿는 자는 주님의 일을 할 것이요 이보다 큰 것도 하게 해주신다는 말씀에 소망을 둡니다. 저희들의 기도를 들으시고 OOO님을 일으켜 주옵소서. 살리시는 능력을 보여 주옵소서.

OOO님의 고통이 참기 힘든 것이지만 하나님을 믿고 우리 모두가 소망을 품게 하옵소서. 우리를 치료하시는 예수님의 이름으로 기도드립니다. 아멘.

병원에 입원 중인 경우-3
병든 자를 내가 강하게

그 잃어버린 자를 내가 찾으며 쫓기는 자를 내가 돌아오게 하며 상한 자를 내가 싸매 주며 병든 자를 내가 강하게 하려니와 살진 자와 강한 자는 내가 없애고 정의대로 그것들을 먹이리라(겔 34:16).

앙망하는 자에게 은혜를 주시는 하나님, 그리스도 안에서 OOO님이 지금까지 여호와의 은혜를 누리게 하셨으니 찬송을 드립니다.
병든 자를 일으키고 낙심한 자를 소성케 하시는 성령님이 저의 안에 계심을 믿습니다. 역경에서 끌어내어 주옵소서.

귀한 종이 건강한 몸으로 하나님의 영광을 위하여 헌신한 것을 추억합니다. 하나님의 보호하심으로 치료하시는 주님의 영광을 보게 하옵소서.
고통 중에서도 하나님을 영화롭게 해드리는 모습을 찬송합니다. OOO님의 아픈 곳에 주님의 손을 얹으시고 치료해 주옵소서.

풍성하게 하시는 주여, 이 병실의 주인이 되시는 하나님께 영광을 드립니다. 여호와의 은총으로 OOO님이 보호를 받고 하나님을 경배합니다.

교회에서 신앙의 교제를 나누던 성도들이 한 마음으로 예배할 하나님의 영광이 이 병실에 가득하게 하옵소서.
병든 자들 위에 손을 얹고 기도해 주신 예수님의 사랑과 은혜를 OOO님도 누리게 하옵소서.
귀신의 방해로 앓게 된 질병이라면 내쫓아 주옵소서. 병들게 하고 고통스럽게 하는 마귀의 역사를 끊어주옵소서.

예배 후에 목사님께서 주님의 이름으로 OOO님의 몸에 손을 얹고 기도하려 하십니다. 목사님의 기도를 통해서 주님의 능력이 나타나기를 소망합니다.
주님의 역사하심으로 의사가 하지 못했던 기적을 보여 주옵소서. 저의 몸을 낫게 하셔서 의의 병기로 사용해 주옵소서.

의를 이루시는 하나님, OOO님을 치료해 주시려고 병원에 입원하게 하셨으니 하나님의 역사를 보게 하옵소서. 치료받고 잃었던 건강을 도로 찾는 은총을 내려 주옵소서.

OOO님에게 이 병실에서 하나님의 은혜를 알게 하옵소서. 가족들도 이곳에서 하나님의 은총을 경험하게 하옵소서. 치료하시는 예수님의 이름으로 기도 드립니다. 아멘.

수술을 하게 되는 경우-1
작은 자야 안심하라

침상에 누운 중풍병자를 사람들이 데리고 오거늘 예수께서 그들의 믿음을 보시고 중풍병자에게 이르시되 작은 자야 안심하라 네 죄 사함을 받았느니라(마 9:2).

우리를 붙들어 주시는 하나님, 범사가 잘 되고 강건하기를 바라시는 여호와의 은혜가 이 자리에 임하기를 소원합니다.
성령님의 역사가 나타날 것을 확신하며 심방을 왔으니 OOO님을 고쳐주옵소서. 회복의 은혜를 기다립니다.

우리에게 오셔서 OOO님의 연약함을 담당하신 예수님을 찬양합니다. 주님이 십자가에서 인간의 질병과 고통의 문제를 해결하셨으니 OOO님에게 대속의 은혜가 나타나기 원합니다.
OOO님이 수술을 앞두고 찬송 중에 은혜를 받게 하옵소서. 이번 일로 환자는 고통을 당하지만 가족들이 사랑으로 하나되게 하시니 감사를 드립니다.

생명을 주시는 여호와여, 병실에서 홀로 하나님을 예배하시던 OOO님이 자신을 여호와의 손에 맡겨드립니다.
감사와 찬송을 드리며 머리를 숙였으니 온전한 제사를 드리게 하옵소서. 수술을 통해서 기쁨을 주실 하나님의 이름을 송축하는 시간이 되게 하옵소서. 하나님의 성호를 찬양합니다.
이 시간에 저희들이 믿음으로 간구할 때 이 믿음을 보시고 OOO님을 질병에서 자유롭게 하옵소서.

하나님의 도움으로 수술을 하게 되었으니 위대하신 능력이 수술실에서도 나타나기 원합니다. 의사들의 손을 빌어 성령님께서 친히 수술을 주관하시는 은혜를 보게 하옵소서.

사랑이신 하나님 아버지, 이제까지 저희들의 생명을 지켜주신 은총을 기억하며 간구합니다. 원치 않는 병으로 수술을 받게 된 환자 때문에 두려워하는 가족에게 은총을 더해주옵소서.
수술을 위해 기도하는 가족들을 주님께서 붙들어 주시기 원합니다. 구원은 주님께 있사오니 평안을 주옵소서.

사랑하는 OOO님께서 위기를 맞았으나 이로 인해 하나님께 영광이 됨을 감사드립니다. 이 수술을 통해서 사람이 질그릇 보다 더 연약하며, 우리의 생명이 우리 것이 아님을 깨닫게 하셨으니 감사드립니다.

성도들이 찾아와 사랑으로 함께 예배하게 하시니 찬송을 받으옵소서. 사랑과 능력이 풍성하신 예수님의 이름으로 기도 드립니다. 아멘.

수술을 하게 되는 경우-2
치료하시고 살리시는 하나님

주여 사람이 사는 것이 이에 있고 내 심령의 생명도 온전히 거기에 있사오니 원하건대 나를 치료하시며 나를 살려 주옵소서(사 38:16).

불쌍히 여기시는 주 여호와여, OOO님이 여호와의 은혜로 낫는다는 확신을 갖게 하옵소서.
의사들의 손을 통해서 성령님이 수술을 집도하시며, 병든 부위를 성령님의 불로 태워주옵소서.

OOO님을 세상에 보내신 하나님의 영광이 수술을 통해서 나타날 것을 소망하며 찬송을 드립니다.
OOO님을 믿음으로 살게 하시는 하나님의 손길이 집도하는 의사들의 손에 나타날 것을 기대합니다. 수술이 진행되는 동안 그 영혼이 성령님의 충만하심으로 찬송하게 하옵소서.

자유케 해주시는 하나님, 수술을 앞두고 예배를 드립니다. 오직 하나님께서 영광을 받으옵소서.

저희 평생에 주를 송축하며 주의 이름으로 손을 들게 하신 하나님을 경배합니다. 모든 것을 하나님께 맡기고 수술이 진행되는 동안 영으로 예배드리게 하옵소서. 성령님께서 OOO님의 몸을 만져 주옵소서.

주님께서 안수해 주시고 치유하시는 은혜를 입어 OOO님도 치료받게 하옵소서. 이제 수술을 받게 되었으니 의사들의 집도 이전에 성령님의 치료하심이 있기를 소망합니다.

성령님의 감독 하에 의사들이 OOO님의 몸을 소중히 다루게 하옵소서. 수술이 진행되는 동안에 OOO님을 주님께서 안아 보호해주옵소서.

생명의 주 여호와여, 말씀을 보내어 우리를 고치시고 위경에서 건지시는 하나님을 믿습니다. 수술하는 시간에 하나님께서 만져주옵소서. 가장 두려운 시간에 하나님의 은혜를 경험하게 하옵소서.
목숨을 의사에게 맡기는 어려운 시간을 통해서 생명을 주관하시는 은혜를 경험하게 하옵소서.

간절히 구하오니 OOO님이 수술을 통해서 하나님의 뜻이 이루어지는 것을 보게 하옵소서. 삶의 위기와 시련을 통해서 하나님의 사랑을 알게 하시는 하나님을 찬양합니다.

이 일을 통해서 OOO님과 가족들, 그리고 OO 교회의 성도들에게 원하시는 하나님의 뜻이 이루어지게 하옵소서. 예수님의 이름으로 기도 드립니다. 아멘.

수술을 하게 되는 경우-3
예수님으로 말미암아 난 믿음

그 이름을 믿으므로 그 이름이 너희가 보고 아는 이 사람을 성하게 하였나니 예수로 말미암아 난 믿음이 너희 모든 사람 앞에서 이같이 완전히 낫게 하였느니라(행 3:16).

치료하시는 하나님, OOO님이 온 마음으로 주님의 은혜를 사모하게 하옵소서. 성령님의 충만하신 역사로 치료되는 놀라운 기적을 경험하게 하소서.

친히 나무에 달려 그 몸으로 우리의 죄를 담당하셨던 주님의 이름으로 OOO님을 축복합니다.
OOO님의 죄를 담당하신 예수 그리스도의 권능으로 이미 질병의 권세도 묶인 줄 믿습니다.
의에 대하여 살게 하신 주님의 능력이 나타나 수술을 통해서 건강한 몸으로 회복되게 하옵소서. 성령님의 살리시는 역사를 보여 주옵소서.

새롭게 하시는 하나님, 하나님의 예정 가운데 수술을 받도록 하셨으니 예배로 주님의 이름을 높여 드립니다. 어려운 수술이지만 성령님께서 OOO님의 몸을 지켜주옵소서.

우리 하나님을 송축하는 이 자리에서 영광을 받으옵소서. 목사님께서 전하시는 말씀이 살아 역사하여 열매를 맺게 하옵소서.
주님의 말씀을 믿고 회복되는 은혜가 OOO님에게 임하게 하옵소서. OOO님이 병상에 누운 이후부터 지금까지 성령님의 은혜를 소망하며 지내오게 하셨음에 감사를 드립니다.
믿음으로 나을 것을 믿고 기도하며 수술을 받게 하셨으니 도우시는 하나님이 함께 하심을 믿습니다.

어려움에 처하였으나 OOO님에게 복을 주셔서 좋은 의사를 만나게 하셨습니다. 의사들에게 지혜를 주셔서 OOO님의 생명을 회복시키는 일에 수고를 아끼지 않게 하소서.

수술이 진행될 때 오직 성령님께서 주관해 주시기를 소망합니다. 그들이 자기의 지식에만 의존하지 않고 생명의 주인이신 하나님 앞에서 겸손히 최선을 다하게 하옵소서.

겸손하게 하시는 주여, 치료하시는 여호와의 은혜가 수술을 통해서 나타나게 하심에 감사드립니다.
성령님께서 의사들의 손을 사용하여 수술하실 것을 믿고 두려워하지 않게 하소서. 수술을 통하여 강한 몸으로 회복되어 하나님의 자랑이 되게 하옵소서. 우리의 기도를 들으시는 예수님의 이름으로 기도 드립니다. 아멘.

치료 후 회복기의 경우-1

네 청춘을 독수리 같이

네 생명을 파멸에서 속량하시고 인자와 긍휼로 관을 씌우시며 좋은 것으로 네 소원을 만족하게 하사 네 청춘을 독수리 같이 새롭게 하시는도다(시 103:4~5).

다시 일으켜 주시는 하나님, OOO님이 오랜 지병에서 훌훌 털고 일어나게 하시니 찬송을 드립니다.
하나님의 사랑으로 병에서 회복되었으니 OOO님의 몸은 이제 하나님의 것임을 알게 하옵소서.

인간의 고통과 질병을 대속해 주신 예수님의 은혜로 낫게 하셨으니 하나님께 영광을 드립니다. 찬양을 받으옵소서.
OOO님이 어려움을 겪는 동안 성령님께서 위로하여 주셨으니 감사합니다. OOO님을 통해서 이루어질 하나님의 일을 바라보게 하소서.

하늘에 계신 여호와여, 주님께서 채찍에 맞으심으로써 나음을 입게 하신 은혜의 하나님을 예배하려 합니다.
OOO님 잃었던 건강을 도로 찾기까지 베풀어주신 여호와의 모든 은택을 기억합니다. 이 시간에 저희들의 찬송에 천사들도 화답하여 여호와를 송축하기 원합니다. 위대하시고 존귀하신 하나님께 온전한 영광을 드리게 하옵소서.

기도를 들으시는 주여, 주님의 은혜로 다시 소생하게 해주셨으니 감사드립니다.

하나님을 영화롭게 해드리는 종이 되게 하옵소서. 마음으로 믿고 입으로 시인하여 강건해지게 하옵소서. 주님께서 OOO님의 몸을 만져주옵소서.

주 안에서 OOO님이 하나님의 영광을 바라보며 회복되게 하심은 주님의 승리입니다. OOO님의 질고로 가족의 사랑이 회복되게 하셨으니 감사를 드립니다.

이 사랑이 가족에게 충만하게 하옵소서. 가족들에게 물질의 복을 내려주시기 원합니다. 병원비로 인해 재정적으로 곤란을 당하지 않게 하옵소서.

십자가의 보혈의 은혜와 공로로 너를 주님의 이름으로 결박한다. 예수님의 보혈의 능력으로 너의 모든 힘이 끊어질지어다.

우리의 싸우는 병기는 육체에 속한 것이 아니오니 OOO님의 육체를 성령님의 능력으로 강하게 해주옵소서. 승리를 주시는 예수님의 이름으로 기도 드립니다. 아멘.

치료 후 회복기의 경우-2
자유를 주신 그리스도

그리스도께서 우리를 자유롭게 하려고 자유를 주셨으니 그러므로 굳건하게 서서 다시는 종의 멍에를 메지 말라(갈 5:1).

자유케 하시는 하나님, OOO님이 병에서 놓여나게 하심에 감사드립니다. 다시는 질병에 걸리지 않게 하시고 사탄이 틈타지 못하게 하옵소서. 육체의 치료와 함께 사탄의 궤계를 물리쳐 주셨음을 확신합니다. 이제는 여호와 앞에서 건강한 육체로 살아갈 것을 믿습니다. 주님께서 OOO님의 죄를 용서하셨던 그 은혜로 질병에서 낫게 해주셨음에 감사드립니다.

OOO님이 선하시며 인자하심이 영원한 하나님을 찬양하면서 살아가게 하옵소서. 병들게 하고, 가난하게 하고 죽이며, 멸망시키려 했던 마귀는 쫓겨난 것을 확실히 믿습니다.

진리로 풍성케 하시는 주여, 하나님께서 연약한 육체를 지켜주시고, 잃었던 건강을 회복하게 하셨음에 감사드리며 예배를 드립니다. 회복기에 들어선 OOO님과 저희들이 참 마음으로 주께 감사하며 그 이름을 송축하게 하옵소서.

이 시간 드리는 예배로 여호와께 영광을 돌리며 머리를 숙인 지체들이 하나님의 거룩하신 이름을 영원히 송축하게 하옵소서.

십자가의 은혜로 OOO님이 건강을 도로 찾고 회복하게 하심을 감사합니다. 하나님의 긍휼로 덤으로 사는 생명을 누리게 되었으니 주님을 위해 살아가게 하옵소서.
고난을 경험하고 은혜로 저를 회복시켜 주셨으니 주님의 영광만을 위해서 힘쓰는 아름다운 종이 되게 하옵소서.

소망을 주시는 주여, 우리를 사랑하셔서 값없이 은혜를 베푸시는 하나님 앞에서 사명을 다하게 하옵소서.

어려운 시간을 보내면서 하나님의 인도를 소망하게 하시니 감사를 드립니다. 땅이 변하든지 산이 흔들려 바다 가운데 빠지든지 지켜주실 것을 믿습니다.

하나님의 치유하시는 은혜를 소망하면서 감사하게 하옵소서. 힘든 시간을 보내는 동안에 오직 주님만 찾게 하셨으니 이 믿음이 더욱 강하게 하옵소서.

병상에서 붙들어 주셨던 주님을 의지하는 OOO님이 되도록 능력을 주옵소서. 예수님의 이름으로 기도 드립니다. 아멘.

치료 후 회복기의 경우-3

하나님께 소망을 두는 자의 복

야곱의 하나님을 자기의 도움으로 삼으며 여호와 자기 하나님에게 자기의 소망을 두는 자는 복이 있도다(시 146:5).

소망을 주시는 여호와여, 사랑하는 OOO님이 예수 그리스도의 이름으로 치료함을 받게 하셨음에 감사드립니다. 연약한 OOO님을 주님의 사랑으로 낫게 하셨으니 영광을 받으옵소서.

병에서 나음을 통하여 OOO님과 가족들에게 하나님의 은혜를 맛보게 하셨음에 감사드립니다.
그 동안 OOO님의 쾌유를 위해서 기도하며 수고했던 이들을 위로해 주옵소서. 사랑으로 간호하면서 수고한 이들에게 하나님의 위로가 있기를 소망합니다. 어려움 속에서도 잘 인내하게 하셨음에 감사드립니다.

말씀으로 위로하시는 하나님, 저희를 향한 하나님의 은혜를 말로 다 표현할 수 없습니다.
하나님의 넘치는 사랑에 감사드립니다. 위급한 상황에서도 주님께서 생명을 붙드시고 회복시켜 주셨으니 감사와 찬양을 받으시옵소서.

OOO님께서 고통 중에 만났던 하나님의 은혜를 잊지 않게 하옵소서. 병상에 계실 때 만났던 하나님을 믿음으로 살아가게 하옵소서. 사랑하는 OOO님이 오랜 투병생활을 마치고 건강한 몸을 갖게 해주셨음에 감사드립니다.

하나님의 은혜로 치료되었으니 이제 믿음으로 살아가게 하옵소서. 저의 삶을 하나님께 맡기게 하옵소서.

우리의 소망이 되시는 하나님, OOO님이 회복되기까지 가족이 오래 참고 기도하는 중에 이 가정을 변화시켜 주시니 감사를 드립니다.

가족들이 하나님을 향한 사랑을 회복시켜 주셨으니 영광을 드립니다. 잃었던 건강을 도로 찾게 해주신 은혜에 보답하는 삶을 살게 하옵소서.

OOO님이 하나님의 백성으로서 여호와 앞에서 성결하게 하옵소서. 믿음으로 의롭게 행하여 거룩함에 이르도록 도와주옵소서.

성령님의 충만한 임재로 성결하게 하시고 영광의 삶을 살게 하옵소서. 예수님의 이름으로 기도 드립니다. 아멘.

주일 성수에 게으른 자-1
여호와 하나님의 안식일

일곱째 날은 네 하나님 여호와의 안식일인즉 너나 네 아들이나 네 딸이나 네 남종이나 네 여종이나 네 가축이나 네 문안에 머무는 객이라도 아무 일도 하지 말라(출 20:10).

만왕의 왕이신 우리 주여, 구원을 주시는 하나님의 은혜가 OOO님에게 나타나기를 소망합니다.
하나님을 사모하고 가까이 하려는 열정을 주옵소서. 성령님의 충만하심을 내려 주옵소서.

OOO님이 구원을 주신 하나님을 갈망하며 가까이 하게 하옵소서. 저가 하나님의 백성으로 주님과 동행하며 풍성한 삶을 살 것을 믿습니다. 하나님을 부르며 말씀을 묵상하며 은혜를 받게 하옵소서.

경배의 주 하나님, 하나님의 영광이 함께 심방을 온 성도들에게 임하기를 원합니다.
복된 시간에 성령님의 충만을 누리며 죄는 버리고 의를 취할 수 있는 용기를 받게 하옵소서.

이 예배에서 목사님의 말씀으로 썩어진 부분들을 도려내는 은혜를 체험하게 하옵소서. 그래서 믿음으로 버릴 것은 버리고 말씀 안에서 담대히 하나님 앞에 서게 하옵소서.
여호와의 은혜로 택하심을 받은 OOO님에게 하나님을 사랑하는 마음을 주옵소서.

눈으로 보는 것에 마음을 뺏기지 않고 눈으로 볼 수 없는 영원한 세계를 바라보게 하셔서 믿음으로 살게 하옵소서. 하나님께서 붙들어 주셔서 하나님을 향한 굳건한 믿음을 갖게 하옵소서.

주 여호와여, 존귀하게 택하심을 받은 OOO님께서 사랑으로 열매를 맺는 삶을 살게 해 주옵소서. 하나님의 사랑에 감사하여 사랑으로 하나님 앞에서 살게 하옵소서.
하나님의 사랑이 풍성해서 의의 열매를 맺게 하시고, 세상을 구원하시는 하나님의 뜻을 이루기를 소망합니다.

구원의 은혜를 등한히 여기지 않게 하옵소서. 사탄은 멸망에 이르게 하려고 하나님을 사랑하는 일에 소홀하게 하니, 성령님께서 OOO님을 붙잡아 주옵소서.

OOO님이 온 마음으로 하나님을 사랑하도록 은혜를 주옵소서. 감각 없는 자가 되어서 자신을 방임하지 않게 하옵소서. 예수님의 이름으로 기도 드립니다. 아멘.

가정이 평안하지 않는 자-1
우리가 섬기는 하나님 여호와

백성이 여호수아에게 말하되 우리 하나님 여호와를 우리가 섬기고 그의 목소리를 우리가 청종하리이다 하는지라(수24:24).

복을 주시는 하나님, 주님의 이름으로 심방한 복된 시간에 OOO님이 하나님 앞에서 살아가기를 소망합니다.
이 시간 성령님의 충만하심으로 역사하셔서 이 가족들에게 주의 말씀을 묵상하기를 원합니다.

저희들은 롯의 사위들이 하나님의 말씀을 소홀히 여겨 멸망한 것을 압니다. 저희들과 OOO님이 주님을 최고로 모시게 해주옵소서.
하나님의 말씀을 소중히 여기며 그 권위에 합당한 영광을 나타내게 하옵소서. 성령님의 충만하신 은혜를 받고 풍성하게 살아가게 하옵소서.

집을 세우시는 주여, 심방을 통해서 저희가 신령과 진정으로 예배드릴 수 있기를 원합니다. 저희들의 연약한 손을 잡아 일으켜 주소서. 그리하여 저희들의 심령이 새로워지고 믿음이 견고하여지기를 원합니다. 주님의 말씀을 생명의 양식으로 받아 심령이 배부르게 하소서. 그 말씀으로 새 생명을 얻은 기쁨을 주옵소서.

여호와께서 복이 있는 가정으로 삼아주셨음에 감사드립니다. 이 집안을 향한 하나님의 계획이 나타나 OOO님과 가족들이 예수님의 영광을 보며 살아가게 하옵소서.

이 가정이 하나님께 예배드리며 기도의 응답을 보는 복된 터가 되게 하옵소서. 진리의 말씀에 순종하고 하나님을 영화롭게 해드리는 삶을 살아가게 하옵소서.

안전히 거하게 하시는 여호와여, 성도님 안에서 기쁘신 뜻을 위해 소원을 두고 행하게 하시는 하나님을 바라봅니다. OOO님이 하나님의 은혜로 평안을 누리게 하옵소서.

평강의 복이 이 가정에 흘러 넘치게 하옵소서. 말씀을 읽고 묵상하면서 인격이 성화되어 가는 즐거움을 누리게 하옵소서. 온 가족이 즐거워하며 평안을 누리게 하옵소서.

존귀하게 택하심을 받은 OOO님께서 희락으로 열매를 맺는 삶을 살게 해주옵소서.

죄를 용서받고 구원을 얻은 기쁨이 삶에 가득하길 원합니다. 하나님의 자녀로서 천국을 소망하는 삶을 살게 하옵소서. 예수님의 이름으로 기도 드립니다. 아멘.

교회생활에 회의를 품는 자-1
지금은 은혜 받을 만한 때

이르시되 내가 은혜 베풀 때에 너에게 듣고 구원의 날에 너를 도왔다 하셨으니 보라 지금은 은혜 받을 만한 때요 보라 지금은 구원의 날이로다(고후 6:2).

힘이 되어주시는 하나님, 저희들을 하나님의 자녀로 삼아주시고 주님 안에서 만나게 하셨음을 믿습니다.
저희들 모두 한 몸이 되어 교회 안에서 생명의 기쁨을 누리게 하시고 영생하게 하시는 은혜에 들어가게 하옵소서.

주님의 사람 OOO님이 악한 사람들과 어울리지 않게 하시고, 죄인들과 동행하지 않게 하시며, 오만한 자와 함께 앉지 않도록 하옵소서. 우상을 숭배하는 자들에게 미혹되는 것이 영혼에 해가 된다는 사실을 깨닫게 하옵소서.
OOO님이 불신자들의 영향을 받지 않으며 더러운 영이 접근하지 않게 해 주옵소서.

영원하신 주 여호와여, 이 시간 성도들이 하나님께서 받으시기에 합당한 예배를 드리게 하여 주옵소서. 심방을 받는 자나 심방을 온 저희들 모두가 주님의 이름에 영광을 드리게 하옵소서.
이 가정에서 온전히 주님의 영광이 선포되기 원합니다.

저희가 주님을 닮지 못하고 허영과 시기와 미움으로 살아왔사오니 예배 중에 은혜를 받아 회복되기를 원합니다.

저희들을 흑암의 권세에서 건져내어 하나님의 자녀가 되게 하심에 감사드립니다. 우리 안에 계신 이가 세상에 있는 이보다 크심을 믿습니다.
하나님 나라의 백성이 되었으니 소망을 품게 하옵소서. 오늘도 OOO님에게 믿음으로 승리의 삶을 사는 영광을 누리게 하옵소서.

자비로우신 하나님, 택하심을 받은 OOO님에게 갈보리의 십자가로 평안을 누리게 하시니 감사를 드립니다.

예수님의 은혜로 죄를 사함받고 마음에 평안을 누리게 되었으니 화평의 사람이 되게 하옵소서. 세상에서 화평으로 열매를 맺는 삶을 살게 해 주옵소서.

하나님께서 OOO님이 천국의 백성이 되게 하셨으니 하나님의 나라를 위해 헌신하게 하옵소서. OOO님이 하나님과 동행하여 믿음으로 진리를 전하며 살아가게 하옵소서.
저희들을 통해서 이 땅에서 이루시는 하나님의 섭리를 깨닫게 하옵소서. 예수님의 이름으로 기도 드립니다. 아멘.

유혹에 넘어가 낙심한 자-1
세상과 벗된 것은 하나님과 원수

간음한 여인들아 세상과 벗된 것이 하나님과 원수 됨을 알지 못하느냐 그런즉 누구든지 세상과 벗이 되고자 하는 자는 스스로 하나님과 원수 되는 것이니라(약 4:4).

영원하신 하나님, OOO님께서 몸으로는 비록 이 세상에서 살아가지만 하늘나라에 속하여 구별된 백성으로 살아가고 있습니다.
성령님의 감동하심에 따라 하나님의 말씀을 삶의 원칙으로 삼고 살아가게 하옵소서.

죄악이 관영하고 유혹이 많은 세상에서 우리의 영혼을 지켜주시는 하나님을 찬양합니다.
OOO님이 주님의 영광을 구하여 죄에 빠지지 않게 하시며 악에서 구원하시는 주님의 능력을 보게 하소서. 말과 행동에서 죄를 짓지 않게 하시고, 다른 이들을 실족케 하지 않게 하옵소서.

우리를 돌아보시는 주여, 주님의 이름으로 모였으니 온전히 주님을 찬양하는 예배를 드리게 하옵소서.
신령과 진정으로 예배드리게 하옵소서. 찬양으로 주 하나님의 이름을 높이고 하나님께 영광을 드리게 하옵소서. 말씀을 준비하신 목사님께 영육간의 강건함을 주옵소서. 그 말씀으로 교훈과 책망을 받으며 순종을 다짐하게 하옵소서.
저희나 OOO님에게는 주님을 향한 마음과 세상의 인정을 받으려는 욕망이 공존하고 있음을 고백합니다.
때로 이 두 마음 사이에서 방황하기도 하지만, 우리의 옛 사람은 그리스도와 함께 십자가에서 죽었고, 저희들은 하늘에 속한 사람이니 진리의 영으로 살아가게 하옵소서.

우리 주 하나님, 존귀하게 선택받은 OOO님에게 인내할 힘을 주시니 감사드립니다. 주님의 십자가를 생각하면서 어려움을 이기게 하심을 즐거워합니다.

하나님을 섬기는 삶이 때로는 힘들고 마귀의 공격을 받지만 그때마다 넉넉히 이기고 열매를 맺게 해 주옵소서.

하나님의 인도하심에 자신을 맡기고 성령님께서 이끄시는 대로 순종하여 유혹을 이겨내게 하옵소서.

하나님을 믿고 살아가는 것이 때로 손해보는 것 같지만 승리를 믿고 살아가도록 이끌어 주옵소서.
세상에서 외로울지라도 하나님의 백성으로 살게 하옵소서. 예수님의 이름으로 기도 드립니다. 아멘.

기도하지 않는 자-1
기도하고 낙심하지 말라

예수께서 그들에게 항상 기도하고 낙심하지 말아야 할 것을 비유로 말씀하여(눅 18:1).

만왕의 왕이신 하나님, 영생의 복을 받으신 성도님이 저희와 함께 하나님의 뜻을 찾는 삶을 살기 원합니다. 삶에서 언제나 하나님을 최우선에 두게 하옵소서.

저희들이 하나님의 사람이 되면서 교회에 속하게 하셨음을 감사합니다. 사랑하는 OOO님이 교회를 통해서 신비한 은혜를 맛보게 하시고, 성도들의 사랑과 기도를 통해서 신령한 삶을 알게 하옵소서. 교회를 가까이 하여 주님의 몸에 동참하게 하시고, 거룩한 지체에 대한 소원을 품게 하옵소서.

예배를 받으시는 주여, 저희들을 돌보주신 은혜를 기뻐하며 예배를 드립니다.
이 예배를 통하여 영광을 받으시고 저희들을 신령하게 세워주시기 원합니다.

목사님이 말씀을 전하실 때 하나님의 능력과 은혜를 주옵소서. 저희가 하나님의 음성을 듣고 주님이 주시는 풍성한 은혜를 누리게 하옵소서.

OOO님이 여호와의 말씀으로 힘을 얻으시기를 소망합니다. 항상 하나님의 뜻에 먼저 주의를 기울이게 해 주옵소서.
교회를 통해 이루시는 하나님의 일에 마음을 두게 하옵소서. 한 몸 된 형제자매들을 섬기면서 주님의 일을 이루는 은혜를 받기를 원합니다.

긍휼이 많으신 하나님 아버지, 존귀하게 선택된 OOO님이 하나님을 믿는 믿음으로 살아가게 해주옵소서.
하나님의 자비로 구원에 이르렀으니 하나님의 사랑을 이웃에게 베푸는 삶을 살게 하옵소서.
은혜로우신 하나님을 믿고 사랑의 열매를 맺게 하시고 약속되어 있는 복을 누리게 하옵소서.

생명의 말씀에서 마음을 떠나지 않게 하옵소서. 진리의 말씀으로 기도하게 하시고, 그 약속을 받아 누리는 종이 되게 하옵소서. 마음을 다하여 주님을 사랑하게 하시고 보이는 것에서 심령의 만족을 구하지 않게 하옵소서. 이 세상에서 주님의 병기가 되어 살아가게 하옵소서. 예수님의 이름으로 기도 드립니다. 아멘.

믿음에 회의를 갖는 자-1

철학과 헛된 속임수를 주의하라

누가 철학과 헛된 속임수로 너희를 사로잡을까 주의하라 이것은 사람의 전통과 세상의 초등학문을 따름이요 그리스도를 따름이 아니니라 (골 2:8).

만군의 주 하나님, 영원 전부터 구원받기로 예정되어 있었던 OOO님이 하나님을 제 일로 모시게 하옵소서. 주님께서 함께 하심이 사람의 최고의 복이며 은혜임을 깨닫게 하옵소서.

하나님의 자녀가 된 OOO님이 천국 시민으로서 하늘의 소리에 귀를 기울이게 해주옵소서.
자신의 생각으로 살아왔지만 이제부터는 하나님의 뜻을 묻고 살아가게 하옵소서. 성령님의 도우심으로 하나님께서 OOO님을 통해서 이루고자 하시는 일들에 주목하게 하옵소서.

의인을 도우시는 여호와여, 여기에 모인 귀한 지체들이 온 마음으로 하나님께 예배드리게 하옵소서. 이 시간 저희를 받으시고 주님의 사람으로 만들어 주시기 원합니다.

오늘도 말씀을 선포하시는 목사님과 그 말씀을 듣는 성도들에게 주님의 역사를 나타내 주옵소서. 주님의 평강이 저희 마음에 넘치게 하옵소서.

간절히 구하오니 OOO님이 하나님의 마음에 합한 삶을 살도록 힘을 주옵소서. 생명의 진리를 믿고 참과 거짓을 구별하는 지혜를 갖게 하옵소서.

선과 악을 분별하여 하나님의 영광을 가리우지 않게 하옵소서. 진리의 말씀으로 죄의 유혹 앞에 흔들리지 않기를 기도합니다.

전능하신 하나님, 선하신 하나님께서 소망을 주셨으니 귀하게 택하심을 받은 OOO님이 선한 열매를 맺는 삶을 살게 해 주옵소서.
하나님의 구원을 알고 이웃을 사랑하여 계명을 지키는 종이 되게 하옵소서.

보혈의 은혜에 감사하여 회개하게 하시고, 주님의 거룩하심을 사모하여 경건의 열매를 맺게 해 주옵소서.

하나님께서 지혜와 계시의 영을 충만하게 하셔서 하늘에 속한 사람으로 살아가도록 하옵소서. 예수님의 이름으로 기도 드립니다. 아멘.

연단을 이겨내지 못하는 자-1
연단 후의 의와 평강의 열매

무릇 징계가 당시에는 즐거워 보이지 않고 슬퍼 보이나 후에 그로 말미암아 연단 받은 자들은 의와 평강의 열매를 맺느니라(히 12:11).

위대하신 우리 주 하나님, OOO님의 영혼이 잘되게 해주시니 감사합니다. 언제나 하나님께 마음을 두며 하나님을 영화롭게 해드리게 하옵소서. 하나님의 이름을 높이며 부르심에 순종하는 삶을 살게 해주옵소서.

OOO님이 오직 여호와의 율법을 즐거워하는 삶을 누리도록 인도해주옵소서. 하나님의 말씀을 묵상하고 그 말씀에서 하나님의 뜻을 발견하고 기쁨을 누리게 하옵소서. 진리를 알게 하시고 말씀을 따라 담대하게 살게 하옵소서.

연약할 때 붙들어 주시는 하나님, 하나님의 은혜를 저희에게 주옵소서. 자녀를 사랑하시는 하나님을 경배하게 해주옵소서.
예배 중에 주님을 만나고 주의 품에 거하게 해주시기를 원합니다. 말씀을 전하시는 목사님께 능력을 더해 주옵소서. 저희가 진리의 말씀을 듣고 순종하여 성령님의 열매를 맺게 하옵소서.

헌신하며 살려는 OOO님이 두 렙돈의 동전을 헌금했던 과부의 믿음을 배우게 하옵소서.
하나님을 사랑하여 자신을 드리는 믿음의 삶을 살게 하옵소서.
하나님을 향한 온전한 사랑과 헌신을 배우기 원합니다. 형식적인 종교행위가 아니라 주님께 온전히 드릴 수 있게 하옵소서.

우리의 중심을 보시는 하나님, 하나님을 사랑하는 OOO님이 어려움 중에 있지만 성령님께서 권능으로 이기게 해주심을 믿습니다.
존귀하게 선택받은 OOO님이 믿음의 열매를 맺는 삶을 살게 해 주옵소서. 성령님께서 OOO님의 마음을 만져주시고 그의 뜻과 생각을 다스려 주옵소서.

제자들이 악에 빠지지 않기를 기도하셨던 주님의 뜻이 OOO님의 소원이 되게 하옵소서. 진리의 말씀으로 자신을 성결하게 하여 제자의 삶을 살아가게 하옵소서.

지금의 훈련을 통과하여 단련된 만큼 주님의 강한 용사가 되게 하옵소서. 주님의 말씀이 OOO님의 심령에 풍성히 거하기를 소망합니다. 그 말씀으로 사탄의 공격을 물리치게 하옵소서. 예수님의 이름으로 기도 드립니다. 아멘.

8장
중고등부 예배
대표기도문

"너희의 단장은 머리를 꾸미고 금을 차고 아름다운 옷을 입는 외모로 하지 말고 오직 마음에 숨은 사람을 온유하고 안정한 심령의 썩지 아니할 것으로 하라 이는 하나님 앞에 값진 것이니라" (벧전 3:3~4)

사랑
함께 예배드리는 형제자매를 사랑하라

사랑하는 자들아 하나님이 이같이 우리를 사랑하셨은즉 우리도 서로 사랑하는 것이 마땅하도다(요일 4:11).

만물의 창조주이신 하나님, 모든 것을 새롭게 시작하는 새해 첫 주일에 우리가 함께 모여 예배를 드릴 수 있게 해주셔서 감사를 드립니다.

예배를 통해 예수님의 사랑을 배우게 하소서. 저희들도 예수님처럼 다른 사람을 사랑하는데 자신을 아끼지 않게 하소서. 마음에 상처가 있거나 어려운 일이 있는 친구들을 위해서 사랑으로 기도하는 시간이 되게 하소서.

교회에서 진행되는 일들을 주님을 사랑하는 마음으로 잘 감당할 수 있도록 하소서. 또한 서로 사랑하며 지혜를 모아 열심히 일하게 도와주소서.
예배를 마치는 시간까지 성령님께서 함께 하시며 사랑으로 저희를 품어주소서. 예수님의 이름으로 기도 드립니다. 아멘.

사랑
자신의 이익만 추구하는 삶을 회개하라

새 계명을 너희에게 주노니 서로 사랑하라 내가 너희를 사랑한 것 같이 너희도 서로 사랑하라(요 13:34).

사랑이 많으신 하나님, 저희들이 함께 모여 하나님을 찬양할 수 있게 하시니 감사를 드립니다. 하나님을 향한 사랑으로 온전히 예배드리도록 성령님께서 충만하게 역사하여 주소서. 저희 안에 있는 모든 근심과 문제들을 내려놓게 하소서.

교회 안에서는 하나님을 사랑한다고 찬양하고 이웃을 사랑하겠다고 기도하면서도, 교회 밖에서는 행하지 못했던 연약한 모습을 고백합니다. 남을 사랑하고 위하기보다 자신만을 사랑했던 이기적인 죄악을 회개하게 하소서.

예배를 통해 참 사랑의 의미를 깨닫고 생활에서 실천할 수 있는 저희들이 되게 하소서.
오늘 귀한 말씀을 전해주실 전도사님께 하나님의 사랑과 지혜가 넘치게 하소서. 예수님의 이름으로 기도 드립니다. 아멘.

기쁨

범사에 기뻐하며 감사하라

주의 성도들아 여호와를 찬송하며 그의 거룩함을 기억하며 감사하라 (시 30:4).

참 좋으신 하나님, 우리가 함께 예배드리기 위해 이곳에 모였습니다. 주님 안에서 좋은 친구들을 만나게 해주신 은혜에 감사를 드립니다. 기쁨과 감사가 넘치는 예배가 되게 하소서.

주님의 사랑과 은혜를 잊어버리고 작은 일에도 불평만 했던 저희들의 모습을 회개합니다.

우리가 삶에서 주님께서 주신 모든 것에 감사하며 기뻐하게 하소서. 저희 마음에 항상 믿음과 소망이 충만하기를 간구합니다.

주님, 항상 저희와 동행하여 주옵소서. 세상에 나가서 승리하는 믿음의 사람이 되게 붙들어 주소서. 성령님의 충만하신 역사 안에서 감사하는 예배가 되기를 소망합니다. 우리의 마음을 받아주소서. 예수님의 이름으로 기도합니다. 아멘.

기쁨
기쁨을 주는 사람이 되라

주 안에서 항상 기뻐하라 내가 다시 말하노니 기뻐하라(빌 4:4).

은혜의 주 하나님, 주님을 찬양하며 예배를 드릴 수 있게 해주셔서 감사를 드립니다. 주님을 찬양하는 기쁨은 어떤 것과도 바꿀 수 없습니다. 이 충만한 기쁨이 날마다 우리의 삶에 이어질 수 있기를 소망합니다.

우리는 살면서 사람이나 환경 때문에 즐거워하기도 하고 고통을 받기도 합니다. 주님, 저희가 주님의 자녀로서 믿음과 소망을 가지고 사람들에게 기쁨을 주는 사람이 되게 하소서.
화나는 일이 있어도, 또 힘든 일이 있더라도 주님이 능히 해결해주실 것을 기대하며 기뻐하게 하소서.

기쁨으로 충만한 예배가 되도록 저희들의 마음을 주관하여 주소서. 우리에게 하나님의 말씀을 전해주실 전도사님께 지혜와 능력을 더하여 주소서. 항상 우리에게 기쁨을 넘치게 하시고 믿음으로 승리하게 하소서. 예수님의 이름으로 기도 드립니다. 아멘.

평화

인간관계에서 화평을 이루라

우리의 주 되신 예수 그리스도의 이름을 부르는 모든 자들에게 하나님 우리 아버지와 주 예수 그리스도로부터 은혜와 평강이 있기를 원하노라(고전 1:2~3).

참 좋으신 하나님, 주님의 은혜와 사랑 가운데 평안한 날을 보내게 하신 하나님께 감사를 드립니다. 이 시간 많은 사람들이 예배를 드리기 위해서 함께 모였습니다. 단 한 명도 소외되지 않고 주님 안에서 모두가 한 마음으로 드리는 예배가 되기를 소망합니다.

그 동안 교회나 학교에서 한 마음이 되지 못했던 저희들의 모습을 회개합니다. 주님 안에서 서로 양보하고 배려하게 하소서. 다툼이 있을 땐 먼저 사과하고 비난하지 않으며, 친구의 부족한 점을 위해 기도할 수 있도록 저희에게 선한 마음을 주소서.

오늘 예배를 통하여 저희 마음을 넓혀 주셔서 모든 것에 모범이 되어 주님의 사랑과 평화를 전할 수 있기를 기도합니다.
사랑과 봉사로 본이 되어주시는 전도사님께 은혜를 주시고 권능과 말씀의 능력을 부어주소서. 예수님의 이름으로 기도 드립니다. 아멘.

기쁨
주님 안에서 평안을 누리라

여호와는 네게 복을 주시고 너를 지키시기를 원하며, 여호와는 그의 얼굴을 네게 비추사 은혜 베푸시기를 원하며(민 6:24~26).

참 좋으신 주님, 주님이 계시니 마음의 힘과 평화를 얻습니다. 생활 속에서 늘 함께 해주시고, 주일에는 교회로 발걸음을 인도하여 쉴 수 있게 해주신 은혜에 감사를 드립니다.
주님, 저희가 한 주 동안 각자의 생활 속에서 낙심하고 근심하며 상처받았던 마음을 주님 앞에 내려놓습니다. 저희들의 아픈 마음을 위로하여 주옵소서. 주님만이 저희에게 평안을 주실 수 있습니다. 저희를 만져주시고 치료하여 주소서.

예배를 통하여 주님의 손길을 느끼고 저희들의 마음이 치료되기를 소망합니다. 성령님의 감동과 은혜가 넘치는 예배가 되게 하옵소서. 마음의 상처가 있는 친구들이 주님의 손길로 회복되어 다시 평안을 찾는 시간이 되게 하소서. 낙심한 친구들이 예배를 통하여 주님을 만나고 힘을 얻고 희망을 갖게 하소서. 예수님의 이름으로 기도 드립니다. 아멘.

오래참음

믿음으로 인내하며 기다리라

너희에게 인내가 필요함은 너희가 하나님의 뜻을 행한 후에 약속을 받기 위함이라(히 10:36).

참 좋으신 하나님, 오늘도 예배를 드릴 수 있게 해주신 은혜에 감사를 드립니다. 주님에 대해 더 많이 알고 배우는 시간이 되도록 인도하여 주소서.
항상 가장 좋은 것을 주시는 주님, 주님을 신뢰하며 기다릴 수 있는 저희들이 되기를 기도합니다.
저희에게 소망을 품고 인내하며 기도하는 믿음을 주옵소서. 가장 좋은 때에 가장 필요한 것을 채워주시는 주님을 믿고 살아가게 하소서.

지금도 인내의 시간을 보내야 하는 사람들이 감당해야 할 일들을 잘 이겨낼 수 있도록 도와주옵소서. 눈물 흘릴 때 주님께서 위로하여 주시고, 용기를 잃을 때 다시 일으켜 주소서.
이 예배시간에 각자의 간절한 소망을 주님께 아뢰게 하여주소서. 주님께서 우리 모두에게 소망을 이뤄주실 때까지 인내하며 기다리는 믿음을 허락하여 주소서. 예수님의 이름으로 기도 드립니다. 아멘.

오래참음

믿지 않는 사람을 전도하라

사랑은 오래 참고 사랑은 온유하며 시기하지 아니하며 사랑은 자랑하지 아니하며 교만하지 아니하며 무례히 행하지 아니하며 자기의 유익을 구하지 아니하며 성내지 아니하며 악한 것을 생각하지 아니하며 불의를 기뻐하지 아니하며 진리와 함께 기뻐하고 모든 것을 참으며 모든 것을 믿으며 모든 것을 바라며 모든 것을 견디느니라(고전 13:4~7).

사랑과 자비가 충만하신 하나님, 성령님의 감동하심으로 교회에 나와 예배를 드리는 기쁨을 주시니 감사합니다. 저희들에게 주님이 없는 삶은 상상할 수 없습니다. 사랑이 풍성하신 주님께 영광을 돌립니다.

주님을 모르는 사람이 너무 많습니다. 저희가 그들을 불쌍히 여기며 전도할 수 있도록 능력과 용기를 주소서. 말만 하고 행함이 없었던 저희의 나약함을 회개합니다. 지쳐서 포기했던 모습을 회개합니다.

오늘 예배를 통해 예수님처럼 영혼을 사랑하는 마음을 품게 하시고, 전도를 하기 위해 우리가 알아야 할 것들을 배우게 하소서. 말씀으로 청소년들이 변화될 수 있도록 전도사님에게 말씀의 능력을 더하여 주소서. 예수님의 이름으로 기도 드립니다. 아멘.

자비

가족을 사랑하라

우리가 이 계명을 주께 받았나니 하나님을 사랑하는 자는 또한 그 형제를 사랑할지니라(요일 4:21).

은혜와 진리의 하나님, 가정의 달을 맞이하게 하시고 하나님 앞에서 가족을 생각할 시간을 주시니 감사를 드립니다. 저희에게 가정이라는 안식처를 허락하여 주셨으니 가정의 의미를 생각하고 소중히 여기는 시간이 되게 하소서.

주님, 이 나라에 많은 고아와 독거노인들이 있습니다. 가정의 달에 더욱 외로울 이들에게 함께 하여주시고 위로와 평안을 주소서. 외로운 이웃을 사랑하지 못하고 무관심했던 죄를 고백하며 회개합니다. 이웃을 사랑하라 하신 말씀을 실천할 수 있는 용기와 믿음을 주소서.

이 나라의 외롭고 힘든 사람들을 위해서 기도합니다. 외롭거나 배고프지 않도록 주님께서 그들을 도우시고 필요한 것들로 채워주소서. 어떤 상황에서도 희망을 잃지 않게 붙드시고 위로하여 주소서. 예배를 통해 저희가 남을 사랑하고 귀하게 여기는 마음을 갖게 하소서. 예수님의 이름으로 기도 드립니다. 아멘.

자비

부모님께 효도하라

네 부모를 즐겁게 하며 너를 낳은 어미를 기쁘게 하라(잠 23:25).

모든 사람의 창조주이시며 어버이이신 하나님께 영광과 감사를 드립니다. 저희 모두가 주님을 경배하며 부모님을 공경하는 자녀들이 되게 하소서.

학년이 올라 갈수록 부모님을 공경하지 못하고 사랑으로 대화하지 못했음을 회개합니다. 부모님을 주신 주님께 감사하며, 앞으로 부모님과 많은 대화를 나눌 수 있게 하소서. 저희들이 어떤 일이 생겼을 때 친구들과 의논할 때가 많습니다. 친구들보다 믿음의 주님이시며 우리의 삶을 주관하시는 하나님을 의지하게 하소서.

오늘 예배를 통해 주님의 사랑과 부모님의 은혜를 더 깊이 알게 하소서. 우리를 돌보시는 사랑의 하나님과 부모님께 감사와 존경을 표현하는 자녀들이 되게 하소서. 믿지 않는 가정에서 살아가는 친구들이 많습니다. 주님께서 그 친구들을 도우셔서 부모님께 예수님을 전할 수 있기를 기도합니다. 부모님의 구원을 보는 큰 기쁨을 얻게 도와주소서. 예수님의 이름으로 기도 드립니다. 아멘.

양선

믿지 않는 사람들의 본이 되라

너희는 이 세대를 본받지 말고 오직 마음을 새롭게 함으로 변화를 받아 하나님의 선하시고 기뻐하시고 온전하신 뜻이 무엇인지 분별하도록 하라(롬 12:2).

참 좋으신 하나님, 주님의 인도하심으로 이 거룩한 예배에 나오게 됨을 감사드립니다. 주님을 진심으로 찬양하는 시간이 되게 하소서.

한 주 동안 살면서 사람들에게 진실하지 못했던 모습을 회개합니다. 결과에 급급한 채 비겁했고 진실하지 않았습니다.
주님 앞에 부끄러운 자녀가 되지 않도록 저희 마음을 붙들어 주옵소서. 주님의 자녀로서 세상에서 모범을 보일 수 있게 하소서.

여기 모인 우리 모두가 주님의 자녀답게 마음을 다하여 예배 드릴 수 있게 도와주소서.
또한 주님의 자녀들이 세상에서 바로 설 수 있도록 강건함과 담대함을 허락하여 주소서. 거짓과 타협하지 않고 바른 마음으로 세상으로 나아가게 하소서. 예수님의 이름으로 기도 드립니다. 아멘.

양선

겸손히 서로 양보하라

내가 주와 또는 선생이 되어 너희 발을 씻었으니 너희도 서로 발을 씻어 주는 것이 옳으니라(요 13:14).

복의 근원되시는 하나님, 예배를 통하여 주님을 만나는 시간을 허락하여 주시니 감사를 드립니다. 기쁘게 주님을 찬양하며 영광을 드리는 예배가 되게 하여주소서.

주님, 이 시간 저희들의 이기적인 모습을 돌아보고 회개합니다. 주님께서 말씀하신 "네 이웃을 네 몸처럼 사랑하라"라는 말씀을 마음에 새기고 가족을 사랑하며 주변을 돌아보는 저희가 되게 하소서. 교회에서부터 서로를 사랑하게 하소서.

이 시간 우리 모두가 전심으로 하나님을 경배하며 영광을 드리게 하소서. 이 예배를 통해서 우리 모두가 세상의 빛과 소금이 되어 하나님의 사랑을 전하며 실천하는 믿음의 자녀가 되기를 소망합니다. 우리 모두가 사랑의 마음으로 담대하게 세상으로 나아가 따뜻하고 아름다운 사회를 이루어가게 도와주소서. 예수님의 이름으로 기도드립니다. 아멘.

충성
맡은 일에 최선을 다하라

그 주인이 이르되 잘 하였도다 착하고 충성된 종아 네가 작은 일에 충성하였으매 내가 많은 것으로 네게 맡기리니 네 주인의 즐거움에 참예할찌어다(마 25:21).

사랑의 하나님, 저희들이 예배를 드리도록 교회로 인도하여 주심에 감사드립니다. 이곳에서 주님과 사랑의 교제를 나눌 수 있기를 소망합니다.

예배를 통하여 마음을 열고 평안을 얻게 하소서. 우리의 영혼을 재충전하여 새롭게 시작하는 변화의 시간이 되게 하소서.
세상에서 주님의 존귀한 자녀로써 날마다 최선을 다할 수 있기를 기도합니다. 학교공부와 맡은 임무에도 최선을 다하게 하소서. 교회에서 맡은 일도 성실히 감당하게 하소서.

주님, 교회에서 책임을 맡고 있는 친구들에게 힘과 능력과 지혜를 허락하여 주시고 언제나 동행하여 주소서. 늘 승리하게 도와주소서. 예수님의 이름으로 기도 드립니다. 아멘.

충성
날마다 주님의 뜻을 따라 살라

네 마음을 다하고 목숨을 다하고 뜻을 다하고 힘을 다하여 주 너의 하나님을 사랑하라 하신 것이요(막 12:30).

참 좋으신 하나님, 늘 저희들의 안식처가 되어주셔서 감사드립니다. 주님을 사모하여 모인 이 시간에 기쁨과 감사가 넘치기를 소망합니다.

세상에서 살아갈 때 주님을 잊고 살아가는 저희의 모습을 회개합니다. 말로만 주님을 믿는다고 하면서도 정작 행동은 없었음을 고백합니다. 학교에서 주님의 뜻대로 살아가지 않았음을 고백합니다.
세상에서 주님의 자녀로 바로 설 수 있게 하여 주소서. 세상의 문화에 휩쓸리지 않게 하소서. 어느 곳에 있든지 주님을 따르기를 소원합니다.

요동치는 세상에서 예배를 통해 주님을 만나고 중심을 회복하게 하시니 감사를 드립니다. 주님만 바라보며 기도하는 예배가 되게 하소서. 예수님의 이름으로 기도 드립니다. 아멘.

온유
함부로 사람을 판단치 말라

비판을 받지 아니하려거든 비판하지 말라(마 7:1).

참 좋으신 주 하나님, 무한하신 사랑으로 우리를 구원하여 주신 은혜에 감사를 드립니다.

값없이 받은 은혜로 사는 저희들이 서로를 판단하고 비판하고 있었음을 고백합니다. 주님, 우리가 신앙의 교만에 빠진 것을 회개하게 하소서. 다른 사람의 신앙을 판단하려는 사탄의 유혹을 경계하고 물리치게 하소서.

겸손하고 진실한 마음으로 예배를 드릴 수 있기를 기도합니다.
주님께서 저희들을 붙잡아 주소서.
예배를 드리면서 자신의 믿음을 돌아보게 하소서. 주님을 만나서 감사하며 충만한 기쁨으로 가득했던 마음을 잊지 않게 하소서.
우리의 생각을 내려놓고 주님만 사모하는 예배가 되게 하소서. 예수님의 이름으로 기도 드립니다. 아멘.

온유
다른 사람에게 상처 주지 말라

남의 말하기를 좋아하는 자의 말은 별식과 같아서 뱃속 깊은 데로 내려가느니라(잠 18:8).

사랑과 용서의 하나님, 더운 날씨에도 저희들을 교회에 모이게 해주시니 감사를 드립니다. 불쾌한 감정으로 가득했던 마음이 하나님의 은혜로 변화되게 하소서.
주님, 상대방의 단점만 보고 충고하는 저희들의 모습을 회개합니다. 주님은 서로를 긍휼히 여기고 서로 사랑하라고 하셨는데, 서로에게 상처를 주었던 잘못을 고백하며 회개합니다. 어떤 일이든지 사랑으로 해결하게 하소서.

그 동안 받았던 상처들이 남아 있다면 이 시간을 통하여 비우고 잊게 하소서. 남에게 상처를 입혔다면 회개하고 진심으로 사과하게 용기를 주소서. 예배를 드리면서 저희들의 마음이 성숙하게 역사하여 주소서. 우리가 서로를 위해서 기도하게 하소서.
주님께서 인도해주신 소중한 사람들이 평안하도록 하나님께 간구하게 하소서. 예수님의 이름으로 기도 드립니다. 아멘.

절제

말을 절제하라

말이 많으면 허물을 면하기 어려우나 그 입술을 제어하는 자는 지혜가 있느니라(잠 10:19).

신실하신 주 하나님, 항상 우리를 주님의 길로 인도하여 주시고, 예배를 드릴 수 있도록 불러주심에 감사드립니다. 우리가 항상 주님의 사랑 안에서 살아가게 하소서.

주님, 말이 얼마나 무서운 것인지 깨닫게 하소서. 잘못된 말로 깊은 상처를 주기도 하고 사람을 잃게 되기도 합니다.
우리가 말을 할 때 좀 더 신중하게 도와주소서. 말을 절제하게 하시고 말을 꺼낼 때 한 번 더 생각하게 하소서. 말을 하기 전에 주님 앞에 먼저 기도하게 하소서.

예배 시간에 친구들과 쓸데없는 잡담을 하며 예배를 드리는 저희들의 모습을 버리게 하소서. 주님만 바라보며 온전한 예배를 드리는 시간이 되게 하소서. 여기 머리 숙인 우리가 말을 아끼고 말에 실수하지 않는 한 주를 보내게 하소서. 날마다 저희와 동행해주실 주님을 기대하며 예수님의 이름으로 기도 드립니다. 아멘.

절제

분노를 절제하라

노하기를 더디 하는 것이 사람의 슬기요 허물을 용서하는 것이 자기의 영광이니라(잠 19:11).

참 좋으신 하나님, 무더위가 가고 시원한 바람이 불어옵니다. 계절의 변화를 보며 주님의 위대하심을 찬양합니다. 우리에게 아름다운 계절을 주시는 주님의 사랑에 감사하게 하소서.
주님, 사소한 일에도 화를 참지 못하고 다투었던 잘못을 회개합니다. 저희들이 감정대로 행동하지 않게 하소서. 함부로 화를 내지 않고 절제할 수 있는 능력을 주소서. 주님의 방법으로 화를 풀 수 있도록 지혜를 주소서.

예배를 통하여 우리의 마음을 단련시켜 주옵소서. 화난 마음에 사탄이 틈타지 못하게 역사하여 주시고, 주님의 마음으로 분노를 절제하며 이겨내게 하소서. 모든 싸움이 화를 참지 못해서 일어나게 되오니 화를 절제하며 자신을 다스리게 하소서. 또한 이 나라와 이 민족을 위해 기도합니다. 이 나라가 서로 이해하는 사회가 되도록 성령님께서 화평으로 역사하여 주소서. 예수님의 이름으로 기도드렸습니다. 아멘.

사랑
주님께 사랑을 고백하라

나의 힘이신 여호와여 내가 주를 사랑하나이다 여호와는 나의 반석이시요 나의 요새시요 나를 건지시는 이시요 나의 하나님이시요 내가 그 안에 피할 나의 바위시요 나의 방패시요 나의 구원의 뿔이시요 나의 산성이시로다(시 18:1~2).

은혜의 하나님, 아름다운 계절을 허락하여 주셔서 감사드립니다. 이 시간 온 마음으로 주님을 찬양하는 예배가 될 수 있기를 소망합니다. 주님, 저희들이 가족을 사랑하는 마음을 갖게 하소서. 가장 가까운 가족과 화목하기가 어렵습니다. 평소에 무관심했던 가족에게 사랑을 표현할 수 있는 용기를 주소서.

하나님 진정으로 예배드리기 원합니다. 오늘의 예배를 통하여 주님께 사랑을 표현하게 하소서. 주님이 저희들을 사랑하시는 것이 당연하다고 여겼던 잘못을 회개하고 오늘은 주님을 향한 사랑을 고백하게 하소서. 주님을 향한 사랑이 식은 친구들에게 처음 사랑을 회복하고 변치 않는 주님의 사랑에 감사하게 하소서.

성령님께서 오늘의 예배를 주관하여 주소서. 은혜와 사랑이 넘치는 예배가 되게 하소서. 예수님의 이름으로 기도 드립니다. 아멘.

희락

진정한 즐거움을 알라

너희 의인들아 여호와를 즐거워하라 찬송은 정직한 자들이 마땅히 할 바로다. 수금으로 여호와께 감사하고 열 줄 비파로 찬송할지어다. 새 노래로 그를 노래하며 즐거운 소리로 아름답게 연주할지어다(시 33:1~3).

우리의 기쁨과 위로가 되시는 하나님, 주님이 지으신 모든 만물이 빛을 발하는 계절입니다. 위대하신 주님을 기쁘게 찬양하며 감사하는 시간이 되게 하소서.

주님, 요즘 사람들이 스트레스를 풀 때 너무 거칠어지고 있음을 느낍니다. 점점 폭력적으로 자신의 감정을 표현하는 우리의 모습을 회개하게 하소서.

또한 이렇게 감사로 예배를 드립니다. 예배를 통하여 저희 마음을 치료받게 하시고 어두운 마음이 기쁨으로 바뀌게 하소서.
우리 안에 찬양과 말씀이 가득하게 하소서. 주님의 능력으로 회복되게 하소서. 저희의 마음을 온전히 주님께 드리는 예배가 되게 하소서. 예수님의 이름으로 기도 드립니다. 아멘.

오래참음

하나님의 방법을 배우며 오래 참으라

복음에는 하나님의 의가 나타나서 믿음으로 믿음에 이르게 하나니 기록된 바 오직 의인은 믿음으로 말미암아 살리라 함과 같으니라(롬 1:17).

은혜의 하나님, 오늘도 예배를 드릴 수 있게 해주심에 감사드립니다. 마음의 짐을 주님 앞에 내려놓게 하시고 기쁘고 충만한 예배가 될 수 있기를 기도 드립니다.

저희가 어떤 일이든 사람의 방법보다 하나님의 방법으로 해결할 수 있기를 기도 드립니다. 문제가 생길 때마다 기도보다는 저희들의 방법으로 해결하려 할 때가 많았습니다. 아주 작은 부분도 주님의 뜻을 구하고 기다리게 하소서. 인간적인 수단을 쓰며 분주하기 보다 하나님의 뜻을 기다리는 시간이 더 적극적인 시간임을 알게 하소서. 모든 일에 주님을 믿고 역사하시도록 저희 생각을 내려놓게 하소서.

주님만 바라보는 중·고등부가 되게 하소서. 우리의 마음에 성령님의 충만하신 역사가 넘치며 하나님의 도우심으로 교회가 부흥되게 하소서. 말씀으로 하루를 준비하며 승리하게 하소서. 세상에서 살아갈 저희들에게 힘을 주소서. 예수님의 이름으로 기도 드립니다. 아멘.

양선

믿음으로 선을 행하라

오직 선을 행함과 서로 나누어주기를 잊지 말라 하나님은 이 같은 제사를 기뻐하시느니라 (히 13:16).

승리의 주 하나님, 오늘도 모두가 모여서 예배를 드릴 수 있게 해주시니 감사를 드립니다. 주님을 닮아 가는 시간이 되게 하여주옵소서.

주님, 어려운 상황에서도 남을 돕는 사람들이 바보 같아 보이지만 그 모습이 바로 예수님의 모습임을 깨닫습니다. 우리 모두가 이기적인 세상에서 예수님의 삶을 본받기를 소망합니다. 남을 도우며 살아가면서 사랑하시는 주님의 손길을 기대하게 하소서.

다른 일로 바빠서 못 나온 친구들이 있습니다. 주님, 아무리 바빠도 주일을 지키게 하소서.
나오지 못한 친구들에게 주님의 시간의 중요함을 알게 하시고, 주님을 모르는 친구들이 하루 빨리 주님의 사랑을 깨닫고 그 평안을 누리기를 소망합니다.
이 예배가 성령 충만하고 은혜가 가득한 시간이 되도록 하옵소서.
예수님의 이름으로 기도 드립니다. 아멘.

충성
세상 유혹을 이기고 주님께 충성하라

너는 범사에 그를 인정하라 그리하면 네 길을 지도하시리라(잠 3:6).

참 좋으신 주님, 만물을 창조하신 주님을 찬양합니다. 언제나 한결같으신 사랑을 주시는 주님께 감사를 드립니다.

은혜의 주 하나님, 저희들이 세상의 것들에 집착할 때가 많습니다. 세상의 유혹에 빠져서 주님을 잊고 살았던 모습을 회개합니다. 눈동자처럼 지켜주시는 주님의 사랑을 다시 한 번 생각하게 하소서.

지나가는 세상의 유혹에 흔들리지 않고 변함없으신 주님을 바라보며 반석 같은 믿음 갖게 하소서. 주님이 저희 인생의 소망이 되어 주실 것을 믿습니다.

주님을 사랑하는 마음으로 예배드리기 원합니다.
주님 앞에 성실히 나아가겠다고 다시 한 번 다짐하는 시간이 되게 하소서. 예수님의 이름으로 기도 드립니다. 아멘.

절제

주님 안에서 절제하며 연말을 보내라

대저 여호와는 네가 의지할 이시니라 네 발을 지켜 걸리지 않게 하시리라(잠 3:21).

모든 것 되시는 하나님, 날마다 저희를 보호하여 주시니 감사를 드립니다. 하나님을 찬양하며 기쁨으로 경배하게 하소서.
연말이 되어 향락에 빠져 헤매는 우리의 모습을 회개하게 하소서. 한 해를 허락해주신 주님께 감사하는 마음으로 지난 시간을 돌아보는 시간을 갖기를 소망합니다.

겨울의 혹한 속에서 춥고 배고픈 노숙자들을 위해서 기도합니다. 그들에게 쉴 수 있는 안식처와 직장을 주옵소서. 무엇보다 주님을 알고 새롭게 삶을 살아갈 수 있게 하소서.

주님, 연말이 되어 도처에서 유혹이 많습니다. 우리의 모든 욕심을 내려놓고 주님을 바라보는 예배가 되게 하소서.
이 예배를 통하여서 세상에서 주님을 향한 마음을 지킬 수 있도록 힘을 더하여 주옵소서. 예수님의 이름으로 기도 드립니다. 아멘.

9장
중고등부 각종행사
대표기도문

"너희는 이 세대를 본받지 말고 오직 마음을 새롭게 함으로 변화를 받아 하나님의 선하시고 기뻐하시고 온전하신 뜻이 무엇인지 분별하도록 하라" (롬 12:2)

중·고등부 헌신예배
주님을 향한 헌신을 받아주세요

너희는 말세에 나타내기로 예비하신 구원을 얻기 위하여 믿음으로 말미암아 하나님의 능력으로 보호하심을 받았느니라(벧전 1:5).

사랑의 하나님, 주님을 찬양하는 기쁨을 주셔서 감사를 드립니다. 저희들이 삶 속에서 늘 주님을 찬양하며 살아 갈 수 있게 하소서.
주님, 주님께 예배를 드리기 위해 많은 것을 준비했습니다. 저희들의 정성을 받아주시옵소서. 헌신 예배를 준비하면서 주님의 사랑과 은혜로 하나가 되게 하시니 찬송을 드립니다. 서로 사랑하면서 주님을 찬양하고 주님의 일을 하게 하소서. 주님, 예배를 통해 주님을 향한 헌신을 다짐하며 세상에 나아가서도 주님의 뜻을 행하게 하소서. 저희를 위해 귀한 말씀을 준비하시는 전도사님을 강건하게 하옵소서. 예수님의 이름으로 기도 드립니다. 아멘.

전도 행사를 위한 기도
영혼을 사랑하는 마음을 주소서

이로써 그리스도를 섬기는 자는 하나님을 기쁘시게 하며 사람에게도 칭찬을 받느니라(롬 14:18).

하나님, 좋은 날씨를 주시고 저희 모두 강건하게 지켜주시니 감사를 드립니다. 총동원 주일을 맞이해서 중·고등부에서 전도행사를 하려 합니다. 저희들에게 영혼을 사랑하는 마음을 주셔서 복음을 들고 세상으로 나가게 하소서. 오늘의 예배를 통해 복음에 대해서 깨닫게 하시고, 전도할 때 주님의 사랑을 가지고 나아가게 하소서. 주님을 모르는 영혼들이 하루 빨리 주님을 만나기를 간구합니다. 주님께서 오셔서 그들의 마음을 만져 주옵소서. 주님만을 구하고 바라보는 삶을 살도록 도와주소서. 예수님의 이름으로 기도 드립니다. 아멘.

임원 수련회
선한 청지기

각각 은사를 받은 대로 하나님의 여러 가지 은혜를 맡은 선한 청지기 같이 서로 봉사하라(벧전 4:10)

참 좋으신 하나님, 주님을 믿고 예배를 드릴 수 있게 해주시니 감사를 드립니다. 언제나 주님 한 분만으로 충분한 날들이 되게 하소서.
저희 학생부가 임원 수련회를 하려 합니다. 주님, 저희들에게 사역을 맡겨 주셔서 감사를 드립니다. 맡겨진 일을 잘 감당하도록 지혜와 능력을 허락하여 주소서. 겸손히 배우는 자세로 임하게 하소서.
수련회를 통하여서 주님의 일꾼들이 하나가 되게 하소서. 서로 사랑으로 돕게 하소서. 예수님의 이름으로 기도 드립니다. 아멘.

중·고등부 전체 수련회
성령님이 충만한 수련회

내게 주신 모든 은혜를 내가 여호와께 무엇으로 보답할까(시 116:12).

참 좋으신 하나님, 귀한 시간을 허락하여 주셔서 감사드립니다. 여기 모인 우리 모두가 주님을 찬양하고 주님의 사랑을 느끼는 시간이 되게 하소서. 우리 모두가 수련회를 통하여서 하나님의 크신 은혜를 체험하게 하소서. 주님을 신뢰하고 주님 앞에 나아가는 시간이 되게 하소서. 또한 서로가 하나되는 시간이 되게 하소서. 수련회 시작부터 마치는 시간까지 주님께서 함께 하셔서 아무 사고 없도록 붙들어 주옵소서. 모든 과정에서 주님의 뜻이 이뤄지기를 기도합니다. 성령님의 충만하신 은혜가 가득한 수련회가 되게 하소서. 예수님의 이름으로 기도 드립니다. 아멘.

친구 초청잔치
친구와 함께 하나님께 감사해요

우리가 이 계명을 주께 받았나니 하나님을 사랑하는 자는 또한 그 형제를 사랑할지니라(요일 4:21).

늘 우리와 함께 하시는 하나님, 주님의 인도하심으로 저희가 함께 모이게 하시니 찬양을 드립니다. 행사준비와 친구를 전도하는 모든 과정에 함께 해주신 주님께 감사를 드립니다. 행사 가운데서도 주님께서 함께 해 주셔서 여기 온 모든 친구들이 하나님을 만나고 크신 은혜를 체험하게 하소서. 예배 시작부터 끝까지 주님께서 함께 하소서.
주님, 각자의 사정으로 여기 나오지 못한 친구들도 있습니다. 그 친구들이 주님의 사랑을 알고 주님 안에 거하게 하소서. 예수님의 이름으로 기도 드립니다. 아멘.

중·고등부 야외예배
하나님이 지으신 자연의 아름다움

네 모든 자녀는 여호와의 교훈을 받을 것이니 네 자녀에게는 큰 평안이 있을 것이며(사 54:13).

위로와 평강의 하나님, 저희가 예배를 드리기 위해 야외에 나왔습니다. 하나님이 만드신 자연의 아름다움을 보며 하나님의 사랑과 은혜에 감사를 드립니다. 아름다운 자연에서 드리는 예배를 통해 저희의 마음이 평온해지게 하소서. 저희가 쉼을 얻고 주님을 사모하게 하소서.
주님, 저희가 세상에서도 매일 감사가 넘치는 삶을 살아 갈 수 있게 하소서. 기쁠 때뿐만 아니라 힘든 순간에도 주님의 사랑을 생각하며 감사하게 하소서. 예수님의 이름으로 기도 드립니다. 아멘.

교회창립 기념예배
주님을 닮아가는 교회가 되게 하소서

범사에 우리 주 예수 그리스도의 이름으로 항상 아버지 하나님께 감사하며(엡 5:20).

참 좋으신 하나님, 오늘은 교회 창립기념 주일입니다. 이곳에 하나님의 교회를 세워주셔서 주님을 알게 하시고 한자리에 모여서 주님을 찬양할 수 있게 하시니 감사를 드립니다. 우리 교회가 초대 교회의 모습을 닮기를 원합니다. 서로 비판하지 않고 주님을 사랑하는 마음으로 하나되게 하소서. 말씀을 전하시는 전도사님을 강건하게 지켜주시고, 지혜와 권능을 더하여 주옵소서. 저희가 주님을 모르는 영혼들을 위해 기도하고 전도하게 하소서. 예수님의 이름으로 기도 드립니다. 아멘.

학교 방문 전도
영혼을 사랑하는 마음을 주소서

감사함으로 그의 문에 들어가며 찬송함으로 그의 궁정에 들어가서 그에게 감사하며 그의 이름을 송축할지어다(시 100:4).

참 좋으신 하나님, 항상 한결 같으신 사랑으로 저희를 지켜주시니 감사를 드립니다. 주님의 사랑을 알리기 위해 저희가 학교를 방문하여 전도를 하려 합니다. 주님을 기쁘게 찬양하며 전하게 하소서. 영혼을 사랑하는 마음으로 담대하게 복음을 전하게 하소서.
저희가 한 마음으로 주님의 영광을 전하는 귀한 시간이 되게 하소서. 전도하는 과정에서 오는 멸시와 핍박을 온유한 마음으로 견디며 예수님의 사랑으로 복음을 전하게 하소서. 전도를 통해 주님과 더 가까워지게 하소서. 예수님의 이름으로 기도 드립니다. 아멘.

중·고등부 축제의 밤
주님을 경배하게 하소서

또 무엇을 하든지 말에나 일에나 다 주 예수의 이름으로 하고 그를 힘입어 하나님 아버지께 감사하라(골 3:17).

참 좋으신 하나님, 저희에게 아름다운 축제를 허락하여 주시니 감사를 드립니다. 행사의 시작부터 마치는 시간까지 주님께서 함께 하여 주소서. 주님, 아름답고 경건한 문화적 소양이 부족한 저희들에게 이 행사를 통하여 하나님을 향한 문화적 기쁨을 발견하는 시간이 되게 하소서. 저희들이 하나님 안에서 성장하여 타락한 세상을 이기고 하나님을 경배하는 문화를 건설하는 미래의 주인공의 역할을 감당하게 하소서.
오늘 펼쳐진 축제를 통해 참가한 우리 모두가 주님의 마음을 알게 하소서. 예수님의 이름으로 기도 드립니다. 아멘.

레크리에이션
주님 안에서 기쁨을 알게 하소서

사람들이 우리 머리를 타고 가게 하셨나이다 우리가 불과 물을 통과하였더니 주께서 우리를 끌어 내사 풍부한 곳에 들이셨나이다(시 66:12).

사랑의 하나님, 오늘 우리가 함께 모여 하나님의 교회에서 즐거운 놀이를 통해 사랑으로 하나되게 하시고 기쁨을 누리게 하시니 감사를 드립니다. 주님, 여기 모인 우리가 세상 문화에 도취되지 않게 하시고 주님 안에서 기쁨을 알게 하소서.
새로운 마음으로 세상으로 나아가도록 힘을 주소서. 시작부터 마치는 시간까지 주님께서 함께 하여 주소서. 주님의 은혜 가운데서 모두가 하나되게 하소서. 예수님의 이름으로 기도 드립니다. 아멘.

수험생을 위한 기도회
끝까지 믿음과 소망을 잃지 않게 하소서

눈물을 흘리며 씨를 뿌리는 자는 기쁨으로 거두리로다(시 126:5).

늘 우리와 동행하시는 하나님, 언제나 저희들을 눈동자처럼 지켜주시니 감사를 드립니다. 주님, 지금 이 시간 수험생을 위해 기도할 수 있는 시간을 허락하여 주셔서 감사를 드립니다. 성령님께서 충만히 역사하셔서 온전히 주님만 바라고 구하는 시간이 되게 하소서. 믿음으로 소망을 위해 기도하게 하소서. 주님, 공부하면서 좌절한 친구가 있으면 다시 일어날 힘을 주시고 기도하면서 평안을 얻게 하소서. 끝까지 믿음으로 잘 이겨 낼 수 있게 하소서. 주님의 도구로 쓰임 받도록 마지막까지 최선을 다하게 하소서. 예수님의 이름으로 기도 드립니다. 아멘.

중·고등부 바자회
함께 나누는 삶이 되게 하소서

범사에 감사하라 이것이 그리스도 예수 안에서 너희를 향하신 하나님의 뜻이니라(데전 5:18).

은혜의 하나님, 좋은 날씨에 아름다운 행사를 허락하여 주신 은혜에 감사를 드립니다. 모든 행사 과정에서 은혜가 넘치게 도와주옵소서.
주님, 저희가 어려운 사람들을 돕기 위해 개최한 바자회가 은혜 가운데 이루어지게 도와주소서. 물건을 팔고 사는 모든 사람에게 주님의 은혜와 축복이 가득하게 하소서. 주님, 이 행사를 통해 이웃을 돌아보고 서로 돕는 것이 얼마나 기쁜 일인지 알게 하소서. 이 행사의 수익금이 꼭 필요한 곳에 쓰이게 하소서. 저희가 전한 사랑으로 그들이 주님을 알게 하소서. 예수님의 이름으로 기도 드립니다. 아멘.

10장
중고등부 절기 예배
대표기도문

"여호와는 그를 경외하는 자 곧 그의 인자하심을 바라는 자를 살피사 그들의 영혼을 사망에서 건지시며 그들이 굶주릴 때에 그들을 살리시는도다" (시 33:18~19)

신년주일 예배

첫 시작을 주님께 맡깁니다

하나님을 따라 의와 진리의 거룩함으로 지으심을 받은 새 사람을 입으라(엡 4:24)

사랑의 주 하나님, 새해 첫날에 모두 함께 모여 주님께 예배를 드리게 해주셔서 감사를 드립니다. 주님, 저희가 새해를 맞이하여 새 사람이 되기를 소망합니다. 힘들었던 일들은 지난해를 보내며 잊게 하시고, 새로운 마음으로 감사하면서 새해를 시작하게 도와주옵소서. 저희 교회에서 계획한 사역들과 프로그램이 있습니다. 그 일들을 진행할 때 주님께서 함께 하여주소서. 저희가 하는 모든 일들이 주님께 영광이 되게 하옵소서. 오늘도 말씀을 전해주실 전도사님께 은혜와 평강을 주시고 축복이 넘치게 하옵소서. 오늘 예배를 주님께서 온전히 주장하여 주소서. 예수님의 이름으로 기도합니다. 아멘.

고난주간 예배

십자가의 사랑을 기억하며

조금 나아가사 얼굴을 땅에 대시고 엎드려 기도하여 이르시되, 내 아버지여 만일 할 만 하시거든 이 잔을 내게서 지나가게 하옵소서. 그러나 나의 원대로 마시옵고 아버지의 원대로 하옵소서 하시고(마 26:39).

하나님, 우리의 죄를 위해 십자가를 지신 그 크신 사랑에 감사를 드립니다. 값없이 받은 은혜에 감사하지 못하고 불평불만을 늘어놓던 저희의 모습을 회개합니다. 주께서 주신 은혜를 생각하고 날마다 감사하며 살아가게 하소서. 고난 속에서도 주님의 뜻을 구하게 하옵소서. 십자가의 고난 후에 부활이 있었듯이 주님의 뜻에 따른 고난 후에는 하나님의 예비하신 축복이 있을 것을 믿습니다. 말씀을 전하여 주실 목사님(전도사님)께 은혜를 더하여 주소서. 예수님의 이름으로 기도 드립니다. 아멘.

부활주일 예배
감사와 기쁨으로

그 후에 열 한 제자가 음식 먹을 때에 예수께서 그들에게 나타나사 그들의 믿음 없는 것과 마음이 완악한 것을 꾸짖으시니 이는 자기가 살아난 것을 본 자들의 말을 믿지 아니함일러라 또 이르시되 너희는 온 천하에 다니며 만민에게 복음 전파하라(막 16:14~15).

하나님, 주님의 부활하심으로 기쁨과 감사가 넘치는 주일을 주신 은혜에 감사를 드립니다. 크신 사랑으로 저희를 구원하여 주셨으니 찬송을 받으시옵소서. 하나님을 의심했던 죄악을 회개하게 하옵소서. 오늘의 예배를 통해 부활절의 의미를 마음 속 깊이 새기고 저희들의 믿음이 강건해지게 하소서. 감사와 기쁨이 가득한 부활 주일에 말씀을 전해주실 전도사님께 은혜와 평강을 주소서. 기쁨과 성령 충만한 예배가 될 수 있게 하소서. 예수님의 이름으로 기도 드립니다. 아멘.

어린이주일 예배
우리를 자녀 삼으신 주님

내가 산을 향하여 눈을 들리라 나의 도움이 어디서 올까 나의 도움은 천지를 지으신 여호와에게서로다(시 121:1~2).

하나님, 어린이 주일을 맞이하게 해주셔서 감사를 드립니다. 우리를 자녀 삼으시고 돌보시는 사랑과 은혜에 감사드립니다. 주님, 우리가 항상 주님의 품안에 있기를 기도합니다. 언제나 주님을 의지하고 따르는 신실한 믿음의 사람이 되게 하소서. 주님, 각자의 사정으로 교회에 나오지 못한 친구들이 있습니다. 사람의 마음을 아시는 주님께서 돌보아주소서. 다음 주에는 꼭 나올 수 있도록 힘을 더하여 주소서. 말씀을 전해주실 전도사님께 은혜를 주시고 건강하게 지켜주옵소서. 오늘 예배가 주님을 사랑하며 성령님의 역사가 충만하게 하소서. 예수님의 이름으로 기도합니다. 아멘.

어버이주일 예배
부모님께 감사드려요

자녀들아 주 안에서 너희 부모에게 순종하라 이것이 옳으니라. 네 아버지와 어머니를 공경하라 이것은 약속이 있는 첫 계명이니(엡 6:1~2).

하나님, 어버이 주일을 맞이하면서 저희들의 모습을 돌아보게 하소서. 우리가 살면서 부모님들을 속상하게 했던 적이 많음 고백합니다. 부모님을 공경하는 자녀들이 되게 인도하여 주옵소서.
이 시간 하나님께 온 마음을 드려 예배드리기 원합니다. 하나님의 청지기로서 저희를 양육하시며 사랑하시는 부모님께 사랑을 표현하는 자녀들이 되게 하소서. 또한 믿지 않는 가정의 친구들이 부모님이 구원을 받는 축복과 기쁨을 누리게 하여 주옵소서. 말씀을 전해주실 목사님(전도사님)을 저희에게 보내주셨으니 감사합니다. 목사님(전도사님)께 은혜와 평강으로 채워주소서. 예수님의 이름으로 기도합니다. 아멘.

성령강림주일 예배
기쁨과 감동을 주시니 감사합니다

하나님을 찬미하며 또 온 백성에게 칭송을 받으니 주께서 구원받는 사람을 날마다 더하게 하시니라(행 2:47).

하나님, 언제나 주님과 함께 하기를 소망합니다. 저희가 살아가면서 항상 주님의 마음을 생각하게 하옵소서. 주님이 원하시는 삶을 살도록 성령님의 충만하신 역사로 채워 주옵소서. 사탄의 어떤 유혹에도 흔들리지 않게 하옵소서. 말씀을 읽고 기도로 하루를 준비하는 저희들이 되기를 소망합니다. 예배를 드릴 때 주님께서 저희에게 하실 말씀을 경청하고 은혜를 얻게 하소서. 말씀을 전해주실 전도사님께 능력과 지혜를 더하여 주소서. 오늘 예배가 성령님의 역사가 충만한 예배가 되게 하소서. 예수님의 이름으로 기도합니다. 아멘.

추수감사주일 예배
채워주시는 주님 감사합니다

첫날에는 너희가 아름다운 나무 실과와 종려 가지와 무성한 가지와 시내 버들을 취하여 너희 하나님 여호와 앞에서 칠일 동안 즐거워 할 것이라(레 23:40).

하나님, 우리 모든 삶에서 동행해 주시는 주님의 은혜에 감사드립니다. 추수감사주일을 맞아 진실로 주님이 주신 은혜에 감사 드리는 예배가 되기를 원합니다. 모든 일에 최선을 다해야 하는데 그렇지 못했음을 고백하고 회개합니다. 오늘의 예배가 주님이 저희들 안에서 이루시는 모든 것에 감사하는 예배가 되게 하소서. 귀한 말씀을 전해주실 목사님(전도사님)께 은혜와 능력을 주시고 항상 건강하게 지켜주옵소서. 예수님의 이름으로 기도 드립니다. 아멘.

성탄절 예배
이 땅에 오신 구세주, 예수 그리스도

오늘 다윗의 동네에 너희를 위하여 구주가 나셨으니 곧 그리스도 주시니라(눅 2:11).

기쁨과 감사가 넘치는 이 시간, 영광을 받으시기에 합당하신 우리 주님의 탄생을 기뻐하며 찬양합니다. 우리를 위해 오신 예수님의 사랑에 감사하며 보내야 하는 성탄절이 오락을 위한 휴일로 전락하고 있습니다. 주님, 성탄절을 이벤트의 날로 만드는 사람들의 죄를 용서하여 주옵소서. 저희가 성탄절이 어떤 날인지 모르는 사람들에게 예수님의 탄생과 구원을 전할 수 있게 하소서. 저희의 마음에 성탄절의 의미가 퇴색되지 않게 하소서. 저희를 위해 이 땅에 오신 예수님께 감사하며 경건하게 지내게 하소서. 귀한 말씀을 전해주실 목사님(전도사님)께 은혜와 평강을 주옵소서. 예수님의 이름으로 기도 드립니다. 아멘.

송구영신 예배

한 해를 맞이하면서

주의 말씀은 내 발에 등이요 내 길에 빛이나이다(시 119:105).

참 좋으신 주님, 한 해 동안 지켜주시고 돌보아주셨으니 감사를 드립니다. 주님의 크신 사랑과 은혜로 1년을 살게 하셨으니 찬양과 영광을 받아주옵소서. 이제 조금 후면 새로운 한 해가 시작됩니다. 한 해를 마치면서 용서 할 사람이 있으면 용서하게 하시고, 잘못이 있으면 모두 회개하고 새로운 해를 맞이하도록 도와주옵소서.
한 해를 보내면서 지난 일은 모두 잊게 하시고 새로운 마음으로 한 해를 시작하게 하옵소서. 하나님 안에서 믿음과 소망을 가지고 새해를 맞이하게 하소서. 주님, 저희가 예배로 한 해를 마칩니다.
저희들이 한 해의 시작과 끝을 주님과 함께 하듯이 날마다 주님과 동행하는 삶을 살아가게 도와주소서. 귀한 말씀을 전해주실 전도사님께 은혜와 평강이 넘치게 하여 주옵소서. 항상 건강하게 지켜주옵소서. 예수님의 이름으로 기도 드립니다. 아멘.

11장
어린이 주일 예배
대표기도문

"너를 낮추시며 너를 주리게 하시며 또 너도 알지 못하며 네 조상들도 알지 못하던 만나를 네게 먹이신 것은 사람이 떡으로만 사는 것이 아니요 여호와의 입에서 나오는 모든 말씀으로 사는 줄을 네가 알게 하려 하심이니라" (신 8:3)

사랑
싸우지 않고 서로 사랑해요

미움은 다툼을 일으켜도 사랑은 모든 허물을 가리느니라(잠언 10장 12절).

항상 우리를 용서해주시는 하나님, 교회에 모인 우리들을 많이 사랑해주셔서 감사해요. 사랑하는 마음으로 보면 아주 큰 잘못도 용서 할 수 있는 것 같아요. 미워하기만 하면 싸우게 되는데, 사랑하려고 하면 사이좋게 지낼 수 있는 것 같아요.
하나님, 우리가 예배를 통해서 하나님의 마음을 닮기를 기도해요. 사랑의 말씀을 전해 주실 목사님의 건강을 지켜주세요. 우리를 사랑하시는 예수님의 이름으로 기도드립니다. 아멘.

순종
진실한 마음으로 하나님께 순종해요

사무엘이 이르되 여호와께서 번제와 다른 제사를 그의 목소리를 청종하는 것을 좋아하심 같이 좋아하시겠나이까 순종이 제사보다 낫고 숫양의 기름보다 나으니(사무엘상 15장 22절).

우리의 모든 것을 다 아시는 하나님, 오늘도 이렇게 우리들을 한 자리에 모이게 해주셔서 감사드려요. 또한 예배를 정성껏 드릴수 있도록 인도해 주세요.
정말로 하나님을 사랑하는 마음으로 기도를 하고, 하나님을 알고 싶은 마음으로 말씀을 듣는 시간이 되게 해주세요. 마음으로 예배를 드리는 우리들이 되기를 기도해요. 귀한 말씀 들려주시는 목사님을 날마다 지켜주시길 기도해요. 우리 예수님의 이름으로 기도드립니다. 아멘.

믿음
믿으면 할 수 있다

예수께서 이르시되 할 수 있거든이 무슨 말이냐 믿는 자에게 능히 하지 못할 일이 없느니라 하시니(마가복음 9장 23절).

언제나 우리를 도와주시는 하나님, 하나님께서 도와주셔서 이곳에 우리가 모일 수 있었어요. 하나님의 은혜에 정말 감사드려요. 함께 예배드리는 시간을 통해서 우리가 더욱 서로 사랑하게 해주세요. 오늘 예배를 드리면서 하나님의 능력을 더 알게 해주세요. 하나님을 믿는 우리 모두가 하나님께서 도와주시면 무엇이든 할 수 있다는 것을 알게 해주세요. 우리에게 능력의 말씀을 전해주실 목사님께 하나님의 지혜를 주시고, 건강을 지켜주세요. 예수님의 이름으로 기도합니다. 아멘.

소망
하나님께서 원하시는 대로 행동해요

여호와는 그를 경외하는 자 곧 그의 인자하심을 바라는 자를 살피사 그들의 영혼을 사망에서 건지시며 그들이 굶주릴 때에 그들을 살리시는 도다(시편 33편 18~19절).

언제나 우리를 지켜주시는 하나님, 주님께서 인도해 주셔서 우리가 이곳에 모여 함께 예배드려요. 영광과 감사를 하나님께 드립니다. 크신 주님의 사랑을 느낄 수 있는 예배가 되기를 기도해요.
오늘 예배를 통해 세상 속에서 어려운 일이 생기더라도 우리의 손을 잡아주실 주님을 의지하고 주님을 기대하는 일주일이 되게 해주세요.
우리의 생각대로 행동하기 보다는 주님이 원하시는 뜻을 따라 살아가게 힘을 주세요. 사랑이 참 많으신 우리 예수님의 이름으로 기도드립니다. 아멘.

게으름
게으르면 베짱이처럼 후회하게 돼요

게으른 자는 가을에 밭 갈지 아니하나니 그러므로 거둘 때에는 구걸할지라도 얻지 못하리라(잠언 20장 4절).

성실하신 하나님, 놀고 싶은 마음도 있었지만, 하나님이 좋아서 우리들은 교회에 모였어요. 우리들을 모일 수 있게 해주셔서 감사드려요.
오늘 예배를 통해서 노는 것보다, 다른 어떤 것보다 하나님을 더 많이 좋아할 수 있기를 기도해요. 주일이 아닌 날에도 놀면서 시간을 보내기보다는 열심히 공부하고, 엄마 아빠 일도 도와드리는 착한 하나님의 자녀가 되게 해주세요. 우리가 부지런한 사람으로 자라도록 가르쳐 주세요. 말씀으로 우리를 인도하여 주실 목사님께 은혜를 주시고, 항상 건강하게 지켜주세요. 예수님의 이름으로 기도드립니다. 아멘.

지혜1
참된 지혜는 하나님께만 있어요

지혜와 권능이 하나님께 있고 계략과 명철도 그에게 속하였나니(욥기 12장 13절).

지혜가 많으신 하나님, 우리들이 교회에 오는 길을 지켜 주셔서 감사드려요. 언제나 우리를 바라보시며 지켜주시는 하나님, 하나님의 지혜로 우리들이 자라게 해주세요. 우리가 어리석은 생각에 빠지지 않도록, 우주보다 더 넓고 높은 하나님의 크신 능력으로 우리들을 가르치시고, 인도해주세요. 오늘 예배가 하나님의 지혜를 얻을 수 있는 예배가 되도록 도와주세요. 말씀으로 우리에게 지혜를 주실 목사님께 은혜를 주시고, 항상 건강하게 지켜주세요. 우리 예수님의 이름으로 기도합니다. 아멘.

용서
하나님께서는 우리의 잘못을 용서해 주세요

만일 우리가 우리 죄를 자백하면 그는 미쁘시고 의로우사 우리 죄를 사하시며 우리를 모든 불의에서 깨끗하게 하실 것이요(요한일서 1장 9절).

참 좋으신 하나님, 하나님의 보호 속에 하루하루를 살아가는 것은 너무나 행복한 일이에요. 하나님의 보호를 받으며 오늘도 교회에 올 수 있었어요. 정말 감사드려요. 하나님께서 우리를 사랑하시고 지켜주시니 착한 어린이가 되어야 하는데, 자꾸 나쁜 행동을 하게 되요. 나쁜 행동을 할 때마다 하나님을 생각하기 싫어서 자꾸 피하려 할 때가 있어요. 오늘 예배를 통해서 우리가 우리의 잘못을 회개하는 시간이 되기를 기도드립니다. 말씀을 전해주실 목사님께 은혜를 주시고, 건강하게 지켜주세요. 우리 예수님의 이름으로 기도합니다. 아멘.

친구
친구와 사이좋게 지내요

친구는 사랑이 끊어지지 아니하고, 형제는 위급한 때를 위하여 났느니라(잠언 17장 17절).

참 좋으신 사랑의 하나님, 오늘도 교회에 나올 수 있도록 인도하여 주셔서 감사드려요. 이 예배를 통해 우리 모두가 하나님과 하나가 되게 해주세요. 그리고 하나님 안에서 만나게 된 우리들이 하나가 되기를 기도해요. 서로서로 사랑하는 친구가 되게 우리를 붙들어주세요. 오늘 나오지 못한 친구들에게도 먼저 다가가서 사랑해주는 사람이 되게 하시고, 다음 주에는 꼭 나올 수 있게 해주세요. 오늘 말씀을 전해주실 목사님께 은혜를 주시고, 항상 건강하게 보살펴주세요. 우리 예수님의 이름으로 기도드립니다. 아멘.

말씀
우리는 말씀으로 살아요

너를 낮추시며 너를 주리게 하시며 또 너도 알지 못하며 네 조상들도 알지 못하던 만나를 네게 먹이신 것은 사람이 떡으로 사는 것이 아니요 여호와의 입에서 나오는 말씀으로 사는 줄을 네가 알게 하려 하심이니라(신명기 8장 3절).

말씀으로 우리를 바르게 인도해주시는 하나님, 오늘도 하나님께 예배 드리고 말씀을 배우기 위해서 교회에 왔어요.
우리가 하나님 말씀을 잘 배우고 기억하게 도와주세요. 오늘 예배를 통해서 배울 게 될 말씀이 매일 지내는데 큰 힘이 될 것 같아요. 귀한 말씀을 들을 때 옆 친구와 얘기하지 않고, 잘 들을 수 있게 도와주세요. 우리들이 날마다 살아갈 때 힘이 될 좋은 말씀을 전해주실 목사님께 은혜를 주시고, 항상 건강하게 지켜주세요. 우리 예수님의 이름으로 기도합니다. 아멘.

기도
기도는 하나님께 가까이 나아가게 해요

여호와께서는 자기에게 간구하는 모든 자 곧 진실하게 간구하는 모든 자에게 가까이 하시는도다(시편 145편 18절).

언제나 우리와 친구가 되기를 원하시는 하나님, 우리가 교회에 와서 예배를 드리고 기도하면서 하나님을 만날 수 있어서 너무 좋아요.
우리가 일기를 쓰고 밥을 먹듯이 매일 기도하며 하나님과 함께 하기를 기도해요.
오늘 예배를 통해서 하나님과 더욱 가까워지게 도와주세요.
오늘도 좋은 말씀 전해주실 목사님께 은혜를 주시고, 항상 건강하게 지켜주세요. 우리 예수님의 이름으로 기도합니다. 아멘.

기쁨
항상 기뻐해요

항상 기뻐하라(데살로니가전서 5장 16절).

사랑으로 우리를 도우시는 하나님, 교회를 기쁨으로 오게 해주셔서 감사드려요. 지난 한 주를 돌아보니 기뻐하기 보다는 짜증을 내고, 투정도 부리고, 불평도 많이 했어요.
하나님, 우리가 작은 일에도 기뻐할 수 있기를 기도해요. 오늘 예배가 기쁨으로 가득할 수 있도록 하나님의 은혜를 주시길 기도드려요. 기쁨의 말씀을 해주실 목사님께 큰 능력을 더하여 주세요. 항상 건강하게 지켜주시기를 기도해요.
우리 예수님의 이름으로 기도합니다. 아멘.

용기
하나님께서 함께 하시면 두렵지 않아요

내가 네게 명령한 것이 아니냐 강하고 담대하라 두려워하지 말며 놀라지 말라 네가 어디로 가든지 네 하나님 여호와가 너와 함께 하느니라 하시니라(여호수아 1장 9절).

언제나 우리의 힘이 되시는 하나님,
기분 좋은 아침, 하나님을 만나러 오는 길을 지켜 주셔서 감사드려요.
하나님, 오늘 예배를 통해서 우리가 더 씩씩해지기를 기도해요. 우리가 시험, 대회, 발표 같은 걸 앞두고 있을 때, 또는 학교에서나 교회에서 어떤 일을 맡게 되었을 때 많이 두려워해요.
하나님께서 우리 함께 하시니, 두려워하지 않고 씩씩하게 해낼 수 있는 우리들이 되게 해주세요. 우리 예수님 이름으로 기도합니다. 아멘.

찬양
엄마 뱃속에서부터 지켜주신 하나님을 찬양해요

내가 모태에서부터 주를 의지하였으며 나의 어머니의 배에서 부터 주께서 나를 택하셨사오니 나는 항상 주를 찬송하리이다(시편 71편 6절).

바다보다 깊은 사랑을 주시는 하나님,
엄마 뱃속에 있을 때부터 지켜주시고 사랑해 주신 하나님, 감사해요.
늘 감사하는 마음으로 지내야 하지만, 우리를 지켜주신 하나님의 바다보다 깊은 사랑을 잊어버리고 하나님께서 싫어하시는 나쁜 행동을 할 때가 많았어요.
그런 행동을 용서해 주세요. 오늘 예배를 통해서 늘 착한 행동으로 하나님의 사랑과 은혜에 보답하는 사람이 될 수 있게 도와주세요.
우리 예수님의 이름으로 기도합니다. 아멘.

훈련
하나님께서 단련하신 후에 더 나은 사람이 되어요

내가 가는 길을 그가 아시나니 그가 나를 단련하신 후에는 내가 순금 같이 되어 나오리라(욥기 23장 10절).

우리 예배를 기뻐하시는 하나님,
우리들이 모여서 하나님께 예배를 드리려고 해요. 예배를 드릴 수 있게 우리를 불러 모아주신 하나님, 감사드려요.
오늘 예배 시간을 통해서 하나님의 말씀으로 우리를 더욱 단련 시켜주시기를 기도해요. 그래서 더 나은 사람으로 자랄수 있게 도와주세요. 말씀을 전해주실 목사님께 은혜와 지혜를 주시고, 항상 건강하게 지켜주세요.
우리 예수님 이름으로 기도드립니다. 아멘.

참음

참으면 싸우지 않아요

분을 쉽게 내는 자는 다툼을 일으켜도 노하기를 더디 하는 자는 시비를 그치게 하느니라(잠언 15장 18절).

온 세상을 만드신 위대하신 하나님, 사랑으로 우리를 교회까지 오게 해주시니 감사드려요. 우리가 때로는 친구들과 놀고 싶고 늦잠도 자고 싶어서 교회에 오지 않아도 언제나 사랑으로 기다리시는 하나님의 은혜에 감사드려요.
오늘 예배를 통해서 우리도 하나님처럼 기다려 줄 수 있는 사람이 되기를 기도해요. 무조건 화를 내기보다 참고 기다리고, 친구와 다툼이 생기더라도 이해해주는 사람이 되게 도와주세요. 좋은 말씀 전해주실 목사님을 축복해 주세요. 우리 예수님의 이름으로 기도합니다. 아멘.

말

말이 많으면 실수를 하기 쉬워요

말이 많으면 허물을 면하기 어려우나, 그 입술을 제어하는 자는 지혜가 있느니라(잠언 10장 19절).

참 좋으신 우리 하나님, 오늘 귀한 말씀을 들을 수 있는 사랑이 많은 하나님의 교회로 인도하여 주셔서 감사해요. 나오지 못한 친구들은 다음 주에 꼭 나오게 도와주시고, 어느 곳에 있든지 하나님께서 함께 해주시기를 기도합니다. 우리에게 지혜로운 말씀을 전해주실 목사님께 은혜를 더하여 주세요. 성령님, 예배드리는 동안 옆 친구와 얘기하지 않고, 말씀에만 집중 할 수 있게 도와주세요. 학교에 가서도 말할 때와 말하지 않아야 할 때를 구별할 줄 아는 지혜로운 사람이 되게 해주세요. 우리 예수님의 이름으로 기도드립니다. 아멘.

보호
우리는 하나님만 의지해요

여호와여 주의 이름을 아는 자는 주를 의지하오리니 이는 주를 찾는 자들을 버리지 아니하심이니이다(시편 9편 10절).

우리를 지켜주시는 하나님.예배를 드리러 온 우리를 항상 기쁘게 맞아주시니 감사드려요. 지난 한 주를 돌아보면 하나님을 의지하지 않고, 혼자서 힘들어 할 때가 있었던 것 같아요. 이 예배를 통해 우리가 더욱 하나님을 의지하는 사람이 되기를 기도해요. 우리가 강한 믿음을 가지도록 말씀을 전해주실 목사님께 은혜를 주시고, 항상 건강하게 지켜주세요. 우리 예수님의 이름으로 기도드립니다. 아멘

우정
진실한 친구를 사귀어요

많은 친구를 얻는 자는 해를 당하게 되거니와 어떤 친구는 형제보다 친밀하니라(잠언 18장 24절).

고마우신 하나님,
예배를 드릴 수 있도록 인도하여 주시고, 좋은 친구들도 만날 수 있게 해주셔서 감사드려요.하나님 때문에 믿음 좋은 친구들과 함께 예배드리고, 즐거운 시간을 보낼 수 있으니 찬양을 드려요. 하나님, 우리가 이 예배를 통해서 많은 친구를 사귀려고 하기보다는 주님처럼 진실한 마음을 가진 친구를 만나게 해주세요.
이제는 친구가 많은 것이 자랑이 아니라, 진실한 친구가 있는 것이 중요하다는 것을 깨닫고 있어요.우리도 다른 사람에게 믿음직한 친구가 되게 도와주세요. 말씀을 전하실 목사님을 축복하여 주세요. 예수님의 이름으로 기도합니다. 아멘.

평안
아무 것도 염려하지 말아요

아무것도 염려하지 말고 다만 모든 일에 기도와 간구로 너희 구할 것을 감사함으로 하나님께 아뢰라 그리하면 모든 지각에 뛰어난 하나님의 평강이 그리스도 예수 안에서 너희 마음과 생각을 지키시리라(빌립보서 4장 6~7절).

항상 우리를 지켜주시는 하나님, 자유롭게 예배드리러 교회에 나올 수 있게 해주시니 감사해요. 지난 한 주 동안 즐거움도 있었지만, 걱정과 두려움으로 힘들었던 친구들도 있어요. 예배드리는 동안 우리 모든 친구들이 두려움, 걱정, 근심을 하나님께 맡기는 시간이 되게 해주세요. 평안이 가득한 말씀을 전해주실 목사님께 능력과 지혜를 더해 주세요. 우리 예수님의 이름으로 기도합니다. 아멘.

인도
하나님께서 우리의 가는 길을 인도해주세요

사람이 마음으로 자기의 길을 계획할지라도 그 걸음을 인도하는 이는 여호와시니라(잠언 16장 9절)

능력이 무한하신 하나님,
하나님이 인도하시는 사랑으로 우리가 교회에 나왔어요. 우리가 하나님을 순종할 수 있게 해주셔서 감사드려요. 우리의 현재와 미래를 하나님께 맡깁니다. 하나님께서 인도하는 대로 따라가고 싶어요. 하나님을 잘 따라가는 우리들이 되기를 기도해요.
오늘 나오지 못한 친구들도 하나님의 인도하심으로 다음 주에는 꼭 나올 수 있게 해주세요. 우리들이 하나님과 더욱 가까운 사이가 되도록 지혜로운 말씀을 전해주실 목사님께 은혜와 평안을 내려주세요. 항상 건강하게 지켜주세요. 우리 예수님의 이름으로 기도합니다. 아멘.

복음

사랑으로 복음을 전해요

너희 마음에 그리스도를 주로 삼아 거룩하게 하고 너희 속에 있는 소망에 관한 이유를 묻는 자에게는 대답할 것을 항상 준비하되 온유와 두려움으로 하고(베드로전서 3장 15~16절)

우리의 모든 자랑이 되시는 하나님,
오늘 교회에 모여 함께 예배를 드릴 수 있게 해주셔서 감사드려요. 예배 드리는 동안 성령님께서 우리 마음에 말씀하여 주세요.
주님처럼 고운 말과 예쁜 마음으로 생활할 수 있게 도와주세요. 오늘 예배를 통해서 사람들에게 주님을 전할 때, 어떻게 말을 해야 하는지 잘 알도록 지혜를 주세요. 여기 모인 우리들이 주님을 사랑하는 마음으로 주님을 전파하는 사람들이 되도록 기도 드려요. 우리 예수님의 이름으로 기도드립니다. 아멘.

12장
어린이 절기 예배
대표기도문

"무릇 시온에서 슬퍼하는 자에게 화관을 주어 그 재를 대신하며 기쁨의 기름으로 그 슬픔을 대신하며 찬송의 옷으로 그 근심을 대신하시고 그들이 의의 나무 곧 여호와께서 심으신 그 영광을 나타낼 자라 일컬음을 받게 하려 하심이라" (사 61:3)

성탄절 예배
기쁨으로 찬양해요

오늘 다윗의 동네에 너희를 위하여 구주가 나셨으니 곧 그리스도 주시니라(누가복음 2장 11절).

영광과 찬송을 받으시는 하나님, 예수님, 탄생을 찬양하며 축하드려요. 감사와 기쁨과 영광을 사랑하는 예수님께 드립니다. 우리를 위해 십자가에 못 박히신 예수님을 생각하면서, 사랑만 가득하신 예수님을 바라봅니다. 오늘 하루라도 우리가 좋아하는 것들을 잊고, 예수님의 탄생과 십자가의 죽음을 되새기면서, 예수님을 닮으려 노력하고 기도할께요. 우리에게 하나님의 사랑과 예수님에 대해서 설교해 주실 목사님께 하나님의 은혜와 축복을 더하여 주시고, 항상 건강하게 지켜주세요. 예수님의 이름으로 기도합니다. 아멘.

신년감사 주일 예배
희망찬 마음으로 새해를 시작해요

여호와는 네게 복을 주시고 너를 지키시기를 원하며 여호와는 그의 얼굴을 네게 비추사 은혜 베푸시기를 원하며 여호와는 그 얼굴을 네게로 향하여 드사 평강을 주시기를 원하노라 할지니라(민수기 6장 24~26절).

하나님, 새해를 주셔서 감사드려요. 하나님께서 또 한 해를 주신 것에 감사하며, 올 해에는 즐겁고 보람 있게 지낼 수 있기를 기도해요. 나쁜 기억은 잊게 하시고, 새롭고 희망찬 마음으로 새해를 시작하게 도와주세요. 사랑으로 인도해주시는 주님께 감사하며 새해 첫 예배를 드립니다. 새해 첫 예배를 드리러 교회에 모인 우리들이 하나님의 은혜가 함께하기를 기도하게 해주세요. 하나님의 말씀을 전하실 목사님께도 은혜와 축복을 내려 주세요. 예수님의 이름으로 기도합니다. 아멘.

설날 예배
새롭게 결심하는 시간이 되게 해주세요

여호와께서 너의 출입을 지금부터 영원까지 지키시리로다(시편 121편 8절).

사랑으로 우리를 길러주시는 하나님, 또 다시 설날이 다가왔어요. 날마다 우리를 건강하도록 하시고, 또 한 해를 맞게 해주셔서 감사해요.
이제 나이가 한 살 많아졌으니, 더 열심히 예배드리고 기도하게 도와주세요. 1월 1일에 하나님과 했던 약속을 다시 생각해보게 하시고, 새롭게 결심하는 시간이 되게 해주세요. 하나님의 말씀으로 우리를 가르치시는 목사님께 하나님의 은혜와 축복이 가득하기를 기도해요. 항상 건강하게 지켜주세요. 우리 예수님의 이름으로 기도합니다. 아멘.

사순절 예배
예수님의 고난과 그 십자가 사랑

그가 찔림은 우리의 허물 때문이요 그가 상함은 우리의 죄악 때문이라 그가 징계를 받으므로 우리는 평화를 누리고 그가 채찍에 맞으므로 우리는 나음을 받았도다 우리는 다 양 같아서 그릇 행하여 각기 제 길로 갔거늘 여호와께서는 우리 모두의 죄악을 그에게 담당시키셨도다(이사야 53장 5~6절).

사랑과 능력으로 우리를 인도하시는 하나님, 우리는 교회에 올 때마다 십자가를 보고, 많은 친구들이 십자가 목걸이를 하고 있어도 십자가의 의미를 깊이 생각하지 못하고 지내요. 십자가를 바라보면서 우리가 예수님의 고난과 사랑을 느끼고 생각하게 해주세요. 예수님을 닮은 사람으로 자라가게 도와주세요. 사순절을 맞이하여 예수님의 생애를 다시 한 번 돌아보며 그 사랑과 은혜에 감사하게 해주세요.
예수님의 이름으로 기도합니다. 아멘.

부활절 예배
부활의 주님을 기뻐해요

그러나 이제 그리스도께서 죽은 자 가운데서 다시 살아나사 잠자는 자들의 첫 열매가 되셨도다(고린도전서 15장 20절).

죽음을 이기고 부활하신 예수님, 모든 사람들은 예수님을 멸시했고 비웃었지만, 어두움의 세력을 정복하고 다시 살아나셨어요. 주님은 가장 위대한 왕이십니다. 지금까지 교회에서 선물로 준 달걀을 그냥 받았는데, 이제는 예수님의 다시 살아나심을 감사하며 기뻐합니다.
날마다 주님의 위대하심을 찬양하며, 세상에 알리는 하나님의 일군이 될께요. 감사가 넘치는 예배가 되도록 성령님 도와주세요. 우리 구주 예수님의 이름으로 기도드립니다. 아멘.

어린이 주일 예배
어린이를 사랑하시는 하나님

보라 자식들 여호와의 기업이요 태의 열매는 그의 상급이로다(시편 127편 3절).

어린이들을 사랑하시는 하나님, 하나님의 은혜 안에서 어린이 주일을 맞이하였어요. 우리의 기도에 언제나 응답해주시고, 우리를 사랑해주시는 하나님을 기쁘게 해드릴 수 있게 도와주세요. 부모님 말씀, 학교와 교회 선생님 말씀도 잘 듣고, 친구들과도 사이좋게 지내면서 공부도 열심히 하겠어요. 하나님께서는 우리를 사랑하신 것처럼 우리가 하나님을 사랑하는 것을 좋아하실 거라고 믿어요. 하나님, 우리들은 하나님을 사랑해요. 이제는 사랑하는 하나님을 많은 사람들에게 전할께요. 오늘도 우리에게 말씀을 전해주실 목사님을 축복해 주시고, 항상 건강하게 지켜주세요. 우리 예수님의 이름으로 기도합니다. 아멘.

어버이 주일 예배
부모님의 은혜에 감사해요

여호와께서 집을 세우지 아니하시면 세우는 자의 수고가 헛되며 여호와께서 성을 지키지 아니하시면 파수꾼의 깨어 있음이 헛되도다(시편 127편 1절).

우리 모두의 주인이신 하나님, 어버이 주일이에요. 매일 매일 부모님께 감사해야 하지만, 이번 주는 더욱 더 부모님 은혜에 감사드리게 해주세요. 하지만 부모님 말씀 잘 안 듣고 고집 부리고 속상하게 해드린 적이 많았어요.
하나님, 우리의 잘못을 반성하게 하시고, 부모님께 사랑을 표현할 수 있는 용기를 주세요. 부모님께도 효도하는 사람이 되게 도와주세요. 말씀을 전해주실 목사님께 지혜와 능력을 주시고, 항상 평안하게 지켜주세요. 우리 예수님의 이름으로 기도합니다. 아멘.

맥추감사절 예배
값진 열매를 맺게 해주세요

사람의 마음을 기쁘게 하는 포도주와 사람의 얼굴을 윤택하게 하는 기름과 사람의 마음을 힘있게 하는 양식을 주셨도다(시편 104편 15절).

감사와 찬송을 받으실 하나님, 맥추감사절 예배에 우리 모두를 모이게 하시고, 감사의 의미를 다시 생각하게 하신 하나님께 감사드려요. 최선을 다해서 열매를 맺는 것은 정말 큰 기쁨인 것 같아요. 열심히 노력하게 하시고 그것에 대한 열매도 주시니 찬양을 드립니다.
사람은 노력만 할 뿐 결과를 주신 분은 하나님이세요. 하나님께서 어떤 결과를 주시더라도 감사하게 도와주세요. 하나님께 드릴 값진 열매를 맺게 힘을 주세요. 우리 예수님의 이름으로 기도합니다. 아멘.

추수감사절 예배
때를 따라 풍성하게 하시는 하나님

할렐루야 그의 성소에서 하나님을 찬양하며 그의 권능의 궁창에서 그를 찬양할지어다 그의 능하신 행동을 찬양하며 그의 지극히 위대하심을 따라 찬양할지어다(시편 150편 1~2절).

우리에게 항상 좋은 것으로 주시는 하나님, 곡식과 과일이 풍성하게 익도록 도와주시고 그 동안 열심히 가꾼 농부들에게 기쁨을 주신 하나님께 감사드려요. 하나님, 비가 너무 많이 내려도 안 되고, 가뭄이 들어도 곡식과 과일이 자라지 않아요. 하나님께서 지켜주셔야만 우리가 곡식과 맛좋은 과일을 먹을 수 있어요. 농부들이 날씨를 주님께 의지 하듯, 공부할 때도 우리들의 능력과 지혜보다 하나님을 의지하게 해주세요. 많은 것 주신 하나님, 감사합니다. 감사의 찬송이 우리 입술에서 끊어지지 않게 해주세요. 우리 예수님의 이름으로 기도합니다. 아멘.

교회창립기념 주일
하나님은 우리의 기초가 되세요

그리스도 예수 안에 있는 속량으로 말미암아 하나님의 은혜로 값없이 의롭다하심을 얻은 자 되었느니라(로마서 3장 24절).

교회의 주인이신 하나님, 오늘은 우리 교회 창립 기념 주일이에요. 교회가 창립되어서 우리가 이 교회에서 하나님 말씀도 배우고, 하나님에 대해서도 알아가고, 좋은 친구들도 만날 수 있어서 참 좋아요. 우리 교회를 세워주셔서 정말 감사드려요. 힘들 때면 언제든지 기도하러 올 수 있고 함께 모여 예배드리며 말씀을 배울 수 있으니 하나님께 영광을 드려요. 하나님, 오늘 예배를 통해서 우리가 교회를 더욱 더 사랑하게 해주세요. 우리 주님, 예수님의 이름으로 기도합니다. 아멘.

겨울 성경(캠프) 학교
하나님과 가까워지는 시간이 되게 해주세요

주께서 나를 가르치셨으므로 내가 주의 규례들에서 떠나지 아니하였나이다(시편 119편 102절).

우리의 친구가 되시는 참 좋으신 하나님, 이제 우리가 겨울 성경(캠프) 학교를 시작하려 해요. 준비한 시간 동안 도와주시고, 은혜로 시작하게 해주셔서 감사드려요. 이 기간을 통해서 우리들이 더욱 하나님과 가까워지기를 기도해요. 겨울 성경(캠프) 학교를 하면서 하나님에 대해 잘 몰랐던 친구들도 하나님에 대해 알고, 조금 더 가까워지는 시간이 되게 인도해주세요. 하나님께서 주신 은혜 가운데서 성경학교를 잘 마칠 수 있게 해주세요. 우리 예수님의 이름으로 기도합니다. 아멘.

노방 전도
기쁨으로 복음을 전하게 해주세요

내가 측량할 수 없는 주의 공의와 구원을 내 입으로 종일 전하리이다 (시편 71편 15절).

사랑의 하나님, 하나님을 생각하면 감사하고, 즐겁고 기뻐요. 우리가 하나님을 모르는 이웃에게도 즐겁게 주님에 대해 얘기하며, 복음을 전하게 지혜를 주세요. 오늘 우리가 동네 전도를 시작하려 합니다.
사람들이 전도하는 우리들의 말을 무시하고 비웃어도, 저희는 기쁨으로 복음을 전해야 합니다. 주님께서 우리를 사랑하셔서 우리가 값없이 구원을 받았기 때문이에요. 우리를 사랑하셔서 십자가에 못 박히신 예수님처럼, 우리도 예수님의 마음으로 복음을 전할 수 있게 도와주세요. 예수님의 이름으로 기도합니다. 아멘.

학교 전도
복음을 전하는 기쁨의 발걸음

그들이 주의 법을 지키지 아니하므로 내 눈물이 시냇물 같이 흐르나이다(시편 119편 136절).

온 세상에 평화를 주시는 하나님, 오늘은 우리가 학교방문 전도를 하기 위해서 모였어요. 전도의 마음을 주신 하나님께 감사드리고, 시작부터 끝까지 우리와 함께 하실 것을 믿습니다. 학교는 어른이 되기 전 사회를 경험하는 곳이에요. 하지만 학교에서 폭력이 일어날 때가 많아요. 폭력으로 힘들어하는 친구들을 보면서 정말 하나님 말씀이 학교에 꼭 있어야 하고, 친구들이 하나님을 빨리 만날 수 있기를 기도해요. 우리가 복음을 전할 수 있게 힘과 지혜와 사랑을 주세요. 모든 친구들이 하나님을 만나서 올바른 친구들이 되도록, 우리가 열심히 하나님을 전하고 사랑하게 해주세요. 예수님의 이름으로 기도합니다. 아멘.

총동원(출석) 주일
모두 모여서 하나님께 예배드려요

주여 내 입술을 열어 주소서 내 입이 주를 찬송하여 전파하리이다(시편 51편 15절).

우리에게 복음을 주신 하나님, 오늘은 우리 교회 총동원 주일이에요. 우리가 그 동안 하나님의 말씀을 전하는 일에 너무 게을렀어요. 총동원 주일을 맞으면서 우리가 전도에 열정을 갖고, 복음을 전하는데 힘쓰기를 기도해요. 출석만 많아지는 전도가 아니라, 전도한 친구를 위해 끝까지 노력할 수 있게 힘을 주세요. 주님의 사랑으로 주님을 모르는 친구들에게 기쁘고 감사하게 전도 하도록 도와주세요. 우리 예수님의 이름으로 기도합니다. 아멘.

성경퀴즈대회
말씀을 배우는 시간이 되게 해주세요

모든 성경은 하나님의 감동으로 된 것으로 교훈과 책망과 바르게 함과 의로 교육하기에 유익하니(디모데후서 3장 16절).

지혜로우신 하나님, 우리가 성경퀴즈대회를 시작하려 합니다. 오늘 성경퀴즈대회를 개최할 수 있게 하신 하나님께 감사드려요.
성경퀴즈대회는 서로를 이기기 위한 대회가 아니라, 말씀을 배우는 시간이라는 것을 알게 해주세요. 우리가 얼마나 하나님 말씀에 대해 묵상하고, 서로 나누는 시간인 것을 잊지 않게 해주세요. 퀴즈대회에서 서로 경쟁하지 않고 축제처럼 할 수 있게 해주세요. 성경퀴즈대회를 하는 동안 함께 기뻐하며 많은 것을 배우는 시간이 되게 해주세요. 우리 예수님의 이름으로 기도합니다. 아멘.

찬양경연대회
찬양의 기쁨을 함께 나눠요

내가 주를 찬양할 때에 나의 입술이 기뻐 외치며 주께서 속량하신 내 영혼이 즐거워하리이다(시편 71편 23절).

우리의 찬송을 받으실 하나님, 우리가 함께 모여 찬양대회를 시작하려 해요. 사랑의 주님을 향한 우리의 찬양을 기쁘게 받아주세요. 주님을 찬양할 때 즐겁고, 감사하게 해주세요. 오직 주님께만 찬양을 드리게 힘을 주세요. 사람들이 우리의 찬양을 어떻게 생각할지 고민하지 말고, 우리의 마음을 주님께 드리기 위해 감사와 기쁨으로 찬양하는 대회가 되기를 기도해요. 이 대회가 은혜 가득한 시간이 되고, 우리들의 모습에 주님께서 기뻐하실 거라고 믿어요. 오늘의 모든 찬양을 주님께 드리며, 우리 예수님의 이름으로 기도드립니다. 아멘.

여름성경학교
하나님과 가까워지는 시간이 되게 해주세요

주 여호와여 주는 나의 소망이시오 내가 어릴 적부터 신뢰하는 이시라 (시편 71편 5절).

우리를 너무나 사랑하시는 하나님, 이제 저희가 하나님과 함께 여름 성경학교를 시작합니다. 준비기간 동안 하나님의 은혜를 느끼며 잘 준비할 수 있게 해주셔서 감사드려요. 하나님, 때로는 게으름을 부리고 싶을 때도 있고, 신나는 곳에 놀러 가고 싶을 때가 있어도, 이 기간 동안 많은 열매들을 맺을 수 있게 도와주세요. 이번 성경학교를 통해 하나님과 좀 더 가까워지고, 하나님에 대해 많이 아는 시간이 되기를 기도합니다. 은혜 가득한 성경학교 시간이 되게 인도해주세요. 시작하는 시간부터 마치는 시간까지 하나님께서 함께 해주실 것을 믿습니다. 우리 예수님의 이름으로 기도드립니다. 아멘.

야외예배
사랑의 시간이 되게 도와주세요

그의 능하신 행동을 찬양하며 그의 지극히 위대하심을 따라 찬양할지어다 나팔 소리로 찬양하며 비파와 수금으로 찬양할지어다 소고 치며 춤추어 찬양하며 현악과 퉁소로 찬양할지어다(시편 150편 2~4절).

우리를 인도하시는 하나님, 우리들이 함께 예배드리러 야외에 나왔어요. 좋은 시간 허락해주셔서 감사드려요. 야외에 나오니 모든 게 하나님의 선물인 것을 알았어요. 아름다운 자연을 우리에게 주셔서 감사드려요. 하늘, 땅, 나무, 다 하나님 손이 닿지 않는 곳이 없고, 하나님의 손에서 나온 것은 너무나 아름답다는 것을 알았어요. 하나님, 또한 우리가 함께 예배드리고, 이야기들을 나누면서 서로 친해지는 사랑의 시간이 되게 도와주세요. 우리 예수님의 이름으로 기도합니다. 아멘.

선교주일
복음을 전하는 밀알이 될 수 있게 해주세요

내가 달려갈 길과 주 예수께 받은 사명 곧 하나님의 은혜의 복음을 증언하는 일을 마치려 함에는 나의 생명조차 조금도 귀한 것으로 여기지 아니하노라(사도행전 20장 24절).

항상 우리를 도와주시는 하나님, 우리를 구원하여 주신 주님의 사랑을 말로 표현하기에는 너무나 부족하지만 감사드립니다. 우리가 그 은혜에 조금이라도 보답하는 길은 복음 전하는 일임을 잊지 않게 해주세요. 지금 이 땅에서 세례를 받는 게 너무 쉽지만, 우리가 이렇게 쉽게 예수님을 믿을 수 있기까지 선교사님들의 피와 눈물과 기도가 있었다는 것을 알고, 오늘도 세계 곳곳에서 복음을 전하기 위해 땀과 눈물을 흘리시며 쉬지 않고 기도하시는 선교사님들의 몸과 마음, 가족과 그곳의 환경을 지켜주세요. 우리 예수님의 이름으로 기도합니다. 아멘.

각종 대회
기쁨을 나누는 자리가 되게 해주세요

나의 하나님이여 내가 또 비파로 주를 찬양하며 주의 성실을 찬양하리이다 이스라엘의 거룩하신 주여 내가 수금으로 주를 찬양하리이다(시편 71편 22절).

사랑의 하나님, 하나님의 은혜로 ○○ 대회를 잘 준비할 수 있게 해주셔서 감사드려요. 하나님께서 우리에게 주신 솜씨로 ○○ 대회를 열게 해 주신 은혜를 찬양합니다. 주신 달란트들이 우리들의 솜씨로 그치는 게 아니라, 하나님을 표현해서 하나님을 찬양하는 시간이 되기를 기도해요. 이제 ○○ 대회를 시작하려고 합니다. 즐겁고 은혜가 가득한 ○○ 대회가 되게 도와주세요. 복음을 전하고, 주님을 기쁘게 해드리는 ○○ 대회가 되게 해주세요. 예수님의 이름으로 기도드립니다. 아멘.

졸업감사 예배
새로운 출발을 시작해요

사람이 마음으로 자기의 길을 계획할지라도 그의 걸음을 인도하시는 이는 여호와시니라(잠언 16장 9절).

은혜가 풍성하신 하나님, 하나님의 사랑과 은혜로 학교생활을 마치고, 이제 우리가 졸업을 합니다. 하나님의 은혜와 사랑으로 잘 마칠 수 있었으니 감사를 드립니다.
하나님의 은혜로 좀 더 마음이 커지고, 하나님의 넓은 마음을 좀 더 알게 해주세요. 좋았던 일과 아쉬웠던 일들은 이제 추억으로 남기고 새로운 시작을 하려 해요.
하나님, 그 새로운 생활 속에서도 우리의 생각이 아닌 하나님의 인도하심으로 나아갈 수 있기를 기도합니다. 새로운 곳에 가도 하나님을 믿는 것과 그 곳에서도 복음을 전하는 일을 게을리 하지 않게 도와주세요. 우리 예수님의 이름으로 기도합니다. 아멘.

13장
청년(대학부) 예배
대표기도문

예배 가운데 임재하시는 하나님

"그의 백성을 인도하여 광야를 통과하게 하신 이에게 감사하라 그 인자하심이 영원함이로다"(시136:16)

참 좋으신 하나님, 이시간 하나님께 예배함으로 시작하게 해주셔서 감사합니다. 늘 먼저 하나님께 예배드리는 예배자로 살게 하여 주옵소서. 돌아보면 하나님께서 우리 각자의 삶 가운데 놀라운 은혜를 베풀어 주셨건만 여전히 하나님 앞에 믿음으로 살지 못했던 부끄러운 모습들이 많았음을 고백하며 회개합니다.
연약하고 부족했던 모습은 모두 용서해주시고 우리에게 새 마음을 주셔서 이번 한 해는 더욱더 주님의 뜻대로, 그리고 주님을 위해서 살아갈 수 있도록 도와주시기를 원합니다.
이 시간 분주했던 마음들을 내려놓고 조용히 예배하며 하나님의 임재 가운데 나아갑니다. 오직 하나님만 바라보며 예배하오니 홀로 영광 받으시고 우리 가운데 임하여 주옵소서. 목사님께서 전해 주시는 말씀을 통해 하나님의 뜻을 잘 깨닫고 그 말씀대로 순종하는 데까지 나아가게 하옵소서. 저희를 이끌어가시는 목사님께 항상 성령 충만함을 주셔서 능력 있게 사역을 감당하게 도와주시고 목사님의 건강과 가정에도 늘 함께하여 주시기를 원합니다.
사랑이 많으신 하나님, 저희들이 각자 맡은 사역들을 주님의 뜻대로 잘 감당할 수 있도록 우리의 환경과 여건을 열어주시고 지금의 마음으로 끝까지 헌신할 수 있도록 도와주시옵소서. 모든 것을 주님께 맡기고 감사드리며 예수님의 이름으로 기도드립니다. 아멘.

온전한 예배자가 되게 하소서

"나를 눈동자같이 지키시고 주의 날개 그늘 아래에 감추사 내 앞에서 나를 압제하는 악인들과 나의 목숨을 노리는 원수들에게서 벗어나게 하소서"(시 17:8,9)

참 좋으신 하나님, 언제나 우리를 눈동자처럼 보호해주시고, 사랑으로 품어주시는 은혜에 감사드립니다. 매일의 생활 속에서 늘 주님의 크신 은혜에 감사하며 살 수 있도록 도와주시옵소서.
주님, 우리가 어떤 모습으로 이 예배에 임하고 있는지 스스로를 돌아봅니다. 준비된 몸과 마음으로 나오기는커녕 예배 시간마저 온전히 지키지 못하는 저희들의 모습을 회개합니다.
예배를 소중히 여기지 못했던 우리의 잘못을 용서해주시고, 예배에 대한 기대로 미리 나와 기도하며 준비하는 진실된 예배자가 되게 하여 주시옵소서.
오늘도 목사님께서 귀한 말씀을 선포하실 때 그 말씀에 능력을 더하셔서 듣는 우리의 삶이 새로워질 수 있게 도와주시고, 평생의 길을 인도할 등불과 빛으로 삼게 하여 주시옵소서. 예배를 위해 수고하며 섬기는 찬양팀을 위해 기도합니다. 하나님께서 허락하신 은사와 재능으로 헌신하는 저들에게 먼저 은혜를 주셔서 성령으로 충만하게 하시고 맡겨진 일을 기쁨과 감사로 잘 감당할 수 있게 도와주시옵소서. 저들로 성령 안에 하나가 되어 서로 지혜롭게 협력하게 하시고 그들과 우리가 함께 드리는 찬양을 통해 하나님 홀로 영광 받아주시옵소서. 모든 것에 감사드리며 예수님의 이름으로 기도드립니다. 아멘.

신령과 진정으로 예배하게 하소서

"왕이 여호와를 의지하오니 지존하신 이의 인자함으로 흔들리지 아니하리이다"(시 21:7)

참 좋으신 하나님, 한 주 동안 우리의 마음을 주관해 주셔서, 어떤 상황에도 요동하지 않고 주님만 바라볼 수 있게 해주신 크신 은혜에 감사드립니다. 주님만 의지하는 삶이 가장 복된 삶임을 다시금 깨닫게 되는 오늘 이 시간이 되게 하여 주시옵소서.

오늘도 예배드리기 위해 이곳에 나아왔으나 하나님이 보시기에 형편없는 우리의 예배 모습을 돌아보며 회개합니다. 가장 높으신 하나님께 예배드린다고 말은 하면서도 예배에 집중하지 못하는 우리를 용서해주시옵소서.

하나님을 만나고자 하는 갈급함과 겸손함으로 예배 드리고, 우리 모두 하나님께서 찾으실 만한 예배자로 서게 하여 주시옵소서. 이 시간 다시금 마음을 모아 조용히 하나님의 음성에 귀를 기울이오니 말씀하여 주시고, 그 말씀 속에서 우리 각자를 향한 하나님의 뜻을 새롭게 깨닫게 하여 주시옵소서.

특별히 오늘 처음 교회에 나온 형제자매를 위해 기도합니다. 낯선 환경에 잘 적응할 수 있게 해주시고 무엇보다 이곳으로 인도해주신 하나님의 놀라운 사랑을 꼭 만날 수 있게 하옵소서. 먼저 믿은 우리들은 잃은 양을 찾은 목자의 마음으로 이들을 환영하며 관심과 사랑으로 섬길 수 있도록 도와주시옵소서. 모든 간구에 선하게 응답하실 것을 믿고 감사드리며 예수님의 이름으로 기도드립니다. 아멘.

겸손함으로 드리는 예배

"날마다 우리 짐을 지시는 주 곧 우리의 구원이신 하나님을 찬송할지로다(셀라)"(시 68:19)

사랑이 많으신 하나님, 우리의 삶 가운데 늘 동행하시는 은혜에 감사를 드립니다. 우리에게 허락하신 많은 만남 가운데 특별히 이렇게 귀한 목사님을 만나게 해주시고 목사님을 통해 주님을 더 깊이 알 수 있게 하심을 감사드립니다. 하나님께서 우리를 위해 귀한 사역자를 세워주셨건만 우리는 목이 곧고 마음이 굳어 주의 종과 선포되는 말씀 앞에 겸손하지 못했음을 고백하며 용서를 구합니다.
하나님께서 교회 안에 세우신 질서와 권위에 순복하는 겸손함을 주시고, 더불어 선포되는 말씀을 내 경험과 주관적인 판단으로 걸러서 선택적으로 듣는 것이 아니라 모든 말씀을 하나님께서 우리 공동체와 나 자신에게 주시는 특별한 말씀으로 들을 수 있는 은혜를 허락하여 주시옵소서. 그 말씀이 우리의 중심에 뿌리내려 우리의 모든 삶을 다스리게 하여 주시옵소서.
이 시간, 우리의 청년 공동체를 위해서 기도합니다. 믿음 안에서 서로 한 지체임을 기억하여 겸손한 마음으로 존중하고 섬길 줄 아는 사랑의 청년 공동체가 되기를 기도합니다.
또한 우리 모두가 이 공동체 안에서 하나님의 말씀과 기도로 강하게 훈련되어 세상에 거룩한 영향력을 끼치는 귀한 도구들로 쓰임받게 하여 주시옵소서. 오늘 예배를 온전히 하나님께 올려드리며 예수님의 이름으로 기도드립니다. 아멘.

그리스도의 증인된 삶을 살게 하소서

"만물이 그에게서 창조되되 하늘과 땅에서 보이는 것들과 보이지 않는 것들과 혹은 왕권들이나 주권들이나 통치자들이나 권세들이나 만물이 다 그로 말미암고 그를 위하여 창조되었고"(골 1:16)

참 좋으신 하나님, 모든 만물을 창조하시되 우리를 창조하시고 특별한 사랑을 부어주심에 감사합니다. 이 예배 가운데 충만하게 임하셔서 모든 것을 주관하여 주옵소서.

주어진 시간을 소중히 여기고 아껴 하나님의 영광을 위해 사용하는 지혜로운 시간의 청지기가 되게 하여 주시기를 원합니다. 지금 드리는 예배도 온전히 하나님께 드리는 시간이 되기를 기도합니다. 영과 진리로 예배 드리오니 이곳에 임하셔서 우리의 예배를 기뻐 받아주옵소서.

이 시간 이 나라의 청년들을 위해서 기도합니다. 현재의 젊음을 과신하여 어리석게 낭비하지 않고 더 넓게 더 멀리 세상을 보는 안목으로 비전을 가지고 미래를 성실하게 준비하는 우리 젊은이들이 되게 하여 주시옵소서.

올바른 가치관과 정당한 방법으로 자신의 비전을 향해 달려가게 하시고 그 과정 중에 혹 좌절과 절망의 늪이 있을지라도 인내로 잘 헤쳐나가게 하여 주시옵소서. 오히려 이를 통해 더 성숙한 사람으로 성장해 갈 수 있도록 도와주시기를 원합니다. 이를 통해 하나님의 살아계심을 증거할 수 있도록 도와주시옵소서. 우리의 모든 간구에 응답하실 것을 믿으며 예수님의 이름으로 기도드립니다. 아멘.

우리의 삶에 늘 동행하여 주소서

"새가 날개 치며 그 새끼를 보호함같이 나 만군의 여호와가 예루살렘을 보호할 것이라 그것을 호위하며 건지며 뛰어넘어 구원하리라 하셨느니라"(사 31:5)

하나님, 지난 한 주 동안도 삶의 매 순간마다 동행해주시고, 그 크고 안전한 날개 아래 우리를 품어주시며 보호하여 주심을 감사드립니다. 우리를 너무도 잘 아시는 하나님, 각자에게 맞는 역할과 책임을 허락하여 주시고 그를 통해 하나님과 사람들을 섬길 수 있는 기회를 얻게 하시니 감사를 드립니다. 우리의 부족함과 어리석음을 용서하여 주시고, 교회 뿐만 아니라 세상에서의 맡겨진 일도 늘 착하고 충성된 종이 되고자 하는 마음으로 감당하게 하여 주시옵소서.
이 시간 정성을 모아 하나님께 예배합니다. 사모하는 각 심령 위에 임하셔서 하나님과 만나는 은혜를 누리게 하여 주시고, 선포되는 말씀을 통해 우리의 삶을 새롭게 결단하는 시간이 되게 하여 주시옵소서.

지금은 일련의 학업 과정을 마치고 새롭게 출발하는 형제 자매들을 위해 기도합니다. 하나님께서 앞으로 새롭게 펼쳐질 인생 가운데에도 동일하게 함께해주실 것을 믿으며 감사를 드립니다.
혹 불안정한 미래에 대한 두려움과 불안으로 힘겨워하는 지체가 있다면 세상 끝날까지 우리와 동행하시겠다고 약속하신 하나님의 약속을 붙들 수 있도록 도와주시기를 원합니다. 모든 것을 맡기며 예수님의 이름으로 기도드립니다. 아멘.

주의 말씀에 순종하게 하소서

"내가 하나님을 의지하고 그 말씀을 찬송하올지라 내가 하나님을 의지하였은즉 두려워하지 아니하리니 혈육을 가진 사람이 내게 어찌하리이까"(시 56:4)

사랑이 많으신 하나님, 하나님께서 우리에게 베풀어주신 그 크신 사랑으로 인하여 어떤 상황 속에서도 찬양할 수 있게 해주시니 참 감사를 드립니다.

이 시간, 우리의 부끄러운 모습을 주님 앞에 내려놓습니다. 작은 시험과 유혹 앞에서도 믿음은 온데간데 없고 힘없이 주저 앉아버리는 우리의 나약함과 크고 작은 실패 앞에서 소망이 되시는 주님을 바라보지 못한 채 쉽게 절망하는 우리의 믿음 없는 모습을 회개하오니 용서하여 주시옵소서.

오늘 우리가 드리는 이 예배 가운데 임하셔서 성령으로 충만하게 하여 주시고, 우리의 걱정, 근심 모두 주님께 내려놓고 잠잠히 주님만 바라보는 시간이 되게 하여 주시옵소서. 말씀을 전하실 목사님께 능력과 지혜를 더해주시고, 듣는 우리들은 그 말씀으로 힘을 얻어 세상을 향해 담대하게 나아갈 수 있도록 인도하여 주시옵소서.

하나님, 유혹 많은 세상 속에 살아가는 우리 청년들이 마음을 지켜 하나님 앞에 순결한 신부로 살 수 있도록 도와주시되, 뱀에게 주신 지혜로움도 허락하셔서 험한 세상을 현명하게 살아 나갈 수 있는 청년들이 되게 하여 주시옵소서. 모든 간구를 하나님의 뜻대로 이루실 것을 믿으며 예수님의 이름으로 기도드립니다. 아멘.

새벽이슬같은 주의 청년되게 하소서

"주의 권능의 날에 주의 백성이 거룩한 옷을 입고 즐거이 헌신하니 새벽 이슬 같은 주의 청년들이 주께 나오는도다"(시 110:3)

참 좋으신 하나님, 우리를 사랑하셔서 항상 선한 길로 인도해주시는 은혜에 감사드립니다.
그러나 우리의 삶이 하나님의 말씀을 가까이하기보다 우리의 흥미를 자극하는 것을 더 좋아하고, 기도로 하나님과 교제하기보다 사람들을 더 의지하고 그들에게 이끌려 다니며 그리스도인의 정체성을 잃어버렸던 것을 용서하여 주시옵소서.
이 시간에 예배하며 하나님의 얼굴을 구할 때 우리 가운데 임하여 주시고, 예배를 통해 우리의 일그러진 모습이 조금씩 하나님의 형상으로 회복될 수 있게 하여 주시옵소서.
온전히 하나님을 향한 마음으로 드리는 시간이 되게 하여 주시옵소서. 말씀 전하실 목사님과 함께하여 주셔서 말씀이 생명력 있게 증거 되게 하여 주시고 듣는 저희들은 순전한 마음으로 모든 말씀을 받아들이며 순종하는 데까지 나아가게 하여 주시기를 원합니다.
하나님, 특별히 여기 머리 숙인 청년들 모두가 하나님 나라와 영광을 위한 거룩한 비전을 품게 하여 주시옵소서. 실력과 영성을 겸비하여 세상에 거룩한 영향력을 끼칠 수 있는 하나님의 사람으로 우리 모두를 사용하여 주시기를 간절히 원합니다. 이를 위해 주어진 매일의 삶에도 충실할 수 있도록 도와주시옵소서. 모든 것을 주님께 의탁하며 예수님의 이름으로 기도드립니다. 아멘.

늘 감사하는 삶

"감사함으로 그의 문에 들어가며 찬송함으로 그의 궁정에 들어가서 그에게 감사하며 그의 이름을 송축할지어다"(시 100:4)

참 좋으신 하나님, 우리를 사랑하셔서 하나님의 자녀 삼아 주시고 오늘도 하나님의 전으로 나아와 예배드릴 수 있도록 불러주시니 감사를 드립니다.

하나님, 예배드리며 하나님 앞에 나아갈 때는 우리 입에 감사가 가득하지만 실제 매일의 삶 가운데서는 감사는커녕 매사에 크고 작은 불평과 불만으로 가득한 우리들의 죄악 된 모습을 고백하며 회개합니다. 눈에 보이는 많고 적음이나 있고 없음, 높고 낮음에 따라 변하는 감사가 아니라 어떤 상황 가운데서도 한결같이 감사할 수 있는 믿음을 허락해주시길 원합니다.

이 시간에 하나님을 사랑하는 자들이 모여 겸손히 예배드리오니 이곳에 좌정하셔서 영광받으시고 모인 우리들에게는 한없는 은혜가 넘치게 하여 주시옵소서. 하나님께서 세우신 목사님을 통해 우리 각자에게 꼭 필요한 말씀을 허락해주시고 그 말씀을 믿음으로 받아들여 순종할 수 있도록 도와주시기를 원합니다.

우리가 어디에 있든지 늘 하나님을 경외하고 경배하며 찬양하게 하여 주시고, 가정, 직장, 학교 어디에서든지 항상 말과 행동으로 하나님의 사람임을 드러내고 예수님을 전하는 삶을 살 수 있도록 도와주시옵소서. 사랑이 많으신 예수님의 이름으로 기도드립니다. 아멘.

주님과 동행하는 행복한 삶

"아버지여 창세 전에 내가 아버지와 함께 가졌던 영화로써 지금도 아버지와 함께 나를 영화롭게 하옵소서"(요 17:5)

사랑이 많으신 하나님, 지난 한 주간도 우리의 매일의 삶 가운데 동행하여 주시고 선한 길로 인도하여 주셔서 감사를 드립니다. 늘 하나님과 함께 걷는 기쁨이 가득한 인생길이 되도록 인도하여 주시옵소서. 우리의 영적인 눈을 환히 밝혀주셔서 언제나 우리와 동행하시는 하나님을 쉼 없이 바라볼 수 있도록 도와주시옵소서. 매순간 하나님과 동행하며 인도하시는 길을 기쁘게 따라갈 수 있도록 도와주시옵소서. 오늘도 하나님께서 목사님을 통해 우리에게 허락하실 말씀을 기대하며 우리의 마음을 하나님께 드리오니 하나님께서 친히 우리 각 사람에게 말씀하여 주시옵소서. 주시는 말씀을 잘 깨달을 수 있도록 성령께서 지혜를 주시고 깨달은 말씀을 삶 가운데 반드시 실천할 수 있는 믿음도 허락하여 주시기를 원합니다.

하나님, 악해져가는 세상에 물들지 않도록 항상 기도로 깨어 있기를 원합니다. 하나님께서 기뻐하시는 일과 아닌 것을 명확히 구분해낼 수 있는 분별력을 주셔서 악한 것에 미혹되지 않고 옳은 것을 고집스럽게 지켜낼 줄 아는 참 믿음을 허락하여 주옵소서.

기도 외에는 그러한 하나님의 능력을 힘입을 수 있는 방법이 없음을 깨닫고 무릎으로 사는 그리스도인 청년이 되게 하여 주시옵소서. 오늘도 우리의 간구에 응답하실 하나님께 감사드리며 예수님의 이름으로 기도드립니다. 아멘.

하나님의 일에 헌신하는 삶

"그가 사모하는 영혼에게 만족을 주시며 주린 영혼에게 좋은 것으로 채워주심이로다"(시 107:9)

사랑이 많으신 하나님, 오늘도 우리를 하나님의 전으로 불러주셔서 하나님만 바라보며 예배하게 하여 주시니 감사를 드립니다.
한 주간의 우리의 삶을 돌아보며 하나님의 일에 대해 불성실했던 우리의 잘못을 회개합니다. 세상 일에 대해서는 많은 노력과 열심을 기울였지만, 정작 하나님의 일에 대해서는 늘 게으르고 나태했던 것을 용서하여 주시옵소서. 하나님의 일을 우리 삶의 우선순위로 두고 살아가게 하여 주시기를 원합니다.
오늘 예배 가운데 임재하여 주셔서 하나님의 놀라운 은혜와 사랑으로 다시금 충만하게 하여 주시고, 그 은혜에 감격하여 우리의 삶을 하나님 앞에 산 제물로 드릴 수 있기를 원합니다. 목사님께서 전해 주시는 귀한 말씀을 통해 지금 여기에 머리 숙인 우리 각자를 향한 하나님의 거룩한 뜻을 발견할 수 있도록 도와주시고 그 부르심과 소명 앞에 헌신하게 하여 주시옵소서.
하나님, 이 시간 특별히 교회에서 여러 사역들을 맡아 섬기고 있는 지체들을 위해서 기도합니다. 모두 각자의 은사와 직분대로 잘 감당할 수 있도록 능력과 지혜를 더하여 주시되 항상 기쁨과 감사함으로 임하게 하여 주시옵고, 그 모든 것을 감당함으로 하나님께서 귀하게 쓰시는 지체들이 되게 하여 주시옵소서. 우리의 신음 소리에도 응답하시는 사랑이 많으신 예수님의 이름으로 기도드립니다. 아멘.

행하는 삶

"내게 줄로 재어 준 구역은 아름다운 곳에 있음이여 나의 기업이 실로 아름답도다"(시 16:6)

참 좋으신 하나님, 찬양과 예배를 드릴 수 있게 하여 주시니 감사를 드립니다. 하나님의 특별한 사랑을 받았건만 그 사랑에 부응하기는 커녕 믿음 없는 사람들과 별반 다를 바 없게 살아온 우리의 잘못을 회개하오니 용서하여 주시옵소서. 행함 없이 우리의 뜻대로 살아가던 길에서 돌이켜 우리가 받은 사랑과 믿음을 행함을 통해 증거 하며 예수 그리스도의 참 증인으로 살아갈 수 있도록 도와주시기를 원합니다.

이 시간, 하나님과의 깊은 만남을 기대하며 예배 가운데로 나아갑니다. 성령 하나님께서 이곳에 충만하게 임하여 주시고 각 사람에게 세밀한 음성으로 말씀하여 주시옵소서. 또한 들려지는 말씀을 통해 자신의 삶을 돌아보며 하나님의 뜻대로 살기로 결단하는 시간이 되게 하여 주시옵소서. 하나님, 지금 우리의 예배가 삶의 현장까지 연결되기를 원합니다. 세상으로 나가서도 하나님을 의식하며 착하고 의롭고 진실한 행동으로 하나님께 영광 돌리며 살아갈 수 있게 하여 주시옵소서. 우리의 삶의 모습을 통해 사람들이 하나님이 어떤 분이신지 알게 되고 하나님께 나아오게 되는 은혜가 있게 하여 주시옵소서. 우리의 힘과 지혜만으로는 할 수 없으니 하나님께서 연약한 우리를 강하게 붙들어 주시기를 원합니다. 늘 좋은 길로 우리를 인도해주시는 예수님의 이름으로 기도드립니다. 아멘.

순종하는 삶

"너희가 내게 부르짖으며 내게 와서 기도하면 내가 너희들의 기도를 들을 것이요"(렘 29:12)

참 좋으신 하나님, 저희와 동행하시며 지켜주신 은혜와 사랑에 감사를 드립니다. 하나님, 하나님의 뜻대로 살기를 원한다고 늘상 고백하지만 그만큼 기도하지는 않는 우리의 거짓된 모습을 회개하오니 용서하여 주시옵소서.

하나님 앞에 늘 무릎 꿇는 삶을 통해 하나님과의 교제가 날로 깊어지게 하여 주시고, 그렇게 기도하면서 하나님의 뜻을 깨닫고 그 뜻대로 살아갈 능력도 힘입게 하여 주시옵소서.

이 시간, 분주했던 우리의 생각과 마음을 잠시 내려놓고 오직 하나님께 집중하며 예배하기 원합니다. 영과 진리로 예배드리오니 우리의 예배를 받아주시고 큰 은혜를 내려주시옵소서. 말씀을 선포하실 목사님과 함께하셔서 그 말씀에 능력을 더하여 주시고, 우리들의 마음밭을 좋은 밭이 되게 하여 주셔서 잘 듣고 순종함으로 열매 맺는 데까지 나아가게 하여 주시옵소서.

하나님, 여기 모인 우리 청년들이 모든 일의 시작에 앞서 하나님 앞에 엎드려 하나님의 뜻을 구하고, 고난과 어려움 중에도 낙심하지 않고 하나님의 이름을 부르며 그 보좌 앞으로 나아가며, 행여 기도의 응답이 늦어져도 인내로 기도하며 기다리게 하여 주시옵소서. 일평생 겸손하게 무릎으로 사는 그리스도인들이 되게 하여 주시옵소서. 우리의 간구에 응답하시는 예수님의 이름으로 기도드립니다. 아멘.

말씀을 실천하는 삶

"오직 강하고 극히 담대하여 나의 종 모세가 네게 명령한 그 율법을 다 지켜 행하고 우로나 좌로나 치우치지 말라 그리하면 어디로 가든지 형통하리니"(수 1:7)

하나님, 거룩한 주일에 모든 청년들이 이 예배 시간을 기억하고 함께 나아와 한 마음으로 하나님께 찬양과 경배를 드리게 하시니 감사를 드립니다. 예배를 통해 늘 하나님의 거룩한 뜻을 깨닫고 그 말씀대로 살기를 결단하며 교회 문을 나서지만 세상으로 돌아가면 이내 그 결심과 다짐들을 잊어버린 채 그저 우리 방식대로 살아가고 있는 모습을 돌아보며 회개합니다. 우리의 잘못을 용서하여 주시옵소서. 이 시간 마음과 뜻과 정성을 모아 오직 하나님께 예배하오니 홀로 영광 받으시고 우리 가운데 거룩한 영으로 임재하여 주시옵소서. 세우신 귀한 목사님을 성령으로 충만하게 하여 주셔서 선포되는 말씀을 통해 우리의 심령이 새롭게 되는 은혜가 있기를 원합니다.

하나님, 우리의 삶의 자리가 하나님의 말씀을 실천하는 장소가 되게 하여 주시기를 기도합니다. 삶의 순간마다 하나님의 말씀이 기억나게 해주셔서 그대로 순종할 수 있게 도와주시옵소서.
우리의 순종으로 인해 세상 사람들이 하나님을 알 수 있게 되기를 원합니다. 또한 때를 얻든지 못 얻든지 복음을 전함으로 많은 사람들을 생명으로 인도하는 일꾼들이 되기 원합니다. 항상 저희를 지키시고 인도하시는 예수님의 이름으로 기도드립니다. 아멘.

주님을 사모하는 마음

"내 눈이 주의 구원과 주의 의로운 말씀을 사모하기에 피곤하니이다"(시 119:123)

사랑이 많으신 하나님, 지난 한 주간도 지켜 보호하여 주시고 거룩한 하나님의 전에 나아와 예배드릴 수 있게 해주셔서 감사드립니다. 우리의 힘과 도움과 방패가 되어주시겠다고 약속하신 하나님, 그 귀한 약속을 믿으면서도 사람과 권력과 물질을 먼저 의지했던 것을 고백하며 회개합니다. 우리의 교만과 믿음 없음을 불쌍히 여기시고 용서하여 주시옵소서.
어떤 문제를 만나더라도 견고한 요새가 되시는 하나님을 바라봄으로 넉넉히 이겨내는 강한 그리스도인 청년들이 되게 하여 주시기를 원합니다.
오늘도 우리 모임 가운데 함께해 주셔서 하나님과 교통하는 예배가 되게 해주시고, 목사님이 전해주시는 말씀을 통해 죄인이 자신의 죄를 회개하고, 믿음이 약한 사람이 강하여지며, 절망과 낙심 중에 있는 사람이 새 힘을 얻게 되는 역사가 나타나게 하여 주시옵소서.
하나님, 지금은 특별히 우리 청년 공동체의 하나 됨을 위해 기도합니다. 하나님의 눈으로 서로를 바라보며 그 안에서 존귀한 하나님의 형상을 발견하게 도와주시고, 진심으로 서로를 세워주고 격려하며 하나님이 기뻐하실 만한 사랑의 공동체로 성장해가도록 도와주시옵소서. 험우리의 삶을 선한 길로 인도하시는 예수님의 이름으로 기도드립니다. 아멘.

청년의 때에 헌신하게 하소서

"청년이 무엇으로 그의 행실을 깨끗하게 하리이까 주의 말씀만 지킬 따름이니이다"(시 119:9)

사랑이 많으신 하나님, 그 크신 사랑으로 우리를 불러 주셔서 하나님의 자녀 삼아 주신 것을 감사합니다. 특별히 청년의 때에 하나님을 알게 하시고 하나님의 손에 붙들려 살아가게 하시니 감사를 드립니다. 오직 하나님의 말씀을 지키고 따르는 그리스도인 청년이 되어 승리하는 삶을 살 수 있기를 원합니다.

두세 사람이 내 이름으로 모인 곳에 함께하시겠다고 말씀하셨사오니 이 시간 우리 예배 가운데 임하시고 우리의 찬양과 경배를 받아 주시옵소서. 우리가 한 마음으로 하나님을 구하오니 우리를 만나주시옵소서. 말씀 전하실 목사님께 성령 충만으로 함께하여 주시고, 듣는 우리들은 마음을 열어 각자에게 주시는 하나님의 음성을 듣게 하여 주시옵소서.

하나님, 이 시간 특별히 우리 청년들의 거룩함을 위해 기도합니다. 날마다 하나님 앞에 우리의 크고 작은 죄악들을 낱낱이 회개하여 용서받게 하여 주시고, 주야로 말씀을 읽고 듣고 묵상하고 암송함으로 우리의 삶이 정결해질 수 있도록 도와주시옵소서.

우리 각자가 회개와 하나님의 말씀으로 몸과 마음을 깨끗하게 함으로 마지막 날 그리스도의 순결한 신부로 부끄러움 없이 설 수 있기를 원합니다. 이 모든 말씀 감사드리며 예수님의 이름으로 기도드립니다. 아멘.

말씀으로 분별하게 하소서

"너는 진리의 말씀을 옳게 분별하며 부끄러울 것이 없는 일꾼으로 인정된 자로 자신을 하나님 앞에 드리기를 힘쓰라"(딤후 2:15)

하나님, 우리의 삶을 주관하시는 하나님을 찬양합니다. 이 시간, 예배를 사모하는 마음으로 모였사오니 이곳에 임하셔서 우리를 만나주시고 홀로 영광을 받아주시옵소서. 말씀의 깊은 뜻을 바르게 이해하지 못하여 때때로 자신에게 유리한 방식으로 해석하고 진리가 아닌 것에 미혹될 때가 많았음을 고백하며 회개하오니 용서하여 주시옵소서. 하나님의 말씀을 알고 오직 말씀대로 살게 하옵소서.

이 시간, 우리의 마음을 모아 한 분 하나님께 예배하오니 기쁘게 받아 주시고 우리에게는 풍성한 은혜로 임하여 주시옵소서. 예배를 방해하는 악한 사단의 세력을 막아주셔서 오직 하나님께만 집중하는 예배가 되게 하여 주시고, 선포되는 말씀을 통해 하나님의 권고와 책망, 위로와 격려의 음성을 들음으로 우리의 영이 새로워지게 하여 주시옵소서.

하나님, 우리 청년들의 믿음을 말씀 위에 견고하게 세워주옵소서. 영원한 진리의 말씀 위에 굳건히 서서 세상의 어떤 풍조와 유혹과 시험 앞에서도 흔들리지 않고 담대하게 걸어가게 하여 주시옵소서. 오직 하나님의 말씀만을 우리 삶의 기준으로 삼아 그 인도하심을 따라 살아갈 때 하나님께서 기뻐하실 만한 열매들을 풍성히 맺는 복된 인생이 되게 하여 주시옵소서. 진리의 말씀으로 우리의 삶을 인도하시는 예수님의 이름으로 기도드립니다. 아멘.

기도에 도움이 될 성구모음

1. 감사 |

"너희는 여호와께 감사하며 그의 이름을 불러 아뢰며 그가 행하신 일을 만민 중에 알릴지어다"(대상 16:8).

"이는 잠잠하지 아니하고 내 영광으로 주를 찬송하게 하심이니 여호와 나의 하나님이여 내가 주께 영원히 감사하리이다"(시 30:12).

"여호와께 감사하라 그는 선하시며 그의 인자하심이 영원함이로다"(시 118:1).

"그 날에 너희가 또 말하기를 여호와께 감사하라 그의 이름을 부르며 그의 행하심을 만국 중에 선포하며 그의 이름이 높다 하라"(사 12:4).

"그리스도의 말씀이 너희 속에 풍성히 거하여 모든 지혜로 피차 가르치며 권면하고 시와 찬송과 신령한 노래를 부르며 감사하는 마음으로 하나님을 찬양하고"(골 3:16).

2. 찬송 |

"이르되 나의 주인 아브라함의 하나님 여호와를 찬송하나이다 나의 주인에게 주의 사랑과 성실을 그치지 아니하셨사오며 여호와께서 길에서 나를 인도하사 내 주인의 동생 집에 이르게 하셨나이다 하니라"(창 24:27).

"여호와는 나의 힘이요 노래시며 나의 구원이시로다 그는 나의 하나님이시니 내가 그를 찬송할 것이요 내 아버지의 하나님이시니 내가 그를 높이리로다"(출 15:2).

"찬양으로 화답하며 여호와께 감사하여 이르되 주는 지극히 선하시므로 그의 인자하심이 이스라엘에게 영원하시도다 하니 모든 백성이 여호와의 성전 기초가 놓임을 보고 여호와를 찬송하며 큰 소리로 즐거이 부르며"(스 3:11).

"내가 주를 기뻐하고 즐거워하며 지존하신 주의 이름을 찬송하리니"(시 9:2).

"무릇 시온에서 슬퍼하는 자에게 화관을 주어 그 재를 대신하며 기쁨의 기름으로 그 슬픔을 대신하며 찬송의 옷으로 그 근심을 대신하시고 그들이 의의 나무 곧 여호와께서 심으신 그 영광을 나타낼 자라 일컬음을 받게 하려 하심이라"(사 61:3).

3. 영광 |

"여호와여 주의 오른손이 권능으로 영광을 나타내시니이다 여호와여 주의 오른손이 원수를 부수시니이다"(출 15:6).

"여호와의 이름에 합당한 영광을 그에게 돌릴지어다 제물을 들고 그 앞에 들어갈지어다 아름답고 거룩한 것으로 여호와께 경배할지어다"(대상 16:29).

"내가 주의 권능과 영광을 보기 위하여 이와 같이 성소에서 주를 바라보았나이다"(시 63:2).

"이스라엘 하나님의 영광이 동쪽에서부터 오는데 하나님의 음성이 많은 물소리 같고 땅은 그 영광으로 말미암아 빛나니"(겔 43:2).

"인자가 아버지의 영광으로 그 천사들과 함께 오리니 그 때에 각 사람이 행한 대로 갚으리라"(마 16:27).

4. 회개

"그러므로 내가 스스로 거두어들이고 티끌과 재 가운데에서 회개하나이다"(욥 42:6).

"주 여호와의 말씀이니라 이스라엘 족속아 내가 너희 각 사람이 행한 대로 심판할지라 너희는 돌이켜 회개하고 모든 죄에서 떠날지어다 그리한즉 그것이 너희에게 죄악의 걸림돌이 되지 아니하리라"(겔 18:30).

"하나님께서 구하시는 제사는 상한 심령이라 하나님이여 상하고 통회하는 마음을 주께서 멸시하지 아니하시리이다"(시 51:17).

"내가 의인을 부르러 온 것이 아니요 죄인을 불러 회개시키러 왔노라"(눅 5:32).

"너희에게 이르노니 아니라 너희도 만일 회개하지 아니하면 다 이와 같이 망하리라"(눅 13:3).

5. 예배

"오직 큰 능력과 편 팔로 너희를 애굽에서 인도하여 내신 여호와만 경외하여 그를 예배하며 그에게 제사를 드릴 것이며"(왕하 17:36).

"오직 나는 주의 풍성한 사랑을 힘입어 주의 집에 들어가 주를 경외함으로 성전을 향하여 예배하리이다"(시 5:7).

"너희는 여호와 우리 하나님을 높이고 그 성산에서 예배할지어다 여호와 우리 하나님은 거룩하심이로다"(시 99:9).

"너는 여호와의 집 문에 서서 이 말을 선포하여 이르기를 여호와께 예배하러 이 문으로 들어가는 유다 사람들아 여호와의 말씀을 들으라"(렘 7:2).

"아버지께 참되게 예배하는 자들은 영과 진리로 예배할 때가 오나니 곧 이 때라 아버지께서는 자기에게 이렇게 예배하는 자들을 찾으시느니라"(요 4:23).

6. 믿음, 신뢰

"예수께서 이르시되 할 수 있거든이 무슨 말이냐 믿는 자에게는 능히 하지 못할 일이 없느니라 하시니"(막 9:23).

"영접하는 자 곧 그 이름을 믿는 자들에게는 하나님의 자녀가 되는 권세를 주셨으니"(요 1:12).

"도마에게 이르시되 네 손가락을 이리 내밀어 내 손을 보고 네 손을 내밀어 내 옆구리에 넣어 보라 그리하여 믿음 없는 자가 되지 말고 믿는 자가 되라"(요 20:27).

"너희가 다 믿음으로 말미암아 그리스도 예수 안에서 하나님의 아들이 되었으니"(갈 3:26).

"믿음으로 말미암아 그리스도께서 너희 마음에 계시게 하시옵고 너희가 사랑 가운데서 뿌리가 박히고 터가 굳어져서"(엡 3:17).

7. 성령님

"나를 주 앞에서 쫓아내지 마시며 주의 성령을 내게서 거두지 마소서"(시 51:11).

"주의 성령이 내게 임하셨으니 이는 가난한 자에게 복음을 전하게 하시려고 내게 기름을 부으시고 나를 보내사 포로된 자에게 자유를, 눈먼 자에게 다시 보게 함을 전파하며 눌린 자를 자유롭게 하고"(눅 4:18).

"마땅히 할 말을 성령이 곧 그 때에 너희에게 가르치시리라 하시니라"(눅 12:12).

"예수께서 대답하시되 진실로 진실로 네게 이르노니 사람이 물과 성령으로 나지 아니하면 하나님의 나라에 들어갈 수 없느니라"(요 3:5).

"이와 같이 성령도 우리의 연약함을 도우시나니 우리는 마땅히 기도할 바를 알지 못하나 오직 성령이 말할 수 없는 탄식으로 우리를 위하여 친히 간구하시느니라"(롬 8:26).

8. 말씀

"너는 돌아와 다시 여호와의 말씀을 청종하고 내가 오늘 네게 명령하는 그 모든 명령을 행할 것이라"(신 30:8).

"여호와께서 이스라엘 족속에게 말씀하신 선한 말씀이 하나도 남음이 없이 다 응하였더라"(수 21:45).

"엘리가 사무엘에게 이르되 가서 누웠다가 그가 너를 부르시거든 네가 말하기를 여호와여 말씀하옵소서 주의 종이 듣겠나이다 하라 하니 이에 사무엘이 가서 자기 처소에 누우니라"(삼상 3:9).

"백성이 율법의 말씀을 듣고 다 우는지라 총독 느헤미야와 제사장 겸 학사 에스라와 백성을 가르치는 레위 사람들이 모든 백성에게 이르기를 오늘은 너희 하나님 여호와의 성일이니 슬퍼하지 말며 울지 말라 하고"(느 8:9).

"청년이 무엇으로 그의 행실을 깨끗하게 하리이까 주의 말씀만 지킬 따름이니이다"(시 119:9).

9. 약속

"그런즉 사랑하는 자들아 이 약속을 가진 우리는 하나님을 두려워하는 가운데서 거룩함을 온전히 이루어 육과 영의 온갖 더러운 것에서 자신을 깨끗하게 하자"(고후 7:1).

"그 안에서 너희도 진리의 말씀 곧 너희의 구원의 복음을 듣고 그 안에서 또한 믿어 약속의 성령으로 인치심을 받았으니"(엡 1:13).

"이는 이방인들이 복음으로 말미암아 그리스도 예수 안에서 함께 상속자가 되고 함께 지체가 되고 함께 약속에 참여하는 자가 됨이라"(엡 3:6).

"시험을 참는 자는 복이 있나니 이는 시련을 견디어 낸 자가 주께서 자기를 사랑하는 자들에게 약속하신 생명의 면류관을 얻을 것이기 때문이라"(약 1:12).

"주의 약속은 어떤 이들이 더디다고 생각하는 것 같이 더딘 것이 아니라 오직 주께서는 너희를 대하여 오래 참으사 아무도 멸망하지 아니하고 다 회개하기에 이르기를 원하시느니라"(벧후 3:9).

10. 순종 |
"이는 아브라함이 내 말을 순종하고 내 명령과 내 계명과 내 율례와 내 법도를 지켰음이라 하시니라"(창 26:5).

"오직 여분네의 아들 갈렙은 온전히 여호와께 순종하였은즉 그는 그것을 볼 것이요 그가 밟은 땅을 내가 그와 그의 자손에게 주리라 하시고"(신 1:36).

"베드로와 사도들이 대답하여 이르되 사람보다 하나님께 순종하는 것이 마땅하니라"(행 5:29).

"믿음으로 아브라함은 부르심을 받았을 때에 순종하여 장래의 유업으로 받을 땅에 나아갈 새 갈 바를 알지 못하고 나아갔으며"(히 11:8).

"너희가 진리를 순종함으로 너희 영혼을 깨끗하게 하여 거짓이 없이 형제를 사랑하기에 이르렀으니 마음으로 뜨겁게 서로 사랑하라"(벧전 1:22).

11. 확신 |
"약속하신 그것을 또한 능히 이루실 줄을 확신하였으니"(롬 4:21).

"우리가 그리스도로 말미암아 하나님을 향하여 이 같은 확신이 있으니"(고후 3:4).

"나는 너희가 아무 다른 마음을 품지 아니할 줄을 주 안에서 확신하노라 그러나 너희를 요동하게 하는 자는 누구든지 심판을 받으리라"(갈 5:10).

"우리가 그 안에서 그를 믿음으로 말미암아 담대함과 확신을 가지고 하나님께 나아감을 얻느니라"(엡 3:12).

"우리가 시작할 때에 확신한 것을 끝까지 견고히 잡고 있으면 그리스도와 함께 참여한 자가 되리라"(히 3:14).

12. 은혜 |
"주께서 말씀하시기를 내가 반드시 네게 은혜를 베풀어 네 씨로 바다의 셀 수 없는 모래와 같이 많게 하리라 하셨나이다"(창 32:12).

"여호와께서 그의 앞으로 지나시며 선포하시되 여호와라 여호와라 자비롭고 은혜롭고 노하기를 더디하고 인자와 진실이 많은 하나님이라"(출 34:6).

"여호와는 그의 얼굴을 네게 비추사 은혜 베푸시기를 원하며"(민 6:25).

"생명과 은혜를 내게 주시고 나를 보살피심으로 내 영을 지키셨나이다"(욥 10:12).

13. 복 |
"여호와는 네게 복을 주시고 너를 지키시기를 원하며"(민 6:24).

"너희 조상의 하나님 여호와께서 너희를 현재보다 천 배나 많게 하시며 너희에게 허락하신 것과 같이 너희에게 복 주시기를 원하노라"(신 1:11).

"오늘 내가 네게 명령하는 여호와의 규례와 명령을 지키라 너와 네 후손이 복을 받아 네 하나님 여호와께서 네게 주시는 땅에서 한없이 오래 살리라"(신 4:40).

"야베스가 이스라엘 하나님께 아뢰어 이르되 주께서 내게 복을 주시려거든 나의 지역을 넓히시고 주의 손으로 나를 도우사 나로 환난을 벗어나 내게 근심이 없게 하옵소서 하였더니 하나님이 그가 구하는 것을 허락하셨더라"(대상 4:10).

"이제 주께서 종의 왕조에 복을 주사 주 앞에 영원히 두시기를 기뻐하시나이다 여호와여 주께서 복을 주셨사오니 이 복을 영원히 누리리이다 하니라"(대상 17:27).

14. 소망 |

"진실로 악을 행하는 자들은 끊어질 것이나 여호와를 소망하는 자들은 땅을 차지하리로다"(시 37:9).

"내 영혼아 네가 어찌하여 낙심하며 어찌하여 내 속에서 불안해 하는가 너는 하나님께 소망을 두라 나는 그가 나타나 도우심으로 말미암아 내 하나님을 여전히 찬송하리로다"(시 42:11).

"나의 영혼아 잠잠히 하나님만 바라라 무릇 나의 소망이 그로부터 나오는도다"(시 62:5).

"소망 중에 즐거워하며 환난 중에 참으며 기도에 항상 힘쓰며"(롬 12:12).

"너희 마음의 눈을 밝히사 그의 부르심의 소망이 무엇이며 성도 안에서 그 기업의 영광의 풍성함이 무엇이며"(엡 1:18).

15. 인내 |

"좋은 땅에 있다는 것은 착하고 좋은 마음으로 말씀을 듣고 지키어 인내로 결실하는 자니라"(눅 8:15).

"무엇이든지 전에 기록된 바는 우리의 교훈을 위하여 기록된 것이니 우리로 하여금 인내로 또는 성경의 위로로 소망을 가지게 함이니라"(롬 15:4).

"그의 영광의 힘을 따라 모든 능력으로 능하게 하시며 기쁨으로 모든 견딤과 오래 참음에 이르게 하시고"(골 1:11).

"게으르지 아니하고 믿음과 오래 참음으로 말미암아 약속들을 기업으로 받는 자들을 본받는 자 되게 하려는 것이니라"(히 6:12).

"보라 인내하는 자를 우리가 복되다 하나니 너희가 욥의 인내를 들었고 주께서 주신 결말을 보았거니와 주는 가장 자비하시고 긍휼히 여기시는 이시니라"(약 5:11).

16. 보호 |

"여호와께서 네가 행한 일에 보답하시기를 원하며 이스라엘의 하나님 여호와께서 그의 날개 아래에 보호를 받으러 온 네게 온전한 상 주시기를 원하노라 하는지라"(룻 2:12).

"하나님의 손이 또한 유다 사람들을 감동시키사 그들에게 왕과 방백들이 여호와의 말씀대로

전한 명령을 한 마음으로 준행하게 하셨더라"(대하 30:12).

"사람이 먹고 마시며 수고하는 것보다 그의 마음을 더 기쁘게 하는 것은 없나니 내가 이것도 본즉 하나님의 손에서 나오는 것이로다"(전 2:24).

"그가 너를 그의 깃으로 덮으시리니 네가 그의 날개 아래에 피하리로다 그의 진실함은 방패와 손 방패가 되시나니"(시 91:4).

"너는 또 여호와의 손의 아름다운 관, 네 하나님의 손의 왕관이 될 것이라"(사 62:3).

17. 담대함

"너희는 강하고 담대하라 두려워하지 말라 그들 앞에서 떨지 말라 이는 네 하나님 여호와 그가 너와 함께 가시며 결코 너를 떠나지 아니하시며 버리지 아니하실 것임이라 하고"(신 31:6).

"오직 강하고 극히 담대하여 나의 종 모세가 네게 명령한 그 율법을 다 지켜 행하고 우로나 좌로나 치우치지 말라 그리하면 어디로 가든지 형통하리니"(수 1:7).

"너는 여호와를 기다릴지어다 강하고 담대하며 여호와를 기다릴지어다"(시 27:14).

"이것을 너희에게 이르는 것은 너희로 내 안에서 평안을 누리게 하려 함이라 세상에서는 너희가 환난을 당하나 담대하라 내가 세상을 이기었노라"(요 16:33).

"나의 간절한 기대와 소망을 따라 아무 일에든지 부끄러워하지 아니하고 지금도 전과 같이 온전히 담대하여 살든지 죽든지 내 몸에서 그리스도가 존귀하게 되게 하려 하나니"(빌 1:20).

18. 용기

"이 후에 여호와의 말씀이 환상 중에 아브람에게 임하여 이르시되 아브람아 두려워하지 말라 나는 네 방패요 너의 지극히 큰 상급이니라"(창 15:1).

"너는 그들을 두려워하지 말라 너희의 하나님 여호와 곧 크고 두려운 하나님이 너희 중에 계심이니라"(신 7:21).

"여호와의 말씀이니라 너희는 너희가 두려워하는 바벨론의 왕을 겁내지 말라 내가 너희와 함께 있어 너희를 구원하며 그의 손에서 너희를 건지리니 두려워하지 말라"(렘 42:11).

"주께서 심지가 견고한 자를 평강하고 평강하도록 지키시리니 이는 그가 주를 신뢰함이니이다"(사 26:3).

"내 아들아 그러므로 너는 그리스도 예수 안에 있는 은혜 가운데서 강하고"(딤후 2:1).

19. 위험으로부터 보호

"하나님은 그에게 평안을 주시며 지탱해 주시나 그들의 길을 살피시도다"(욥 24:23).

"내가 평안히 눕고 자기도 하리니 나를 안전히 살게 하시는 이는 오직 여호와이시니이다"(시 4:8).

"너희는 기쁨으로 나아가며 평안히 인도함을 받을 것이요 산들과 언덕들이 너희 앞에서 노래를 발하고 들의 모든 나무가 손뼉을 칠 것이며"(사 55:12).

"여호와의 말씀이니라 너희를 향한 나의 생각을 내가 아나니 평안이요 재앙이 아니라 너희에게 미래와 희망을 주는 것이니라"(렘 29:11).

"너희는 말세에 나타내기로 예비하신 구원을 얻기 위하여 믿음으로 말미암아 하나님의 능력으로 보호하심을 받았느니라"(벧전 1:5).

20. 만족함 |

"사독의 족속 대제사장 아사랴가 그에게 대답하여 이르되 백성이 예물을 여호와의 전에 드리기 시작함으로부터 우리가 만족하게 먹었으나 남은 것이 많으니 이는 여호와께서 그의 백성에게 복을 주셨음이라 그 남은 것이 이렇게 많이 쌓였나이다"(대하 31:10).

"나는 의로운 중에 주의 얼굴을 뵈오리니 깰 때에 주의 형상으로 만족하리이다"(시 17:15).

"아침에 주의 인자하심이 우리를 만족하게 하사 우리를 일생 동안 즐겁고 기쁘게 하소서"(시 90:14).

"주께서 주신즉 그들이 받으며 주께서 손을 펴신즉 그들이 좋은 것으로 만족하다가"(시 104:28).

"우리가 무슨 일이든지 우리에게서 난 것 같이 스스로 만족할 것이 아니니 우리의 만족은 오직 하나님으로부터 나느니라"(고후 3:5).

21. 결단 |

"백성이 대답하여 이르되 우리가 결단코 여호와를 버리고 다른 신들을 섬기기를 하지 아니하오리니"(수 24:16).

"내가 주를 의뢰하고 적진으로 달리며 내 하나님을 의지하고 성벽을 뛰어넘나이다"(삼하 22:30).

"여호와를 의뢰하고 선을 행하라 땅에 머무는 동안 그의 성실을 먹을거리로 삼을지어다"(시 37:3).

"나는 여호와를 향하여 말하기를 그는 나의 피난처요 나의 요새요 내가 의뢰하는 하나님이라 하리니"(시 91:2).

"그가 말하되 주여 내가 주와 함께 옥에도, 죽는 데에도 가기를 각오하였나이다"(눅 22:33).

22. 헌신 |

마음이 감동된 모든 자와 자원하는 모든 자가 와서 회막을 짓기 위하여 그 속에서 쓸 모든 것을 위하여 거룩한 옷을 위하여 예물을 가져다가 여호와께 드렸으니"(출 35:21).

"이스라엘아 네 하나님 여호와께서 네게 요구하시는 것이 무엇이냐 곧 네 하나님 여호와를 경외하여 그의 모든 도를 행하고 그를 사랑하며 마음을 다하고 뜻을 다하여 네 하나님 여호와를 섬기고"(신 10:12).

"또 마음을 다하고 목숨을 다하여 조상들의 하나님 여호와를 찾기로 언약하고"(대하 15:12).

"주의 구원의 즐거움을 내게 회복시켜 주시고 자원하는 심령을 주사 나를 붙드소서"(시 51:12).

"저들은 그 풍족한 중에서 헌금을 넣었거니와 이 과부는 그 가난한 중에서 자기가 가지고 있는 생활비 전부를 넣었느니라 하시니라"(눅 21:4).

23. 치료 |

"여호와께서 히스기야의 기도를 들으시고 백성을 고치셨더라"(대하 30:20).

"하나님은 아프게 하시다가 싸매시며 상하게 하시다가 그의 손으로 고치시나니"(욥 5:18).

"여호와여 내가 수척하였사오니 내게 은혜를 베푸소서 여호와여 나의 뼈가 떨리오니 나를 고치소서"(시 6:2).

"그가 그의 말씀을 보내어 그들을 고치시고 위험한 지경에서 건지시는도다"(시 107:20).

"무리를 둘러보시고 그 사람에게 이르시되 네 손을 내밀라 하시니 그가 그리하매 그 손이 회복된지라"(눅 6:10).

24. 하나님의 도우심 |

"여호와는 나의 힘이요 노래시며 나의 구원이시로다 그는 나의 하나님이시니 내가 그를 찬송할 것이요 내 아버지의 하나님이시니 내가 그를 높이리로다"(출 15:2).

"내가 피할 나의 반석의 하나님이시요 나의 방패시요 나의 구원의 뿔이시요 나의 높은 망대시요 그에게 피할 나의 피난처시요 나의 구원자시라 나를 폭력에서 구원하셨도다"(삼하 22:3).

"주께서 또 주의 구원의 방패를 내게 주시며 주의 온유함이 나를 크게 하셨나이다"(삼하 22:36).

"우리 영혼이 여호와를 바람이여 그는 우리의 도움과 방패시로다"(시 33:20).

"나는 가난하고 궁핍하오니 하나님이여 속히 내게 임하소서 주는 나의 도움이시요 나를 건지시는 이시오니 여호와여 지체하지 마소서"(시 70:5).

25. 부흥 |

"남은 자는 예루살렘에서부터 나올 것이요 피하는 자는 시온 산에서부터 나오리니 여호와의 열심이 이 일을 이루리라 하셨나이다 하니라"(왕하 19:31).

"주께서 생명의 길을 내게 보이시리니 주의 앞에는 충만한 기쁨이 있고 주의 오른쪽에는 영원한 즐거움이 있나이다"(시 16:11).

"여호와여 내가 주께 대한 소문을 듣고 놀랐나이다 여호와여 주는 주의 일을 이 수년 내에 부흥하게 하옵소서 이 수년 내에 나타내시옵소서 진노 중에라도 긍휼을 잊지 마옵소서"(합 3:2).

"바나바는 착한 사람이요 성령과 믿음이 충만한 사람이라 이에 큰 무리가 주께 더하여지더라"(행 11:24).